German
Through
Conversational
Patterns

FOR CLASSROOM AND LABORATORY

Second Edition

Under the advisory editorship of
IAN C. LORAM
Professor of German, The University of Wisconsin

German
Through
Conversational
Patterns

FOR CLASSROOM AND LABORATORY

Second Edition

R. Max Rogers
Arthur R. Watkins
Brigham Young University

Harper & Row, Publishers
New York   Hagerstown   San Francisco   London

GERMAN THROUGH CONVERSATIONAL PATTERNS, Second Edition

Library of Congress Catalog Card Number: 72-12033
ISBN: 0-06-045547-0

Designed by Emily Harste

PICTURE ACKNOWLEDGMENTS

We express our appreciation to Professor Hans W. Kelling and the organizations listed below for permission to use their pictures:

Cover photographs and frontispiece, German Information Center.
LESSON 1: (A), (B), (D), (E) German Information Center; (C) Bundesbildstelle. LESSON 2: (A) Bundesbildstelle; (B), (C), (D), (E) German Information Center. LESSON 3: (A), (C) Inter Nationes; (B), (E) German Information Center; (D) Pan-American World Airways, Inc. LESSON 4: (A) Dr. Hans W. Kelling; (B), (C) German Information Center; (D) Inter Nationes; (E) Swiss National Tourist Office; (F) Lufthansa. LESSON 5: (A), (B), (D) German Information Center; (C) Inter Nationes. LESSON 6: (A), (B), (C), (D), (E) German Information Center; (F), (G) Swiss National Tourist Office. LESSON 7: (A) Bundesbildstelle; (B), (C) German Information Center; (D) Inter Nationes; (E) Dr. Hans W. Kelling; (F) Swiss National Tourist Office. LESSON 8: (A), (C) Bundesbildstelle; (B) Inter Nationes; (D) German Information Center. LESSON 9: (A), (E) German Information Center; (B) Austrian State Tourist Department; (C) Swiss National Tourist Office; (D), (F) Inter Nationes. LESSON 10: (A) Volkswagen of America; (B), (E) Inter Nationes; (C), (D) Bundesbildstelle. LESSON 11: (A) Pan-American World Airways, Inc.; (B) Dr. Hans W. Kelling; (C), (D), (F) German Information Center; (E), (G) Bundesbildstelle. LESSON 12: (A) Inter Nationes; (B), (F) Austrian State Tourist Department; (C) Swiss National Tourist Office; (D), (E) German Information Center. LESSON 13: (A) Bundesbildstelle; (B), (D) Pan-American World Airways, Inc.; (C) Dr. Hans W. Kelling; (E) German Information Center; (F) Inter Nationes. LESSON 14: (A) Bundesbildstelle; (B) Swiss National Tourist Office; (C), (D), (E), (F) German Information Center. LESSON 15: (A) Pan-American World Airways, Inc.; (B) N. Y. Public Library; (C) Inter Nationes; (D), (F), (G), (H) German Information Center; (E) Swiss National Tourist Office; (I) Bundesbildstelle. LESSON 16: (A), (B), (D), (E), Dr. Hans W. Kelling; (C) Swiss National Tourist Office; (F) German Information Center. LESSON 17: (A), (B), (C), (D) Pan-American World Airways, Inc.; (E) German Information Center. LESSON 18: (A), (D), (E), (F), (G), (H) German Information Center; (B), (C) Inter Nationes. LESSON 19: (A), (C), (D), (E) Swiss National Tourist Office; (B) Switzerland Cheese Association. LESSON 20: (A), (B), (C), (D), (E) German Information Center. LESSON 21: (A), (B), (C), (E) German Information Center; (D) Swiss National Tourist Office. LESSON 22: (A), (B), (C), (D), (E) Austrian State Tourist Department. LESSON 23: (A), (B), (C), (D), (E), (F), (G) Austrian State Tourist Department. LESSON 24: (A), (B), (D) German Information Center; (C) N. Y. Public Library.

Contents

Pronunciation Drill: The Combinations *pf* and *kn;* Review of *ach-* and *ich*-sounds
Dialogue Variations
Conversational Patterns: Relative Pronouns, *Wo*-Compounds, Indefinite Relative Pronouns
Review and Verb Summary
German Culture Through Pictures: *Hunger ist der beste Koch*

Conversational Patterns: Passive Voice, The Agent, Substitutes for the Passive, True and
  False Passive, Modal Auxiliaries and the Passive, Impersonal Passive
Review and Verb Summary
German Culture Through Pictures: *Salzburg, die Festspielstadt*

Preface to
the Second Edition

The following improvements have been made in *German Through Conversational Patterns:* (1) most of the Basic Dialogues have been shortened in order to encourage memorization; (2) questions which provide additional practice with both the Basic Dialogues and Vocabulary Building sections have been added; (3) new basic vocabulary and idioms have been integrated more completely with the exercises; (4) some grammatical exercises have been shortened; (5) the questions in the Review have been personalized to a greater extent; (6) the Picture Supplement has been up-dated and the picture commentaries graded somewhat so that they can be better used as a reading exercise and as an elementary introduction to some aspects of German life and culture; (7) a *Workbook,* which incorporates language laboratory procedures and provides "hand-in" exercises, has been prepared to accompany the basic text; (8) an *Instructor's Manual* has also been prepared which contains helpful suggestions for using the text, interesting "culture capsules" for classroom discussion, and the most important portions of the language laboratory tape script so that instructors may be kept informed of what is taking place in the lab; (9) the lessons of the text and the supplementary materials have been organized in such a way that an instructor may choose his emphasis: conversational German, grammar, reading, or writing.

German Through Conversational Patterns is intended for the student who is just beginning his study of German. The twenty-four lessons of the text can easily be completed in three quarters or two semesters. In classes that meet four or five times each week, the instructor who prefers a reading emphasis is often able to have his students complete several short, elementary readers. Laboratory tapes and a *Workbook* may be purchased, and an *Instructor's Manual* is available to teachers.

Each lesson of *German Through Conversational Patterns* consists of the following sections:

1. **Basic Dialogue.** Everyday vocabulary, modern idioms, and sentence patterns involving basic grammar are introduced in a conversation which has its setting in Germany.
2. **Vocabulary Building.** New vocabulary and idioms that are generally related to the main dialogue are introduced by means of basic sentence patterns.
3. **Pronunciation Drill.** Sounds that are difficult for non-Germans are drilled intensively and contrastively so that the student may improve his pronunciation.
4. **Dialogue Variations.** The dialogue variations provide an opportunity for the student to see and use words and idioms in a different setting from the *Basic Dialogue.*

5. **Conversational Patterns.** Basic German grammar is introduced item by item, and then each grammatical item is reinforced by an abundance of structural drills, which are generally arranged in conversational patterns.

6. **Review.**
   (a) *English-German Patterns.* Sentences in pattern drill format provide a systematic review of both vocabulary and grammar.
   (b) *Personalized and Directed Questions.* A question-answer exercise provides simple questions which require short, rapid answers. The response may prompt the instructor to ask additional questions that are more challenging.

7. **Verb Summary.**

8. **German Culture through Pictures.** The pictures enhance student interest and provide conversational material for classroom discussions and question-and-answer sessions. The commentaries are designed to help students gain a greater understanding and appreciation of Germany, Austria, and Switzerland.

Featured in this text is a programmed treatment of the grammar and the structural drills. An answer column provides for immediate correction of all exercises, except the questions, and makes it possible for the instructor to spend most of his time conducting oral drills and encouraging free conversation, rather than checking homework. The instructors and students who have used this text over a period of several years have appreciated especially this feature of the text. The instructor who wishes to provide an individualized learning or proficiency advancement program will find this text well adapted to his needs.

To the many instructors who have used these materials in recent years, and particularly to our colleagues, Professors Joseph O. Baker, Marvin H. Folsom, Garold N. Davis, Don V. Gubler, Hans Wilhelm Kelling, Paul F. Luckau, Murray F. Smith, and Walter H. Speidel, we express our gratitude for many helpful suggestions. We also acknowledge the help of two colleagues overseas who have established excellent reputations for themselves in the teaching profession: Dr. Marga Wilfert, Oberrätin am Mädchengymnasium in Kempten, Germany, and Professor Walter Kacowsky of Salzburg, Austria, the highly respected author of several language textbooks. Both have made many helpful suggestions with regard to syntax and style. Since the dialogues deal with student life in Germany, we have periodically had the text reviewed by native Germans who have studied recently at German universities. To these students we express appreciation for their suggestions about content and the use of modern idioms. We are grateful to Professor Ian C. Loram, Dodd, Mead's advisory editor, who has made valuable suggestions for improvement of the text.

R.M.R.
A.R.W.

Suggestions for Using This Text

It is difficult for a student to learn good pronunciation from a book; he needs the instructor as a living model and must learn to imitate and mimic him. Although the language laboratory can be of great assistance in developing good pronunciation, it cannot replace the live model. Each instructor should try to make the classroom a "cultural island" by using German as frequently as possible.

BASIC DIALOGUE

The *Basic Dialogue* consists of about fifteen lines of everyday conversation between Rudi Wolf, an American college student of German descent, and the people he meets during his semester at a university in Germany. We recommend that the teacher practice the *Basic Dialogue* with his students by having them repeat each phrase and sentence after him until all the words, phrases, and sentences sound acceptably German, with respect to both basic pronunciation and intonation. Since the dialogues are short and introduce many of the structural patterns which occur in the lessons, we recommend that they be memorized in their entirety and "dramatized" in class.

The questions at the end of each dialogue are designed to provide additional audio-lingual practice. An instructor should not accept a *ja* or *nein* answer, but should insist on a more complete answer to the question posed.

VOCABULARY BUILDING

The vocabulary presented in the section called *Vocabulary Building* is an extension of the vocabulary of the *Basic Dialogue*. The various words and expressions that relate to the subject matter treated in the dialogue are generally presented within the framework of a sentence. We suggest that the instructor read each item either as a part of the sentence in which it is presented or as part of a short sentence which he may improvise in order to achieve variety. As always, the class will repeat each word or sentence after the instructor. Some instructors may wish to direct several questions (other than those provided in the text) to the students, making use of the words and idioms that have just been introduced.

PRONUNCIATION DRILL

Since the students are exposed to nearly all of the basic sounds and sound combinations on the first day that the dialogue is introduced and practiced in class, and since they continue to practice these sounds while memorizing and dramatizing the dialogues, the pronunciation drills in the first thirteen lessons have the function of helping them to *improve* their pronunciation. The more difficult German speech sounds are presented in contrast to other sounds in minimal pairs such as: **liegen—lügen, Mächte—möchte, kennen—können,** etc. In class, the instructor is encouraged to describe the position of the lips and tongue in the pronunciation of the pairs of words.

DIALOGUE VARIATIONS

After the instructor has read through the *Dialogue Variations* with his students, he may want to assign roles to students to read aloud in class. This will give him an opportunity to check their pronunciation. Since most of the vocabulary of the *Dialogue Variations* is introduced in the *Basic Dialogue,* students will have little difficulty in reading the dialogues; however, additional vocabulary is occasionally introduced and explained in footnotes. In order to give students extra practice with some of the new vocabulary introduced in these variations, the instuctor may wish to direct questions to one or more of his students. For example, the words **schlecht** and **langweilig** appear in the sentence: „Sie tanzt sehr schlecht und ist einfach langweilig." At the end of the short dialogue the instructor might ask questions such as: „Herr _____, tanzen Sie gut oder tanzen Sie schlecht?" „Finden Sie alle Mädchen langweilig?" Some teachers may choose to have students memorize one or more of these dialogues.

CONVERSATIONAL PATTERNS

Much of the grammar presented in this section will have become familiar to students inductively before it is explained. As a general practice, only one item of German grammar is presented at one time; then it is immediately reinforced by repetition patterns and structural drills of a conversational nature. A programmed arrangement of these drills, with both challenge and answer columns, provides for immediate correction so that students may make certain that they are drilling correct forms. The student should be encouraged, both at home and in class, to keep the answer column covered until he has responded to each challenge sentence; only then should he verify his response by checking the answer column.

The instructor may wish to spend much of the time allocated for *Conversational Patterns* directing the drills provided and improvising whenever necessary in order to "nail down" troublesome structural items.

To make a particular exercise still more functional and to break the monotony of cue-response drills, the instructor may direct a question or two to members of the class after the completion of a set of drills. For example, after doing the drills under *Idioms Requiring the Accusative Case* in *Aufgabe Fünf,* the instructor may wish to address questions such as these to members of the class: „Auf wen sind Sie stolz, Fräulein _____?" „An wen denken Sie jetzt, Herr _____?" (etc.)

The familiar forms of "you," *du* and *ihr,* are used occasionally in the text before they are formally introduced and drilled in Lesson 21. College students can get along quite well in most classroom situations without using the familiar forms. Even if they travel abroad, they will generally use the familiar forms very infrequently. This is one reason for delaying the formal introduction of these forms. Another good reason is that it simplifies the learning of verb conjugations as illustrated below:

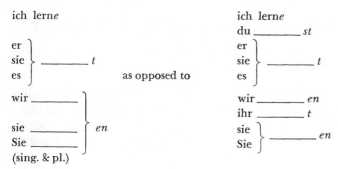

The language laboratory can be of great value in providing additional audio-lingual practice and review of the structural drills. It also gives the student an opportunity to hear and imitate native voices.

REVIEW

Each of the twenty-four lessons has its own review exercises. These consist of English-German pattern sentences that review not only the structural items introduced and practiced in each lesson but also the new words and idiomatic expressions introduced in the lesson. Since the challenge here is to put the complete English sentence into German, these English-German patterns review rather thoroughly structures introduced in previous lessons as well. Here is a sample from *Aufgabe Acht:*

Challenge	Answer
He's been working for two years.	Er arbeitet schon seit zwei Jahren.
We've been reading for two hours.	Wir lesen schon seit zwei Stunden.
She's been speaking German for two years.	Sie spricht Deutsch schon seit zwei Jahren.
He's been studying for three weeks.	Er studiert schon seit drei Wochen.
Karl's been living here for four months.	Karl wohnt hier schon seit vier Monaten.

The second part of the review section consists of *Personalized Questions* and *Directed Questions.* This is the final test. What can the student say in the language in response to questions posed by the instructor and by members of the class? As the experienced instructor knows, one question leads to another and therefore each question can be the starting point of a short dialogue between the instructor and the student, or in the case of the directed questions, between two students with the instructor as the prompter. In this section, many of the words and useful expressions introduced in the first part of the lesson are reviewed in question form. In *Aufgabe Zehn,* for example, the *Basic Dialogue* and the section on *Vocabulary Building* deal with the breakfast table and cleaning up, while the conversational patterns treat the present perfect tense. Note how these sample questions taken from the section *General Questions* review both vocabulary and structure:

1. Wer sitzt neben Ihnen am Frühstückstisch? 2. Haben Sie manchmal großen Hunger? 3. Was haben Sie heute morgen zum Frühstück gegessen? 4. Haben Sie je vergessen, am Samstagabend zu baden? 5. Wo haben Sie gestern zu Mittag gegessen? 6. Kann man in einer Badewanne gut schwimmen?

The imaginative instructor who has a good sense of humor will be able to ask many more questions of a similar nature. The students will find satisfaction and further development in this, for they will be hearing and responding to questions which involve a different arrangement of familiar words and idioms.

VERB SUMMARY

All verbs that are introduced in a given lesson are generally summarized in this section unless they involve irregularities which have not yet been discussed and drilled. A complete summary of the most common irregular and semi-irregular verbs may be found in the Appendix.

GERMAN CULTURE THROUGH PICTURES

The pictures used are generally closely integrated with the subject matter of the *Basic Dialogue* and the *Vocabulary Building* section. In order to give the student some reading experience, we have written short commentaries in German about these pictures. In general, we have tried to state simply and matter-of-factly what the pictures suggest to us, bearing in mind cultural contrasts in scenes and events of everyday life. We encourage the instructor to add comments of his own and to ask questions in German so that the picture supplement may stimulate additional practice in conversation and provide further cultural enrichment.

GERMAN SONGS

The words to a number of popular German songs or *Lieder* follow Lesson 24. Most students enjoy singing, and singing also helps to improve pronunciation, build vocabulary, and stimulate greater interest in German music and culture.

WORKBOOK

Most of the exercises in *German Through Conversational Patterns* are designed to provide audio-lingual practice for students. Experienced instructors agree, however, that the writing of structural drills reinforces oral images and fixes them better in the mind. For this reason, we recommend that the *Workbook* exercises be written out, corrected with a red pencil by the student himself (answers may be found in the Workbook Answer Section), and handed in at the end of each unit of study. The instructor may wish to "spot-check" them to assure himself that the corrections have been made and to give each student credit for handing them in. This can be done in fifteen minutes or less for the average class. If a student simply copies the correct answers, the instructor will soon become aware of this during the oral classroom drills and in the examination which will generally be given at the end of each lesson. The instructor who has sufficient reader help may prefer to have students tear out the Workbook Answer Section and turn it in.

The *Workbook* which accompanies the basic text provides not only additional writing practice, but a well-integrated plan for use of the language laboratory. It should be pointed out, however, that the instructor who does not have a language laboratory program can use some of his class time for parts I and V or arrange for students to practice their oral German either in pairs or in small groups. Each lesson is organized as follows:

I. **Text and Language Laboratory**
   Listen to Part One of the language laboratory tapes, practicing the Basic Dialogue, Pronunciation Drills, and Dialogue Variations.

II. **Text: Dialogue and Vocabulary Building Questions**
   A. Answer questions about the subjects introduced in the Dialogue.
   B. Answer questions having to do with the Vocabulary Building section.

III. **Text: Grammar and Structure**
   Do the written exercises which are based on the grammar and vocabulary introduced in each lesson.

IV. **Text: Review**
   Review basic vocabulary and grammar by means of the exercises provided.

V. **Language Laboratory**
   A. Listen to Part Two of the taped exercises and respond orally. (Some instructors may wish to have student responses recorded. A tape script of most of the exercises in Part Two is provided in the *Instructor's Manual.*)
   B. Listen to the taped introduction of a German song. (The words for thirty-five songs are provided in the back of the basic text.)
   C. Write the six or seven dictation sentences given in the language laboratory.

VI. **Text: German Culture through Pictures**
   A. Respond to the true-false statements based on the cultural reading provided in the basic text at the end of each lesson.
   B. Complete the multiple choice test which is based on the same cultural reading section.

The answers for all written exercises are provided at the end of the *Workbook*. This self-correcting feature not only saves the instructor or his reader many hours, but it also simplifies the individualized learning procedures which many institutions are now using.

INSTRUCTOR'S MANUAL

The *Instructor's Manual* consists of four main sections:

   I. Helpful Suggestions for Using *German Through Conversational Patterns*
   II. "Culture Capsules" for Classroom Discussion
   III. Portions of the Tape Script for *German Through Conversational Patterns*
   IV. Changes in the Language Laboratory Tape Program for the Second Edition

Inasmuch as many college and university classes are taught by graduate assistants, the manual, which deals with problems of dialogue memorization, pronunciation, audio-lingual drills, testing, etc., should be especially helpful. The "culture capsules" provide short, interesting items relating to German life and culture which the more inexperienced instructor may make use of in providing further cultural enrichment for his course. The tape script of most of the exercises provides a handy reference for the instructor so that he may always be aware of the work required of students in the language laboratory. Inasmuch as all grammatical exercises are different from those found in the basic text and *Workbook*, the instructor may want to use some of these exercises in making up examinations for each lesson. Eighteen of the twenty-four basic dialogues of *German Through Conversational Patterns* have been shortened to enable the student to memorize them more easily. A detailed summary of the changes may be found in the *Instructor's Manual*. Inasmuch as the changes involve only deletions of material, except for the basic dialogue of Lesson 24, the language laboratory tapes that an instructor may already have can easily be adapted for laboratory use.

To the Student

The learning of German can be *fun*. Much depends on you. If you attend classes regularly, study consistently, and use the language laboratory as frequently as possible, you will find the learning of German a most enjoyable experience. Here are a few helpful suggestions:

1. Learn to pronounce German well. This you can accomplish by (*a*) imitating loudly and uninhibitedly every sound, shade of sound, and intonation pattern of your model, (*b*) doing the pronunciation drills regularly and conscientiously, and (*c*) consciously striving to prevent English speech habits from interfering in any way with the production of German sounds.

2. Do the memorizing required of you. Language is a set of habits that can be learned only through practice. Treat each lesson as a unit which should be learned as fluently and as thoroughly as one might learn a music lesson.

3. Take advantage of every opportunity to hear and speak German. Do your thinking aloud in German. Start in the morning with such expressions as: "It is 6:30. I must get up. Is the sun shining today? Will it rain? I am tired. Is my roommate still sleeping? Where are my shoes? I am hungry. What will we have for breakfast today?" While walking across campus, say to yourself, Here comes my friend. His name is Paul. He is from Chicago. I have known him for a long time. We are in the same German class. I'll speak with him." Practice of this type will help you to speak German more fluently.

4. Be sure to cover the answer column on the right side of the page when you do the structural drills. Fold a piece of paper (size 8½ by 11) and place it over the answer column on the right; then say the answer, or, if you are writing the exercises, write your answer on the paper. By sliding your paper down one line at a time, you can check the answer and make certain that you have done it correctly. If you have made a mistake, encircle it and make the correction immediately, just above your mistake. Study aloud and mark in red those areas that you have trouble with so that you can come back and try them again and again until you have mastered all difficult structural items.

5. Be regular in your class and lab attendance. Never feel that you need to do exercises only once. For reinforcement of the patterns you should do them three or four times, or even more frequently if a particular structure seems especially difficult.

6. Always do the oral drills with gusto, just as though you were speaking with a native German. Pay special attention to sentence rhythm and intonational patterns.

7. Don't get behind! You cannot successfully "cram" your way through a

language course, as you might be able to do in some other courses. Once you fall behind, it is very difficult to catch up.

8. Try to understand what is being said in **German Culture Through Pictures,** the reading section at the end of each lesson, without referring to the footnotes. German has thousands of words that are cognate with English words. Some, such as *Haus, Musik, Universität, Industrie, Familie, Amerika,* etc., are easier to recognize than *Vater, Mutter, Bruder, Nordamerika, Buch, Mechaniker, Büro,* etc. Learn to guess intelligently when reading German and refer to footnotes only when the meaning does not seem to "come through."

9. Listen attentively to your teacher's discussion of German life and culture. This will help you to understand spoken German and to gain a greater understanding and appreciation of the German-speaking countries and their cultural heritage.

Helpful Expressions
for Classroom Use

Guten Morgen, Herr Kröger!	Good morning, Mr. Kröger!
Guten Tag, Fräulein Weber!	Good day (hello), Miss Weber!
Wie heißen Sie?	What's your name?
Ich heiße Schmidt.	My name is Schmidt.
Wie geht es Ihnen?	How are you?
Danke, gut.	Fine, thanks.
Was ist das?	What's that?
Das ist mein Buch.	That's my book.
Lesen Sie, bitte, auf Seite acht!	Please read on page eight.
Danke schön. (Danke sehr.)	Thanks very much.
Bitte schön. (Bitte sehr.)	You're welcome.
Haben Sie eine Frage?	Do you have a question?
Haben Sie Fragen?	Do you have any questions?
Antworten Sie, bitte!	Answer, please.
Spreche ich zu schnell?	Do I speak too fast?
Nein, ich verstehe alles.	No, I understand everything.
Verstehen Sie das?	Do you understand that?
Ja, ich verstehe das.	Yes, I understand that.
Was bedeutet das?	What does that mean?
Ich weiß nicht.	I don't know.
Es bedeutet . . .	It means . . .
Auf deutsch, bitte!	In German, please.
Wiederholen Sie das, bitte!	Repeat that, please.
Alle zusammen, bitte!	All together, please.
Das ist gut. Sehr gut.	That's good. Very good.
Bitte, sagen Sie das!	Please say that.
Noch einmal, bitte!	Once again, please.
Lauter, bitte!	Louder, please.
Klar und deutlich, bitte!	Clearly and distinctly, please.
Bitte, sprechen Sie langsamer!	Please speak more slowly.
Sprechen Sie nicht so schnell!	Don't speak so fast.
Nehmen Sie, bitte, ein Stück Papier!	Please take a piece of paper.
Wie bitte?	What was that?
Schreiben Sie, was ich sage!	Write what I say.
Wie schreibt man . . . ?	How does one write . . . ?
Ist das richtig?	Is that correct?
Nein, das ist falsch.	No, that's wrong.
Stehen Sie auf, bitte!	Stand up, please.
Gehen Sie an die Tafel!	Go to the blackboard.
Schreiben Sie das Wort an die Tafel!	Write the word on the blackboard.

Wie sagt man . . . auf deutsch?	How does one say . . . in German?
Bitte, setzen Sie sich!	Please sit down.
Nehmen Sie, bitte, Platz!	Take a seat, please.
Wo ist Ihr Buch?	Where's your book?
Mein Buch ist hier.	My book is here.
Öffnen Sie das Buch, bitte!	Open the book, please.
Bitte, machen Sie Ihr Buch auf!	Please open your book.
Lesen wir auf Seite vier, Zeile sechs!	Let's read on page four, line six.
Bitte, fangen Sie an, Herr Schmidt!	Please begin, Mr. Schmidt.
Das ist alles.	That's all.
Arbeiten Sie immer fleißig!	Always work hard.
Wie spät ist es?	What time is it?
Es ist neun Uhr.	It's nine o'clock.
So? Die Zeit ist um.	Is that so? The time is up.
Auf Wiedersehen!	Good-by!
Bis morgen!	See you tomorrow!
Bis Montag!	See you Monday!

German
Through
Conversational
Patterns

FOR CLASSROOM AND LABORATORY

Second Edition

Aufgabe Eins

Ein Studentenheim in Deutschland

Rudi Wolf, ein Student aus Amerika, verbringt das Sommersemester in Deutschland. Dieses Semester beginnt im Mai. Heute besucht er einen deutschen Freund, Bruno Lehmann. Die beiden studieren deutsche Literatur. Bruno wohnt in einem Studentenheim. Frau Müller, die „Studentenmutter", ist immer sehr freundlich.

[1] FRAU MÜLLER: Guten Tag, Herr Wolf!

[2] HERR WOLF: Guten Tag, Frau Müller!

[3] FRAU MÜLLER: Wie geht es Ihnen?

[4] HERR WOLF: Danke, sehr gut. Und wie geht es Ihnen?

[5] FRAU MÜLLER: Danke, gut.

[6] HERR WOLF: Ist Herr Lehmann zu Hause?

[7] FRAU MÜLLER: Nein, er ist heute nicht hier.

[8] HERR WOLF: Wann kommt er denn nach Hause?

[9] FRAU MÜLLER: Um zehn Uhr. Er besucht eine Freundin.

[10] HERR WOLF: So? Das ist ja sehr interessant.

[11] FRAU MÜLLER: Ja, sie ist hübsch.

[12] HERR WOLF: Wie heißt sie denn?

[13] FRAU MÜLLER: Ich glaube, sie heißt Anna Ulmer.

[14] HERR WOLF: Wie bitte? Anna Ulmer? Anna Ulmer ist meine Freundin!

[15] FRAU MÜLLER: Ach, das tut mir aber leid, Herr Wolf! Das tut mir wirklich sehr leid!

[16] HERR WOLF: Also, danke, Frau Müller. Ich spreche morgen mit Bruno Lehmann. Auf Wiedersehen!

[17] FRAU MÜLLER: Auf Wiedersehen, Herr Wolf!

Dialogue Questions (Fragen)[1]
1. Wie heißt der Student aus Amerika?   2. Was studiert er?   3. Wo wohnt Bruno Lehmann?   4. Wie heißt die „Studentenmutter"?   5. Ist Herr Lehmann zu Hause?   6. Wann kommt er nach Hause?   7. Wie heißt seine (his) Freundin?   8. Ist sie hübsch?

[1] Use complete sentences in answering all questions.

Lesson 1

A Student Hostel in Germany

Rudi Wolf, a student from America, is spending the summer semester in Germany. This semester begins in May. Today he is visiting a German friend, Bruno Lehmann. The two are studying German literature. Bruno lives in a student hostel. Mrs. Müller, the "mother" of the hostel, is always very friendly.

[1] MRS. MÜLLER: Good day, Mr. Wolf!

[2] MR. WOLF: Hello, Mrs. Müller!

[3] MRS. MÜLLER: How are you?

[4] MR. WOLF: Very well, thank you. And how are you?

[5] MRS. MÜLLER: Fine, thanks.

[6] MR. WOLF: Is Mr. Lehmann at home?

[7] MRS. MÜLLER: No, he's not here today.

[8] MR. WOLF: When is he coming home?

[9] MRS. MÜLLER: At ten o'clock. He's visiting a girl friend.

[10] MR. WOLF: Is that so? That's very interesting.

[11] MRS. MÜLLER: Yes, she's pretty.

[12] MR. WOLF: What's her name?

[13] MRS. MÜLLER: I believe her name is Anna Ulmer.

[14] MR. WOLF: What did you say? Anna Ulmer? Anna Ulmer is my girl friend!

[15] MRS. MÜLLER: Oh, I'm sorry, Mr. Wolf! I'm really very sorry!

[16] MR. WOLF: Well, thanks, Mrs. Müller. I'll talk with Bruno Lehmann tomorrow. Good-by!

[17] MRS. MÜLLER: Good-by, Mr. Wolf!

Vocabulary Building

Greetings and Farewells

Guten Morgen![1]   Gute Nacht![4]
Guten Tag![2]   Auf Wiedersehen![5]
Guten Abend![3]

People

Der Mann
Der Freund
Der Lehrer[6] } ist hier, nicht wahr?[7]
Der Student

Die Frau
Die Freundin
Die Lehrerin } ist auch[8] hier.
Die Studentin

Wie heißt {
der Professor?
die Dame?[9]
das Fräulein?[10]
das Kind?[11]
das Baby?
}

Things

Wo[12] ist {
das Heft?[13]
das Buch?
das Papier?
das Fenster?[14]
das Klassenzimmer?[15]
}
Ist {
der Bleistift[16]
der Stuhl[17]
der Tisch[18]
der Kugelschreiber[19]
} hier?

Die Kreide[20]
Die Tafel[21]
Die Tür[22]
Die Wand[23]
Die Klasse
Die Schule[24] } ist da drüben.[25]

Numbers

(1) eins	(5) fünf	(9) neun
(2) zwei	(6) sechs	(10) zehn
(3) drei	(7) sieben	(11) elf
(4) vier	(8) acht	(12) zwölf

Der Student kommt um {
zwei
fünf
elf
} Uhr nach Hause.

[1] Good morning! (Hello!)   [2] Good day! (Hello!)   [3] Good evening! (Hello!)
[4] Good night! [5] Good-by! [6] teacher [7] isn't that right? [8] also, too [9] lady
[10] young lady [11] child [12] where [13] notebook [14] window [15] classroom
[16] pencil [17] chair [18] table [19] ballpoint pen [20] chalk [21] blackboard
[22] door [23] wall [24] school [25] over there

Vocabulary Building Questions

1. Der Lehrer ist hier, nicht wahr? 2. Ist ein Kind hier? 3. Ist der Professor zu Hause? 4. Wo ist das Fenster? 5. Wo ist die Tafel? 6. Sieben und fünf ist zwölf, nicht wahr?

Pronunciation Drill

The ach-sound [x] and the ich-sound [ç]

This and subsequent phonetic drills are intended to help you improve your pronunciation by concentrating on a particular German sound. Practice with your model and imitate him as closely and uninhibitedly as you can.

The ach-sound [x] (spelled ch) is pronounced in the same part of the mouth as the [k] in English *poke,* but in the ach-sound the tongue never touches the roof of the mouth as it does in [k]. The ach-sound is produced by keeping the tongue still after pronouncing the preceding vowel and breathing out over it sharply. The following drills will give you practice both in producing the ach-sound and in distinguishing between the ach- and the k-sound:

[x]	Bach	Buch	suchen	kochen	des Dachs	acht
	noch	wachen	brachen	hauchen	taucht	sucht

[k-x]	Rock—roch	lockt—locht	Pocken—pochen	Nacken—Nachen

The ich-sound [ç] (spelled ch, and g in final -ig) is somewhat like the initial sound in English *hew* or *human.* Like the ach-sound, it is produced by breathing out sharply over the tongue, which is kept in the position it had for the preceding vowel. Do not substitute the ach-, k-, or sh-sound for the ich-sound:

[ç]	mich	euch	Bücher	manch	Mädchen	fleißig
	Pech	riechen	Eiche	Milch	bißchen	ruhig

[x-ç]	Dach—Dächer	Loch—Löcher	Brauch—Bräuche	sprach—spräche

[k-ç]	nickt—nicht	Streik—Streich	Kino—China	Grammatik—Essig

[ʃ-ç]	Tisch—dich	misch!—mich	fischt—ficht	keusche—keuche

Dialogue Variations

A. Wann kommen Sie[1] nach Hause?
B. Um acht Uhr.
A. Wie bitte?
B. Ich komme immer um acht Uhr nach Hause.

A. Ist Fräulein Schenk zu Hause?
B. Nein, sie ist nicht hier.
A. Wann kommt sie denn nach Hause?
B. Um sieben Uhr.

A. Mein Freund ist heute krank.[2]
B. Ach, das tut mir aber leid!
A. Ja, er ist sogar[3] sehr krank.
B. Das tut mir wirklich sehr leid!

A. Wer[4] ist das?
B. Das ist mein Freund.
A. Was ist das?
B. Das ist mein Kugelschreiber.

Conversational Patterns

I. NOUNS AND DEFINITE ARTICLES

The German equivalent of the English definite article *the* is **der** before masculine nouns, **das** before neuter nouns, and **die** before feminine nouns. The definite article should be learned with each noun as an aid in remembering the gender. Nouns denoting living beings usually have their natural gender. Notable exceptions are: **das Kind, das Baby, das Mädchen,** and **das Fräulein.** Nouns that end in the diminutive suffixes **-chen** (Mädchen) and **-lein** (Fräulein) are always neuter regardless of the gender of the original noun.

MASCULINE	NEUTER	FEMININE
der Mann (*the* man)	**das** Buch (*the* book)	**die** Frau (*the* woman)
der Tisch (*the* table)	**das** Fenster (*the* window)	**die** Tür (*the* door)

Note that in German all nouns are capitalized.

1. Repetition

Wann kommt der Student nach Hause?
Ist die Studentin heute zu Hause?
Ist das der Lehrer?
Wie heißt die Lehrerin?

Die Tür ist da drüben.
Hier ist die Kreide.
Der Kugelschreiber ist nicht hier.
Wo ist das Buch?

---

[1] you   [2] sick   [3] actually, even   [4] who

2. Question-Answer[1]

MODEL QUESTION	MODEL ANSWER
Ist das Heft hier?	*Ja, das Heft ist hier.*
_____ Buch _____?	Ja, das Buch ist hier.
_____ Kind _____?	Ja, das Kind ist hier.
_____ Mädchen _____?	Ja, das Mädchen ist hier.
Wo ist der Mann?	*Der Mann ist zu Hause.*
_____ Lehrer?	Der Lehrer ist zu Hause.
_____ Student?	Der Student ist zu Hause.
_____ Professor?	Der Professor ist zu Hause.
Kommt die Lehrerin um acht Uhr?	*Nein, die Lehrerin kommt um neun.*
_____ Frau _____?	Nein, die Frau kommt um neun.
_____ Studentin _____?	Nein, die Studentin kommt um neun.
_____ Dame _____?	Nein, die Dame kommt um neun.
Wo ist die Kreide?	*Die Kreide ist da drüben.*
_____ Tafel?	Die Tafel ist da drüben.
_____ Tür?	Die Tür ist da drüben.
_____ Schule?	Die Schule ist da drüben.
Die Klasse ist hier, nicht wahr?	*Ja, die Klasse ist hier.*
__ Heft _____?	Ja, das Heft ist hier.
__ Kreide _____?	Ja, die Kreide ist hier.
__ Bleistift _____?	Ja, der Bleistift ist hier.
__ Buch _____?	Ja, das Buch ist hier.
__ Kugelschreiber _____?	Ja, der Kugelschreiber ist hier.
Wo ist denn das Fenster?	*Das Fenster ist da drüben.*
_____ Tür?	Die Tür ist da drüben.
_____ Wand?	Die Wand ist da drüben.
_____ Tisch?	Der Tisch ist da drüben.
_____ Tafel?	Die Tafel ist da drüben.

3. Question-Answer (*Was? Wer?*)

Was ist das? (*Klassenzimmer*)	*Das ist das Klassenzimmer.*
Was ist das? (Bleistift)	Das ist der Bleistift.
Was ist das? (Tür)	Das ist die Tür.
Was ist das? (Stuhl)	Das ist der Stuhl.
Was ist das? (Wand)	Das ist die Wand.
Was ist das? (Fenster)	Das ist das Fenster.
Was ist das? (Buch)	Das ist das Buch.
Was ist das? (Kugelschreiber)	Das ist der Kugelschreiber.

[1] A model will generally be given for each drill so that you may know how to proceed.

Was ist das?	(Kreide)	Das ist die Kreide.
Was ist das?	(Papier)	Das ist das Papier.
Wer ist das?	*(Lehrer)*	*Das ist der Lehrer.*
Wer ist das?	(Student)	Das ist der Student.
Wer ist das?	(Mädchen)	Das ist das Mädchen.
Wer ist das?	(Mann)	Das ist der Mann.
Wer ist das?	(Studentin)	Das ist die Studentin.
Wer ist das?	(Kind)	Das ist das Kind.

II. INDEFINITE ARTICLES

The indefinite articles are **ein** and **eine**; the form **ein** is used before neuter and masculine nouns and **eine** before feminine nouns. Both **ein** and **eine** mean *a, an,* or *one.* The negative form of the article **ein** is **kein** which means *not a* or *no* when it precedes a noun. **Kein** takes the same endings as **ein**.

MASCULINE	NEUTER	FEMININE
ein Mann (*a* man)	**ein** Buch (*a* book)	**eine** Frau (*a* woman)
kein Mann (*no man*)	**kein** Buch (*no* book)	**keine** Frau (*no* woman)

4. Repetition

Heute ist eine Studentin krank.
Ein Heft ist oft **klein** (*small*).
Ist das eine Tür da drüben?

Wo ist ein Buch?
Das ist kein Kugelschreiber.
Hier ist ein Stuhl.

5. Question-Answer

Das ist ein Lehrer, nicht wahr?
_____ Student _____?
_____ Kugelschreiber _____?
_____ Heft _____?
_____ Stuhl _____?

Nein, das ist kein Lehrer.
Nein, das ist kein Student.
Nein, das ist kein Kugelschreiber.
Nein, das ist kein Heft.
Nein, das ist kein Stuhl.

Ist das eine Studentin?
_____ Lehrerin?
_____ Frau?
_____ Dame?

Nein, das ist keine Studentin.
Nein, das ist keine Lehrerin.
Nein, das ist keine Frau.
Nein, das ist keine Dame.

Wo ist ein Klassenzimmer?
_____ Tür?
_____ Stuhl?
_____ Bleistift?
_____ Fenster?

Hier ist ein Klassenzimmer.
Hier ist eine Tür.
Hier ist ein Stuhl.
Hier ist ein Bleistift.
Hier ist ein Fenster.

6. Definite Article > Indefinite Article

Hier ist das Buch.	*Hier ist ein Buch.*
_____ Tür.	Hier ist eine Tür.
_____ Mädchen.	Hier ist ein Mädchen.
_____ Tisch.	Hier ist ein Tisch.
_____ Frau.	Hier ist eine Frau.
_____ Lehrerin.	Hier ist eine Lehrerin.

7. Indefinite Article > Definite Article

Da drüben ist eine Dame.	*Da drüben ist die Dame.*
_____ Freund.	Da drüben ist der Freund.
_____ Fenster.	Da drüben ist das Fenster.
_____ Tür.	Da drüben ist die Tür.
_____ Fräulein.	Da drüben ist das Fräulein.
_____ Tafel.	Da drüben ist die Tafel.

III. PERSONAL PRONOUNS AND VERBS

Personal Pronouns

ich	*I*	wir	*we*
er	*he*	sie	*they*
sie	*she*	Sie	*you (both sing. and pl.)*
es	*it*		

Pronouns agree in gender and number with the nouns that they represent:

Wo ist das Buch?	**Es** ist dort drüben.
Ist der Bleistift hier?	Nein, **er** ist auch dort drüben.
Ist die Kreide auch dort drüben?	Nein, **sie** ist hier.

Verbs

Most German verbs are regular in their conjugation and follow the pattern of stem (**komm-** of **kommen**, **geh-** of **gehen**, etc.) plus the endings **-e** for the first person singular, **-t** for the third person singular, and **-en** for the plural:

ich komme   *I come*

er		*he*		wir		*we*	
sie	} kommt	*she*	} comes	sie	} kommen	*they*	} come
es		*it*		Sie		*you*	

There are no progressive or emphatic verb forms in German. For English present tense forms such as *I come, I am coming, I do come*, German has only one verb form: **ich komme**. Adverbs are frequently used, however, to indicate progressive action (**ich komme gerade, ich komme schon**) or to give special emphasis (**ich komme wirklich, ich komme ja**).

8. Repetition

Ich gehe nach Hause.
Er geht nach Hause.
Sie geht nach Hause.
Es (das Kind) geht nach Hause.

Wir gehen nach Hause.
Sie (*they*) gehen nach Hause.
Sie (*you*) gehen nach Hause.

Ich heiße Meyer. (*My name is Meyer.*)
Er heißt Braun.
Sie heißt Hofmann.

Wir heißen Schmidt.
Sie (*they*) heißen Schultz.
Sie (*you*) heißen Kelling, nicht wahr?

9. Question-Answer

Kommen Sie[1] heute?

_____ sie (*she*) _____?
_____ er _____?
_____ sie (*they*) _____?
_____ Sie (*pl.*) _____?
_____ ich _____?

Nein, ich komme morgen.
Nein, sie kommt morgen.
Nein, er kommt morgen.
Nein, sie kommen morgen.
Nein, wir kommen morgen.
Nein, Sie kommen morgen.

Wann geht er?

_____ sie (*they*)?
_____ sie (*she*)?
_____ Sie?
_____ Sie (*pl.*)?

Er geht um zwölf Uhr.
Sie gehen um zwölf Uhr.
Sie geht um zwölf Uhr.
Ich gehe um zwölf Uhr.
Wir gehen um zwölf Uhr.

Glauben Sie das?

_____ er _____?
_____ sie (*she*) _____?
_____ wir _____?
_____ sie (*they*) _____?
_____ ich _____?

Nein, ich glaube das nicht.
Nein, er glaubt das nicht.
Nein, sie glaubt das nicht.
Nein, wir glauben das nicht.
Nein, sie glauben das nicht.
Nein, Sie glauben das nicht.

10. Noun > Pronoun

Ist der Student zu Hause?

___ die Studentin _____?
___ das Kind _____?
___ der Professor _____?
___ die Dame _____?

Nein, er ist hier.
Nein, sie ist hier.
Nein, es ist hier.
Nein, er ist hier.
Nein, sie ist hier.

Wo ist der Kugelschreiber?

_____ die Tür?
_____ das Fenster?
_____ der Stuhl?
_____ die Schule?

Er ist da drüben.
Sie ist da drüben.
Es ist da drüben.
Er ist da drüben.
Sie ist da drüben.

[1] Always consider **Sie** singular unless the plural form is indicated.

IV. THE VERB *SEIN*

> The verb **sein** is irregular in its conjugation:
>
> **sein**   *to be*
>
> ich **bin**   *I am*
>
> | er | | | he | | | wir | | | we | | |
> |---|---|---|---|---|---|---|---|---|---|---|---|
> | sie | } | **ist** | she | } | *is* | sie | } | **sind** | they | } | *are* |
> | es | | | it | | | Sie | | | you | | | |

11. Repetition

Ich bin heute krank.
Ist er **glücklich** (*happy*)?
Das Kind ist heute hier.
Wer ist das?

Wir sind immer freundlich.
Sie (*they*) sind zu Hause.
Karla und Liese sind hübsch.
Sind Sie **müde** (*tired*)?

12. Substitution

Sind Sie immer freundlich?

_____ er _____?
_____ wir _____?
_____ ich _____?
_____ sie (*she*) _____?
_____ sie (*they*) _____?
_____ der Lehrer _____?

Ist er immer freundlich?
Sind wir immer freundlich?
Bin ich immer freundlich?
Ist sie immer freundlich?
Sind sie immer freundlich?
Ist der Lehrer immer freundlich?

13. Question-Answer

Sind Sie hier?

Bin ich hier?
Sind Sie müde?
Bin ich müde?
Gehen Sie heute nach Hause?
Gehe ich heute nach Hause?
Sind Sie glücklich?
Bin ich intelligent?

Ja, ich bin hier.

Ja, Sie sind hier.
Ja, ich bin müde.
Ja, Sie sind müde.
Ja, ich gehe heute nach Hause.
Ja, Sie gehen heute nach Hause.
Ja, ich bin glücklich.
Ja, Sie sind intelligent.

Review

English-German Patterns

The pencil is over there.
The door is over there.
The girl is over there.

Der Bleistift ist da drüben.
Die Tür ist da drüben.
Das Mädchen ist da drüben.

Where is a window?	Wo ist ein Fenster?
Where is a ballpoint pen?	Wo ist ein Kugelschreiber?
Where is a blackboard?	Wo ist eine Tafel?
The pencil is here, isn't it?	Der Bleistift ist hier, nicht wahr?
The class is here, isn't it?	Die Klasse ist hier, nicht wahr?
The girl is here, isn't she?	Das Mädchen ist hier, nicht wahr?
When are you coming home?	Wann kommen Sie nach Hause?
When are they coming home?	Wann kommen sie nach Hause?
When is the teacher[1] coming home?	Wann kommt der Lehrer nach Hause?
What is the man's name?	Wie heißt der Mann?
What is the teacher's (f.) name?	Wie heißt die Lehrerin?
What is your name?	Wie heißen Sie?
How are you?	Wie geht es Ihnen?
How is Mrs. Meyer?	Wie geht es Frau Meyer?
How is Professor Betz?	Wie geht es Professor Betz?
He is sick today.	Er ist heute krank.
We are sick today.	Wir sind heute krank.
The child is sick today.	Das Kind ist heute krank.
Do you believe that?	Glauben Sie das?
Does she believe that?	Glaubt sie das?
Do we believe that?	Glauben wir das?
I am going home at four o'clock.	Ich gehe um vier Uhr nach Hause.
She is going home at six o'clock.	Sie geht um sechs Uhr nach Hause.
We are going home at five o'clock.	Wir gehen um fünf Uhr nach Hause.
Is he at home today?	Ist er heute zu Hause?
Are you at home today?	Sind Sie heute zu Hause?
Is the student (f.) at home today?	Ist die Studentin heute zu Hause?
We are not at home today.	Wir sind heute nicht zu Hause.
She is not at home today.	Sie ist heute nicht zu Hause.
The teacher is not at home today.	Der Lehrer ist heute nicht zu Hause.

Personalized Questions

1. Wie geht es Ihnen? 2. Geht es Ihnen immer gut? 3. Wie heißen Sie? 4. Wie heißt der Lehrer? 5. Wo wohnen Sie? 6. Besuchen Sie heute eine Freundin? 7. Ist die Freundin immer zu Hause? 8. Ist eine „Studentenmutter" immer freundlich? 9. Wann gehen Sie nach Hause? 10. Ist Deutsch interessant? 11. Ist Anna Ulmer hübsch? 12. Wer **sagt** (*says*) das? 13. Sind Sie ein Mann oder eine Maus? 14. Haben wir morgen ein Examen? 15. Studieren Sie in Heidelberg?

[1] Nouns such as this are to be considered masculine unless otherwise indicated.

VERB SUMMARY

INFINITIVE

beginnen (*begin*)	beginn*e*	beginn*t*	beginn*en*
besuchen (*visit*)	besuch*e*	besuch*t*	besuch*en*
gehen (*go*)	geh*e*	geh*t*	geh*en*
glauben (*believe*)	glaub*e*	glaub*t*	glaub*en*
heißen (*be named*)	heiß*e*	heiß*t*	heiß*en*
kommen (*come*)	komm*e*	komm*t*	komm*en*
sagen (*say*)	sag*e*	sag*t*	sag*en*
sein (*be*)	**bin**	**ist**	**sind**
studieren (*study*)	studier*e*	studier*t*	studier*en*
tun (*do*)	tu*e*	tu*t*	**tun**
verbringen (*spend*)	verbring*e*	verbring*t*	verbring*en*
wohnen (*live*)	wohn*e*	wohn*t*	wohn*en*

ich — er sie es — wir sie Sie

Verbs that have some irregularity in structure will generally appear in the verb summary of the lesson in which they are explained.

Whenever a verb is irregular in any respect, the irregularity will be given in boldface type.

Studenten in Deutschland

Heute besuchen[1] über 400 000 Studenten Universitäten und Hochschulen[2] in Westdeutschland. Von den 400 000 Studenten sind nicht alle junge Männer. Es gibt[3] heute in Deutschland nicht nur[4] ein „Wirtschaftswunder",[5] sondern auch[6] ein „Fräuleinwunder": die Emanzipation der deutschen Frau. Ungefähr[7] 125 000 Frauen, wie die junge Dame auf dem Foto (A), besuchen eine Universität oder eine Hochschule. Außerdem[8] arbeiten[9] Millionen von anderen[10] Frauen in der Industrie oder irgendwo anders.[11]

[1] attend   [2] colleges, schools of higher education   [3] there is (are)   [4] only, just
[5] economic miracle   [6] but also   [7] approximately   [8] besides   [9] work
[10] other   [11] somewhere else, elsewhere

A

B

Die Universität Heidelberg, im Jahre[12] 1386 gegründet,[13] ist Deutschlands älteste[14] Universität. Aber[15] nicht alle deutschen Universitäten sind alt. Jedes[16] Jahr baut man[17] neue[18] Hochschulen, wie[19] zum Beispiel[20] die Ruhr Universität bei Bochum (**B**) oder die Universität des Saarlandes (**C**), nicht weit von[21] Saarbrücken.

[12] in the year [13] founded [14] oldest [15] but, however [16] each
[17] one builds (they build) [18] new [19] as, like [20] for example [21] not far from

C

Wo finden[22] die 400 000 Studenten in Deutschland eine Wohnung?[23] Das ist immer ein Problem! Sie wohnen bei Familien, in Studentenheimen und in Pensionen.[24] In einer deutschen Universitätsstadt[25] gibt es nicht so viele[26] Studentenheime wie in Amerika, aber einige[27] sind sehr modern. Viele Studenten arbeiten auf ihren Zimmern,[28] aber einige studieren lieber[29] in der Bibliothek[30] (Bibliothek der modernen Technischen Hochschule in Aachen, **D**).

[22] find   [23] apartment, place to live   [24] boarding houses   [25] university city
[26] many   [27] some   [28] rooms   [29] prefer to study   [30] library

D

Von[31] den 400 000 Studenten, die[32] westdeutsche Hochschulen besuchen, sind ungefähr 6% (sechs Prozent) aus anderen europäischen Ländern, und aus Afrika, Asien und Amerika. Diese Studenten verbringen gern[33] ein Semester oder ein Jahr in Deutschland. In der Mensa, einem Studenten-restaurant, sprechen[34] die Studenten miteinander[35] über ihre Studien,[36] über ihre Probleme und über die Probleme der Welt[37] (E).

[31] of, from   [32] who   [33] like to spend   [34] speak, talk   [35] with each other
[36] about their studies   [37] of the world

E

Aufgabe Zwei

Sie sprechen gut Deutsch

Rudi Wolf und ein deutscher Bekannter, Hans Rösch, sprechen über Fremdsprachen.

¹ RÖSCH: Sie sprechen gut Deutsch, Herr Wolf.

² WOLF: Danke schön.

³ RÖSCH: Wie lange sprechen Sie schon Deutsch?

⁴ WOLF: Seit drei Jahren. Ich möchte es aber noch besser lernen.

⁵ RÖSCH: Aber Sie verstehen doch beinah alles, nicht wahr?

⁶ WOLF: Wenn man langsam spricht, kann ich alles verstehen.

⁷ RÖSCH: Spreche ich zu schnell?

⁸ WOLF: Nein, ich verstehe Sie sehr gut.

⁹ RÖSCH: Sprechen Sie auch Französisch?

¹⁰ WOLF: Ja, ein bißchen, aber ich finde die Aussprache schwer.

¹¹ RÖSCH: Ich würde gern mehr Englisch lernen.

¹² WOLF: Gut! Das freut mich.

¹³ RÖSCH: Vielleicht können wir einander helfen.

¹⁴ WOLF: Gern! Wann beginnen wir?

¹⁵ RÖSCH: Morgen, wenn es möglich ist.

¹⁶ WOLF: Das wäre schön! Abgemacht!

Fragen

1. Wie heißt Rudi Wolfs Freund? 2. Spricht Rudi gut Deutsch? 3. Wie lange spricht er schon Deutsch? 4. Versteht er beinah alles? 5. Spricht Hans Rösch zu schnell? 6. Spricht Rudi Französisch? 7. Wie findet er die Aussprache? 8. Wer würde gern mehr Englisch lernen?

Lesson 2

You Speak German Well

Rudi Wolf and a German acquaintance, Hans Rösch, talk about foreign languages.

[1] RÖSCH: You speak German well, Mr. Wolf.

[2] WOLF: Thank you very much.

[3] RÖSCH: How long have you been speaking German?

[4] WOLF: For three years. I would like to learn it still better, though.

[5] RÖSCH: But you understand almost everything, don't you?

[6] WOLF: If (whenever) one speaks slowly, I can understand everything.

[7] RÖSCH: Do I speak too fast?

[8] WOLF: No, I understand you very well.

[9] RÖSCH: Do you speak French too?

[10] WOLF: Yes, a little bit; but I find the pronunciation difficult.

[11] RÖSCH: I would like to learn more English.

[12] WOLF: Good! I'm glad.

[13] RÖSCH: Perhaps we can help each other.

[14] WOLF: Gladly! When shall we begin?

[15] RÖSCH: Tomorrow if it's possible.

[16] WOLF: That would be fine. It's a deal!

Vocabulary Building

Languages

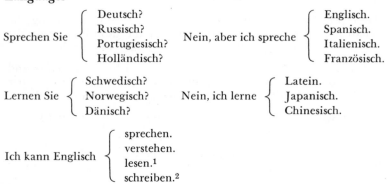

Sprechen Sie { Deutsch? Russisch? Portugiesisch? Holländisch? } Nein, aber ich spreche { Englisch. Spanisch. Italienisch. Französisch. }

Lernen Sie { Schwedisch? Norwegisch? Dänisch? } Nein, ich lerne { Latein. Japanisch. Chinesisch. }

Ich kann Englisch { sprechen. verstehen. lesen.[1] schreiben.[2] }

Continents, Countries, and Nationalities

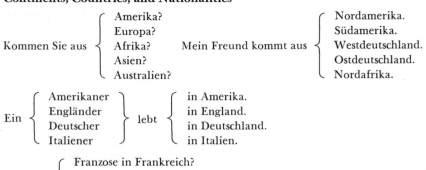

Kommen Sie aus { Amerika? Europa? Afrika? Asien? Australien? } Mein Freund kommt aus { Nordamerika. Südamerika. Westdeutschland. Ostdeutschland. Nordafrika. }

Ein { Amerikaner Engländer Deutscher Italiener } lebt { in Amerika. in England. in Deutschland. in Italien. }

Lebt ein { Franzose in Frankreich? Spanier in Spanien? Österreicher in Österreich? Russe in Rußland? }

Ein Schweizer[3] lebt in **der**[4] Schweiz.

Only Switzerland (**die Schweiz**), Turkey (**die Türkei**), and Czechoslovakia (**die Tschechoslowakei**) are feminine and require an article; other countries and continents are neuter and require no article.

Vocabulary Building Questions[1]

1. Sprechen Sie Italienisch? 2. Lernen Sie Russisch? 3. Können Sie Spanisch verstehen? 4. Können Sie Latein lesen? 5. Können Sie Französisch schreiben? 6. Kommen Sie aus Westdeutschland? 7. Lebt ein Amerikaner in Amerika? 8. Wo lebt ein Engländer?

[1] read   [2] write   [3] Swiss   [4] **Der** is the dative form of the feminine definite article. The dative case is explained in Lessons 4 and 5.

[1] Use complete sentences in answering the questions, not just "Ja" or "Nein."

Pronunciation Drill

Uvular r [ʀ]; tongue-trilled r [r̃]; final r [ʌ]

The uvular **r** [ʀ], used by most Germans, is produced by vibrating the uvula (the small flap that hangs from the back of the mouth) against the back of the tongue. The sound produced resembles a light, dry gargle.

The tongue-trilled **r** [r̃], used by many speakers and by some actors and singers, is produced by vibrating the tip of the tongue against the upper gums. Children often make this sound when imitating motors and airplanes.

A single, unstressed final **r** is really a vowel sound [ʌ], somewhat like the final vowel in the English word *sofa*.

Listen carefully to the difference between the American **r** and the German **r** in the following contrastive pairs:

ENGLISH	GERMAN	ENGLISH	GERMAN	ENGLISH	GERMAN	ENGLISH	GERMAN
reef	rief	fry	frei	hair	her	bitter	bitter
rote	rot	dry	drei	more	Mohr	wonder	Wunder
rice	Reis	price	Preis	tour	Tour	Tyler	Teiler

Practice with your model:

[ʀ]	grau	Schrank	fahren	verloren	Ring
	Gruß	Schritt	lehren	riechen	Rhein
	Brot	Stroh	Scheren	rot	Raum

[ʌ]	hier	ihr	er	Uhr	Mutter	Schwester
	mir	vier	vor	Vater	Bruder	Lehrer

[ʀ-ʌ]	ich studiere—er studiert	ich lehre—eh lehrt	zwei Tiere—ein Tier

Distinguish between the unaccented **e** [ə] and the final **r** [ʌ] in the following pairs:

[ə-ʌ]	eine—einer	meine—meiner	liebe—lieber
	reiche—reicher	seine—seiner	kleine—kleiner

Dialogue Variations

A. Sprechen Sie Deutsch?
B. Ein bißchen (ein wenig).
A. Seit wann lernen Sie schon Deutsch?[1]
B. Seit zwei Jahren.
A. Verstehen Sie alles?
B. Nein, nicht alles.
A. Verstehen Sie alles, wenn man langsam spricht?
B. Ja, wenn man nicht zu schnell spricht, verstehe ich beinah alles.

[1] How long have you been studying German?

A. Haben Sie noch andere Sprachen gelernt?
B. Ja, Spanisch.
A. Finden Sie Spanisch schwer?
B. Nein, ich finde es ziemlich leicht.[2]
A. Ich möchte auch noch mehr Spanisch lernen.
B. Gut! Das freut mich.

A. Studieren Sie gern?[3]
B. Im Winter ja, aber nicht im Sommer.
A. Wann beginnen Sie, Russisch zu lernen?
B. Nächstes[4] Jahr, wenn es möglich ist.
A. Vielleicht kann ich Ihnen helfen.
B. Wunderbar![5] Das wäre schön!

Conversational Patterns

I. MORE VERBS

INFINITIVE

finden (*find*)		finde		findet		finden
leben (*live*)		lebe	er	lebt	wir	leben
lernen (*learn*)	ich	lerne	sie	lernt	sie	lernen
schreiben (*write*)		schreibe	es	schreibt	Sie	schreiben
verstehen (*understand*)		verstehe		versteht		verstehen

If the stem ends in **d, t,** or separately pronounced consonants, the ending for the third person singular is **-et; finden, er findet; arbeiten** (*work*), **er arbeitet; öffnen** (*open*), **er öffnet.**

1. Repetition

Ich lerne Deutsch.
Sie schreibt Französisch.
Wer versteht Spanisch?
Wie finden Sie Deutsch?

Wir verstehen das Wort (*word*).
Ein Engländer lebt in England.
Leben Sie in Europa?
Er findet Russisch schwer.

2. Verb Substitution

Ich lerne Deutsch. (schreiben)

Wir schreiben es. (lernen)
Er lernt das Wort. (schreiben)
Fritz versteht das Mädchen. (finden)
Wer lernt Latein? (schreiben)
Klara versteht Spanisch. (lernen)
Max studiert in Heidelberg. (leben)
Ich lebe in Amerika. (studieren)

Ich schreibe Deutsch.

Wir lernen es.
Er schreibt das Wort.
Fritz findet das Mädchen.
Wer schreibt Latein?
Klara lernt Spanisch.
Max lebt in Heidelberg.
Ich studiere in Amerika.

[2] rather easy   [3] Do you like to study?   [4] next   [5] wonderful

II. VERBS WITH SOME IRREGULARITIES

Most German verbs are regular and follow the pattern of stem plus endings (**ich komme, er / sie / es kommt, wir / sie / Sie kommen**). Note, however, the irregularity in the following verbs:

INFINITIVE

	ich		er sie es		wir sie Sie	
haben (*have*)		habe		hat		haben
helfen (*help*)		helfe		hilft		helfen
lesen (*read*)		lese		liest		lesen
sprechen (*speak*)		spreche		spricht		sprechen

3. Repetition

Er hat kein Buch.

Sprechen Sie Deutsch?

Er liest die **Zeitung** (*newspaper*).

Sie haben recht (*You're right*).

Sie spricht Dänisch.

Der Lehrer hilft Fräulein Otto.

4. Question-Answer

haben

Hat Kurt ein Buch?

Ja, er hat ein Buch.
Nein, er hat kein Buch.

_____ Sie _____?

Ja, ich habe ein Buch.
Nein, ich habe kein Buch.

_____ Sie (*pl.*) _____?

Ja, wir haben ein Buch.
Nein, wir haben kein Buch.

_____ ich _____?

Ja, Sie haben ein Buch.
Nein, Sie haben kein Buch.

_____ Anna _____?

Ja, sie hat ein Buch.
Nein, sie hat kein Buch.

helfen

Hilft Karl Onkel Heinrich?

Ja, er hilft Onkel Heinrich.

_____ Anna _____?

Ja, sie hilft Onkel Heinrich.

_____ Sie _____?

Ja, ich helfe Onkel Heinrich.

_____ sie (*they*) _____?

Ja, sie helfen Onkel Heinrich.

_____ ich _____?

Ja, Sie helfen Onkel Heinrich.

_____ das Kind _____?

Ja, es hilft Onkel Heinrich.

sprechen

Sprechen Sie Spanisch?

Nein, ich spreche kein Spanisch.

_____ er _____?

Nein, er spricht kein Spanisch.

_____ sie (*she*) _____?

Nein, sie spricht kein Spanisch.

_____ Sie (*pl.*) _____?

Nein, wir sprechen kein Spanisch.

_____ Hans _____?

Nein, er spricht kein Spanisch.

_____ wir _____?

Nein, Sie sprechen kein Spanisch.

lesen

Lesen Sie eine Zeitung?

_____ Anna _____?

_____ sie *(they)* _____?

_____ er _____?

_____ ich _____?

Ja, ich lese eine Zeitung.
Nein, ich lese keine Zeitung.
Ja, sie liest eine Zeitung.
Nein, sie liest keine Zeitung.
Ja, sie lesen eine Zeitung.
Nein, sie lesen keine Zeitung.
Ja, er liest eine Zeitung.
Nein, er liest keine Zeitung.
Ja, Sie lesen eine Zeitung.
Nein, Sie lesen keine Zeitung.

5. Verb Substitution

Emil spricht Deutsch. (lesen)

Berta liest eine Zeitung. (haben)
Sie versteht Französisch. (sprechen)
Ich spreche Russisch. (lesen)
Jakob hat eine Zeitung. (finden)
Wir sprechen Italienisch. (schreiben)
Wer liest Deutsch? (sprechen)
Versteht sie Frau Barsch? (helfen)

Emil liest Deutsch.

Berta hat eine Zeitung.
Sie spricht Französisch.
Ich lese Russisch.
Jakob findet eine Zeitung.
Wir schreiben Italienisch.
Wer spricht Deutsch?
Hilft sie Frau Barsch?

III. MODAL VERBS

German modal auxiliaries, like English modals, are verbs that indicate the manner or mode in which something is done.

Basic Meanings

Ich **will** gehen.   I *want* (intend) to go. (Will or volition)
Ich **muß** gehen.   I *must* (have to) go. (Force or compulsion)
Ich **kann** gehen.   I *can* (am able to) go. (Ability)
Ich **darf** gehen.   I *may* (am permitted to) go. (Permission)
Ich **mag** das Buch.   I *like* the book. (Liking or inclination)
Ich **soll** gehen.   I *am supposed* to go. (I *am* to go.) (Obligation)

Können and **mögen** may also be used to indicate possibility: **Das *kann* sein** or **das *mag* sein**. (That *may* be.)

Forms

INFINITIVE

wollen		will		wollen
müssen	ich	muß	wir	müssen
können	er	kann	sie	können
dürfen	sie	darf	Sie	dürfen
mögen	es	mag		mögen
sollen		soll		sollen

Just as in English, a modal auxiliary is generally accompanied by the infinitive of another verb: **Ich *muß* heute *gehen.*** Note that this infinitive is usually found at the end of the clause and is never preceded by *zu (to)*:

Ich will gehen.   *I want to go.*

The sentence above can be made negative by inserting ***nicht*** before the infinitive:

Ich will *nicht* gehen.   *I do not want to go.*

Müssen is usually replaced by **brauchen** plus **zu** in negative statements:

Sie muß gehen.   *She must (has to) go.*
Sie braucht *nicht* zu gehen.   *She does not need (have) to go.*

6. Repetition

Wir **können** es **schreiben.**	Ich **mag** das Buch.
Er **will** zu Hause **bleiben** (stay).	Ich **muß** es **verstehen.**
Darf er **kommen?**	Er **braucht** es nicht **zu verstehen.**
Wir **dürfen** nicht **kommen.**	**Müssen** Sie es **lesen?**
Soll ich Frau Meyer **helfen?**	Nein, ich **brauche** es nicht **zu lesen.**

7. Question-Answer

könnten

Kann Hans heute kommen?	*Nein, er kann heute nicht kommen.*
_____ sie *(they)* _____?	Nein, sie können heute nicht kommen.
_____ Sie _____?	Nein, ich kann heute nicht kommen.
_____ Sie *(pl.)* _____?	Nein, wir können heute nicht kommen.
_____ Liese _____?	Nein, sie kann heute nicht kommen.

wollen

Wer will Deutsch lernen? (ich)[1]	*Ich will Deutsch lernen.*
_____ Französisch _____? (wir)	Wir wollen Französisch lernen.
_____ Spanisch _____? (Ernst)	Ernst will Spanisch lernen.
_____ Russisch _____? (Hans und ich)	Hans und ich wollen Russisch lernen.
_____ Italienisch _____? (Benno)	Benno will Italienisch lernen.

müssen

Wann müssen Sie zu Hause sein?	*Ich muß morgen zu Hause sein.*
_____ sie *(she)* _____?	Sie muß morgen zu Hause sein.
_____ wir _____? (Sie)	Sie müssen morgen zu Hause sein.
_____ er _____?	Er muß morgen zu Hause sein.
_____ sie *(they)* _____?	Sie müssen morgen zu Hause sein.

[1] Cues are given whenever one particular answer is desired or when more than one answer is possible.

müssen

Muß ich kommen?	*Nein, Sie brauchen nicht zu kommen.*
Müssen wir gehen?	Nein, sie brauchen nicht zu gehen.
Muß er bleiben?	Nein, er braucht nicht zu bleiben.
Müssen sie beginnen?	Nein, sie brauchen nicht zu beginnen.
Muß er es glauben?	Nein, er braucht es nicht zu glauben.

8. Replacement

Er muß heute hier sein.

Wir _____.	Wir müssen heute hier sein.
___ wollen _____.	Wir wollen heute hier sein.
Sie *(she)* _____.	Sie will heute hier sein.
___ kann _____.	Sie kann heute hier sein.
Sie *(you)* _____.	Sie können heute hier sein.

Heute muß ich Frau Bopp helfen.

_____ wir _____.	Heute müssen wir Frau Bopp helfen.
_____ wollen _____.	Heute wollen wir Frau Bopp helfen.
_____ er _____.	Heute will er Frau Bopp helfen.
_____ kann _____.	Heute kann er Frau Bopp helfen.
_____ sie *(they)* _____.	Heute können sie Frau Bopp helfen.

9. Question-Answer

dürfen

Wann darf ich kommen?	*Sie dürfen jetzt kommen.*
_____ wir _____? (Sie)	Sie dürfen jetzt kommen.
_____ er _____?	Er darf jetzt kommen.
_____ sie *(they)* _____?	Sie dürfen jetzt kommen.
_____ sie *(she)* _____?	Sie darf jetzt kommen.

10. Replacement

Er darf jetzt bleiben.

_____ nicht _____.	Er darf nicht bleiben.
_____ kommen.	Er darf nicht kommen.
Wir _____.	Wir dürfen nicht kommen.
_____ heute _____.	Wir dürfen heute kommen.
___ müssen _____.	Wir müssen heute kommen.
Ich _____.	Ich muß heute kommen.

Er will morgen hier sein.

___ kann _____.	Er kann morgen hier sein.
Sie *(they)* _____.	Sie können morgen hier sein.
___ wollen _____.	Sie wollen morgen hier sein.
Anna _____.	Anna will morgen hier sein.

11. Question-Answer

sollen and *wollen*

Wann soll (shall) Hans kommen?	*Um drei Uhr, wenn er will.*
_____ Inge _____?	Um drei Uhr, wenn sie will.
_____ Klara und Lili __?	Um drei Uhr, wenn sie wollen.
_____ wir _____? (Sie)	Um drei Uhr, wenn Sie wollen.
_____ ich _____?	Um drei Uhr, wenn Sie wollen.

12. Replacement

Soll ich Frau König helfen?	
Muß _____?	Muß ich Frau König helfen?
___ wir _____?	Müssen wir Frau König helfen?
Können _____?	Können wir Frau König helfen?
___ er _____?	Kann er Frau König helfen?
Darf _____?	Darf er Frau König helfen?
___ sie *(they)* _____?	Dürfen sie Frau König helfen?
Wollen _____?	Wollen sie Frau König helfen?
___ Anna _____?	Will Anna Frau König helfen?

13. Question-Answer

mögen

Mögen Sie das?	*Nein, ich mag das nicht.*
_____ er _____?	Nein, er mag das nicht.
_____ sie *(they)* _____?	Nein, sie mögen das nicht.
_____ sie *(she)* _____?	Nein, sie mag das nicht.

IV. THE FORM *MÖCHTE*

> **Möchte,** which means *would like,* is a popular conversational subjunctive form of **mögen** that is used to express a polite wish:
>
> ich ⎫
> er ⎬ möchte
> sie ⎪
> es ⎭
>
> wir ⎫
> sie ⎬ möchten
> Sie ⎭

14. Repetition

Ich (er) **möchte** die Zeitung lesen.	I (he) *would like* to read the paper.
Was **möchten** Sie sagen?	What *would* you *like* to say?
Möchten Sie jetzt gehen?	*Would* you *like* to go now?

15. Question-Answer

Möchten Sie heute gehen?　　　　　　*Nein, ich möchte morgen gehen.*

_____ er _____?　　　　Nein, er möchte morgen gehen.

_____ sie (*they*) _____?　　Nein, sie möchten morgen gehen.

_____ sie (*she*) _____?　　Nein, sie möchte morgen gehen.

_____ Sie (*pl.*) _____?　　Nein, wir möchten morgen gehen.

Review

English-German Patterns

Are we learning German?　　　　Lernen wir Deutsch?

Is he studying in Heidelberg?　　Studiert er in Heidelberg?

Is he helping Mrs. Hohlfeld?　　Hilft er Frau Hohlfeld?

Is she reading a newspaper?　　Liest sie eine Zeitung?

Is the class learning fast?　　　Lernt die Klasse schnell?

Does she find Spanish difficult?　　Findet sie Spanisch schwer?

Does he have the book?　　　　Hat er das Buch?

Do you have the newspaper?　　Haben Sie die Zeitung?

Do you speak German?　　　　Sprechen Sie Deutsch?

Do you understand everything?　　Verstehen Sie alles?

I don't understand that.　　　Ich verstehe das nicht.

He doesn't like that.　　　　Er mag das nicht.

She isn't helping Mrs. Koch.　　Sie hilft Frau Koch nicht.

They aren't coming today.　　Sie kommen heute nicht.

We aren't reading the book.　　Wir lesen das Buch nicht.

They want to go now.　　　Sie wollen jetzt gehen.

We can go now.　　　　　Wir können jetzt gehen.

He is permitted to go now.　　Er darf jetzt gehen.

She has to go now.　　　　Sie muß jetzt gehen.

We have to go now.　　　Wir müssen jetzt gehen.

He can't come today.　　　　Er kann heute nicht kommen.

She doesn't want to go today.　　Sie will heute nicht gehen.

We don't have to go today.　　Wir brauchen heute nicht zu gehen.

Anna isn't supposed to go today.　　Anna soll heute nicht gehen.

I am not allowed to go today.　　Ich darf heute nicht gehen.

I would like to read the book.　　Ich möchte das Buch lesen.

He would like to go tomorrow.　　Er möchte morgen gehen.

She would like to learn German.　　Sie möchte Deutsch lernen.

We would like to stay home.　　Wir möchten zu Hause bleiben.

Do you speak French?	Sprechen Sie Französisch?
Does he write Russian?	Schreibt er Russisch?
Does she read Latin?	Liest sie Latein?
Do they understand Dutch?	Verstehen sie Holländisch?
Does he like to read?	Liest er gern?
Do they like to learn?	Lernen sie gern?
Does she like to write?	Schreibt sie gern?
Does he like to speak German?	Spricht er gern Deutsch?

Personalized Questions

1. Sprechen Sie Deutsch? 2. Sprechen Sie es gut? 3. Sprechen Sie schon lange Deutsch? 4. Wollen Sie es besser lernen? 5. Verstehen Sie alles? 6. Spreche ich zu schnell? 7. Sprechen Sie Französisch? 8. Ist die Aussprache schwer? 9. Haben Sie noch andere Sprachen gelernt? 10. Finden Sie Deutsch schwer? 11. Sprechen Sie auch Spanisch? 12. Kommen Sie aus Italien? 13. Wo leben Sie? In Rußland? 14. Spricht der Lehrer über die Aufgabe? 15. Möchten Sie heute singen? 16. Singen Sie gern? 17. Wann müssen Sie zu Hause sein? 18. **Welche** (*which*) Aufgabe sollen Sie für heute lernen?

VERB SUMMARY

INFINITIVE

bleiben (*remain*)		bleibe		bleibt		bleiben
finden (*find*)		finde		findet		finden
haben (*have*)		habe		hat		haben
helfen (*help*)		helfe		hilft		helfen
leben (*live*)		lebe	er	lebt	wir	leben
lernen (*learn*)	ich	lerne	sie	lernt	sie	lernen
lesen (*read*)		lese	es	liest	Sie	lesen
schreiben (*write*)		schreibe		schreibt		schreiben
singen (*sing*)		singe		singt		singen
sprechen (*speak*)		spreche		spricht		sprechen
verstehen (*understand*)		verstehe		versteht		verstehen
dürfen (*be permitted*)				darf		dürfen
können (*be able*)				kann		können
müssen (*be compelled*)			ich	muß	wir	müssen
sollen (*be obliged*)			er	soll	sie	sollen
wollen (*want*)			sie	will	Sie	wollen
mögen (*like*)			es	mag		mögen
mögen (conversational subjunctive form)				möchte		möchten

In der Schule

Seit Kriegsende[1] hat man viele moderne Schulen in Deutschland gebaut.[2] Auf dem Foto (**A**) sieht man eine neue Oberschule[3] (Gymnasium) in Meppen-Emsland.

Wenn ein Kind sechs Jahre alt ist, kommt es in die Volksschule[4] (**B**). Es lernt lesen, schreiben, rechnen[5] und so weiter,[6] wie die Kinder in Amerika.

[1] end of the war   [2] built   [3] secondary school, college preparatory school
[4] public school   [5] to do arithmetic   [6] and so forth

A

B

C

Die kleinen[7] Schulkinder tragen[8] ihre Bücher, Hefte und Bleistifte[9] in Schultaschen[10] (C). Um ein Uhr[11] gehen sie nach Hause, wo sie ihre Schulaufgaben[12] machen.[13] Samstags[14] gehen sie auch in die Schule. Die meisten[15] Kinder (65%) bleiben neun Jahre in der Volksschule. Dann lernen sie drei Jahre als Lehrlinge[16] in der Industrie und werden[17] Deutschlands Mechaniker und Handwerker (D).

[7] little   [8] carry   [9] pencils   [10] satchels for books, pencils, etc.   [11] at one o'clock
[12] their school lessons, homework   [13] do   [14] on Saturday   [15] most
[16] as apprentices   [17] become

D

In den deutschen Schulen spielt[18] eiserne[19] Disziplin nicht mehr[20] eine so große[21] Rolle wie früher.[22] Die heutigen Lehrer streben nach[23] einer freundlichen Atmosphäre im Klassenzimmer, wie man hier auf dem Foto sieht[24] (**E**). Nur dann kann das empfindsame[25] Kind sein Bestes tun.

[18] plays   [19] iron   [20] no longer   [21] such a great   [22] as before   [23] strive for
[24] sees   [25] sensitive

E

Mit zehn Jahren gehen ungefähr 35% der Volksschüler in die Mittel-schule[26] oder in die Oberschule (Gymnasium). Die meisten[27] Büroarbeiter[28] und Geschäftsleute[29] kommen aus diesen Schulen. Wenn der Oberschüler aber Medizin, Philosophie, Mathematik, Literatur usw. (und so weiter) studieren will, muß er zuerst[30] neun Jahre in der Oberschule fleißig[31] lernen, das Schlußexamen[32] (das Abitur) bestehen[33] und dann[34] zur Universität gehen. Wenn der Oberschüler ein Fach,[35] wie Mathematik zum Beispiel, nicht besteht, dann muß er das ganze[36] Jahr wiederholen.[37] Oft gibt es beim Bestehen des Abiturs eine kleine Feier[38] unter[39] den Schülern. Ungefähr 75% von ihnen[40] besuchen im folgenden[41] Jahr eine Universität oder eine Hochschule.

In einigen[42] Jahren werden alle Kinder in Deutschland nur eine Schule besuchen: die Gesamtschule.[43] Es wird[44] keine separaten Volksschulen, Mit-telschulen und Oberschulen mehr geben. Über fünfzig (50) Gesamtschulen sind schon als[45] Experimentier-Modelle in Betrieb.[46] In dieser Schule wird jedes Kind die Fächer belegen,[47] die es interessieren[48] und die es leicht lernen kann.

[26] secondary school with a six-year program   [27] most   [28] office workers
[29] business people   [30] first   [31] diligently   [32] final examination   [33] pass   [34] then
[35] subject   [36] whole   [37] repeat   [38] party, celebration   [39] among   [40] of them
[41] following   [42] several, a few   [43] comprehensive school   [44] there will   [45] as
[46] in operation   [47] take the subjects   [48] which interest him

Aufgabe Drei

Können Sie mir sagen . . . ?

Rudi Wolf sucht eine Buchhandlung, denn er möchte ein Buch über den Schwarzwald kaufen.

¹ WOLF: Verzeihen Sie, bitte! Können Sie mir sagen, wo die nächste Buchhandlung ist?

² POLIZIST: Die Buchhandlung von Nadler ist gleich um die Ecke.

³ WOLF: Rechts oder links?

⁴ POLIZIST: Rechts um die Ecke und dann geradeaus! Sie ist ungefähr zwei Minuten von hier.

⁵ WOLF: Danke schön!

⁶ POLIZIST: Bitte schön!

⁷ VERKÄUFER: Guten Morgen, mein Herr! Sie wünschen?

⁸ WOLF: Ich möchte ein Buch über den Schwarzwald.

⁹ VERKÄUFER: Es tut mir leid, wir haben kein Buch über den Schwarzwald.

¹⁰ WOLF: Können Sie mir vielleicht sagen, wo ich eines bekommen kann?

¹¹ VERKÄUFER: Versuchen Sie es einmal bei Pfisters, die erste Straße links!

¹² WOLF: Wie bitte? Wie heißt das Geschäft?

¹³ VERKÄUFER: Die Buchhandlung von Pfister; sie ist gar nicht weit von hier.

¹⁴ WOLF: Danke sehr. Auf Wiedersehen!

¹⁵ VERKÄUFER: Auf Wiedersehen!

Fragen

1. Was sucht Rudi? 2. Wo ist die Buchhandlung von Nadler? 3. Rechts oder links? 4. Wie weit ist sie von hier? 5. Was sagt der Verkäufer zu Rudi? 6. Hat er ein Buch über den Schwarzwald? 7. Wo ist Pfisters Buchhandlung?

Lesson 3

Can You Tell Me . . . ?

Rudi Wolf is looking for a bookstore, for he would like to buy a book
about the Black Forest.

1 WOLF: Pardon me please. Can you tell me where the nearest
  bookstore is?

2 POLICEMAN: Nadler's Bookstore is just around the corner.

3 WOLF: To the right or to the left?

4 POLICEMAN: Around the corner to the right and then straight ahead.
  It's about two minutes from here.

5 WOLF: Thanks very much.

6 POLICEMAN: You are very welcome.

7 SALESMAN: Good morning, sir! Do you wish something?

8 WOLF: I would like a book about the Black Forest.

9 SALESMAN: I'm sorry; we don't have a book about the Black Forest.

10 WOLF: Can you perhaps tell me where I can get one?

11 SALESMAN: Try Pfister's, the first street to the left.

12 WOLF: I beg your pardon. What is the name of the store?

13 SALESMAN: Pfister's Bookstore; it's not at all far from here.

14 WOLF: Thanks a lot. Good-by!

15 SALESMAN: Good-by!

Vocabulary Building

Expressing Appreciation

Danke.	Bitte.
Danke sehr.	Bitte sehr.
Danke schön.	Bitte schön.
Besten Dank.	Nichts zu danken.[1]
Vielen Dank.	Gern geschehen.[2]

Asking Directions

Wo ist
- ein Friseurgeschäft?[3]
- ein Hotel?
- ein Restaurant?
- das Krankenhaus?[4]
- das Museum?
- das Rathaus?[5]
- das Schwimmbad?
- das Studentenheim?
- das Theater?

Können Sie mir sagen, wo
- eine Apotheke[6]
- eine Bank
- eine Buchhandlung
- die Bibliothek[7]
- die Post[8]
- die Schule
- die Universität

ist?

Wie komme ich
- zum Bahnhof?[9]
- zum Dom?[10]
- zum Stadtpark?[11]
- zur Bibliothek?
- zur Post?

Giving Directions

Wo ist die Post?
- Gleich (gerade) um die Ecke.
- Rechts (links) um die Ecke.
- Geradeaus.

Wo wohnt er?
- Die zweite Tür[12] **rechts.**
- In der Parkstraße.
- Oben.[13]
- Unten.[14]

Wo ist sie?
- Draußen.[15]
- Drinnen.[16]
- Hier.
- Da (dort) drüben.

---

[1] Don't mention it.   [2] You're quite welcome.   [3] barbershop   [4] hospital
[5] town hall   [6] pharmacy   [7] library   [8] post office   [9] railroad station (*m.*)
[10] cathedral (*m.*)   [11] city park (*m.*)   [12] second door   [13] upstairs   [14] downstairs
[15] outside   [16] inside

Vocabulary Building Questions

1. Wo ist die Universität? 2. Wie komme ich zum Studentenheim? 3. Können Sie mir sagen, wo die Bibliothek ist? 4. Wo wohnen Sie? 5. Gehen Sie heute zum Friseur? 6. Ist der Bahnhof weit von hier?

Pronunciation Drill

Long and short vowels

Long vowels are very long, and short vowels are very short and clipped. A vowel letter represents a long vowel when it is doubled, when followed by an h in the same syllable, and usually when followed by a single consonant letter. A vowel letter followed by two or more consonant letters generally represents a short vowel. In the pronunciation of long vowels there is no off-glide such as that which can be heard in the English words *say* (sa-ee) and *so* (so-u).

Long a [a:]	(spelled **aa, ah, a**) like a in *father,* but somewhat longer: Saal, Waage, Haar, fahren, Fahne, sagen, raten, malen, Vater.
Short a [a]	like a in *artistic:* Mann, machen, rasch, Salz, Stamm, spalten, was.
Long e [e:]	(spelled **ee, eh, äh, e**) resembles a in *gate,* but with the tongue more tense, the corners of the mouth drawn farther back, and with no diphthongal glide: See, leer, gehen, sehen, sähen, mähen, Leben.
Short e [e]	(spelled **e, ä**) like e in *set,* but more clipped: nett, Lende, Wände.
Unaccented e [ə]	like e in *the* in the combination *the man.* It occurs chiefly in unaccented prefixes and endings: befreunde, gewinne, komme, fragte.
Long o [o:]	(spelled **oo, oh, o**) like o in *hope,* but more monophthongal and with rounded lips: Moos, Boot, wohne, Ofen, Schoß, loben, Boden.
Short o [o]	has no close equivalent in American English. It is shorter and more clipped than long o (o:): offen, Bock, voll, Bonn, komm, Koch.
Long u [u:]	(spelled **u, uh**) resembles u in *rule,* but the tongue is pulled farther back, and the lips are more rounded: gut, du, Pfuhl, Stufe, rufen.
Short u [u]	like u in *put* but shorter: Mutter, Butter, uns, Suppe, und.

Practice with your model both vertically and horizontally:

LONG	SHORT	LONG	SHORT	LONG	SHORT	LONG	SHORT
Staat	Stadt	Beeren	Berta	Oper	Opfer	Mut	Mutter
Maat	Matte	Beten	Betten	Tor	Torte	Ruhm	Rum
Kahn	kann	den	denn	oben	ob	Schule	Schulter
fahl	Fall	Reeder	Retter	Bohne	Bonn	Buhle	Bulle

Dialogue Variations

A. Verzeihen Sie, bitte! Können Sie mir sagen, wo die nächste Bank ist?
B. Gehen Sie links um die Ecke und dann geradeaus.
A. Ist sie weit von hier?
B. Oh, nein, wirklich nicht! Ungefähr drei Minuten von hier.
A. Danke schön.
B. Nichts zu danken.

A. Wohin gehen Sie?
B. Ich gehe zur Bibliothek, und wohin gehen Sie?
A. Ich muß zum Rathaus gehen.
B. Ist es weit von hier?
A. Nein, es ist das Gebäude[1] dort drüben.

A. Guten Tag! Sie wünschen?
B. Ich möchte eine Zeitung kaufen.
A. Eine deutsche Zeitung?
B. Ja, bitte. Haben Sie die „Berliner Zeitung"?
A. Jawohl.[2] Bitte schön.[3]
B. Danke schön. Was kostet sie? (Wieviel kostet sie?)
A. Fünfzehn[4] Pfennig,[5] bitte.

Conversational Patterns

I. NOMINATIVE CASE

The subject of a sentence is always in the nominative case:

Sie ist nicht hier.
Der Student ist da drüben.

A predicate noun, i.e., a noun that follows any form of the verb **sein,** is also in the nominative:

Der Herr da drüben ist **der Bürgermeister** (*mayor*)

---

[1] building   [2] Yes indeed.   [3] Here you are.   [4] fifteen   [5] A pfennig is $\frac{1}{100}$ mark; a mark (DM) is equivalent to about thirty-one or thirty-two cents in United States currency.

1. Repetition

Wo ist das Restaurant?	Die Apotheke ist dort drüben.
Wie heißt die Schule?	Der Stadtpark ist nicht weit von hier.
Das Krankenhaus ist um die Ecke.	Wie komme ich zum Schwimmbad?
Gehen Sie jetzt zur Post?	Ist das ein Museum?
Wohnt er in der Parkstraße?	Der Herr ist mein Vater.
Hier ist das Rathaus.	Das ist das Rathaus, nicht wahr?

II. ACCUSATIVE CASE

A direct object is in the accusative case:

Ich suche **den Bleistift.**
Klara hat **das Buch.**
Wir lesen **die Zeitung.**

Note that only the masculine articles change in the accusative; the others are the same as in the nominative case.

	MASCULINE	NEUTER	FEMININE
NOM.	der ein kein	das	die
		ein	eine
ACC.	**den** **einen** **keinen**	kein	keine

2. Repetition

Er hat den Bleistift.	Sie sucht die Zeitung.
Er hat einen Bleistift.	Sie sucht eine Zeitung.
Er hat keinen Bleistift.	Sie sucht keine Zeitung.
Ich lese das Buch.	Wir kaufen den **Roman** (*novel*).
Ich lese ein Buch.	Wir kaufen einen Roman.
Ich lese kein Buch.	Wir kaufen keinen Roman.

3. Definitive Article <> Indefinite Article

Ich suche die Bibliothek.	*Ich suche eine Bibliothek.*
Er sucht einen Kugelschreiber.	*Er sucht den Kugelschreiber.*
Wir suchen das Museum.	Wir suchen ein Museum.
Sie sucht einen Bleistift.	Sie sucht den Bleistift.
Oskar sucht ein Friseurgeschäft.	Oskar sucht das Friseurgeschäft.
Der Herr sucht den Roman.	Der Herr sucht einen Roman.
Axel und Heinz suchen eine Zeitung.	Axel und Heinz suchen die Zeitung.
Sie suchen das Theater.	Sie suchen ein Theater.

Wir suchen den Lehrer.
Ich suche ein Studentenheim.

Wir suchen einen Lehrer.
Ich suche das Studentenheim.

4. Question-Answer

Was hat das Mädchen? (Buch)

_____ Anna? (Kugelschreiber)
_____ Hans? (Roman)
_____ Sie? (Heft)
_____ das Kind? (Bleistift)
_____ die Mutter? (Zeitung)

Das Mädchen hat ein Buch.

Anna hat einen Kugelschreiber.
Hans hat einen Roman.
Ich habe ein Heft.
Das Kind hat einen Bleistift.
Die Mutter hat eine Zeitung.

Hat Klaus einen Roman?

Sucht er ein Buch?
Haben Ilse und Marta einen Lehrer?
Suchen Sie eine Zeitung?
Kauft Willi einen Kugelschreiber?

Nein, er hat keinen Roman.

Nein, er sucht kein Buch.
Nein, sie haben keinen Lehrer.
Nein, ich suche keine Zeitung.
Nein, er kauft keinen Kugelschreiber.

Was sucht er? (Bahnhof)

Was sucht sie? (Bibliothek)
Was suchen sie? (Roman)
Was suchen Sie? (Dom)
Was suchen Sie (*pl.*)? (Rathaus)

Er sucht den Bahnhof.

Sie sucht die Bibliothek.
Sie suchen den Roman.
Ich suche den Dom.
Wir suchen das Rathaus.

Hat Kurt eine Lehrerin? (Lehrer)

Kauft Anna einen Kugelschreiber? (Bleistift)
Lesen Sie ein Drama? (Roman)
Hat Hans eine Freundin? (Freund)
Sucht der Herr den Bahnhof? (Dom)

Nein, Kurt hat einen Lehrer.

Nein, Anna kauft einen Bleistift.
Nein, ich lese einen Roman.
Nein, Hans hat einen Freund.
Nein, der Herr sucht den Dom.

III. ACCUSATIVE PREPOSITIONS

The accusative is used after the following prepositions:

durch *through*   **ohne** *without*
für *for*   **um** *around, at*
gegen *against*

Er geht **um das Haus.**
Das ist **für einen Freund.**

It should be noted that prepositions will often have a very different meaning when used in certain idiomatic expressions.

5. Repetition

Wer kommt durch die Tür?
Für den Lehrer ist Deutsch leicht.
Da kommt mein Freund um die Ecke!
Er **bittet um** (*asks for*) ein Buch.

Ich habe **nichts** (*nothing*) gegen das Mädchen.
Ohne einen Lehrer lernt man langsam.
Gehen Sie oft durch den Stadtpark?

6. Question-Answer

Was hat er gegen den Mann?	*Er hat nichts gegen den Mann.*
_____ Hotel?	Er hat nichts gegen das Hotel.
_____ Friseurgeschäft?	Er hat nichts gegen das Friseurgeschäft.
_____ Roman?	Er hat nichts gegen den Roman.
_____ Universität?	Er hat nichts gegen die Universität.
Kaufen Sie das für einen Freund?	*Nein, für einen Freund kaufe ich das nicht.*
_____ Lehrer?	Nein, für einen Lehrer kaufe ich das nicht.
_____ Kind?	Nein, für ein Kind kaufe ich das nicht.
_____ Frau?	Nein, für eine Frau kaufe ich das nicht.
Lernen Sie oft ohne einen Lehrer?	*Nein, ich lerne nie* (never) *ohne einen Lehrer.*
Sind Sie um vier Uhr zu Hause?	Nein, ich bin nie um vier Uhr zu Hause.
Gehen Sie (*pl.*) durch den Park?	Nein, wir gehen nie durch den Park.
Haben Sie etwas für das Kind?	Nein, ich habe nie etwas für das Kind.
Ist er gegen den Vater?	Nein, er ist nie gegen den Vater.
Bittet sie um ein Wörterbuch (*dictionary*)?	Nein, sie bittet nie um ein Wörterbuch.

IV. ACCUSATIVE PERSONAL PRONOUNS

Only three accusative forms are different from the nominative pronouns:

NOM.	ich	er	sie	es	wir	sie	Sie
ACC.	**mich**	**ihn**	sie	es	**uns**	sie	Sie

Das ist **für mich.**
Ich habe nichts **gegen ihn.**

7. Repetition

Haben Sie etwas für mich?	Ohne sie kann ich nicht leben.
Wir haben nichts für Sie.	Ich glaube, er mag uns nicht.
Ich habe nichts gegen ihn.	Wir können es nicht verstehen.

8. Noun > Pronoun

Ich habe etwas für Paul.	*Ich habe etwas für ihn.*
Er hat etwas für Anna.	Er hat etwas für sie.
Ich lese den Roman.	Ich lese ihn.
Er liest die Zeitung.	Er liest sie.
Ich habe nichts gegen den Lehrer.	Ich habe nichts gegen ihn.
Ich suche die Bibliothek.	Ich suche sie.
Ich kann das Krankenhaus nicht finden.	Ich kann es nicht finden.

9. Question-Answer

Ist das für Hans?	*Ja, das ist für ihn.*
Haben Sie etwas für Ilse?	Ja, ich habe etwas für sie.
Sehen Sie Hans und Fritz?	Ja, ich sehe sie.
Suchen Sie den Bleistift?	Ja, ich suche ihn.
Kommt er ohne Ilse und Fritz?	Ja, er kommt ohne sie.
Lesen Sie die Zeitung?	Ja, ich lese sie.
Hat er etwas für Sie?	*Nein, er hat nichts für mich.*
Haben Sie etwas für mich?	Nein, ich habe nichts für Sie.
Hat er etwas gegen Sie?	Nein, er hat nichts gegen mich.
Hat er etwas gegen Sie *(pl.)*?	Nein, er hat nichts gegen uns.
Haben Sie etwas für uns?	Nein, ich habe nichts für Sie.
Haben sie etwas für Sie?	Nein, sie haben nichts für mich.

V. WORD ORDER PATTERNS

Regular word order (subject-verb) is a common pattern of speech:

Das ist sehr interessant.

After the coordinating conjunctions **und** (*and*), **aber** (*but*), **oder** (*or*), **denn** (*for*), and **sondern** (*but on the contrary*), regular word order is used:

Ich lerne Französisch, **aber ich finde** es schwer.

Inverted word order (verb-subject) is generally used in a question:

Kommt er nach Hause?
Wann **kommt er** nach Hause?

Inverted word order is used if an element other than the subject begins the main clause, which is often the case. Regardless of what element stands at the beginning, the conjugated verb is the second element in a main clause.[1]

Heute **bleibt er** zu Hause.
Das **verstehe ich** schon.

10. Repetition

Die Musik **spielt** (*plays*), und wir beginnen zu **tanzen** (*dance*).

Ich kenne ihn gut, aber er hat **wenig** (*little*) zu sagen.

Das ist interessant, aber ich glaube es nicht.

Er ist heute nicht hier, denn er ist krank.

Bleiben Sie hier, oder gehen Sie nach Hause?

Heute kommt er nicht, sondern er bleibt zu Hause.

[1] Words such as *ja, nein,* and the coordinating conjunctions do not belong to the main sentence and consequently do not change the word order.

11. Coordinating Conjunctions

Er kennt mich. (aber) Er spricht nicht mit mir.	*Er kennt mich, aber er spricht nicht mit mir.*
Uli und Hans kommen. (und) Wir gehen zur Schule.	Uli und Hans kommen, und wir gehen zur Schule.
Peter ist nicht hier. (aber) Fritz ist schon hier.	Peter ist nicht hier, aber Fritz ist schon hier.
Können Sie jetzt kommen? (oder) Müssen Sie zu Hause bleiben?	Können Sie jetzt kommen, oder müssen Sie zu Hause bleiben?
Ist das Herr Braun? (oder) Ist das Herr Keller?	Ist das Herr Braun, oder (ist das) Herr Keller?
Sie kann nicht kommen. (denn) Sie ist krank.	Sie kann nicht kommen, denn sie ist krank.
Er geht heute nicht fort (*away*). (sondern) Er bleibt zu Hause.	Er geht heute nicht fort, sondern er bleibt zu Hause.

12. Word Order

Begin with the word in boldface type.

*Er kommt **heute** nach Hause.*	*Heute kommt er nach Hause.*
Er kann **das** nicht verstehen.	Das kann er nicht verstehen.
Heute geht **sie** nach Hause.	Sie geht heute nach Hause.
Er kommt **wann?**	Wann kommt er?
Jetzt geht **er** nach Hause.	Er geht jetzt nach Hause.
Sie ist nicht **hier.**	Hier ist sie nicht.
Er kommt **morgen.**	Morgen kommt er.
Er arbeitet (*is working*) **jetzt.**	Jetzt arbeitet er.

VI. MORE WORD ORDER PATTERNS

Word order with modal auxiliaries (**wollen, können,** etc.) generally requires that the dependent infinitive be placed at the end of the clause:

Er **kann** das nicht **verstehen.**

Time before place is the usual word order whenever adverbs or adverbial phrases of both time and place are found in the same clause:

Sie geht **heute nach Hause.**

The negative **nicht** generally stands at or near the end of the sentence. It precedes the infinitive, an adverb of place, and prepositional phrases:

Ich kann das **nicht** glauben.
Sie ist **nicht** hier.
Wir gehen **nicht** nach Hause.

Note, however, that **nicht** usually follows a direct object:

Er kennt (*knows*) das Mädchen **nicht**.

13. Word Order

Er versteht das nicht. (können)   *Er kann das nicht verstehen.*

Er lernt Deutsch. (wollen)   Er will Deutsch lernen.
Sie bleibt zu Hause. (müssen)   Sie muß zu Hause bleiben.
Spricht er mit dem Lehrer? (dürfen)   Darf er mit dem Lehrer sprechen?
Was tut er heute? (sollen)   Was soll er heute tun?

Begin with the word in boldface type.

Heute geht sie nach Hause.   *Sie geht heute nach Hause.*

Morgen gehe **ich** zur Schule.   Ich gehe morgen zur Schule.
Heute geht **er** zur Post.   Er geht heute zur Post.
Um drei Uhr geht **Ulrich** zum Stadtpark.   Ulrich geht um drei Uhr zum Stadtpark.
Jetzt geht **sie** zum Bahnhof.   Sie geht jetzt zum Bahnhof.
Um halb vier gehen **wir** zum Schwimm-   Wir gehen um halb vier zum Schwimm-
bad.   bad.

14. Affirmative > Negative

Er kommt heute nach Hause. (nicht)   *Er kommt heute nicht nach Hause.*

Das kann ich verstehen.   Das kann ich nicht verstehen.
Er kommt.   Er kommt nicht.
Sie ist hier.   Sie ist nicht hier.
Wir gehen nach Hause.   Wir gehen nicht nach Hause.
Er liebt (*loves*) mich.   Er liebt mich nicht.
Ich kenne ihn gut.   Ich kenne ihn nicht gut.

15. Ein > kein

Ich habe ein Buch.   *Ich habe kein Buch.*

Er hat einen Kugelschreiber.   Er hat keinen Kugelschreiber.
Ich habe eine Schwester (*sister*).   Ich habe keine Schwester.
Er hat ein Rad (*bicycle*).   Er hat kein Rad.
Wir haben einen Wagen (*car*).   Wir haben keinen Wagen.

Review

English-German Patterns

The hospital is around the corner.	Das Krankenhaus ist um die Ecke.
The bookstore is over there.	Die Buchhandlung ist da (dort) drüben.
The barbershop is downstairs.	Das Friseurgeschäft ist unten.
The school is over there.	Die Schule ist da (dort) drüben.
The cathedral isn't far from here.	Der Dom ist nicht weit von hier.
How do I get to the station?	Wie komme ich zum Bahnhof?
How do I get to the university?	Wie komme ich zur Universität?
How do we get to the library?	Wie kommen wir zur Bibliothek?
How do I get to the hotel?	Wie komme ich zum Hotel?
Do you have a pencil?	Haben Sie einen Bleistift?
Do you have a notebook?	Haben Sie ein Heft?
Does he have a newspaper?	Hat er eine Zeitung?
Do you have a novel?	Haben Sie einen Roman?
Are you looking for a restaurant?	Suchen Sie ein Restaurant?
Are you looking for a theater?	Suchen Sie ein Theater?
Is he looking for the teacher?	Sucht er den Lehrer?
Are they looking for him?	Suchen sie ihn?
Is she looking for you?	Sucht sie Sie?
Do you have to go now?	Müssen Sie jetzt gehen?
Does she have to go now?	Muß sie jetzt gehen?
Is he able to go now?	Kann er jetzt gehen?
May he go now?	Darf er jetzt gehen?
Are they supposed to go now?	Sollen sie jetzt gehen?
He is downstairs.	Er ist unten.
She is upstairs.	Sie ist oben.
They are inside.	Sie sind drinnen.
Karl is outside.	Karl ist draußen.
Hans is over there.	Hans ist da (dort) drüben.
Where is the bank?	Wo ist die Bank?
Where is the post office?	Wo ist die Post?
Where is the theater?	Wo ist das Theater?
Where is the railroad station?	Wo ist der Bahnhof?
Where is the swimming pool?	Wo ist das Schwimmbad?
He has something for me.	Er hat etwas für mich.
She has something for us.	Sie hat etwas für uns.
I have nothing against you.	Ich habe nichts gegen Sie.
We have nothing against them.	Wir haben nights gegen sie.
They are going home without her.	Sie gehen ohne sie nach Hause.
I am going home without him.	Ich gehe ohne ihn nach Hause.

Personalized Questions

1. Wo ist die nächste Buchhandlung? Ist sie weit von hier? 2. Möchten Sie einen Roman kaufen? 3. Wieviel kostet ein Roman? 4. Was kostet ein Heft? 5. Haben Sie ein Buch über den Schwarzwald? 6. Kennen Sie die Buchhandlung von Pfister? 7. Können Sie mir sagen, wo der Bahnhof ist? 8. Wie komme ich zum Krankenhaus? 9. Wo ist die Post? 10. Wo wohnen Sie? 11. Wohin gehen Sie morgen? 12. Gehen Sie heute **schwimmen** (*swimming*)? 13. Möchten Sie heute eine Zeitung kaufen? 14. Arbeiten Sie zu Hause? 15. Haben Sie einen Freund? Eine Freundin? 16. **Essen** (*eat*) Sie gern Wiener Schnitzel?

Directed Questions[1]

1. **Fragen Sie** (*ask*) Fräulein ——, wie sie heißt!
2. **Fragen Sie Herrn**[2] ——, wo er wohnt!
3. **Fragen Sie** den Lehrer, wo das nächste Restaurant ist!
4. **Fragen Sie Herrn** ——, wo ein Friseurgeschäft ist!
5. **Fragen Sie** Fräulein ——, was sie liest!

VERB SUMMARY

INFINITIVE					
arbeiten (*work*)	arbeite		arbeitet		arbeiten
bekommen (*receive, get*)	bekomme		bekommt		bekommen
bitten (*ask, request*)	bitte		bittet		bitten
essen (*eat*)	esse		ißt		essen
fragen (*ask*)	frage		fragt		fragen
kaufen (*buy*)	kaufe		kauft		kaufen
kennen (*know, be acquainted with*)	kenne	er	kennt	wir	kennen
	ich — sie		— sie		
kosten (*cost*)	koste	es	kostet	Sie	kosten
lieben (*love*)	liebe		liebt		lieben
schwimmen (*swim*)	schwimme		schwimmt		schwimmen
spielen (*play*)	spiele		spielt		spielen
suchen (*seek*)	suche		sucht		suchen
tanzen (*dance*)	tanze		tanzt		tanzen
versuchen (*try*)	versuche		versucht		versuchen
wünschen (*wish*)	wünsche		wünscht		wünschen

[1] Use the following pattern for all **Fragen Sie** . . . exercises in this and subsequent lessons:
LEHRER: Fragen Sie Fräulein ——, wie sie heißt!
STUDENT: Wie heißen Sie?
FRÄULEIN ——: Ich heiße ——.
LEHRER: Wie heißt sie?
DIE GANZE (*whole*) KLASSE: Sie heißt ——.
[2] In all cases other than the nominative, **Herr** becomes **Herrn**.

In der Stadt

Wenn man eine fremde[1] Stadt besucht, muß man viele Fragen stellen,[2] z.B. (zum Beispiel): Wo ist der Dom? Bitte, können Sie mir sagen, wo der Bahnhof ist? Kein Mann kann dem Ausländer[3] besser helfen als der Polizist[4] (A).

Der schöne Kölner[5] Dom (B) ist der größte gotische[6] Dom Nordeuropas. Er wurde 1248 begonnen[7] und 1880 vollendet.[8] Seine beiden Türme[9] sind 160 Meter hoch.[10]

[1] strange, foreign   [2] ask many questions   [3] foreigner   [4] policeman   [5] Cologne
[6] Gothic   [7] was begun   [8] was completed   [9] its two towers   [10] high

A

B

Die schöne Stadt München, ein Mekka für Touristen, Studenten und Künstler,[11] ist über 800 Jahre alt. Besonders[12] schön ist das Rathaus und die Frauenkirche[13] (C). Aber heute kommen auch viele Leute nach München, um die Stadt zu besuchen, wo die XX. Olympischen Spiele im Sommer 1972 stattgefunden haben.[14]

[11] artists   [12] especially   [13] Church of our Lady   [14] have taken place

C

D

Im Jahre 1945 lagen[15] Deutschlands Bahnhöfe in Trümmern.[16] Jetzt sind sie wieder neu und modern. Im Bahnhof von Stuttgart (**D**) gibt es sogar ein Hotel und ein Kino.[17] Einige Großstädte[18] wie Berlin haben mehr als[19] einen Bahnhof.

15 lay   16 rubble   17 movie theater   18 some large cities   19 more than

Hamburg, Deutschlands zweitgrößte[20] Stadt und größte Hafenstadt,[21] war einmal[22] eine Stadtrepublik. Hier sehen wir ein schönes Panorama von Geschäftshäusern[23] auf der anderen Seite der Alster[24] (E). Es ist Abend und bald beginnt im Vergnügungsviertel[25] das interessante Nachtleben für Matrosen,[26] Touristen und einige Hamburger.

[20] second largest   [21] seaport   [22] once   [23] business houses   [24] side of the Alster River
[25] amusement quarter   [26] sailors

E

Aufgabe Vier

Wie spät ist es?

Rudi Wolf spricht mit seiner „Studentenmutter". Er hat wenig Zeit, denn er hat eine Verabredung mit Professor Werner.

1 WOLF: Wie spät ist es, Frau Keller?

2 FRAU KELLER: Viertel nach acht.

3 WOLF: Donnerwetter!

4 FRAU KELLER: Was ist denn los, Herr Wolf?

5 WOLF: Ich muß mich beeilen.

6 FRAU KELLER: Warum denn?

7 WOLF: Ich habe eine Verabredung mit Professor Werner.

8 FRAU KELLER: Um wieviel Uhr?

9 WOLF: Um halb neun.

10 FRAU KELLER: So? Da nehmen Sie am besten die Straßenbahn oder den Bus zur Universität.

11 WOLF: Gut! Die nächste Haltestelle ist an der Ecke, nicht wahr?

12 FRAU KELLER: Ja, gerade vor dem Hotel Tannenbaum.

13 WOLF: Ach, wenn ich nur ein Fahrrad hätte!

14 FRAU KELLER: Ja, beinah alle Studenten fahren mit dem Rad zur Universität. Aber machen Sie schnell! Da kommt der Autobus!

15 WOLF: Danke sehr! Auf Wiedersehen!

16 FRAU KELLER: Bis heute abend! Viel Erfolg!

Fragen

1. Warum hat Rudi wenig Zeit? 2. Wie spät ist es? 3. Um wieviel Uhr hat er eine Verabredung? 4. Kann er den Bus zur Universität nehmen? 5. Wo ist die nächste Haltestelle? 6. Wie fahren beinah alle Studenten zur Universität? 7. Warum muß Rudi schnell machen?

Lesson 4

What Time Is It?

Rudi Wolf is talking with the "mother" of his student hostel. He has little time, for he has an appointment with Professor Werner.

¹ WOLF: What time is it, Mrs. Keller?

² MRS. KELLER: A quarter after eight.

³ WOLF: Wow!

⁴ MRS. KELLER: What't the matter, Mr. Wolf?

⁵ WOLF: I've got to hurry.

⁶ MRS. KELLER: But why?

⁷ WOLF: I have an appointment with Professor Werner.

⁸ MRS. KELLER: At what time?

⁹ WOLF: At eight thirty.

¹⁰ MRS. KELLER: Is that so? Then you'd better take the streetcar or the bus to the university.

¹¹ WOLF: Good! The nearest stop (streetcar or bus stop) is on the corner, isn't it?

¹² MRS. KELLER: Yes, just in front of the Hotel Tannenbaum.

¹³ WOLF: Oh, if I only had a bicycle!

¹⁴ MRS. KELLER: . . Yes, almost all the students get to the university by bicycle. But hurry! There comes the bus!

¹⁵ WOLF: Thanks a lot! Good-by!

¹⁶ MRS. KELLER: See you tonight (this evening)! Good luck!

Vocabulary Building

Time Expressions

Wie spät ist es?
Wieviel Uhr ist es?
{
Es ist ein Uhr.
Es ist eins.
Es ist zehn Minuten nach[1] sechs.
Es ist fünf Minuten vor[2] neun.
}

Wann essen wir?
{
Wir essen um zwölf (Uhr).
Wir essen um halb acht.[3]
Um Viertel nach[4] sieben.
Um Viertel vor acht (drei Viertel acht).[5]
Morgens[6] um sechs Uhr.
Abends[7] um sieben Uhr.
}

Wie lange bleibt er hier?
{
Fünf Minuten.
Eine Stunde.[8]
Zwei Stunden.
}

Kommt er bald?[9]
{
Ja, er kommt gerade.[10]
Ja, er kommt heute.
Ja, er kommt heute nachmittag.[11]
Ja, er kommt heute morgen.
Ja, er kommt gewöhnlich[12] früh[13] nach Hause.
Nein, er kommt heute spät nach Hause.
Ja, er kommt gleich (sogleich, sofort).[14]
}

Theater time and train, bus, and plane schedules are usually announced by the twenty-four-hour clock: 20 Uhr (acht Uhr abends), 13:30 (halb zwei nachmittags).

Mode of Travel

Fahren Sie
{
mit dem Wagen?[15]
mit dem Zug?[16]
mit dem Rad (Fahrrad)? (*n.*)
mit dem Auto? (*n.*)
mit dem Taxi? (*n.*)
mit dem Bus (Autobus)? (*m.*)
mit dem Schiff?[17]
mit dem Boot? (*n.*)
mit der Straßenbahn? (*f.*)
mit der Eisenbahn?[18]
}

---

[1] after   [2] to   [3] half past seven   [4] quarter after   [5] a quarter to
[6] in the morning   [7] in the evening   [8] hour   [9] soon   [10] right now
[11] this afternoon   [12] usually   [13] early   [14] immediately   [15] car, vehicle (*m.*)
[16] train (*m.*)   [17] ship (*n.*)   [18] by rail (*f.*)

Vocabulary Building Questions

1. Wieviel Uhr ist es? 2. Wann essen Sie morgens? 3. Wie lange bleiben Sie gewöhnlich in der Bibliothek? 4. Kommen Sie immer früh nach Hause? 5. Wer kommt gewöhnlich spät nach Hause? 6. Fahren Sie oft mit dem Taxi? 7. Wie fahren Sie gewöhnlich? 8. Kommt der Lehrer bald?

Pronunciation Drill

The umlauts ü [y: y] and ö [ø: ø]

Long ü [y:] (spelled ü, üh, y) is produced by pronouncing long i [i:] with rounded lips: für, kühl, üben, typisch.

Short ü [y] (spelled ü, y) is produced by pronouncing short i [i] with rounded lips: küssen, müssen, fünf, dünn, Mütter, Symbol.

Practice with your model the following pairs:

[i:] - [y:]	LIPS ⬭	LIPS ◯	LIPS ⬭	LIPS ◯	LIPS ◯
	liegen	lügen	vier	für	Analyse
	Riemen	rühmen	Tier	Tür	mythisch
	Biene	Bühne	Kiel	kühl	Lyrik

[i] - [y]	LIPS ⬭	LIPS ◯	LIPS ⬭	LIPS ◯	LIPS ◯
	Mitte	Mütter	Binde	Bünde	Symbol
	missen	müssen	sticke	Stücke	Tyrann
	Liste	Lüste	Kissen	küssen	Mythologie

Long ö [ø:] (spelled ö, öh) is produced by pronouncing long e [e:] with rounded lips: böse, hören, schön, Höhle.

Short ö [ø] is produced by pronouncing short e [e] with rounded lips: können, Löffel, Töchter, möchten.

Practice the following pairs:

[e:] - [ø:]	LIPS ⬭	LIPS ◯	LIPS ⬭	LIPS ◯
	lesen	lösen	Besen	böse
	Sehne	Söhne	hehlen	Höhlen
	flehe	Flöhe	verheeren	verhören

[e] - [ø]	LIPS ⬭	LIPS ◯	LIPS ⬭	LIPS ◯
	Mächte	möchte	bellen	Böller
	kennen	können	fällig	völlig

Dialogue Variations

A. Wieviel Uhr ist es eigentlich?[1]
B. Viertel vor neun.

[1] actually

A. Donnerwetter!

B. Was ist denn los? Was haben Sie denn?[2]

A. Was ich habe? Eine Verabredung mit Professor Werner um neun Uhr!

B. Da müssen Sie sich aber beeilen.

A. Wie kommen die meisten[3] Studenten zur Universität?

B. Die meisten Studenten wohnen nicht weit von der Universität. Einige[4] gehen deshalb[5] zu Fuß.[6]

A. Andere fahren aber[7] auch mit der Straßenbahn oder mit dem Autobus, nicht wahr?

B. Ja, und viele[8] fahren auch mit dem Rad.

A. Ach, wenn ich nur ein Rad hätte!

A. Wie komme ich am besten zur Universität?

B. Fahren Sie mit dem Autobus Nummer dreizehn.[9] Die Haltestelle ist dort drüben vor dem Hotel Tannenbaum.

A. Der Bus steht[10] schon da! Ach, er fährt gerade ab![11]

B. Da haben Sie Pech![12] Nun[13] müssen Sie mit der Straßenbahn fahren. Die nächste Haltestelle ist direkt vor dem Bahnhof.

A. Meine Verabredung ist aber schon um neun.

B. Da nehmen Sie wohl am besten ein Taxi.[14]

Conversational Patterns

I. DATIVE CASE

In German an indirect object is in the dative case:

Ich schreibe **einem Freund** einen Brief.
I'm writing *a friend* a letter.

Sie erzählt **dem Kind** eine Geschichte.
She tells *the child* a story.

The definite and indefinite articles for the dative case are different from those used in the nominative and accusative cases. Note that the masculine and neuter dative forms are alike.

	MASCULINE AND NEUTER	FEMININE
DAT.	dem einem keinem	der einer keiner

---

[2] What's the matter with you?   [3] most   [4] some   [5] therefore   [6] on foot
[7] however   [8] many   [9] number thirteen   [10] is standing   [11] is just leaving
[12] tough luck   [13] now   [14] Then it's probably best to take a taxi.

1. Repetition

Wie geht es dem Professor?
Können Sie dem Mann sagen, wo das Krankenhaus ist?
Er möchte dem **Arzt** (*doctor*) etwas sagen.

Was soll ich dem Kind **bringen** (*bring*)?
Das sage ich keinem Mann!
Wem (*to whom*) will er alles sagen?
Soll ich der Lehrerin das Heft **zeigen** (*show*)?

2. Question-Answer

bringen: bringe / bringt / bringen

Wem bringt er ein Buch? (*der Mann*)
Wem bringen Sie eine Zeitung? (die Frau)
Wem bringen sie einen Stuhl? (die Dame)
Wem bringt sie ein Heft? (das Mädchen)
Wem bringt er eine Zeitung? (der Lehrer)

Er bringt dem Mann ein Buch.
Ich bringe der Frau eine Zeitung.
Sie bringen der Dame einen Stuhl.
Sie bringt dem Mädchen ein Heft.
Er bringt dem Lehrer eine Zeitung.

geben: gebe / gibt / geben

Wem gibt er das Buch? (*der Lehrer*)
Wem gibt er die Kreide? (die Studentin)
Wem gibt sie das Heft? (eine Freundin)
Wem geben Sie Geld? (ein Kind)
Wem geben Sie den Bleistift? (die Lehrerin)

Er gibt dem Lehrer das Buch.
Er gibt der Studentin die Kreide.
Sie gibt einer Freundin das Heft.
Ich gebe einem Kind Geld.
Ich gebe der Lehrerin den Bleistift.

zeigen: zeige / zeigt / zeigen

Wem zeigt Otto den Park? (*eine Engländerin*)
Wem zeigt Jürgen das Museum? (ein Spanier)
Wem zeigen Sie das Rathaus? (eine Amerikanerin)
Wem zeigen Oskar und Erna den Dom? (eine Österreicherin)
Wem zeigen Sie (*pl.*) die Universität? (ein Italiener)

Er zeigt einer Engländerin den Park.
Er zeigt einem Spanier das Museum.
Ich zeige einer Amerikanerin das Rathaus.
Sie zeigen einer Österreicherin den Dom.
Wir zeigen einem Italiener die Universität.

erzählen: erzähle / erzählt / erzählen

Wem erzählt der Lehrer eine Geschichte? (*die Klasse*)
Wem erzählt die Mutter eine Geschichte? (das Kind)
Wem erzählen Sie eine Geschichte? (eine Freundin)
Wem erzählt Paul eine Geschichte? (ein Freund)
Wem erzählen Sie (*pl.*) eine Geschichte? (der Lehrer)

Er erzählt der Klasse eine Geschichte.
Sie erzählt dem Kind eine Geschichte.
Ich erzähle einer Freundin eine Geschichte.
Er erzählt einem Freund eine Geschichte.
Wir erzählen dem Lehrer eine Geschichte.

II. DATIVE PRONOUNS

The personal pronouns for the dative case are given below, along with a review of the nominative and accusative pronouns:

Pronoun Summary

NOM.	ich	er	sie	es	wir	sie	Sie
ACC.	mich	ihn	sie	es	uns	sie	Sie
DAT.	mir	ihm	ihr	ihm	uns	ihnen	Ihnen

An indirect object always precedes a direct object, unless the direct object is an unstressed pronoun:

Er gibt *dem Mann* das Buch.
Er gibt *ihm* das Buch.
Er gibt es *dem Mann*.
Er gibt es *ihm*.

3. Repetition[1]

Der Vater gibt mir Geld.
Können Sie ihm sagen, wo der Bahnhof ist?
Was darf ich Ihnen bringen?
Was wollen Sie ihr geben?
Er will ihnen etwas zeigen.
Sie will es mir geben.

Es tut mir leid.
Ich bin ihm **dankbar** (*grateful*).
Es ist mir **gleich (egal)** (*all the same*).
Ist es Ihnen **recht** (*all right*)?
Ist Ihnen **kalt** (*cold*)?
Mir ist **zu warm** (*too warm*).
Das ist ihm **zu viel** (*too much*).

4. Dative Noun > Dative Pronoun

Ich bin dem Lehrer dankbar.

Es tut Luise leid.
Es ist Onkel Otto gleich.
Ist es Paula und Kurt recht?
Tut es dem Professor leid?
Ist es Klara zu viel?
Dem Baby ist kalt.
Es ist Jürgen und Emil egal.

Ich bin ihm dankbar.

Es tut ihr leid.
Es ist ihm gleich.
Ist es ihnen recht?
Tut es ihm leid?
Ist es ihr zu viel?
Ihm ist kalt.
Es ist ihnen egal.

5. Question-Answer

Was wollen Sie dem Mann sagen?

Was wollen Sie der Frau geben?
Was will er Rolf und Peter erzählen?
Was wollen Sie (*pl.*) dem Kind zeigen?

Ich will ihm nichts sagen.

Ich will ihr nichts geben.
Er will ihnen nichts erzählen.
Wir wollen ihm nichts zeigen.

[1] Note that all of the idioms used in the second column require the dative case.

Was will er Maria kaufen?	Er will ihr nichts kaufen.
Was wollen Sie der Lehrerin bringen?	Ich will ihr nichts bringen.
Was können Sie (pl.) Olga und Helga sagen?	Wir können ihnen nichts sagen.

Ist es Ihnen recht?	*Ja, es ist mir recht.*
Ist es Ihnen gleich?	Ja, es ist mir gleich.
Tut es Ihnen (pl.) leid?	Ja, es tut uns leid.
Ist Ihnen kalt?	Ja, mir ist kalt.

Tut es Hilde leid?	*Nein, es tut ihr nicht leid.*
Ist es Heinz recht?	Nein, es ist ihm nicht recht.
Ist es Liese gleich?	Nein, es ist ihr nicht gleich.
Ist es Ihnen recht?	Nein, es ist mir nicht recht.
Ist das Ihnen (pl.) zu viel?	Nein, das ist uns nicht zu viel.

6. Direct Object Noun > Direct Object Pronoun

Er gibt dem Mann das Buch.	*Er gibt es dem Mann.*
Sie zeigt dem Lehrer die Aufgabe.	Sie zeigt sie dem Lehrer.
Er bringt der Dame einen Stuhl.	Er bringt ihn der Dame.
Sie zeigen einem Amerikaner das Museum.	Sie zeigen es einem Amerikaner.
Er gibt dem Kind Geld.	Er gibt es dem Kind.

7. Response with Pronouns

Zeigt sie der Mutter die Bibliothek?	*Ja, sie zeigt sie ihr.*
Zeigt sie Bruno das Fahrrad?	Ja, sie zeigt es ihm.
Will er dem Kind die Straßenbahn zeigen?	Ja, er will sie ihm zeigen.
Bringt sie der Mutter einen Stuhl?	Ja, sie bringt ihn ihr.
Wollen Sie der Studentin das Buch geben?	Ja, ich will es ihr geben.
Zeigt er Grete und Karin das Klassenzimmer.	Ja, er zeigt es ihnen.

III. DATIVE VERBS

The verbs **glauben, helfen, danken** (*to thank*), **antworten** (*to answer*), **gefallen** (*to please*), and **gehören** (*to belong*) require the dative case whenever the object denotes a person.

Er dankt **dem Professor.**
Wollen Sie **mir** helfen?
Ich kann **der Frau** nicht glauben.

Antworten Sie **ihm!**
Das gefällt **mir.**
Das Buch gehört **Ihnen.**

Other verbs that take the dative case will be so designated in the verb summary of each lesson.

8. Repetition

Soll ich ihm heute helfen?
Er hilft mir nicht.
Glauben Sie mir?
Ich glaube Ihnen.
Danken Sie dem Lehrer, wenn er Ihnen hilft?

Er dankt mir für alles.
Antworten Sie dem Lehrer?
Warum antworten Sie ihm nicht?
Gefällt Ihnen diese Stadt?
Gehört Ihnen dieses Buch?

9. Dative Noun > Dative Pronoun

gefallen: gefalle / gefällt / gefallen

Die Stadt gefällt dem Mann.
Der Dom gefällt der Frau.
Das Buch gefällt dem Kind.
Die Bibliothek und das Museum gefallen dem Professor.
Die Lehrerin gefällt Hans und Anna.

Die Stadt gefällt ihm.
Der Dom gefällt ihr.
Das Buch gefällt ihm.
Die Bibliothek und das Museum gefallen ihm.
Die Lehrerin gefällt ihnen.

Er will Lotte helfen.
Sie wollen Karl helfen.
Der Lehrer hilft Karl und Anna.
Wir helfen Frau Müller.
Die Mutter hilft dem Kind.

Er will ihr helfen.
Sie wollen ihm helfen.
Der Lehrer hilft ihnen.
Wir helfen ihr.
Die Mutter hilft ihm.

Das Buch gehört Erika.
Der Bleistift gehört Karl.
Der Kugelschreiber gehört dem Lehrer.
Der Roman gehört der Studentin.

Das Buch gehört ihr.
Der Bleistift gehört ihm.
Der Kugelschreiber gehört ihm.
Der Roman gehört ihr.

10. Question-Answer

Glauben Sie der Verkäuferin?
Glauben Sie (*pl.*) Gert und Emil?
Antwortet sie dem Lehrer?
Danken sie der Lehrerin?
Dankt er Ihnen?
Glaubt sie dem Herrn?
Glaubt er Ihnen (*pl.*)?

Nein, ich glaube ihr nicht.
Nein, wir glauben ihnen nicht.
Nein, sie antwortet ihm nicht.
Nein, sie danken ihr nicht.
Nein, er dankt mir nicht.
Nein, sie glaubt ihm nicht.
Nein, er glaubt uns nicht.

IV. DATIVE PREPOSITIONS

The dative is used after the following prepositions:

aus *out of, from*	mit *with*	von *of, from*
außer *except for*	nach *to, toward, after,*	zu *to, at*
bei *by, near, at*	*according to, about*	
the place of	seit *since, for*	

Fahren Sie **mit der Straßenbahn?**
Sie wohnt **bei einem Onkel von mir.**

Er wohnt **seit einem Jahr** in Berlin.[1]
He has been living in Berlin *for a year.*

Generally nouns do not show any change in the dative singular; however, most masculine and neuter nouns of one syllable may add **-e.**

Kommt er **aus dem Haus(e)?**
Er spricht **mit einem Freund(e).**

11. Repetition

Er geht aus dem Hause.
Er kommt aus Hamburg.
Alle außer ihm verstehen Deutsch.
Er wohnt bei einem Onkel.
Ich habe kein Geld bei mir.
Darf ich mit Ihnen sprechen?
Ist er ein Freund von Ihnen?
Was ist los mit der Straßenbahn?

Meine Schwester fährt nach Berlin.
Er fragt **nach** (*about*) Ihnen.
Das ist **nett** (*nice*) von Ihnen.
Er kommt oft zu mir.
Seit einem Jahr studiert er Medizin.
Aus den **Augen,** aus dem **Sinn.**
(*Out of sight, out of mind.*)

12. Dative Noun > Dative Pronoun

Ich spreche mit Karl.

Er kommt mit Anna.
Er wohnt bei Onkel Walter.
Alle verstehen es außer Erika.
Oft sprechen wir von dem Lehrer.
Was ist los mit Jürgen?
Das ist sehr nett von Klara.

Ich spreche mit ihm.

Er kommt mit ihr.
Er wohnt bei ihm.
Alle verstehen es außer ihr.
Oft sprechen wir von ihm.
Was ist los mit ihm?
Das ist sehr nett von ihr.

13. Question-Answer

Wie fährt Georg? (*der Bus*)

Wie fahren Sie (*pl.*)? (*das Schiff*)
Wie fährt Tante Maria? (*der Zug*)

Er fährt mit dem Bus.

Wir fahren mit dem Schiff.
Sie fährt mit dem Zug.

[1] In German one must use the present tense to denote an action beginning in the past and continuing in the present, whereas in English the present perfect tense is required.

Wie fährt Kurt? (das Fahrrad)	Er fährt mit dem Fahrrad.
Wie fahren Otto und Franz? (der Wagen)	Sie fahren mit dem Wagen.

Von wem sprechen Sie? (eine Freundin)	*Ich spreche von einer Freundin.*
Von wem spricht er? (ein Mädchen)	Er spricht von einem Mädchen.
Von wem spricht sie? (ein Kind)	Sie spricht von einem Kind.
Von wem sprechen Sie (*pl.*)? (der Lehrer)	Wir sprechen von dem Lehrer.

Bei wem wohnt er? (ein Professor)	*Er wohnt bei einem Professor.*
Bei wem wohnen Sie? (ein Freund)	Ich wohne bei einem Freund.
Bei wem wohnt sie? (eine Freundin)	Sie wohnt bei einer Freundin.
Bei wem wohnen sie? (ein Lehrer)	Sie wohnen bei einem Lehrer.

Zu wem geht er? (der Lehrer)	*Er geht zu dem Lehrer.*
Zu wem geht sie? (die Lehrerin)	Sie geht zu der Lehrerin.
Zu wem gehen sie? (der Arzt)	Sie gehen zu dem Arzt.
Zu wem gehen Sie? (ein Freund von mir)	Ich gehe zu einem Freund von mir.
Zu wem gehen Sie (*pl.*)? (ein Onkel von uns)	Wir gehen zu einem Onkel von uns.

Mit wem spricht er? (ein Arzt)	*Er spricht mit einem Arzt.*
Mit wem fährt sie? (eine Tante von mir)	Sie fährt mit einer Tante von mir.
Mit wem geht er? (eine Studentin)	Er geht mit einer Studentin.
Mit wem arbeitet er? (ein Freund)	Er arbeitet mit einem Freund.
Mit wem ißt sie? (eine Freundin)	Sie ißt mit einer Freundin.

V. COMMAND FORMS

> A command or a request is expressed simply by inverting the word order of the pronoun **Sie** and its verb form: **Sagen Sie das! Glauben Sie mir!**
>
> A command equivalent to English "Let's . . ." is expressed by inverting the word order of the pronoun **wir** and its verb form: **Gehen wir!** (*Let's go.*) **Essen wir!** (*Let's eat.*)

14. Repetition

Lernen Sie Deutsch!	Gehen wir um halb acht!
Helfen Sie mir!	Fahren wir mit dem Wagen!
Suchen Sie das Buch!	Essen wir um zwölf!
Bleiben Sie fünf Minuten hier!	Sagen wir es ihr!

15. Statement > Command

Sie lesen schnell.	*Lesen Sie schnell!*
Sie kommen um halb acht.	Kommen Sie um halb acht!
Sie lesen die Zeitung.	Lesen Sie die Zeitung!

Sie besprechen (*discuss*) den Roman.
Sie essen um halb acht.
Sie fahren mit dem Rad.

Wir bleiben hier.

Wir spielen Tennis.
Wir sprechen mit dem Lehrer.
Wir gehen gleich nach Hause.
Wir singen nicht.

Besprechen Sie den Roman!
Essen Sie um halb acht!
Fahren Sie mit dem Rad!

Bleiben wir hier!

Spielen wir Tennis!
Sprechen wir mit dem Lehrer!
Gehen wir gleich nach Hause!
Singen wir nicht!

Review

English-German Patterns

He shows the student the newspaper.
She is bringing the teacher a chair.
They are showing him the table.
He is telling me something. (*sagen*)

Er zeigt dem Studenten[1] die Zeitung.
Sie bringt dem Lehrer einen Stuhl.
Sie zeigen ihm den Tisch.
Er sagt mir etwas.

He gives the girl a book.
He gives the child money.
She shows me the classroom.
We show her the city park.

Er gibt dem Mädchen ein Buch.
Er gibt dem Kind Geld.
Sie zeigt mir das Klassenzimmer.
Wir zeigen ihr den Stadtpark.

Do you want to give him a pencil?
Do you want to give her the chalk?
Does he want to help me today?
Does she want to thank the teacher?

Wollen Sie ihm einen Bleistift geben?
Wollen Sie ihr die Kreide geben?
Will er mir heute helfen?
Will sie dem Lehrer danken?

Do you believe the teacher?
Does he believe you?
Do you always answer him?
Does he help you often?

Glauben Sie dem Lehrer?
Glaubt er Ihnen?
Antworten Sie ihm immer?
Hilft er Ihnen oft?

He likes the novel. (*gefallen*)
We like German and French.
The book doesn't belong to me.
The notebook doesn't belong to her.

Der Roman gefällt ihm.
Deutsch und Französisch gefallen uns.
Das Buch gehört mir nicht.
Das Heft gehört ihr nicht.

I'm sorry.
He's grateful to me.
Is it too warm for you?
That's all the same to me.
It's too much for the girl.

Es tut mir leid.
Er ist mir dankbar.
Ist Ihnen zu warm?
Das ist mir gleich (egal).
Es ist dem Mädchen zu viel.

He lives with an uncle of mine.
She is speaking with the teacher.

Er wohnt bei einem Onkel von mir.
Sie spricht mit dem Lehrer.

[1] **Student** has the ending **-en** in all cases except the nominative singular.

They often speak of the teacher.	Sie sprechen oft von dem Lehrer.
She often goes to the doctor.	Sie geht oft zu dem Arzt.

Come this afternoon.	Kommen Sie heute nachmittag!
Buy me a pencil.	Kaufen Sie mir einen Bleistift!
Don't speak so fast.	Sprechen Sie nicht so schnell!
Let's stay here.	Bleiben wir hier!
Let's not go.	Gehen wir nicht!

She has been reading since seven thirty.	Sie liest seit halb acht.
Karl has been writing since eight o'clock.	Karl schreibt seit acht Uhr.
I have been helping her since this morning.	Ich helfe ihr seit heute morgen.

When are we eating?	Wann essen wir?
When do they work?	Wann arbeiten sie?
How long will he stay here?	Wie lange bleibt er hier?
What time is it?	Wie spät ist es? (Wieviel Uhr ist es?)

He's coming tomorrow.	Er kommt morgen.
She's coming this afternoon.	Sie kommt heute nachmittag.
They are coming immediately.	Sie kommen gleich (sogleich, sofort).
Luise is coming this evening.	Luise kommt heute abend.

I travel by rail.	Ich fahre mit der Eisenbahn.
He travels by ship.	Er fährt mit dem Schiff.
She travels by bus.	Sie fährt mit dem Bus.
They travel by car.	Sie fahren mit dem Wagen (Auto).

Personalized Questions

1. Wie spät ist es? 2. Haben Sie heute eine Verabredung? 3. Um wieviel Uhr gehen Sie gewöhnlich nach Hause? 4. Nehmen Sie den Bus oder fahren Sie mit dem Rad? 5. Wie fahren die meisten Studenten zur Universität? 6. Essen Sie heute abend? 7. Gehen Sie sofort nach Hause? 8. Bleiben Sie abends zu Hause? 9. Haben Sie ein **Rendezvous** (date) für heute abend? 10. Finden Sie alle Mädchen schön? 11. Kann man mit einem Wagen von Amerika nach Europa fahren? 12. Kann man von hier nach Europa zu Fuß gehen? 13. Ist es besser, mit dem Rad zu fahren? 14. Arbeiten Sie immer **fleißig** (hard)? 15. Bringen Sie **manchmal** (sometimes) dem Lehrer einen **Apfel** (apple)?

Directed Questions

1. Fragen Sie Herrn ——, **ob** (whether) er abends zu Hause bleibt![1]
2. Fragen Sie Fräulein ——, was sie heute abend **macht** (is doing)!
3. Fragen Sie Fräulein ——, warum sie nicht fleißig arbeitet!
4. Fragen Sie Herrn ——, ob er **verheiratet** (married) ist!
5. Fragen Sie Fräulein ——, wann sie nach Hause geht!

[1] Note the position of the conjugated verb in all dependent clauses.

VERB SUMMARY

INFINITIVE

	ich		er sie es		wir sie Sie	
antworten *(answer, dat.)*		antworte		antwortet		antworten
besprechen *(discuss)*		bespreche		**bespricht**		besprechen
bringen *(bring)*		bringe		bringt		bringen
danken *(thank, dat.)*		danke		dankt		danken
erzählen *(tell)*		erzähle		erzählt		erzählen
fahren *(travel)*		fahre		**fährt**		fahren
geben *(give)*		gebe		**gibt**		geben
gefallen *(please, dat.)*		gefalle		**gefällt**		gefallen
gehören *(belong, dat.)*		gehöre		gehört		gehören
machen *(do, make)*		mache		macht		machen
nehmen *(take)*		nehme		**nimmt**		nehmen
stehen *(stand)*		stehe		steht		stehen
zeigen *(show)*		zeige		zeigt		zeigen

Wie fährt man?

Viele Leute[1] in Europa fahren mit dem Rad: Schüler, Studenten, Arbeiter, Touristen und oft sogar Mütter mit ihren Kindern[2] (**A**, Salzburg).

In den meisten Städten fährt keine Straßenbahn mehr, aber in Bochum kann man entweder mit der Straßenbahn oder mit dem Bus fahren (**B**).

[1] people   [2] their children

A

B

C

Man wartet auf sie[3] an derselben[4] Haltstelle. In der Stadt hat es jeder eilig.[5] Viele Leute kaufen ein Auto, damit[6] sie schneller fahren können, aber dann finden sie keinen Parkplatz. Der Autofahrer[7] führt[8] oft einen kleinen Monolog: „Wo kann ich heute parken? Ich suche schon seit zehn Minuten. Dort drüben ist es verboten,[9] und hier stehen schon viele Autos! Das nächste Mal[10] fahre ich mit dem Bus!"

Jedes Jahr sieht man[11] mehr Autos auf den Straßen. In einigen Groß-städten, wie Frankfurt, München und Wien[12] sind jeden Tag über hundert zusätzliche[13] Autos auf den Straßen. Kein Wunder, daß es immer mehr[14] Einbahnstraßen[15] gibt, und daß man in diesen Städten eine Untergrund-bahn[16] baut! In Berlin ist die U-Bahn sehr modern (**C**). Wie wir auf dem Bild[17] sehen können, sind die Wagen neu und sauber.[18] Die Leute rauchen[19] nicht, denn sie nehmen einen Nichtraucher. Die Fahrt[20] ist schnell und ruhig,[21] weil[22] diese Wagen auf Gummirädern[23] rollen.

3 one waits for them   4 the same   5 everyone is in a hurry   6 so that
7 driver of a car   8 recites   9 forbidden   10 time   11 one sees   12 Vienna
13 additional   14 more and more   15 one-way streets   16 subway, underground
railway   17 picture   18 clean   19 smoke   20 trip   21 quiet, peaceful   22 because
23 rubber wheels

D

Auf der Autobahn[24] kann man sehr schnell von einem Ort[25] zum andern fahren. Wenn man müde wird,[26] kann man, wie auf unseren[27] „turnpikes", eine angenehme[28] Stunde in einer Raststätte[29] verbringen (**D**, Autobahn-system im Spessart). Auch mit dem Zug kommt man schnell von einer Stadt zur nächsten, und mit dem T.E.E. (Trans-Europa-Express) kann man von einem Land zum anderen reisen[30] (**E**, vor dem Schloß Chillon[31] am Gen-fersee[32] in der Schweiz).

Früher[33] reiste man[34] gewöhnlich mit dem Schiff, wenn man von Amerika nach Europa oder von Europa nach Amerika fahren wollte.[35] Eine Seereise[36] ist vielleicht gut für die Gesundheit[37] und kann bei gutem Wetter sehr romantisch sein. Aber heutzutage[38] haben die meisten Menschen[39] wenig Zeit und wollen so schnell wie möglich reisen. Wer es eilig hat,[40] nimmt das Flugzeug[41] (**F**, Frankfurt am Main).

---

[24] German expressway   [25] place   [26] becomes   [27] our   [28] pleasant   [29] rest area
[30] travel   [31] Castle of Chillon   [32] Lake Geneva   [33] formerly, earlier
[34] one traveled   [35] wanted to go   [36] ocean voyage   [37] health   [38] nowadays
[39] people   [40] whoever is in a hurry   [41] plane

E

F

Aufgabe Fünf

Eine Verabredung

Heute ist Dienstag, der elfte Mai. Rudi Wolf hat um halb neun eine Verabredung mit Professor Werner. Der Professor ist Studentenberater für Ausländer. Rudi spricht zuerst mit einer Sekretärin und dann mit Professor Werner.

[1] WOLF: Verzeihen Sie!

[2] SEKRETÄRIN: Bitte schön? Kann ich Ihnen helfen?

[3] WOLF: Darf ich mich vorstellen? Mein Name ist Wolf . . .

[4] SEKRETÄRIN: O, Herr Wolf! Herr Professor Werner wartet schon auf Sie.

[5] WOLF: Es tut mir leid, daß ich mich verspätet habe.

[6] SEKRETÄRIN: Das macht nichts. Kommen Sie nur herein! Herr Professor Werner, Herr Wolf möchte Sie sprechen.

[7] PROFESSOR: Es freut mich, Sie kennenzulernen, Herr Wolf.

[8] WOLF: Ganz meinerseits, Herr Professor.

[9] PROFESSOR: Wo wohnen Sie hier in der Stadt? Bei einer Familie oder in einem Studentenheim?

[10] WOLF: Ich wohne in einem kleinen Studentenheim in der Türkenstraße. Es gefällt mir dort gut.

[11] PROFESSOR: Das freut mich. Und wie finden Sie die Vorlesungen hier an der Universität?

[12] WOLF: Ausgezeichnet!

[13] PROFESSOR: Deutsche Literaturgeschichte ist Ihr Hauptfach?

[14] WOLF: Ja.

[15] PROFESSOR: Schön! Kommen Sie ruhig zu mir, wenn Sie Schwierigkeiten haben!

[16] WOLF: Danke sehr. Das werde ich tun.

Fragen

1. Mit wem (*whom*) spricht Rudi zuerst? 2. Kennt er sie? 3. Kann sie ihm helfen? 4. Kommt er zu spät? 5. Wohnt Rudi bei einer Familie? 6. Findet er alle Vorlesungen interessant? 7. Was ist Rudis Hauptfach?

Lesson 5

An Appointment

Today is Tuesday, the eleventh of May. Rudi Wolf has an appointment with Professor Werner at eight thirty. The professor is Foreign Student Adviser. Rudi speaks first with a secretary and then with Professor Werner.

[1] WOLF: I beg your pardon.

[2] SECRETARY: Yes? Can I help you?

[3] WOLF: May I introduce myself? My name is Wolf . . .

[4] SECRETARY: Oh, Mr. Wolf! Professor Werner is already waiting for you.

[5] WOLF: I'm sorry I'm late.

[6] SECRETARY: That's all right. Just come right in. Professor Werner, Mr. Wolf would like to speak with you.

[7] PROFESSOR: I'm glad to make your acquaintance, Mr. Wolf.

[8] WOLF: The pleasure is all mine, Professor.

[9] PROFESSOR: Where are you living in the city? With a family or in a student hostel?

[10] WOLF: I live in a small student hostel on Türkenstraße. I like it there a lot.

[11] PROFESSOR: I'm glad. And how do you find the lectures here at the university?

[12] WOLF: Excellent!

[13] PROFESSOR: The history of German literature is your major field?

[14] WOLF: Yes.

[15] PROFESSOR: Fine! Please don't hesitate to come to me if you have difficulties.

[16] WOLF: Thanks very much. I'll do that.

Vocabulary Building

Days of the Week, Months, and Seasons (all masculine)

Die Woche hat sieben Tage.

Wann kommt er?	Er kommt	am Montag.
		am Dienstag.
		am Mittwoch.
		am Donnerstag.
		am Freitag.
		am Samstag (Sonnabend).
		am Sonntag.

Das Jahr hat zwölf Monate.[1]

Wann sind Sie geboren?[2]	Im Januar? Im Februar? Im März? Im April? Im Mai? Im Juni?	Nein, ich bin	im Juli im August im September im Oktober im November im Dezember	geboren.

Das Jahr hat vier Jahreszeiten.[3]

Machen Sie	im Sommer im Winter im Herbst[4] im Frühling[5] (Frühjahr)	eine Reise?[6]

Cardinal Numerals

null	(0)	dreizehn	(13)	vierzig	(40)
eins	(1)	vierzehn	(14)	fünfzig	(50)
zwei	(2)	fünfzehn	(15)	sechzig	(60)
drei	(3)	sechzehn	(16)	siebzig	(70)
vier	(4)	siebzehn	(17)	achtzig	(80)
fünf	(5)	achtzehn	(18)	neunzig	(90)
sechs	(6)	neunzehn	(19)	hundert	(100)
sieben	(7)	zwanzig	(20)	hunderteins	(101)
acht	(8)	einundzwanzig	(21)	zweihundert	(200)
neun	(9)	zweiundzwanzig	(22)	dreihunderteins	(301)
zehn	(10)	siebenundzwanzig	(27)	tausend	(1 000)
elf	(11)	dreißig	(30)	eine Million	(1 000 000)
zwölf	(12)	einunddreißig	(31)	eine Milliarde	(1 000 000 000)

Note that one does not ordinarily say **ein hundert** or **ein tausend** unless **ein** is being stressed; however, one does say **eine Million**. For dates, use: **neunzehnhundertvierundsechzig** (1964).

[1] months   [2] born   [3] seasons   [4] autumn   [5] spring   [6] trip

Vocabulary Building Questions

1. Kommt der Professor am Sonntag zur Universität? 2. **Wie viele** (*how many*) Monate hat das Jahr? 3. Kennen Sie die Monate? 4. Wann sind Sie geboren? 5. Wann kann man am besten eine Reise machen? 6. Wohin reist man gern im Winter? 7. Wieviel ist einundzwanzig und fünfundsechzig?

Pronunciation Drill

The sounds [b], [d], and [g] and [p], [t], and [k] (spelled b, d, and g); the glottal stop

The consonant letters **b, d,** and **g** represent approximately the same sounds as their English counterparts; however, before **s** or **t** and when final in a word or syllable, the letters **b, d,** and **g** represent the sounds [p], [t], and [k] respectively. Practice with your model the following words both vertically and horizontally:

der Dieb	das Bad	der Tag	der König (ig = ich)	das Grab
des Diebs[1]	des Bads[1]	des Tags[1]	des Königs	des Grabs[1]
die Diebe	die Bäder	die Tage	die Könige	die Gräber
lieben	senden	fragen	peinigen	laden
liebte	sandte	fragte	peinigte	lud
geliebt	gesandt	gefragt	gepeinigt	geladen

The **glottal stop** is a momentary stoppage of breath before syllables beginning with a vowel. It prevents words from running together, as often happens in English combinations such as: *a-negg, a-nother,* etc. Practice the following:

der Ochse	der Abend	ausgehen	eine alte Eule
das Ohr	das Amt	hereineilen	Ich esse einen Apfel
die Uhr	das Obst	umarmen	Erichs alter Onkel

Dialogue Variations

A. Verzeihen Sie bitte!
B. Kann ich Ihnen helfen?
A. Ja, können Sie mir sagen, wo ich das Büro[1] von Professor Diehl finden kann?
B. Sehen Sie[2] die junge Dame da drüben?

[1] In modern conversational German, the **e** in the genitive forms of **des Diebes, des Bades,** etc., is sometimes omitted.

---

[1] office   [2] do you see

A. Die blonde oder die brünette?
B. Die blonde. Sie steht gerade vor Professor Diehls Tür.
A. Vielen Dank.

A. Darf ich mich vorstellen? Ich heiße Peter Schmidt.
B. Ich freue mich, Sie kennenzulernen.
A. Es freut mich auch, Sie kennenzulernen, Herr Braun.
B. Seit wann wohnen Sie schon hier in der Stadt?
A. Seit drei Wochen.
B. Und wie gefällt sie Ihnen?
A. Sehr gut.
B. Sind Sie Student oder Tourist?[3]
A. Ich bin Student.

A. Reisen Sie im Sommer nach Europa?
B. Ja. Am nächsten Freitag fahren wir ab.
A. Reisen Sie mit dem Schiff oder mit dem Flugzeug?[4]
B. Wir fahren mit dem Schiff. Das ist viel romantischer.[5]
A. Im Frühjahr fahre ich auch nach Europa.
B. Wirklich? Wie wunderbar!

Conversational Patterns

I. PREPOSITIONS WITH THE DATIVE OR ACCUSATIVE CASE

The following prepositions take either the dative or the accusative case:

an *at, to, by*	**in** *in, into*	**unter** *under, among*
auf *on, on top of*	**neben** *next to, near*	**vor** *before, in front of*
hinter *behind*	**über** *over, about*	**zwischen** *between*

If the verb indicates action or movement toward a definite goal or place, the preposition requires the accusative. However, if the verb expresses rest or action not directed toward a definite goal or place, the preposition requires the dative.

ACCUSATIVE: **Wohin . . . ?**	DATIVE: **Wo . . . ?**
(destination)	(location)
Karl geht in **das** Haus.	Karl ist in **dem** Haus.
Er geht an **das** Fenster.	Er steht an **dem** Fenster.
Sie legt (*lays*) das Buch auf **die Schreibmaschine** (*typewriter*).	Das Buch **liegt** (*is lying*) schon auf **der** Schreibmaschine.

[3]The indefinite article is generally omitted before an *unmodified* predicate noun denoting vocation, rank, or station in life.   [4] airplane   [5] much more romantic

1. Repetition

George studiert an (auf) der Universität.

Der **Junge** (*boy*) geht in das Haus.

Ein Stuhl steht zwischen dem Sofa und dem Fenster.

Herr Schmidt wohnt oben; er wohnt über mir.

Wohnen Sie unter ihm?

Er **stellt** (*places*) den Stuhl neben das Fenster.

Er **setzt** (*puts*) die **Katze** (*cat*) auf den Stuhl.

Das **Hündchen** (*puppy*) **läuft** (*runs*) hinter das Sofa.

Das **Bild** (*picture*) **hängt** (*hangs*) an der Wand.

Der Bleistift **fällt** (*falls*) unter den Stuhl.

2. Accusative Noun > Dative Noun

Ich stelle den Stuhl neben die Tür.

Er stellt den Stuhl neben das Fenster.

Wir stellen den Stuhl neben das Sofa.

Sie stellt den Stuhl neben den Tisch.

Ich stelle den Stuhl neben die Stehlampe (*floor lamp*).

Der Stuhl steht neben der Tür.

Der Stuhl steht neben dem Fenster.

Der Stuhl steht neben dem Sofa.

Der Stuhl steht neben dem Tisch.

Der Stuhl steht neben der Stehlampe.

3. Question-Answer

Wohin legt der Lehrer das Buch? (*auf ... Tisch*)

Wo liegt das Buch?

Wohin legt er die Zeitung? (auf ... Stuhl)

Wo liegt die Zeitung?

Wohin legt er die Kreide? (auf ... Papier)

Wo liegt die Kreide?

Wohin legt er den Bleistift? (auf ... Buch)

Wo liegt der Bleistift?

Wohin geht der Junge? (*in ... Haus*)

Wo ist der Junge?

Wohin geht der Tourist? (in ... Hotel)

Wo wohnt der Tourist?

Wohin hängt die Mutter das Bild? (*an ... Wand*)

Wo hängt das Bild?

Wohin stellt sie den Stuhl? (an ... Fenster)

Wo steht der Stuhl?

Wohin stellt sie den Tisch? (an ... Wand)

Wo steht der Tisch?

Der Lehrer legt das Buch auf den Tisch.

Das Buch liegt auf dem Tisch.

Er legt die Zeitung auf den Stuhl.

Die Zeitung liegt auf dem Stuhl.

Er legt die Kreide auf das Papier.

Die Kreide liegt auf dem Papier.

Er legt den Bleistift auf das Buch.

Der Bleistift liegt auf dem Buch.

Der Junge geht in das Haus.

Der Junge ist in dem Haus.

Der Tourist geht in das Hotel.

Der Tourist wohnt in dem Hotel.

Die Mutter hängt das Bild an die Wand.

Das Bild hängt an der Wand.

Sie stellt den Stuhl an das Fenster.

Der Stuhl steht an dem Fenster.

Sie stellt den Tisch an die Wand.

Der Tisch steht an der Wand.

Wohin setzt der Junge die Katze? (hinter ... Stuhl) | *Der Junge setzt die Katze hinter den Stuhl.*

Wo sitzt die Katze? | Die Katze sitzt hinter dem Stuhl.

Wohin läuft die Katze? (hinter ... Sofa) | Die Katze läuft hinter das Sofa.

Wo ist die Katze? | Die Katze ist hinter dem Sofa.

Wohin läuft das Hündchen? (unter ... Tisch) | *Das Hündchen läuft unter den Tisch.*

Wo liegt das Hündchen? | Das Hündchen liegt unter dem Tisch.

Wohin fällt der Bleistift? (unter ... Stuhl) | Der Bleistift fällt unter den Stuhl.

Wo liegt der Bleistift? | Der Bleistift liegt unter dem Stuhl.

Wohin geht das Kind? (vor ... Haus) | *Das Kind geht vor das Haus.*

Wo steht das Kind? | Das Kind steht vor dem Haus.

Wohin setzt der Junge die Katze? (vor ... Tür) | Der Junge setzt die Katze vor die Tür.

Wo liegt die Katze? | Die Katze liegt vor der Tür.

Wohin stellt der Vater den Stuhl? (zwischen ... Tisch ... Sofa) | *Der Vater stellt den Stuhl zwischen den Tisch und das Sofa.*

Wo steht der Stuhl? | Der Stuhl steht zwischen dem Tisch und dem Sofa.

Wohin stellt er die Stehlampe? (zwischen ... Stuhl ... Fenster) | Er stellt die Stehlampe zwischen den Stuhl und das Fenster.

Wo steht die Stehlampe? | Die Stehlampe steht zwischen dem Stuhl und dem Fenster.

4. Replacement

Auf dem Tisch liegt ein Bleistift.

Unter _____. | Unter dem Tisch liegt ein Bleistift.

_____ die Kreide. | Unter dem Tisch liegt die Kreide.

Hinter _____. | Hinter dem Tisch liegt die Kreide.

_____ Stuhl _____. | Hinter dem Stuhl liegt die Kreide.

_____ das Heft. | Hinter dem Stuhl liegt das Heft.

Neben _____. | Neben dem Stuhl liegt das Heft.

_____ Wand _____. | Neben der Wand liegt das Heft.

_____ der Roman. | Neben der Wand liegt der Roman.

Ich lege den Bleistift auf den Tisch.

_____ Buch _____. | Ich lege das Buch auf den Tisch.

_____ unter _____. | Ich lege das Buch unter den Tisch.

_____ Zeitung. | Ich lege das Buch unter die Zeitung.

_____ Kreide _____. | Ich lege die Kreide unter die Zeitung.

_____ neben _____. | Ich lege die Kreide neben die Zeitung.

_____ Sofa. | Ich lege die Kreide neben das Sofa.

_____ Roman _____.	Ich lege den Roman neben das Sofa.
_____ hinter _____.	Ich lege den Roman hinter das Sofa.
_____ Stuhl.	Ich lege den Roman hinter den Stuhl.
_____ Zeitung _____.	Ich lege die Zeitung hinter den Stuhl.
_____ vor _____.	Ich lege die Zeitung vor den Stuhl.
_____ Tür.	Ich lege die Zeitung vor die Tür.

II. IDIOMS REQUIRING THE ACCUSATIVE CASE

The prepositions **an, auf,** and **über** govern the accusative case and have figurative meanings in the following common expressions:

Sie denkt **an mich.**	She thinks _of me._
Sie ist stolz (eifersüchtig, neidisch) **auf mich.**	She is proud (jealous, envious) _of me._
Wir sprechen oft **über das Wetter.**	We often speak _about the weather._
Er wartet **auf Sie.**	He is waiting _for you._

5. Repetition

Der Junge denkt an das Hündchen.	Erich ist neidisch auf mich.
Der Lehrer ist stolz auf die Klasse.	Ich bin nicht stolz auf ihn.
Er spricht über Deutschland.	Ist Inge eifersüchtig auf Sie?
Wir denken an Deutschland.	Warten Sie auf mich?

6. Accusative Noun > Accusative Pronoun

Wir sprechen über einen Freund.	_Wir sprechen über ihn._
Sie denkt an einen Freund.	Sie denkt an ihn.
Wir warten auf eine Dame.	Wir warten auf sie.
Er ist stolz auf die Klasse.	Er ist stolz auf sie.
Ist sie neidisch auf Helene?	Ist sie neidisch auf sie?
Denken Sie oft an Viktor?	Denken Sie oft an ihn?
Wartet sie auf die Mutter?	Wartet sie auf sie?
Er spricht oft über den Lehrer.	Er spricht oft über ihn.

7. Question-Answer

An wen denkt der Lehrer? (ein Student)	_Er denkt an einen Studenten._
Auf wen wartet sie? (der Vater)	Sie wartet auf den Vater.
An wen denkt die Mutter? (das Kind)	Sie denkt an das Kind.
Über wen spricht er? (das Mädchen)	Er spricht über das Mädchen.
Auf wen ist sie stolz? (das Baby)	Sie ist stolz auf das Baby.
Über wen sprechen Sie? (eine Frau)	Ich spreche über eine Frau.
Auf wen ist sie eifersüchtig? (ein Mädchen)	Sie ist eifersüchtig auf ein Mädchen.

An wen denkt der Junge? (ein Freund)   Er denkt an einen Freund.
Auf wen wartet das Mädchen? (eine   Sie wartet auf eine Freundin.
Freundin)

III. PREPOSITIONAL CONTRACTIONS

Some prepositions are generally contracted with definite articles if the article is unstressed. The contractions used most frequently are:

am	= an dem	**im**	= in dem
ans	= an das	**ins**	= in das
aufs	= auf das	**vom**	= von dem
beim	= bei dem	**zum**	= zu dem
fürs	= für das	**zur**	= zu der

8. Repetition

Am Montag[1] kann er nicht kommen.   Gehen wir zum Bahnhof?
Sprechen Sie oft im **Schlaf** (*sleep*)? Der Lehrer geht ans Fenster.
Er kommt vom Rathaus.   Die Mutter geht ins Haus.
Lesen Sie gern im **Bett** (*bed*)?   Das Kind geht morgens zur Schule.

9. Prepositional Phrase > Contraction

Geht er in das Haus?   *Geht er ins Haus?*

Ich fahre zu dem Rathaus.   Ich fahre zum Rathaus.
Das Mädchen geht zu der Apotheke.   Das Mädchen geht zur Apotheke.
In dem Sommer ist es warm.   Im Sommer ist es warm.
Er legt den Bleistift auf das Papier.   Er legt den Bleistift aufs Papier.
Ich nehme das Buch von dem Tisch.   Ich nehme das Buch vom Tisch.
Wir sitzen an dem Tisch.   Wir sitzen am Tisch.

IV. DA-COMPOUNDS

If a pronoun that refers to an inanimate object (or objects) is used with a preposition, it is often replaced by **da-** (or by **dar-** if the preposition begins with a vowel) and is compounded with the preposition:

Schreiben Sie mit dem Bleistift? Ja, ich schreibe **damit** (*with it*).

10. Repetition

Ich habe ein Haus auf dem Land.   Hier ist das Sofa.
Ich denke oft daran.   Ich sitze oft darauf.
Der Lehrer kennt Berlin.   Das ist mein Deutschbuch.
Oft spricht er darüber.   Ich lerne viel daraus.

[1] In reference to time, the prepositions **in, an,** and **vor** generally take the dative case.

11. Substitution

Change prepositional phrases to **da**-compounds wherever possible.

Liegt das Buch auf dem Tisch?	*Ja, es liegt darauf.*
Schreiben Sie mit dem Kugelschreiber?	Ja, ich schreibe damit.
Sitzt er zwischen der Wand und dem Tisch?	Ja, er sitzt dazwischen.
Arbeitet er an Aufgabe fünf?	Ja, er arbeitet daran.
Ist sie im Haus?	Ja, sie ist darin (drinnen).
Ist die Katze hinter dem Sofa?	Ja, sie ist dahinter.
Wartet er vor dem Theater?	Ja, er wartet davor.
Denken Sie an die Liebe (*love*)?	Ja, ich denke daran.
Sprechen Sie gern über die Liebe?	Ja, ich spreche gern darüber.
Sitzen Sie gern unter dem Baum (*tree*)?	Ja, ich sitze gern darunter.
Sitzt er in dem Wagen?	Ja, er sitzt darin.
Lernen Sie viel aus dem Buch?	Ja, ich lerne viel daraus.
Spricht sie oft von dem Lehrer?	Ja, sie spricht oft **von ihm.**

Review

English-German Patterns

Is he sitting next to the window?	Sitzt er neben dem Fenster?
Yes, he's sitting next to it.	Ja, er sitzt daneben.
Is he sitting on the chair?	Sitzt er auf dem Stuhl?
Yes, he's sitting on it.	Ja, er sitzt darauf.
Is he writing with a ballpoint pen?	Schreibt er mit einem Kugelschreiber?
Yes, he's writing with it.	Ja, er schreibt damit.
Who is standing in front of the bookstore?	Wer steht vor der Buchhandlung?
Who is standing in front of it?	Wer steht davor?
Does the boy lay the book on the chair?	Legt der Junge das Buch auf den Stuhl?
Yes, he often lays the book on it.	Ja, er legt das Buch oft darauf.
Are we working on Lesson Five? (*an*)	Arbeiten wir an Aufgabe fünf?
Yes, we are working on it.	Ja, wir arbeiten daran.
The ballpoint pen is lying behind the typewriter.	Der Kugelschreiber liegt hinter der Schreibmaschine.
The newspaper is under the table.	Die Zeitung ist unter dem Tisch.
The pencil is lying in front of the chair.	Der Bleistift liegt vor dem Stuhl.
The boy is playing in front of the house.	Der Junge spielt vor dem Haus.
The picture is hanging on the wall.	Das Bild hängt an der Wand.
The cat is lying behind the sofa.	Die Katze liegt hinter dem Sofa.

He lays the newspaper on the table.	Er legt die Zeitung auf den Tisch.
The pencil is lying under the chair.	Der Bleistift liegt unter dem Stuhl.
She places the chair near the window.	Sie stellt den Stuhl neben das Fenster.
He sets the cat on the chair.	Er setzt die Katze auf den Stuhl.
He lives in a hotel.	Er wohnt in einem Hotel.
Who is standing at the door?	Wer steht an der Tür?
Shall I go to the door?	Soll ich an die Tür gehen?

Are you thinking about the lesson?	Denken Sie an die Aufgabe?
Is she thinking about the baby?	Denkt sie an das Baby?
Is the teacher proud of the class?	Ist der Lehrer stolz auf die Klasse?
Do we often speak about the weather?	Sprechen wir oft über das Wetter?
Is she jealous of you?	Ist sie eifersüchtig auf Sie?

He's coming on Monday.	Er kommt am Montag.
She's coming on Thursday.	Sie kommt am Donnerstag.
In winter we study.	Im Winter studieren wir.
Is Uncle Fritz coming in July?	Kommt Onkel Fritz im Juli?
Peter is coming at three thirty.	Peter kommt um halb vier.

Now I can understand a lot.	Jetzt kann ich viel verstehen.
Today we are learning German.	Heute lernen wir Deutsch.
Tomorrow he is coming home.	Morgen kommt er nach Hause.
On Wednesday she has to stay home.	Am Mittwoch muß sie zu Hause bleiben.
Now I understand what he is saying.	Jetzt verstehe ich, was er sagt.

He's going home now.	Er geht jetzt nach Hause.
She's going home tomorrow.	Sie geht morgen nach Hause.
We're going home at four o'clock.	Wir gehen um vier Uhr nach Hause.
Peter goes to school at seven thirty.	Peter geht um halb acht zur Schule.

We're not going home now.	Wir gehen jetzt nicht nach Hause.
Erika doesn't go to school now.	Erika geht jetzt nicht zur Schule.
Rudi isn't working now.	Rudi arbeitet jetzt nicht.
Hans isn't home today.	Hans ist heute nicht zu Hause.

He doesn't want to help us.	Er will uns nicht helfen.
She doesn't want to answer me.	Sie will mir nicht antworten.
He doesn't want to thank her.	Er will ihr nicht danken.
We don't want to believe them.	Wir wollen ihnen nicht glauben.

Personalized Questions

1. Ist es Montag? 2. Ist es Sommer? 3. Wann sind Sie geboren? 4. Haben Sie heute abend eine Verabredung? 5. Haben Sie eine Sekretärin? 6. Möchten Sie eine hübsche Sekretärin haben? 7. Wohnen Sie bei einer Tante? 8. Finden Sie Deutsch interessant? 9. Was ist Ihr Hauptfach? 10. Haben Sie manchmal Schwierigkeiten? 11. Seit wann wohnen Sie schon hier in der Stadt? 12. Wie gefällt sie Ihnen? 13. Reisen Sie im Sommer nach Europa? 14. Sind Sie Student oder Tourist?

Directed Questions

1. Fragen Sie Herrn ——, wo er im Sommer arbeitet!
2. Fragen Sie Fräulein ——, ob sie auf einen Freund wartet!
3. Fragen Sie Herrn ——, ob er neben einem Mädchen sitzt!
4. Fragen Sie Herrn ——, ob der Lehrer unter dem Tisch sitzt!
5. Fragen Sie Fräulein ——, ob sie heute abend ein Rendezvous hat!
6. Fragen Sie Herrn ——, ob die Woche zehn Tage hat!
7. Fragen Sie Fräulein ——, wann sie eine Reise macht!
8. Fragen Sie Fräulein ——, ob sie eine Blondine (Blonde) ist!

VERB SUMMARY

INFINITIVE	ich	er sie es	wir sie Sie
denken (*think*)	denke	denkt	denken
fallen (*fall*)	falle	**fällt**	fallen
hängen (*hang*)	hänge	hängt	hängen
laufen (*run*)	laufe	**läuft**	laufen
legen (*lay, put*)	lege	legt	legen
liegen (*lie*)	liege	liegt	liegen
reisen (*travel*)	reise	reist	reisen
sehen (*see*)	sehe	**sieht**	sehen
setzen (*set, put*)	setze	setzt	setzen
sitzen (*sit*)	sitze	sitzt	sitzen
stellen (*place*)	stelle	stellt	stellen
vergessen (*forget*)	vergesse	**vergißt**	vergessen
warten (*wait*)	warte	wartet	warten

Deutsche Hochschulen

Im allgemeinen[1] achtet[2] man einen Professor in Deutschland mehr als einen Politiker, General, Filmstar oder Fußballspieler. Unter den Staatsmännern[3] sind viele ehemalige[4] Professoren. An der Universität, und in seiner Nachbarschaft,[5] wo ein Professor bekannt[6] ist, zeigt man großen Respekt vor ihm. „Herr Professor" heißt es immer. Wenn er spricht, unterbricht[7] man ihn gewöhnlich nicht mit Fragen, und man applaudiert[8] am Ende seiner Vorlesung. Man kommt nur zu ihm ins Büro, wenn er Sprechstunden hat, denn es wäre schade,[9] den „Herrn Professor" bei der Arbeit zu stören.[10] Auf dem Foto (A) sehen wir Studenten an der Universität des Saarlandes bei einer Vorlesung. Sie sitzen ruhig und machen sich Notizen,[11] während[12] der Professor über Mathematik liest.[13]

Nach bestandenem Abschlußexamen[14] oder Abitur darf man an einer deutschen Universität oder Hochschule studieren. Wie in der Volksschule und in den höheren[15] Schulen braucht ein Student keine hohen[16] Unterrichtsgebühren[17] zu bezahlen.[18] Er muß einige Vorlesungen belegen,[19] braucht sie aber nicht jeden Tag zu besuchen, wenn er nicht will, denn der Professor kontrolliert nie,[20] welche Studenten vor ihm sitzen. An deutschen Universitäten gibt es gewöhnlich kein Semester-Schlußexamen. Bevor der Student ein Seminar besuchen darf, muß er aber eine Prüfung machen.[21] Nach acht bis zehn Semestern und nachdem[22] er seine Dissertation ge-

[1] in general   [2] respects   [3] statesmen   [4] former   [5] neighborhood   [6] known
[7] interrupts   [8] shows approval (by shuffling one's feet or by rapping one's knuckles on wood)   [9] it would be too bad   [10] disturb   [11] take notes   [12] while   [13] lectures
[14] with the final examinations passed   [15] higher   [16] high   [17] tuition   [18] pay
[19] enroll for   [20] never checks   [21] take an examination   [22] after

A

B

schrieben hat, kommt er zu der großen mündlichen[23] Doktorprüfung. Wenn
er diese Prüfung besteht,[24] ist er „Doktor".

An einigen Hochschulen gibt es eine Diplomprüfung. Wenn ein Student
sie besteht, bekommt er ein Diplom und ist zum Beispiel Diplomchemiker,[25]
Diplomingenieur[26] oder Diplomkaufmann.[27]

Was tut ein Student abends, wenn er nicht mehr studieren will? Manchmal[28] geht er in einen Studentenkeller,[29] um[30] mit anderen Studenten einer
Jazzband zuzuhören (B). Man kann nicht nur arbeiten, sondern muß auch
ein bißchen Vergnügen[31] haben.

[23] oral   [24] passes   [25] college graduate with an advanced degree in chemistry
[26] college graduate with an advanced degree in engineering   [27] college graduate with an
advanced degree in business administration and/or economics   [28] sometimes
[29] student "hangout"   [30] in order   [31] fun, pleasure

Deutschland hat viele Technische Hochschulen, sowie[32] Hochschulen für Lehrerbildung[33] (Pädagogische Akademien) und für Landwirtschaft[34] (**C.** Stuttgart), Bergakademien,[35] Forstakademien[36] und Kunstakademien,[37] Musikhochschulen, Tierärztliche[38] Hochschulen und Handelshochschulen.[39] In Deutschland ist es kaum[40] möglich, wie bei uns, Musik oder Kunst an einer Universität zu studieren; man besucht eine Kunstakademie (**D**) oder eine Musikhochschule.

[32] as well as   [33] teacher training   [34] agriculture   [35] schools of mining
[36] schools of forestry   [37] art academies   [38] veterinary   [39] business colleges
[40] hardly, scarcely

C

D

Aufgabe Sechs

Tennis oder Schwimmen?

Rudi Wolf und Bruno Lehmann kennen einander seit einigen Wochen. Die beiden hören Professor Benns Vorlesungen über die deutsche Lyrik. Heute sehen sie einander wieder, aber diesmal auf der Straße vor dem Studentenheim, wo Bruno wohnt.

¹ LEHMANN: Guten Tag! Schönes Wetter heute, nicht wahr?

² WOLF: Ja, einfach herrlich, trotz des Regens in der Nacht.

³ LEHMANN: Haben Sie Lust, Tennis zu spielen? Der Tennisplatz ist gleich um die Ecke.

⁴ WOLF: Ich möchte schon, aber ich spiele nicht gut.

⁵ LEHMANN: Schauen Sie mal die beiden Mädchen dort drüben! Sie gehen wahrscheinlich schwimmen.

⁶ WOLF: Kann sein. Wenigstens gehen sie in der Richtung des Schwimmbads.

⁷ LEHMANN: Können Sie gut schwimmen?

⁸ WOLF: Wie ein Fisch! Besonders, wenn ein schönes Mädchen um Hilfe ruft.

⁹ LEHMANN: Das ist doch Luise Ulmer und ihre Schwester Anna! Kennen Sie sie?

¹⁰WOLF: Ja, Anna kenne ich besser als Luise. Ich höre, Sie interessieren sich für Anna.

¹¹ LEHMANN: O nein, Anna ist eigentlich sehr nett, aber Luise gefällt mir besser.

¹² WOLF: Wirklich? Da bin ich aber froh, denn ich habe Anna sehr gern.

¹³ LEHMANN: Warum gehen wir nicht auch schwimmen?

¹⁴ WOLF: Gute Idee! Gehen wir also!

Fragen

1. Wie ist das Wetter? 2. Wer hat Lust Tennis zu spielen? 3. Wo ist der Tennisplatz? 4. Wohin gehen die beiden Mädchen? 5. Kann Rudi gut schwimmen? 6. Wie heißen die beiden Mädchen? 7. Welches Mädchen gefällt Bruno besser?

Lesson 6

Tennis or Swimming?

Rudi Wolf and Bruno Lehmann have known each other for several weeks. The two attend Professor Benn's lectures about German lyric poetry. Today they see each other again, but this time on the street in front of the student hostel where Bruno lives.

[1] LEHMANN: Hello! Nice weather today, isn't it?

[2] WOLF: Yes, simply magnificent, in spite of the rain during the night.

[3] LEHMANN: Would you like to play tennis? The tennis court is just around the corner.

[4] WOLF: I'd certainly like to, but I don't play well.

[5] LEHMANN: Look at the two girls over there! They are probably going swimming.

[6] WOLF: Maybe. At least they're going in the direction of the swimming pool.

[7] LEHMANN: Can you swim well?

[8] WOLF: Like a fish! Especially when a beautiful girl calls for help.

[9] LEHMANN: Why, that's Luise Ulmer and her sister Anna! Do you know them?

[10] WOLF: Yes, I know Anna better than Luise. I hear you're interested in Anna.

[11] LEHMANN: Oh no, Anna is actually very nice, but I like Luise better.

[12] WOLF: Really? I'm glad then, for I like Anna a lot.

[13] LEHMANN: Why don't we go swimming too?

[14] WOLF: Good idea! Let's go!

Vocabulary Building

Die Familie

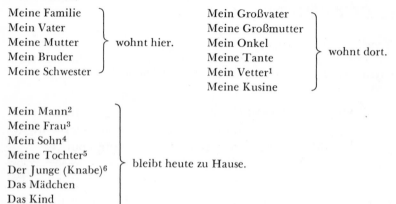

Meine Familie		
Mein Vater		
Meine Mutter	wohnt hier.	
Mein Bruder		
Meine Schwester		

Mein Großvater		
Meine Großmutter		
Mein Onkel		
Meine Tante	wohnt dort.	
Mein Vetter[1]		
Meine Kusine		

Mein Mann[2]	
Meine Frau[3]	
Mein Sohn[4]	
Meine Tochter[5]	bleibt heute zu Hause.
Der Junge (Knabe)[6]	
Das Mädchen	
Das Kind	
Das Baby	

The possessive adjective **mein** takes the same endings as **ein** and **kein**.

Das Wetter (Weather)

Wie ist das Wetter heute? Es ist

- warm.
- kalt.
- kühl.
- heiß.[7] *hot*
- schön.
- wunderbar.
- herrlich.[8] *magnificent*
- angenehm.[9] *pleasant*
- unangenehm.

Es donnert.[10]	Der Wind ist stark.[16]
Es blitzt.[11]	Es ist sonnig.[17]
Es regnet.[12]	Die Sonne scheint heute.
Es schneit.[13]	Der Sonnenschein ist warm.
Es hagelt.[14]	Das Klima ist sehr angenehm.
Es ist windig.[15]	Die Temperatur ist oft sehr hoch.[18]

Vocabulary Building Questions

1. Haben Sie einen Onkel und eine Tante? 2. Wie viele Autos hat er? 3. Ist Ihre Schwester hübsch? 4. Wo wohnt Ihr Großvater? 5. Wie ist das Wetter heute? 6. Schneit es? 7. Ist das Klima in Kanada immer angenehm?

---

1 cousin (male)   2 husband   3 wife   4 son   5 daughter   6 boy   7 hot
8 magnificent, splendid   9 pleasant   10 It's thundering   11 lightens   12 rains
13 snows   14 hails   15 windy   16 strong   17 sunny   18 high

Pronunciation Drill

The sounds [s] (spelled _s, ss, ß,_) and [z] (spelled _s_)

When final and medially before **t**, the German letter **s** represents the sound [s] in _sight;_ elsewhere it is pronounced like **z** in _zebra._ Practice with your model the following words:

[s]	[z]	[z]	[z]	[z]
das	so	sein	Else	Besen
was	sagen	sechs	Hänsel	Weser
Nest	suchen	Sohn	bremsen	Esel
best	seit	Sommer	einsam	Hose
Lust	Sie	Suppe	also	leise

Practice vertically and horizontally:

lesen	reisen	blasen	lösen	niesen
liest	reist	bläst	löst	niest
las	reiste	blies	löste	nieste
gelesen	gereist	geblasen	gelöst	geniest

The consonant letters **ss** and **ß** also represent the sound [s]. The symbol **ß,** called _ess-tsett,_ occurs after long vowels or diphthongs, at the end of words or syllables, and before consonants. The digraph **ss** occurs only between short vowels. Practice with your model the following combinations and note why **ss** is used in some words and **ß** in others.

lassen	Bissen	Soße	wissen	essen	müssen
laß	Biß	Muße	weiß	ißt	muß
ließ	bißchen	Fleiß	wußte	aß	mußte

Dialogue Variations

A. Möchten Sie heute Tennis spielen?
B. Natürlich, wenn es nicht zu warm wird.
A. Wenn Sie es zu warm und schwül[1] finden, könnten[2] wir doch schwimmen gehen.
B. Wie weit ist es zum Schwimmbad?
A. Ungefähr zwei Kilometer. Mit dem Rad sind wir in zehn Minuten dort.
B. Abgemacht! Gehen wir!

A. Wohin gehen Sie?
B. Ich habe ein Rendezvous mit Rolfs Schwester.
A. Wie heißt sie?
B. Rosa. Kennen Sie Rosa?

[1] sultry   [2] could

A. Nein, leider[3] nicht.

B. Sie ist wirklich gar nicht hübsch, tanzt sehr schlecht[4] und ist einfach langweilig.[5]

A. So? Dann will ich sie lieber[6] nicht kennenlernen.

A. Sind Sie auf dem Weg[7] zum Schwimmbad?

B. Nein, wir gehen im Park spazieren.[8]

A. Wir? Haben Sie eine Verabredung mit einem jungen Mann?

B. Gewiß.[9] Er wartet dort drüben auf mich.

A. Hat er vielleicht einen guten Freund?

B. Das kann sein. Ich werde ihn fragen.

A. Viel Vergnügen![10]

B. Danke. Auf Wiedersehen!

Conversational Patterns

I. GENITIVE CASE

Genitive Articles

des Mannes (*of the* man)	**des** Buches (*of the* book)	**der** Frau (*of the* woman)
eines Mannes (*of a* man)	**eines** Buches (*of a* book)	**einer** Frau (*of a* woman)
keines Mannes (*of no* man)	**keines** Buches (*of no* book)	**keiner** Frau (*of no* woman)

The genitive case expresses possession or relationship. Usually the *possessor* stands after the *thing possessed.*

Das Buch **des Kindes** liegt auf dem Tisch.	*The child's* book ...
Das Haus **der Frau** ist klein.	*The woman's* house ...
Der Vater **des Mädchens** ist nicht zu Hause.	The father *of the girl* ...

Masculine and neuter nouns generally add **-s** in the genitive singular: **des
Bruders, des Mädchens.** If the noun ends in a sibilant sound, **-es** is used:
des Hauses, des Blitzes (*of the lightning*). Monosyllabic masculine and
neuter nouns usually add **-es: des Freundes, des Mannes, des Kindes.** In
spoken German, however, the **e** is frequently not pronounced. Feminine
nouns always remain unchanged in the singular.

Note that proper names add **-s,** without an apostrophe, in the genitive:

Karls Bleistift, **Karlas** Mutter, *etc.*

The only exception is the proper noun that ends in a *sibilant* (**s, ss, ß, tz**),
in which case either a genitive article (**des Fritz**) or a preposition (**von
Fritz**) is used.

---

[3] unfortunately   [4] badly   [5] boring   [6] rather   [7] way   [8] we are going walking
[9] certainly   [10] Have a good time!

1. Repetition

Das Buch des Lehrers liegt hier.
Das Buch eines Lehrers liegt hier.
Das Heft der Studentin liegt hier.
Das Heft einer Studentin liegt hier.

Der **Hut** (*hat*) des Kindes liegt hier.
Der Hut eines Kindes liegt hier.
Kennen Sie den Freund meines
   Onkels?

2. Definite Article > Indefinite Article

Hier ist das Buch des Lehrers.
Hier ist der Tisch der Lehrerin.
Hier ist das Geld des Mannes.
Hier ist der Hut der Frau.
Hier ist der Hut des Kindes.

Hier ist das Buch eines Lehrers.
Hier ist der Tisch einer Lehrerin.
Hier ist das Geld eines Mannes.
Hier ist der Hut einer Frau.
Hier ist der Hut eines Kindes.

3. Question-Answer

Wessen (whose) *Buch ist das?* (*Lehrer*)
Wessen Bleistift ist das? (Studentin)
.Wessen Roman ist das? (Mädchen)
Wessen Hut ist das? (Kind)
Wessen Kugelschreiber ist das? (Lehrerin)

Es ist das Buch des Lehrers.
Es ist der Bleistift der Studentin.
Es ist der Roman des Mädchens.
Es ist der Hut des Kindes.
Es ist der Kugelschreiber der Lehrerin.

4. Substitution

Der Bruder des Lehrers ist Arzt. (*die Lehrerin*)
Der Vater meiner Lehrerin ist Apotheker. (mein Lehrer)
Der Freund meines Vaters ist Arzt. (mein Onkel)
Die Freundin meiner Schwester heißt Hilde. (meine Kusine)
Der Lehrer meiner Tochter heißt Erich Schmidt. (mein Sohn)

Der Bruder der Lehrerin ist Arzt.
Der Vater meines Lehrers ist Apotheker.
Der Freund meines Onkels ist Arzt.
Die Freundin meiner Kusine heißt Hilde.
Der Lehrer meines Sohnes heißt Erich Schmidt.

II. GENITIVE PREPOSITIONS

The genitive is also used with certain prepositions. Those frequently used are:

(an)statt	*instead of*	**während**	*during*
trotz	*in spite of*	**wegen**	*because of*

5. Repetition

Während eines Semesters lernt **man** (*one*) viel.

Wegen der Arbeit kann er heute nicht kommen.

Morgen kommt meine Schwester statt meines Bruders.

Was machen Sie während des Sommers?

Trotz meines Hungers esse ich nur wenig.

Wegen meiner Mutter muß ich zu Hause bleiben.

6. Genitive Turnabout

Heute kommt meine Mutter statt meines Vaters.

Heute kommt mein Bruder statt meiner Schwester.

Heute kommt meine Tante statt meines Onkels.

Heute kommt mein Großvater statt meiner Großmutter.

Heute kommt die Lehrerin statt des Lehrers.

Heute kommt ein Student statt einer Studentin.

Heute kommt mein Vater statt meiner Mutter.

Heute kommt meine Schwester statt meines Bruders.

Heute kommt mein Onkel statt meiner Tante.

Heute kommt meine Großmutter statt meines Großvaters.

Heute kommt der Lehrer statt der Lehrerin.

Heute kommt eine Studentin statt eines Studenten.

7. Noun Substitution

Wegen (die Schule) kann ich nicht kommen.

_____ (das Klima) _____.

_____ (die Arbeit) _____.

_____ (meine Mutter) _____.

_____ (das Examen) _____.

Wegen der Schule kann ich nicht kommen.

Wegen des Klimas kann ich nicht kommen.

Wegen der Arbeit kann ich nicht kommen.

Wegen meiner Mutter kann ich nicht kommen.

Wegen des Examens kann ich nicht kommen.

Trotz (meine Arbeit) gehe ich schwimmen.

_____ (das Examen) _____.

_____ (der Regen) _____.

_____ (die Warnung meines Arztes) _____.

Trotz meiner Arbeit gehe ich schwimmen.

Trotz des Examens gehe ich schwimmen.

Trotz des Regens gehe ich schwimmen.

Trotz der Warnung meines Arztes gehe ich schwimmen.

III. FUTURE TENSE

The future tense is formed with the present tense of **werden** plus an infinitive at the end of the clause:

Ich **werde** zu Hause **bleiben**.   *I shall stay home.*

Er
Sie } **wird** zu Hause **bleiben**.
Es

He
She } *will stay home.*
It

Wir
Sie } **werden** zu Hause **bleiben**.
Sie

We   shall
They }
You }   *will*   } *stay home.*

Note that **werden** means *become* when used alone, but when it precedes an infinitive, as illustrated above, it means *shall* or *will*.

Das Wetter **wird** (*is becoming*) kalt.

The present tense is frequently used in place of the future, especially if there is an adverb that indicates future time:

Morgen fahre ich mit der Straßenbahn.
Er kommt heute abend nach Hause.

8. Repetition

Ich werde meinen Vetter besuchen.
Meine Frau wird heute nicht zu Hause sein.
Wird es heute regnen?
Morgen wird es schön sein.

Werden wir bald essen?
Wann wird mein Großvater kommen?
Ich werde meiner Schwester helfen.
Mein Sohn und meine Tochter werden nicht gehen.

9. Present > Future

Wir sind zu Hause.
Er arbeitet.
Wir gehen fischen.
Die Sonne scheint.
Meine Kusine besucht uns.
Es ist kühl.

Wir werden zu Hause sein.
Er wird arbeiten.
Wir werden fischen gehen.
Die Sonne wird scheinen.
Meine Kusine wird uns besuchen.
Es wird kühl sein.

IV. INTERROGATIVE PRONOUNS

People

NOM.	**wer?**	*who?*	**Wer** kommt heute?
ACC.	**wen?**	*whom?*	**Wen** sehen Sie auf der Straße?
DAT.	**wem?**	*whom?*	Mit **wem** sprechen Sie?
GEN.	**wessen?**	*whose?*	**Wessen** Buch ist das?

Things

NOM.	**was?**	*what?*	**Was** ist das?
ACC.	**was?**	*what?*	**Was** hat er in der Hand?
DAT.	——	——	(See Section V.)
GEN.	**wessen?**	*of what?*	(Seldom used.)

---

10. Repetition

Wer wird Ihnen helfen?

An wen denken Sie?

Für wen arbeiten Sie?

Wem helfen Sie?

Bei wem wohnen Sie?

Wessen Hut ist das?

Was ist denn los?

Was wollen Sie?

11. Statement > Question

Mein Onkel Joachim gibt mir Geld.
  (*who?*)

Wer gibt Ihnen Geld?

Ich helfe meinem Deutschlehrer.
  (*whom?*)

Wem helfen Sie?

Karl Theodors Bruder wird nach
Deutschland reisen. (*whose?*)

Wessen Bruder wird nach Deutschland
  reisen?

Hannelore sehe ich nicht oft. (*whom?*)

Wen sehen Sie nicht oft?

Herr Speidel hat nach Ihnen gefragt.
  (*who?*)

Wer hat nach mir gefragt?

Ich gehe zu meinem Onkel Sebastian.
  (*to whom?*)

Zu wem gehen Sie?

Ich denke an Walter Eisenstedt. (*of
whom?*)

An wen denken Sie?

Bärbel Schempps Vetter ist dort drüben.
  (*whose?*)

Wessen Vetter ist dort drüben?

V. *WO*-COMPOUNDS

When the interrogative pronoun **was** is preceded by a preposition, it is replaced by **wo-** (**wor-** before vowels) and is compounded with the preposition:

Womit (*with what*) schreiben Sie?

Worauf (*on what*) sitzt er?

---

12. Repetition

Womit schreiben Sie gewöhnlich?

Worauf warten wir?

Wofür danken Sie Peter?

Woran denken Sie?

Wovon spricht der Lehrer?

Woran arbeiten Sie?

13. Statement > Question with *Wo*-compound

Ich fahre mit dem Zug.	*Womit fahren Sie?*
Ich warte auf den Bus.	Worauf warten Sie?
Wir arbeiten an Aufgabe sechs.	Woran arbeiten Sie?
Ich denke an die Aufgabe.	Woran denken Sie?
Ich schreibe gewöhnlich mit einem Kugelschreiber.	Womit schreiben Sie gewöhnlich?
Ich spreche gern über Politik.	Worüber sprechen Sie gern?

VI. THE VERBS *WISSEN, KENNEN,* AND *KÖNNEN*

Wissen expresses *knowledge of fact:*

Ich **weiß** das.	I *know* that.
Wir **wissen**, wer er ist.	We *know* who he is.

$$\left.\begin{array}{l} \text{ich} \\ \text{er} \\ \text{sie} \\ \text{es} \end{array}\right\} \text{weiß} \qquad \left.\begin{array}{l} \text{wir} \\ \text{sie} \\ \text{Sie} \end{array}\right\} \text{wissen}$$

Kennen means *to know* in the sense of *to be acquainted with:*

Ich **kenne** den Mann nicht.	I don't *know* the man.
Kennen Sie dieses Buch?	*Are* you *acquainted* with this book?

ich **kenne**

$$\left.\begin{array}{l} \text{er} \\ \text{sie} \\ \text{es} \end{array}\right\} \text{kennt} \qquad \left.\begin{array}{l} \text{wir} \\ \text{sie} \\ \text{Sie} \end{array}\right\} \text{kennen}$$

The modal **können** is also used to mean *know* or *have a skill* in expressions such as:

Ich **kann** (*know*) Deutsch.
Ich **kann** Mathematik gut.
Ich **kann** das Gedicht nicht. *I don't **know** (can't recite) the poem.*

14. Repetition

Ich kenne den Mann gut.	Anna kann Deutsch; das wissen wir.
Ich weiß, wie er heißt.	Sie kann auch Mathematik.
Er kennt mich gut.	Ich weiß, wie man Sprachen lernt.
Er weiß, wo ich wohne.	Kennen Sie die Stadt Ulm?

15. Question-Answer

Können Sie Deutsch?	*Ja, ich kann Deutsch.*
Kennen Sie Chicago?	Ja, ich kenne Chicago.
Kennen Sie mich?	Ja, ich kenne Sie.
Wissen Sie, wie ich heiße?	Ja, ich weiß, wie Sie heißen.
Können Sie Mathematik?	Ja, ich kann Mathematik.

Wissen Sie, wo Karl wohnt?	*Nein, ich weiß nicht, wo er wohnt.*
Kennen Sie diese Dame?	Nein, ich kenne sie nicht.
Wissen Sie, wie der Junge heißt?	Nein, ich weiß nicht, wie er heißt.
Kennen Sie Herrn Schmidt?	Nein, ich kenne ihn nicht.
Können Sie Russisch? (kein)	Nein, ich kann kein Russisch.

Review

English-German Patterns

my aunt's car (*Wagen*)	der Wagen meiner Tante
the teacher's book	das Buch des Lehrers
the girl's brother	der Bruder des Mädchens
the co-ed's notebook	das Heft der Studentin
the brother of the teacher	der Bruder des Lehrers
the teacher's sister	die Schwester des Lehrers
my uncle's friend	der Freund meines Onkels
the house of my friend	das Haus meines Freundes
my cousin's (*f.*) teacher	der Lehrer meiner Kusine
my daughter's girl friend	die Freundin meiner Tochter

It's thundering.	Es donnert.
It's raining.	Es regnet.
It's snowing.	Es schneit.
It's lightning.	Es blitzt.
The sun isn't shining today.	Die Sonne scheint heute nicht.
It is windy.	Es ist windig.

Do you like to swim?	Schwimmen Sie gern?
Do you like to dance?	Tanzen Sie gern?
Do you like to fish?	Fischen Sie gern?
Do you like to play tennis?	Spielen Sie gern Tennis?
Do you like to play cards (*Karten*)?	Spielen Sie gern Karten?

I work during the day.	Ich arbeite während des Tages.
The student works during the summer.	Der Student arbeitet während des Sommers.

He is here despite the rain.	Er ist hier trotz des Regens.
My son is coming instead of my daughter.	Mein Sohn kommt statt meiner Tochter.

Because of my family I want to go today.	Wegen meiner Familie will ich heute gehen.
Tomorrow I shall stay at home.	Morgen werde ich zu Hause bleiben.
I want to stay at home.	Ich will zu Hause bleiben.
My cousin (f.) will be here tomorrow.	Meine Kusine wird morgen hier sein.
I shall go swimming.	Ich werde schwimmen gehen.
I want to go swimming.	Ich will schwimmen gehen.
It is getting warm.	Es wird warm.
What do you write with?	Womit schreiben Sie?
What are you working on?	Woran arbeiten Sie?
What is he speaking about?	Worüber (wovon) spricht er?
What are they thinking about?	Woran denken sie?
What are you thanking him for?	Wofür (für was) danken Sie ihm?
With whom are you dancing?	Mit wem tanzen Sie?
Of whom are you speaking?	Von wem sprechen Sie?
Whom is he calling?	Wen ruft er?
Whose hat is that?	Wessen Hut ist das?
What are you doing today?	Was tun (machen) Sie heute?
Who is singing this evening?	Wer singt heute abend?
Do you know where he works?	Wissen Sie, wo er arbeitet?
Does she know him?	Kennt sie ihn?
Does she know where he lives?	Weiß sie, wo er wohnt?
Does he know German?	Kann er Deutsch?

Personalized Questions

1. Spielen Sie gern Tennis? 2. Gehen Sie oft schwimmen? 3. Haben Sie Lust, eine Reise zu machen? 4. Wohin möchten Sie reisen? 5. Wie ist das Wetter heute? 6. Regnet es? 7. Scheint die Sonne Tag und Nacht? 8. Ist das Klima in Kalifornien unangenehm? 9. Haben Sie **mehr Glück als Talent** (more luck than talent), wenn Sie Karten spielen? 10. Was tun Sie, wenn ein Mädchen um Hilfe ruft? 11. Wie weit ist es zum Schwimmbad? 12. Haben Sie eine Verabredung mit der Tochter des Lehrers? 13. Sind Sie die Schwester (der Bruder) meines Freundes? 14. Tanzen Sie gut oder schlecht? 15. Finden Sie einige Mädchen (Herren) langweilig?

Directed Questions

1. Fragen Sie Herrn _____, wann er zu Bett geht!
2. Fragen Sie Fräulein _____, auf wen sie wartet!
3. Fragen Sie Herrn _____, womit er schreibt!
4. Fragen Sie Herrn _____, ob das Wetter kalt ist!
5. Fragen Sie Fräulein _____, ob sie tanzen möchte!
6. Fragen Sie Fräulein _____, ob sie alle Herren langweilig findet!
7. Fragen Sie Fräulein _____, woran sie denkt!
8. Fragen Sie Herrn _____, wann er wieder fischen geht!

VERB SUMMARY

INFINITIVE

erkennen (*recognize*)	erkenne	erkennt	erkennen
fischen (*fish*)	fische	fischt	fischen
hören (*hear*)	höre	hört	hören
interessieren (*interest*)	interessiere	interessiert	interessieren
merken (*note*)	merke	merkt	merken
retten (*rescue*)	rette	rettet	retten
rufen (*call*)	rufe	ruft	rufen
schauen (*look*)	schaue	schaut	schauen
scheinen (*seem*)	scheine	scheint	scheinen
wissen (*know a fact*)	**weiß**	**weiß**	wissen

ich { er sie es }   wir { sie Sie }

blitzen (*lighten*)	blitzt
donnern (*thunder*)	donnert
haglen (*hail*)	hagelt
regnen (*rain*)	regnet
scheinen (*shine*)	scheint
schneien (*snow*)	schneit

es {

Der Sport

In Deutschland, wie in anderen europäischen Ländern, ist Fußball der
große Volkssport.[1] Er spielt dieselbe[2] Rolle wie „baseball" bei uns. Wir
haben dasselbe Spiel, aber wir nennen es „soccer". Fast jeder deutsche
Schuljunge[3] ist ein begeisterter[4] Fußballspieler. Alle großen Städte haben
ein Stadion, in dem Zehntausende[5] dem Spiel zuschauen[6] können. Oft
kommt die gegnerische Mannschaft[7] aus einem Nachbarland,[8] wie Dänemark
oder Italien. Bei einem Meisterschaftsspiel[9] ist jeder Platz besetzt.[10] Auf
diesem Bild spielen einige der besten deutschen Fußballspieler gegeneinander,[11] wie z.B. Gerd Müller und Axel Lange (**A**).

[1] national sport   [2] the same   [3] schoolboy   [4] enthusiastic
[5] in which tens of thousands   [6] watch   [7] opposing team   [8] neighboring country
[9] championship game   [10] occupied   [11] against each other

A

B

Wie in anderen Ländern haben viele Männer großes Interesse an Boxen und Ringen,[12] während die meisten Frauen diese Sportarten[13] für roh halten.[14] Aber das Interesse an Leichtathletik[15] haben Manner und Frauen gemeinsam:[16] Laufen, Hochsprung,[17] Weitsprung, Speerwerfen[18] usw. Auch Frauen nehmen daran teil[19] (**B**, vier von Deutschlands besten Staffelläuferinnen).[20]

Im Sommer 1972 war München die Hauptstadt[21] der Sportwelt. In der 1,4-Millionen-Stadt,[22] der drittgrößten[23] Stadt Deutschlands nach[24] Berlin und Hamburg, baute[25] man für die Olympiade viele schöne olympische Stätten.[26] Besonders schön sind die neue Schwimmhalle für 10 000 Zuschauer[27] und das Olympiastadion (**C**) mit 47 000 Sitzplätzen[28] und 33 000 Stehplätzen.[29]

[12] wrestling   [13] types of sports   [14] consider cruel   [15] track   [16] in common
[17] high jump   [18] javelin throwing   [19] take part in it   [20] women relay runners
[21] capital   [22] city of 1,400,000 population   [23] third-largest   [24] after   [25] built
[26] Olympic competition sites   [27] spectators   [28] seats   [29] standing places

C

Auch Segeln[30] macht viel Spaß[31] und wird immer beliebter.[32] Auf jedem deutschen, österreichischen und schweizerischen See[33] sieht man viele Segelboote, und auf den größeren Seen gibt es auch Ausflugsschiffe.[34] Auf dem schönen Bodensee[35] zwischen Deutschland und der Schweiz ist Segeln besonders populär (**D**).

[30] sailing   [31] fun   [32] more and more popular   [33] lake   [34] excursion ships
[35] Lake Constance

D

E

Die deutschen Schiläufer[36] finden ihr Paradies in den Bayrischen Alpen.[37] Garmisch-Partenkirchen ist ein Winterkurort[38] und ein Zentrum[39] für Wintersport (E). Im Jahre 1936 fanden hier die olympischen Winterspiele statt.[40] Innsbruck, eine österreichische Stadt, die nicht weit von der Grenze[41] liegt, hatte 1964 dieselbe Ehre.[42]

[36] skiers   [37] Bavarian Alps   [38] winter health resort   [39] center
[40] (fanden ... statt) took place   [41] border   [42] honor

F

In der Schweiz wie in Österreich fahren an einem Winterwochenende so viele Schiläufer in die Berge, daß jeder Zug extra Wagen haben muß. Hier sieht man drei Schiläufer im Schigebiet[43] von Zermatt (**F**). Im Hintergrund[44] steht das berühmte[45] Matterhorn. Auch Eislaufen[46] ist ein beliebter Sport, vor allem[47] in den Alpenländern (**G,** Eisläufer vor einem Berghotel im Berner Oberland).

[43] ski area   [44] in the background   [45] famous   [46] ice skating   [47] especially

G

Aufgabe Sieben

Auf der Strasse

Rudi Wolf begegnet einem Bekannten, Klaus Menzer, auf der Straße.

[1] MENZER: Guten Tag! Wie geht es Ihnen?

[2] WOLF: Danke, gut. Und Ihnen?

[3] MENZER: Es geht. Wohin gehen Sie?

[4] WOLF: Ich muß zum Bahnhof.[1] Wollen Sie mitkommen?

[5] MENZER: Ich möchte schon, aber ich muß erst noch zur Post.[1]

[6] WOLF: Gut! Ich werde Sie begleiten. Ich will nämlich diese Briefe aufgeben.

[7] MENZER: Haben Sie schon Briefmarken?

[8] WOLF: Nein, noch nicht.

[9] MENZER: Schade, sonst könnten Sie die Briefe dort drüben in den gelben Briefkasten werfen.

[10] WOLF: Wissen Sie, ob hier irgendwo eine Bank in der Nähe ist? Ich muß einen Scheck einlösen.

[11] MENZER: Wenn es ein Reisescheck ist, dann können Sie ihn im Bahnhof einlösen.

[12] WOLF: Richtig! Manchmal bin ich genauso zerstreut wie ein Professor.

[13] MENZER: Kommen Sie nur! Wir wollen hier über die Straße gehen.

[14] WOLF: Passen Sie auf! Da kommt ein Auto!

[15] MENZER: Jetzt ist rotes Licht und die Autos müssen halten. Schnell! Beeilen wir uns!

Fragen

1. Mit welchem Freund spricht Rudi? 2. Wohin geht Rudi? 3. Warum begleitet er Klaus zur Post? 4. Wo kann man einen Scheck einlösen? 5. Wer ist zerstreut? 6. Sind Studenten oft zerstreut? 7. Wann müssen Autos halten?

---

[1] The infinitive **gehen** is understood.

Lesson 7

On the Street

Rudi Wolf meets an acquaintance, Klaus Menzer, on the street.

1 MENZER: Hello! How are you?

2 WOLF: Fine thanks. And you?

3 MENZER: Pretty well. Where are you going?

4 WOLF: I have to go to the railway station. Do you want to come along?

5 MENZER: I would certainly like to, but I have to go to the post office first.

6 WOLF: Good! I'll go with you. I want to mail these letters, anyway.

7 MENZER: Do you already have stamps?

8 WOLF: No, not yet.

9 MENZER: Too bad; otherwise you could put the letters in that yellow mailbox over there.

10 WOLF: Do you know whether there is a bank somewhere around here? I have to cash a check.

11 MENZER: If it's a traveler's check, then you can cash it in the station.

12 WOLF: Right! Sometimes I'm just as absentminded as a professor.

13 MENZER: Come on! Let's cross (over) the street here.

14 WOLF: Watch out! There comes a car!

15 MENZER: Now the light is red, and the cars have to stop. Quick! Let's hurry!

Vocabulary Building

Farben (Colors)

Ein Apfel ist meistens[1] rot.
Das Gras ist im Sommer grün.
Eine Banane ist gelb.
Meine Schuhe sind braun.
Kohlen[2] sind schwarz.[3]
Der Himmel[4] ist im Sommer blau.
Im Winter ist der Himmel grau.
Das Stück Papier[5] ist weiß.
Die Blumen[6] sind bunt.[7]

Die Post (Mail)

Schreiben Sie einen Brief an einen Freund?
Ich schreibe eine Postkarte an meine Mutter.
Wissen Sie die Adresse meines Lehrers?
Wo kann ich Briefmarken bekommen?
Wollen Sie ein Paket[8] aufgeben?
Gewöhnliche Post[9] oder Luftpost?[10]
Werfen Sie diesen Brief in den Briefkasten!
Da kommt der Briefträger.[11]

Die Bank (The Bank)

Gehen Sie zur Bank?
Meine Schwester ist schon auf der Bank.
Haben Sie viel Geld auf der Bank?
Ich möchte einen Scheck einlösen.
Haben Sie Reiseschecks?
Kann man hier Geld wechseln?[12]
Ich habe kein Geld bei mir.
Sie kennen meine Unterschrift,[13] nicht wahr?

Vocabulary Building Questions

1. Essen Sie gern einen grünen Apfel? 2. Ist eine Banane immer gelb? 3. Sind Ihre Schuhe weiß? 4. Wissen Sie die Adresse des Lehrers? 5. Wo kann man Briefmarken bekommen? 6. Schreiben Sie heute eine Postkarte an einen Freund? 7. Sind Sie immer glücklich, wenn der Briefträger kommt? 8. Wo kann man Geld wechseln?

[1] generally [2] coal [3] black [4] sky [5] piece of paper [6] flowers
[7] many-colored [8] package [9] regular mail [10] air mail [11] mailman
[12] exchange [13] signature

Pronunciation Drill

The sound [l] (spelled *l*)

The German l is not as relaxed as its English counterpart; the tongue comes farther forward and touches the ridge above the upper teeth. Listen to the difference between the German l and the English l:

ENGLISH	GERMAN	ENGLISH	GERMAN
keel	Kiel	built	Bild
male	Mehl	leaf	lief
coal	Kohl	light	Leid
pool	Pfuhl	plots	Platz

Practice vertically and horizontally:

lachen	blind	Flamme	mahlen	Saal	Wahlen—Wahl
lernen	Blume	Fleck	Welle	Mehl	Schalen—Schal
lesen	glauben	Fluß	Seele	hell	fehlen—Fehl
Liebe	Plan	Pflanze	Wolle	wohl	viele—viel
loben	Klasse	Pflicht	Schüler	null	Seile—Seil
Lunge	Platz	Pflug	Zeile	kühl	holen—hohl

Dialogue Variations

A. Können Sie mir sagen, wie ich zur Post komme?
B. Gern. Gehen Sie die erste Straße links und dann geradeaus!
A. Wie heißt die Straße?
B. Schillerstraße. Die Post ist direkt gegenüber[1] dem Rathaus.
A. Besten Dank.
B. Nichts zu danken.

A. Verzeihung! Wissen Sie vielleicht, wo ich Geld wechseln kann?
B. Entweder[2] auf der Bank oder im Bahnhof.
A. Kann man dort auch amerikanisches Geld wechseln?
B. Selbstverständlich.[3]

A. Wissen Sie Marias Adresse?
B. Goethestraße 74, glaube ich. Schicken[4] Sie ihr einen Brief?
A. Nein, eine Ansichtskarte.[5]
B. Haben Sie schon Briefmarken?
A. Nein, noch nicht, aber ich gehe gleich zur Post.
B. Würden Sie mir bitte einen Gefallen[6] tun?
A. Ja, natürlich.

---

[1] opposite (*dat. prep.*)   [2] either   [3] of course   [4] send   [5] picture postcard   [6] favor

B. Ich brauche[7] fünf Luftpostmarken.
A. Das mache ich gern. In einer Viertelstunde bin ich zurück.[8]

A. Was schreiben Sie?
B. Ein Gedicht.[9] Hören Sie mal![10]

> Rosen sind rot,
> Veilchen sind blau,
> Meine Frau ist sehr nett,
> Aber meine Schwiegermutter,[11] au! au!

Conversational Patterns

I. *DER*-WORDS

The following words take the same declensional endings as the definite article (**der, das, die**) and are generally referred to as **der**-words:

dieser	*this, pl. these*	**welcher**	*which, pl. which*
jener	*that, pl. those (somewhat archaic)*	**mancher**	*many a, pl. some*
jeder	*each, every (no pl.)*	**solcher**	*such a, pl. such*

The definite articles, when stressed, are sometimes used as demonstrative adjectives:

Der Wagen da (*that car*) gehört meinem Freund.
Der Mann da (*that man*) redet (*talks*) zu viel.

The presence of **da** lends extra force to the demonstrative. When used in reference to a person, this form may be rather impolite.

1. Repetition

NOMINATIVE

Dieser Apfel ist grün.
Diese Banane ist braun.
Das Geld da (jenes Geld) gehört meiner Tochter.

ACCUSATIVE

Kennen Sie jede Studentin hier?
Kennen Sie jedes Mädchen hier?
Gehen Sie jeden Tag[1] nach Hause?

DATIVE

Von welchem Brief sprechen Sie?
Von welcher Bank sprechen Sie?
Von welchem Paket sprechen Sie?

GENITIVE

Ich kenne die Unterschrift dieses Lehrers.
Ich weiß die Adresse dieser Frau.
Ich habe das Buch dieses Kindes nicht.

[7] need   [8] back   [9] poem   [10] Just listen!   [11] mother-in-law

---

[1] The accusative case is used in expressions such as this which indicate definite time or duration of time.

2. Noun Substitution

Welcher Mann spricht Deutsch?

_____ (Frau) _____?	Welche Frau spricht Deutsch?
_____ (Mädchen) _____?	Welches Mädchen spricht Deutsch?
_____ (Lehrerin) _____?	Welche Lehrerin spricht Deutsch?
_____ (Kind) _____?	Welches Kind spricht Deutsch?
_____ (Student) _____?	Welcher Student spricht Deutsch?

Jeden Lehrer kenne ich nicht.

____ (Lehrerin) _____.	Jede Lehrerin kenne ich nicht.
____ (Student) _____.	Jeden Studenten kenne ich nicht.
____ (Mädchen) _____.	Jedes Mädchen kenne ich nicht.
____ (Kind) _____.	Jedes Kind kenne ich nicht.

Welchem Mann helfen Sie?

_____ (Frau) _____?	Welcher Frau helfen Sie?
_____ (Kind) _____?	Welchem Kind helfen Sie?
_____ (Bruder) _____?	Welchem Bruder helfen Sie?
_____ (Schwester) ____?	Welcher Schwester helfen Sie?

Wie heißt der Bruder dieses Lehrers?

_____ (Lehrerin)?	Wie heißt der Bruder dieser Lehrerin?
_____ (Kind)?	Wie heißt der Bruder dieses Kindes?
_____ (Mädchen)?	Wie heißt der Bruder dieses Mädchens?
_____ (Frau)?	Wie heißt der Bruder dieser Frau?

3. Der-words

Er tanzt gern mit _____ Studentin. (jeder)	*Er tanzt gern mit jeder Studentin.*
Nicht _____ Roman ist interessant. (jeder)	Nicht jeder Roman ist interessant.
Nicht _____ Vorlesung ist interessant. (jeder)	Nicht jede Vorlesung ist interessant.
_____ Lehrer gefällt Ihnen nicht? (welcher)	Welcher Lehrer gefällt Ihnen nicht?
_____ Sprache ist nicht schwer. (dieser)	Diese Sprache ist nicht schwer.
_____ Bleistift wollen Sie? (welcher)	Welchen Bleistift wollen Sie?
Mit _____ Studentin spricht er oft. (dieser)	Mit dieser Studentin spricht er oft.
Er spricht nicht mit _____ Mädchen. (jeder)	Er spricht nicht mit jedem Mädchen.
Finden Sie _____ Buch interessant? (mancher)	Finden Sie manches Buch interessant?
_____ Sprache ist schwer? (welcher)	Welche Sprache ist schwer?
Wollen Sie _____ Bleistift? (dieser)	Wollen Sie diesen Bleistift?

II. PLURAL ARTICLES

There is only one set of articles for the plural regardless of gender. Inasmuch as there is no plural form for **ein, kein** is used here to illustrate the endings. The nouns used to illustrate the plural articles (**Amerikaner, Engländer, Österreicher, Schweizer**) have no plural endings except for the addition of an **n** in the dative plural.

Plural

NOM. & ACC.	die Amerikaner (*the Americans*)	keine Amerikaner (*no Americans*)
DATIVE	den Amerikanern	keinen Amerikanern
GENITIVE	der Amerikaner	keiner Amerikaner

Except for the dative, the plural articles are the same as the feminine singular articles. All nouns that do not end in **-n** or **-s** add an **-n** in the dative plural.

Der-words have the same endings in the plural as the plural definite articles.

NOM. & ACC.	(die)	diese Engländer (*these Englishmen*)
DATIVE	(den)	diesen Ländern
GENITIVE	(der)	dieser Engländer

---

4. Repetition

Wo sind die Österreicher?
Mit den Österreichern spreche ich gern.
Schreiben Sie an die beiden Österreicher?
Welche Österreicher **meinen Sie** (*do you mean*)?
Ich bin diesen Österreichern dankbar.
Mein Freund kennt keine Österreicher.

Wissen Sie die Adresse der beiden Österreicher?
Manche Österreicher sprechen gut Englisch.
Mit solchen Österreichern spreche ich gern.

5. Singular > Plural

Wo ist der Schweizer?

Kennen Sie den Schweizer?
Ich warte auf den Schweizer.
Ich bin dem Schweizer dankbar.
Kennen Sie den Bruder des Schweizers?

Wo sind die Schweizer?

Kennen Sie die Schweizer?
Ich warte auf die Schweizer.
Ich bin den Schweizern dankbar.
Kennen Sie den Bruder der Schweizer?

Wie heißt dieser Engländer?

Welchen Engländer meinen Sie?
Ich bin manchem Engländer dankbar.
Kennen Sie die Mutter dieses Engländers?

Wie heißen diese Engländer?

Welche Engländer meinen Sie?
Ich bin manchen Engländern dankbar.
Kennen Sie die Mutter dieser Engländer?

III. NOUNS THAT HAVE NO PLURAL ENDINGS

In German there are several ways of forming the plural of nouns. The following nouns that have been introduced add no endings to form their plurals (**das Fenster, die Fenster,** etc.):

NEUTER: das Mädchen, die Mädchen; das Zimmer, die Zimmer

MASCULINE: der Amerikaner, die Amerikaner; der Briefträger, die Briefträger; der Engländer, die Engländer; der Österreicher, die Österreicher, der Schweizer, die Schweizer; der Lehrer, die Lehrer; der Onkel, die Onkel; der Kugelschreiber, die Kugelschreiber; der Wagen, die Wagen

Some nouns that add no endings to form the plural do, however, add an umlaut (**der Bruder, die Brüder,** etc.):

MASCULINE: der Vater, die Väter; der Apfel, die Äpfel
FEMININE: die Mutter, die Mütter; die Tochter, die Töchter

Except for **Mutter** and **Tochter,** all these nouns are masculine or neuter and end in **-el, -en,** or **-er.**

6. Repetition

Nicht alle Äpfel sind rot.
Wo sind die Mütter und Väter?
Das Haus hat sieben Zimmer, nicht wahr?
Wie viele Brüder haben Sie?

Karl spricht gern mit den Mädchen.
Wie geht es den beiden Österreichern?
Die Fenster dieser Zimmer sind groß.
Kennen Sie die Töchter meiner Lehrer?

7. Noun Substitution

Viele Amerikaner sind hier.

___ (Engländer) ___.	Viele Engländer sind hier.
___ (Mutter) ___.	Viele Mütter sind hier.
___ (Vater) ___.	Viele Väter sind hier.
___ (Mädchen) ___.	Viele Mädchen sind hier.
___ (Tochter) ___.	Viele Töchter sind hier.
___ (Bruder) ___.	Viele Brüder sind hier.

Welche Zimmer meinen Sie?

___ (Fenster) ___?	Welche Fenster meinen Sie?
___ (Tochter) ___?	Welche Töchter meinen Sie?
___ (Kugelschreiber) ___?	Welche Kugelschreiber meinen Sie?
___ (Wagen) ___?	Welche Wagen meinen Sie?
___ (Apfel) ___?	Welche Äpfel meinen Sie?

Soll ich mit den Engländern sprechen?

___ (Mutter) ___?	Soll ich mit den Müttern sprechen?
___ (Bruder) ___?	Soll ich mit den Brüdern sprechen?
___ (Tochter) ___?	Soll ich mit den Töchtern sprechen?
___ (Vater) ___?	Soll ich mit den Vätern sprechen?
___ (Mädchen) ___?	Soll ich mit den Mädchen sprechen?

Ich kenne den Bruder dieser Amerikaner.

___ (Engländer).   Ich kenne den Bruder dieser Engländer.

_____	(Schweizer).	Ich kenne den Bruder dieser Schweizer.
_____	(Mädchen).	Ich kenne den Bruder dieser Mädchen.
_____	(Lehrer).	Ich kenne den Bruder dieser Lehrer.

8. Singular > Plural

Ich spreche mit dem Schweizer.	_Ich spreche mit den Schweizern._
Spricht er mit der Mutter?	Spricht er mit den Müttern?
Mein Lehrer weiß viel.	Meine Lehrer wissen viel.
Wollen Sie diesen Apfel?	Wollen Sie diese Äpfel?
Welches Zimmer meinen Sie?	Welche Zimmer meinen Sie?
In welchem Zimmer arbeitet er?	In welchen Zimmern arbeitet er?
Diesen Briefträger kenne ich.	Diese Briefträger kenne ich.

IV. NOUN PLURALS WITH -e

The following common nouns add **-e** to form their plurals (**das Jahr, die Jahre,** etc.):

NEUTER: das Heft, die Hefte; das Schiff, die Schiffe; das Wort, die Worte (_connected words in a phrase or sentence_)

MASCULINE: der Abend, die Abende; der Autobus, die Autobusse; der Bleistift, die Bleistifte; der Brief, die Briefe; der Freund, die Freunde; der Tag, die Tage; der Tisch, die Tische

Several nouns add an umlaut in addition to **-e** (**der Baum, die Bäume,** etc.):

MASCULINE: der Hut, die Hüte; der Sohn, die Söhne; der Stuhl, die Stühle; der Zug, die Züge

FEMININE: die Nacht, die Nächte; die Stadt, die Städte; die Wand, die Wände

9. Repetition

Manche Städte haben **wenige** (_few_) Bäume.	Bleistifte, Briefe, Hefte und Hüte liegen auf den Tischen und Stühlen.
In diesen Zimmern sind viele Stühle blau.	Welche **Farbe** (_color_) haben die Busse in Berlin?
Heute schreibe ich Briefe an Freunde.	

10. Noun Substitution

Diese Schiffe fahren schnell.

____ (Zug) _____.	Diese Züge fahren schnell.
____ (Autobus) _____.	Diese Autobusse fahren schnell.
____ (Bus) _____.	Diese Busse fahren schnell.

Liese hat viele Bleistifte.

_____ (Freund). Liese hat viele Freunde.
_____ (Heft).   Liese hat viele Hefte.
_____ (Hut).   Liese hat viele Hüte.

Auf den Tischen sehe ich Hefte.

_____ (Bleistift). Auf den Tischen sehe ich Bleistifte.
_____ (Brief).   Auf den Tischen sehe ich Briefe.
_____ (Hut).   Auf den Tischen sehe ich Hüte.

11. Singular > Plural

Was hängt an der Wand?   *Was hängt an den Wänden?*
Ich kenne diese Stadt gut.   Ich kenne diese Städte gut.
Der Zug ist lang.   Die Züge sind lang.
Sehen Sie den Stuhl da?   Sehen Sie die Stühle da?
Er spricht mit meinem Sohn.   Er spricht mit meinen Söhnen.
Wo liegt mein Hut?   Wo liegen meine Hüte?
Was liegt auf dem Stuhl?   Was liegt auf den Stühlen?
Unter dem Baum sitzen einige Mädchen. Unter den Bäumen sitzen einige
                                      Mädchen.

V. NOUN PLURALS WITH -er

The nouns that add -er in forming their plurals also add an umlaut in the stem syllable whenever possible:

NEUTER: das Bild, die Bilder; das Kind, die Kinder; das Buch, die Bücher; das Haus, die Häuser; das Fahrrad, die Fahrräder; das Schwimmbad, die Schwimmbäder; das Wort, die Wörter (*isolated or unconnected words*)
MASCULINE: der Mann, die Männer

12: Repetition

Viele Bilder hängen an den Wänden.   Diese Stadt hat zwei Schwimmbäder.
Die Häuser dieser Städte sind alt.   Ich spreche gern mit Kindern.
In welchen Häusern wohnen die Studenten? Diese Männer sind meine Freunde.
Viele Fahrräder stehen vor den Häusern.   Kennen Sie die Söhne dieser Männer?

13: Singular > Plural

Hier ist mein Bild.   *Hier sind meine Bilder.*
Das liest man in keinem Buch.   Das liest man in keinen Büchern.
Es steht in diesem Buch.   Es steht in diesen Büchern.
Ich weiß nicht, wo das Haus ist.   Ich weiß nicht, wo die Häuser sind.

Wissen Sie, wer in diesem Haus wohnt?	Wissen Sie, wer in diesen Häusern wohnt?
Welches Haus gehört Professor Müller?	Welche Häuser gehören Professor Müller?
Das Fahrrad ist grün.	Die Fahrräder sind grün.
Ich habe kein Kind.	Ich habe keine Kinder.
Welchen Mann kennen Sie?	Welche Männer kennen Sie?
Ich spreche gern mit diesem Kind.	Ich spreche gern mit diesen Kindern.
Kennen Sie die Freunde meines Kindes?	Kennen Sie die Freunde meiner Kinder?
Kennen Sie die Kinder dieses Mannes?	Kennen Sie die Kinder dieser Männer?
Mancher Mann weiß das.	Manche Männer wissen das.

VI. DER-WORDS AS PRONOUNS

When used as pronouns, the der-words (der, das, die, dieser, jener, etc.) take their usual declensional endings:

> Die Studenten sind schon hier, und jeder hat ein Buch.
> Da sind die Bücher. Welches möchten Sie denn lesen?
> Kennen Sie diese Frau? Nein, die kenne ich nicht.

Das is often used at or near the beginning of a sentence to refer to nouns of all genders and numbers:

> Das ist mein Bruder.
> Das ist meine Schwester.
> Das (those) sind meine Bücher.

The pronoun dies is sometimes used in a similar manner:

> Dies (this) ist mein Buch; dies (these) sind meine Bücher.

14. Repetition

Kennen Sie Rolf? Ja, den kenne ich.	Kennen Sie jedes Mädchen in der Klasse?
Ist die Prüfung (exam) schwer? Ja, die ist schwer.	Nein, jedes kenne ich nicht.
Das sind meine Eltern (parents).	Kennen Sie jeden Lehrer in der Schule?
	Nein, jeden kenne ich nicht.

15. Statement > Question

Hier sind die Bücher.	*Welches wollen Sie?*
Hier sind die Bleistifte.	Welchen wollen Sie?
Hier sind die Hefte.	Welches wollen Sie?
Hier sind die Äpfel.	Welchen wollen Sie?
Hier sind die Kugelschreiber.	Welchen wollen Sie?
Hier sind die Zimmer.	Welches wollen Sie?

16. Question-Answer

Kennen Sie jeden Lehrer?   *Nein, ich kenne nicht jeden.*
_____ (Lehrerin)?   Nein, ich kenne nicht jede.
_____ (Kind)?   Nein, ich kenne nicht jedes.
_____ (Vetter)?   Nein, ich kenne nicht jeden.

Kennen Sie Oskar?   *Ja, den kenne ich gut!*
Kennen Sie Trudi?   Ja, die kenne ich gut!
Kennen Sie Kurt und Dieter?   Ja, die kenne ich gut!
Kennen Sie den Deutschlehrer?   Ja, den kenne ich gut!

17. Singular > Plural

Das ist mein Bruder.   *Das sind meine Brüder.*
Das ist mein Apfel.   Das sind meine Äpfel.
Das ist mein Schulbuch.   Das sind meine Schulbücher.
Das ist meine Tochter.   Das sind meine Töchter.

Review

English-German Patterns

I'm writing to my friends. (*an* + accusative)   Ich schreibe an meine Freunde.
Do you know the address of these friends?   Wissen Sie die Adresse dieser Freunde?
I don't know the address of every friend.   Ich weiß nicht die Adresse jedes Freundes.

Put this letter in that mailbox, please.   Werfen Sie (Stecken Sie) diesen Brief in den Briefkasten da (dort), bitte!

the friends of these men   die Freunde dieser Männer
the books of my children   die Bücher meiner Kinder
the children of this man   die Kinder dieses Mannes
the teachers of my sons   die Lehrer meiner Söhne

in every lesson (*dat.*)   in jeder Aufgabe
with such men   mit solchen Männern
from which man?   von welchem Mann?
in many a city (*dat.*)   in mancher Stadt
on these walls (*dat.*)   an diesen Wänden
under those trees (*acc.*)   unter die Bäume da (jene Bäume)
with every girl   mit jedem Mädchen
at the home of many a friend   bei manchem Freund
next to that gentleman (*dat.*)   neben dem Herrn da (jenem Herrn)
on which chair? (*dat.*)   auf welchem Stuhl?
with these pictures   mit diesen Bildern

My teacher has two sons and three daughters.	Mein Lehrer hat zwei Söhne und drei Töchter.
He likes to talk about children. (*über*)	Er spricht gern über Kinder.
How many brothers do you have?	Wie viele Brüder haben Sie?
Do you have two cars? (*Wagen*)	Haben Sie zwei Wagen?
These notebooks are green.	Diese Hefte sind grün.
Those apples are not red.	Die Äpfel da (jene) sind nicht rot.
Which ones do you mean?	Welche meinen Sie?
Those on the table.	Die auf dem Tisch.
My house has seven rooms.	Mein Haus hat sieben Zimmer.
The windows in these rooms are large.	Die Fenster in diesen Zimmern sind groß.
Some houses have only five rooms. (*manche*)	Manche Häuser haben nur fünf Zimmer.
The teacher hangs many pictures on the walls.	Der Lehrer hängt viele Bilder an die Wände.
Do you have money in the bank?	Haben Sie Geld auf der Bank?
Does she work at the bank?	Arbeitet sie auf der Bank?
Does he work at the post office?	Arbeitet er auf der Post?
Are you going to the post office?	Gehen Sie zur Post?
Where can one change money?	Wo kann man Geld wechseln?
Where can one buy stamps?	Wo kann man Briefmarken kaufen?
Where can one mail letters?	Wo kann man Briefe aufgeben?
Where can I cash a check?	Wo kann ich einen Scheck einlösen?

Personalized Questions

1. Wie geht es Ihnen? 2. Wohin gehen Sie heute abend? 3. Wie weit ist der Bahnhof von hier? 4. Wo kann man Briefe aufgeben? 5. Haben Sie Briefmarken? 6. Wo kann man einen Scheck einlösen? 7. Sind Sie manchmal zerstreut? 8. Sind alle Professoren zerstreut? 9. Beeilen Sie sich, wenn Sie über die Straße gehen? 10. Ist eine Banane grün, schwarz oder gelb? 11. Ist jedes Stück Papier weiß? 12. Wissen Sie meine Adresse? 13. Schreiben Sie oft an die Mutter? 14. Wann kommt der Briefträger? 15. Gehen Sie heute zur Bank?

Directed Questions

1. Fragen Sie Herrn _____, ob alle Äpfel rot sind!
2. Fragen Sie Herrn _____, wie oft der Briefträger kommt!
3. Fragen Sie Fräulein _____, ob sie die Adresse des Lehrers weiß!
4. Fragen Sie Herrn _____, ob er viel Geld auf der Bank hat!
5. Fragen Sie Fräulein _____, ob die Post gegenüber dem Rathaus ist!
6. Fragen Sie Herrn _____, ob alle Rosen rot sind!
7. Fragen Sie Fräulein _____, ob alle Männer freundlich sind!
8. Fragen Sie Herrn _____, ob eine Schwiegermutter immer sehr nett ist!

VERB SUMMARY

INFINITIVE						
begegnen (*meet, dat.*)		begegne		begegnet		begegnen
begleiten (*accompany*)		begleite		begleitet		begleiten
brauchen (*need*)		brauche		braucht		brauchen
halten (*hold*)		halte		**hält**		halten
meinen (*mean, think*)	ich	meine	er	meint	wir	meinen
reden (*talk*)		rede	sie	redet	sie	reden
schicken (*send*)		schicke	es	schickt	Sie	schicken
stecken (*put*)		stecke		steckt		stecken
wechseln (*change*)		wech**s**le		wechselt		wech**s**eln
werfen (*throw*)		werfe		**wirft**		werfen

Auf der Strasse

An einem Sonntagmorgen sind in Deutschland die meisten Straßen leer.[1]
Der ältere[2] Herr auf dem Bilde (**A**) macht einen Spaziergang[3] mit seinem
Hund. Jede dritte Familie hat ein Haustier,[4] gewöhnlich einen Hund oder
eine Katze. Wir sagen: „That's for the birds!" und in Deutschland sagt man:
„Das ist für die Katze!" Während der Hund an der Litfaßsäule[5] schnuppert,[6]
schaut sich der Herr das Theaterprogramm an.

Wer geht hier über die Straße einer Großstadt im Frühling (**B**)? Erinnert
Sie jemand auf dem Bild an[7] einen Onkel, einen Freund oder eine Lehrerin?

[1] empty   [2] elderly   [3] walk   [4] domestic animal, pet   [5] pillar for posters or
advertisements   [6] sniffs   [7] does someone in the picture remind you of

A

B

Der ältere Herr in der Mitte[8] des Bildes ist uns unbekannt, aber vielleicht nennt man ihn[9] „Herr Direktor" oder „Herr Doktor" im Berufsleben.[10] Der junge Mann ganz links sieht aus wie[11] ein Italiener. Vielleicht ist er einer von den zwei Millionen Gastarbeitern[12] aus Südeuropa. Die zwei vorne links sind wohl Touristen, denn beide sind sportlich gekleidet[13] und tragen Sonnenbrillen.[14] Und die Teenagers ganz rechts? Sie freuen sich über[15] ihr Rendezvous und eilen vielleicht zu einer Diskothek oder ins Kino. Die Apotheke an der Ecke ist nicht dasselbe wie eine Drogerie.[16] In einer Drogerie kauft man Seife,[17] Zahnpasta,[18] Rasierapparate,[19] Gesichtskreme,[20] Salben[21] und anderes mehr. Nur in einer Apotheke kann man Medizin kaufen.

Die Hauptstraße Westberlins heißt Kurfürstendamm oder „Kudamm", wie die Berliner sagen. Hier auf dieser breiten[22] Straße sehen wir einen „Verkehrssalat"[23] (C). Am besten haben es die Leute, die mit dem Bus oder der U-Bahn (Untergrundbahn) fahren, denn sie können ruhig sitzen und die Zeitung lesen, während sie fahren. Im Jahre 1952 gab es ein Auto auf je[24] ·100 Personen. Heute fährt jeder fünfte deutsche Bürger[25] seinen eigenen[26] Wagen. Bald wird es jeder dritte Bürger sein. Der Verkehr in Berlin und in anderen großen Städten wird mit der Zeit natürlich noch stärker.[27]

[8] middle [9] one calls him [10] professional life [11] looks like [12] guest workers
[13] in sports dress [14] sun glasses [15] are happy about, pleased with [16] drugstore
[17] soap [18] toothpaste [19] razors [20] face creams [21] salves [22] broad
[23] traffic jam (salad) [24] every [25] citizen [26] own [27] even heavier

C

D

Die Schilder[28] aus Schmiedeeisen[29] erinnern an das Mittelalter[30] (**D,** Dinkelsbühl). Damals[31] konnten die meisten Bürger noch nicht lesen. Nur wenige konnten z.B. das Wort „Löwe"[32] lesen, aber das Abbild[33] eines Löwen konnte jeder verstehen. Mit diesen Schildern machte man den Namen des Geschäfts[34] bekannt. Auf dem anderen Bild (**E**) erkennt man sofort, daß man hier Schlüssel und Schlösser[35] kaufen kann. Heute dienen[36] solche Schilder nur zur Verzierung[37] eines Geschäfts.

[28] signs   [29] of wrought iron   [30] are reminiscent of the Middle Ages   [31] at that time
[32] lion   [33] image   [34] store, business   [35] keys and locks   [36] serve   [37] decoration

E

Einige alte Straßen haben Kopfsteinpflaster.[38] Man kann sie leicht reparieren, und wenn es regnet, verläuft sich[39] das Wasser im Sand zwischen den Steinen.[40] Das Foto zeigt uns Straßen mit Kopfsteinen in der alten schweizerischen Hauptstadt Bern (**F**). Auch die berühmte alte Turmuhr[41] ist zu sehen. Es ist jetzt zwanzig Minuten vor zwölf und um zwölf Uhr bewegen sich[42] unten[43] neben der astronomischen Uhr kleine Figuren. Im Sommer stehen viele Touristen auf der Straße, um sich dieses Figurenspiel anzuschauen, das sich seit 1530 jede Stunde wiederholt.[44]

[38] cobblestone pavement   [39] runs away   [40] stones   [41] tower clock   [42] move
[43] below   [44] (*sich . . . wiederholt*) is repeated

F

Aufgabe Acht

Unter Freunden

Bruno Lehmann besucht Rudi Wolf in seinem Zimmer und spricht mit ihm über dieses und jenes.

[1] WOLF: [Es klopft.]   Herein!

[2] LEHMANN: Guten Abend! Stör' ich?

[3] WOLF: Nein, gar nicht. Setzen Sie sich doch! Was gibt's Neues?

[4] LEHMANN: Wenig. Wo ist Ihr Nachbar, Hans Rösch?

[5] WOLF: Keine Ahnung. Vielleicht ist er immer noch im Konzert.

[6] LEHMANN: Im Konzert? Ich würde lieber ins Kino gehen!

[7] WOLF: Mit Luise Ulmer? Ich höre, Sie interessieren sich noch für Luise.

[8] LEHMANN: Und ob! Wir gehen morgen abend ins Kino.

[9] WOLF: So? Ich wünsche Ihnen viel Spaß!

[10] LEHMANN: Danke.

[11] WOLF: H—ha—hatschi!

[12] LEHMANN: Gesundheit! Hoffentlich erkälten Sie sich nicht.

[13] WOLF: Zu spät! Mein Hals tut mir weh, und Kopfschmerzen habe ich auch!

[14] LEHMANN: Am besten, Sie gehen gleich zu Bett! Morgen fängt eine neue Woche an.

[15] WOLF: Ja, ich weiß, und ich freue mich schon darauf. Es wird schon mit dem Schnupfen gehen.

[16] LEHMANN: Gute Nacht! Ich will auch ins Bett. Schlafen Sie gut!

[17] WOLF: Danke, gleichfalls.

Fragen

1. Was sagt man gewöhnlich, wenn es klopft? 2. Sprechen Rudi und Bruno über Mädchen oder über das Wetter? 3. Wo ist Hans Rösch? 4. Wohin geht Bruno mit Luise? 5. Wer hat sich erkältet? 6. Wo hat er Schmerzen? 7. Wohin soll Rudi sofort gehen? 8. Wohin will Bruno auch gehen?

Lesson 8

Among Friends

Bruno Lehmann visits Rudi Wolf in his room and talks with him about this and that.

¹ WOLF: [Someone knocks.]   Come in!

² LEHMANN: Good evening! Am I disturbing you?

³ WOLF: No, not at all. Sit down! What's new?

⁴ LEHMANN: Not much (little). Where's your neighbor, Hans Rösch?

⁵ WOLF: (I have) no idea. Perhaps he's still at the concert.

⁶ LEHMANN: At the concert? I'd rather go to the movies!

⁷ WOLF: With Luise Ulmer? I hear you're still interested in Luise.

⁸ LEHMANN: You bet I am! We're going to the movies tomorrow night.

⁹ WOLF: Is that so? Have lots of fun!

¹⁰ LEHMANN: Thanks.

¹¹ WOLF: A—ach—achoo!

¹² LEHMANN: Gesundheit! Let's hope you're not catching cold!

¹³ WOLF: Too late! My throat is sore, and I have a headache, too.

¹⁴ LEHMANN: You'd better go straight to bed. Tomorrow a new week begins.

¹⁵ WOLF: Yes, I know, and I'm surely looking forward to it. My cold won't trouble me.

¹⁶ LEHMANN: Good night! I want to get to bed, too. Have a good sleep!

¹⁷ WOLF: Thanks. You do the same (likewise).

Vocabulary Building

Der menschliche Körper (The Human Body)

Jeder normale Mensch[1] hat
- zwei Augen. (das Auge)[2]
- zwei Ohren. (das Ohr)[3]
- zwei Beine. (das Bein)[4]
- zwei Knie. (das Knie)
- zwei Arme. (der Arm)
- zwei Ellbogen. (der Ellbogen)
- zwei Füße. (der Fuß)
- zwei Hände. (die Hand)
- zwei Schultern. (die Schulter)
- zwei Lippen. (die Lippe)

Er hat aber nur
- ein Gesicht.[5]
- ein Kinn.[6]
- ein Herz.[7]
- einen Kopf.[8]
- einen Hals.[9]
- einen Magen.[10]
- einen Mund.[11]
- eine Zunge.[12]
- eine Nase.[13]

Er hat auch zehn Finger und zehn Zehen. (der Finger, die Zehe)[14]
Das Haar dieses Mädchens gefällt mir.
Finden Sie manchmal Haare in der Suppe?[15]

Gesundheit (Health)

Wie fühlen Sie sich?
- Sehr schlecht![16]
- Ich fühle mich heute viel besser.
- Ich fühle mich nicht sehr wohl.[17]

Was fehlt Ihnen?[18] Ich habe
- Zahnschmerzen (Zahnweh).[19]
- Halsschmerzen (Halsweh).
- Kopfschmerzen (Kopfweh).

Haben Sie
- einen Schnupfen?[20]
- eine Erkältung?[21]
- sich erkältet?
- Fieber?

Nehmen Sie
- diese Medizin!
- diese Kopfschmerztabletten!
- diese Pillen!

Vocabulary Building Questions

1. Haben Sie nur ein Kinn oder zwei? 2. Wie viele Finger haben Sie? 3. Haben Sie oft Halsschmerzen? 4. Was fehlt Ihnen heute? 5. Was tun Sie, wenn Sie Fieber haben? 6. Wann nehmen Sie Medizin?

[1] human being [2] eye [3] ear [4] leg [5] face [6] chin [7] heart [8] head
[9] neck [10] stomach [11] mouth [12] tongue [13] nose [14] toe [15] soup
[16] Very bad! [17] well [18] What's the matter? [19] toothache [20] head cold [21] cold

Pronunciation Drill

Diphthongs

A diphthong is a combination of two vowels pronounced in one syllable. German diphthongs are very similar to their English counterparts except that they are never drawled.

au [aʊ] like **ow** in *cow* except that the first element [a] is very short.

ei [aɪ] (also spelled **ai, ey, ay**) like **i** in *kite* except that the first element is very short.

eu [ɔɪ] (also spelled **äu**) like **oi** in *oil* except that there is no drawl.

Listen to the difference between the English and German diphthongs in the following words of similar sound or meaning:

ENGLISH	GERMAN	ENGLISH	GERMAN	ENGLISH	GERMAN
mouse	Maus	mine	mein	boil	Beule
louse	Laus	ice	Eis	Hoyle	heul!
house	Haus	Rhine	Rhein	ahoy	Heu
fowl	faul	fine	fein	Troy	treu!

Practice with your model the following words:

auf	aus	auch	Augen	Haufen	Haut	Daumen	Bauer
Bein	Eisen	heiß	Heim	Geige	Eis	Seife	weinen
Eule	Euter	Häuser	Keule	Bräute	Scheune	Feuer	Läuse

Dialogue Variations

A. Wohin gehen Sie?
B. Ich muß zum Arzt.[1]
A. So? Was ist denn los?
B. Ich fühle mich nicht wohl.
A. Sie sind ja ganz blaß![2] Soll ich ein Taxi rufen?
B. Nein danke, der Arzt wohnt gleich um die Ecke.
A. Ich wünsche Ihnen gute Besserung.[3]
B. Danke, danke.

A. Nehmen Sie doch bitte Platz,[4] Herr Axmann! Was fehlt Ihnen denn?
B. Ich habe keine Ahnung; ich fühle mich sehr schwach,[5] Herr Doktor.
A. So? Zeigen Sie mal Ihre Zunge! Hm! Sehr belegt.[6] Haben Sie Halsschmerzen?
B. Das nicht, aber mein Kopf ist sehr heiß.
A. Lassen Sie mich[7] Ihren Puls fühlen!
B. Geht er schnell, Herr Doktor?

[1] go to the doctor   [2] pale   [3] I wish you a speedy recovery.   [4] Sit down!   [5] weak
[6] coated   [7] let me

A. Ja, aber machen Sie sich keine Sorgen![8] Sie haben eine leichte Grippe.[9]
B. Was kann ich dagegen machen?
A. Nehmen Sie diese Pillen und gehen Sie gleich zu Bett!
B. Danke sehr, Herr Doktor.

Conversational Patterns

I. *EIN*-WORDS

> The possessive adjectives have the same endings as **ein** and **kein**. For this reason they are usually called **ein**-words.
>
> | | | | |
> |---|---|---|---|
> | **mein** | *my* | **unser** | *our* |
> | **sein** | *his* | **ihr** | *their* |
> | **ihr** | *her* | **Ihr** | *your (sing. and pl.)* |
> | **sein** | *its* | | |

1. Repetition

Mein Arzt heißt Doktor Gerken.
Sein Sohn arbeitet auf der Bank.

Unsere Großmutter fühlt sich nicht wohl.
Ihre (*her*) Medizin liegt auf dem Tisch.

2. *Ein*-word Substitution

Das ist meine Krankenschwester (nurse).

_____ (unser) _____.	Das ist unsere Krankenschwester.
_____ (sein) _____.	Das ist seine Krankenschwester.
_____ (ihr, *her*) _____.	Das ist ihre Krankenschwester.
_____ (Ihr) _____.	Das ist Ihre Krankenschwester.

Das ist sein Arzt.

_____ (unser) _____.	Das ist unser Arzt.
_____ (mein) _____.	Das ist mein Arzt.
_____ (ihr, *their*) _____.	Das ist ihr Arzt.

Kennen Sie meinen Vater?

_____ (unser) _____?	Kennen Sie unseren Vater?
_____ (sein) _____?	Kennen Sie seinen Vater?
_____ (ihr, *their*) ___?	Kennen Sie ihren Vater?

Wollen Sie mit unserer Mutter sprechen?

_____ (sein) _____?	Wollen Sie mit seiner Mutter sprechen?
_____ (ihr, *her*) _____?	Wollen Sie mit ihrer Mutter sprechen?
_____ (mein) _____?	Wollen Sie mit meiner Mutter sprechen?
_____ (Ihr) _____?	Wollen Sie mit Ihrer Mutter sprechen?

[8] Don't worry!   [9] touch of the flu

Wollen Sie mit meinem Arzt sprechen?

_____ (unser) _____?   Wollen Sie mit unserem Arzt sprechen?
_____ (ihr, *their*) _____?   Wollen Sie mit ihrem Arzt sprechen?
_____ (sein) _____?   Wollen Sie mit seinem Arzt sprechen?

Das ist der Arzt ihrer (*their*) Mutter.

_____ (unser) _____.   Das ist der Arzt unserer Mutter.
_____ (sein) _____.   Das ist der Arzt seiner Mutter.
_____ (mein) _____.   Das ist der Arzt meiner Mutter.

Hier ist das Buch meines Kindes.

_____ (ihr, *her*) _____.   Hier ist das Buch ihres Kindes.
_____ (sein) _____.   Hier ist das Buch seines Kindes.
_____ (unser) _____.   Hier ist das Buch unseres Kindes.
_____ (Ihr) _____.   Hier ist das Buch Ihres Kindes.

Meine Eltern sind hier.

(Unser) _____.   Unsere Eltern sind hier.
(Sein) _____.   Seine Eltern sind hier.
(Ihr, *their*) _____.   Ihre Eltern sind hier.

Kennen Sie meine Freunde?

_____ (unser) _____?   Kennen Sie unsere Freunde?
_____ (sein) _____?   Kennen Sie seine Freunde?
_____ (ihr, *their*) ____?   Kennen Sie ihre Freunde?

Sprechen Sie oft mit meinen Eltern?

_____ (unser) _____?   Sprechen Sie oft mit unseren Eltern?
_____ (sein) _____?   Sprechen Sie oft mit seinen Eltern?
_____ (ihr, *her*) ____?   Sprechen Sie oft mit ihren Eltern?

Kennen Sie die Lehrer meiner Kinder?

_____ (unser) _____?   Kennen Sie die Lehrer unserer Kinder?
_____ (sein) _____?   Kennen Sie die Lehrer seiner Kinder?
_____ (ihr, *their*) ____?   Kennen Sie die Lehrer ihrer Kinder?
_____ (Ihr) _____?   Kennen Sie die Lehrer Ihrer Kinder?

3. Question-Answer

Haben Sie meinen Bleistift?   *Nein, ich habe Ihren Bleistift nicht.*

Haben Sie meine Bücher?   Nein, ich habe Ihre Bücher nicht.
Haben Sie mein Heft?   Nein, ich habe Ihr Heft nicht.
Kennen Sie meinen Vater?   Nein, ich kenne Ihren Vater nicht.
Kennen Sie den Bruder meines Vaters?   Nein, ich kenne den Bruder Ihres Vaters nicht.

Kennen Sie meine Lehrerin?   Nein, ich kenne Ihre Lehrerin nicht.

Ist das sein Bleistift?	*Nein, es ist nicht sein Bleistift, sondern ihr Bleistift.*
Ist das seine Mutter?	Nein, es ist nicht seine Mutter, sondern ihre Mutter.
Ist das der Freund seines Vaters?	Nein, es ist nicht der Freund seines Vaters, sondern ihres Vaters.
Kennen Sie seinen Vater?	Nein, ich kenne nicht seinen Vater, sondern ihren Vater.
Ist das der Wagen Ihres Vaters?	*Nein, es ist nicht der Wagen meines Vaters, sondern ihres (of their) Vaters.*
Ist das Ihr Bleistift?	Nein, es ist nicht mein Bleistift, sondern ihr Bleistift.
Ist das Ihre Mutter?	Nein, es ist nicht meine Mutter, sondern ihre Mutter.
Schreiben Sie Ihrem Freund?	Nein, ich schreibe nicht meinem Freund, sondern ihrem Freund.
Gehört dieses Buch Ihrem Lehrer?	Nein, es gehört nicht meinem Lehrer, sondern ihrem Lehrer.
Ist das die Mutter Ihrer Freundin?	Nein, es ist nicht die Mutter meiner Freundin, sondern ihrer Freundin.

II. *EIN*-WORDS AS PRONOUNS

Possessive adjectives, as well as **ein** and **kein,** are sometimes used as pronouns, in which case they take the same endings as the **der**-words; however, in spoken German the e preceding the ending -s is often omitted.

Nur zwei Männer sind hier; **einer** (*one*) ist krank.
Meine Mutter ist hier, und **seine** (*his*) kommt heute abend.
Wo ist Ihr Buch? **Mein(e)s** ist zu Hause.

4. Repetition

Mein Vater ist hier. Wo ist **Ihrer?**
Meiner ist zu Hause.
Ich habe ein Buch, Karl hat auch **eins,** aber Gert hat **keins.**

Stefans Lehrer spricht Spanisch, aber **unserer** spricht Deutsch.
Ich möchte Ihnen **eines** sagen.
Da liegt sein Buch. Wo ist **Ihres?**

5. Question-Answer

Ist das Ihr Heft?	*Ja, das ist meines.*
Haben Sie einen Bleistift?	Ja, ich habe einen.
Haben Sie ein Buch?	Ja, ich habe eines.
Ist das Ihre (*pl.*) Schreibmaschine?	Ja, das ist unsere.
Ist das sein Kugelschreiber?	Ja, das ist seiner.
Haben Sie eine Füllfeder (*fountain pen*)?	Ja, ich habe eine.

III. NOUN PLURALS WITH -n, -en, -nen

The following nouns add **-n** to form their plurals:

FEMININE: die Aufgabe, die Aufgaben; die Blume, die Blumen; die Briefmarke, die Briefmarken; die Farbe, die Farben; die Klasse, die Klassen; die Krawatte, die Krawatten; die Kusine, die Kusinen; die Lippe, die Lippen; die Minute, die Minuten; die Pille, die Pillen; die Rose, die Rosen; die Schule, die Schulen; die Straße, die Straßen; die Stunde, die Stunden; die Tante, die Tanten; die Woche, die Wochen; die Nummer, die Nummern; die Schulter, die Schultern; die Schwester, die Schwestern

MASCULINE: der Junge, die Jungen; der Knabe, die Knaben; der Neffe, die Neffen; der Vetter, die Vettern

Some nouns add **-en** to form their plurals (**die Tür, die Türen,** etc.):

FEMININE: die Frau, die Frauen; die Universität, die Universitäten; die Buchhandlung, die Buchhandlungen; die Vorlesung, die Vorlesungen; die Zeitung, die Zeitungen

MASCULINE: der Herr, die Herren; der Mensch, die Menschen; der Student, die Studenten; der Professor, die Professoren *(shift of stress)*

Those nouns that end in **-in** add **-nen** to form their plurals (**die Studentin, die Studentinnen,** etc.):

FEMININE: die Freundin, die Freundinnen; die Sekretärin, die Sekretärinnen

The nouns **Junge, Knabe, Neffe,** and **Herr** also add **-n** in the accusative, dative, and genitive singular; **Mensch** and **Student** add **-en**.

6. Repetition

Wie viele Sprachen sprechen Sie?
Kennen Sie seine Kusinen?
Gustav hat viele Freundinnen.
Wie viele Universitäten gibt es bei Ihnen?

Jeder Mensch hat zwei Lippen und zwei Schultern.
Diese Aufgaben sind leicht, nicht wahr?
Kennen Sie diese Jungen?
Finden Sie die Vorlesungen interessant?

7. Singular > Plural

Wollen Sie diese Briefmarke?
Gefällt Ihnen die Farbe dieser Krawatte?
Ist das die Freundin seiner Schwester?

Steht das in der Zeitung?
Kennen Sie unseren Vetter gut?
Unsere Schule ist modern.
Diese Straße ist breit *(broad).*

Wollen Sie diese Briefmarken?
Gefallen Ihnen die Farben dieser Krawatten?
Sind das die Freundinnen seiner Schwestern?
Steht das in den Zeitungen?
Kennen Sie unsere Vettern gut?
Unsere Schulen sind modern.
Diese Straßen sind breit.

Nehmen Sie diese Pille!
Welche Rose gefällt Ihnen?
Bei welcher Buchhandlung kaufen Sie Ihre Bücher?
Wie heißt Ihre Sekretärin?
Ich kann diese Frau nicht verstehen.
Warten Sie auf diesen Herrn?
Ist die Vorlesung interessant?
Wie lange kennen Sie schon diese Familie?
Welche Universität will er besuchen?

Nehmen Sie diese Pillen!
Welche Rosen gefallen Ihnen?
Bei welchen Buchhandlungen kaufen Sie Ihre Bücher?
Wie heißen Ihre Sekretärinnen?
Ich kann diese Frauen nicht verstehen.
Warten Sie auf diese Herren?
Sind die Vorlesungen interessant?
Wie lange kennen Sie schon diese Familien?
Welche Universitäten will er besuchen?

IV. NOUN PLURALS WITH -s

> The following nouns of foreign origin that have already been introduced add -s in the plural:
>
> NEUTER: das Auto, die Autos; das Baby, die Babys; das Büro, die Büros; das Hotel, die Hotels; das Restaurant, die Restaurants; das Sofa, die Sofas; das Taxi, die Taxis
> MASCULINE: der Scheck, die Schecks
> FAMILIES: Schmidts, Müllers, etc.

8. Repetition

Reisen Sie manchmal ohne Reiseschecks?
Vor dem Bahnhof stehen viele Taxis und Autos.
Um sechs Uhr kommen viele Menschen aus den Büros.

Sind Meyers und Schmidts Ihre Freunde?
Die Hotels mancher Städte sind nicht groß.
Touristen wohnen in Hotels und essen in Restaurants.

9. Noun Substitution

In dieser Stadt gibt es viele Autos.

_____ (Büro).   In dieser Stadt gibt es viele Büros.
_____ (Hotel).   In dieser Stadt gibt es viele Hotels.
_____ (Restaurant).   In dieser Stadt gibt es viele Restaurants.
_____ (Baby).   In dieser Stadt gibt es viele Babys.

V. REFLEXIVE PRONOUNS

> When the subject and the pronoun object of a verb denote one and the same person or thing, the pronoun object is called a reflexive pronoun. Note in the examples below that there is only one new form to be learned, the reflexive pronoun **sich**.

Ich wasche _mich (*myself*).

Er			(*himself*).	Wir			uns (*ourselves*).
Sie	}	wäscht sich	(*herself*).	Sie	}	waschen	sich (*themselves*).
Es			(*itself*).	Sie			sich (*yourself, yourselves*).

Although there are many transitive verbs in both English and German that can be used reflexively, such verbs are more common in German. Certain verbs *always* take the reflexive construction to convey a particular meaning: **Ich erkälte mich** (*I catch cold*), **er freut sich** (*he is glad*), **wir fühlen uns viel besser** (*we feel much better*).

If the reflexive pronoun is used as an indirect object, the regular dative pronoun serves as a reflexive except for the substitution of **sich** in the third person.

Ich kaufe **mir** (*myself*) ein Buch.

Er			Wir			uns	
Sie	}	kauft **sich** ein Buch.	Sie	}	kaufen	sich	} ein Buch.
Es			Sie			sich	

Note in the above sentences that the same rules of word order apply to reflexive pronouns as to all other object pronouns.

10. Repetition

Rasieren Sie sich (*do you shave*) jeden Morgen?

Interessieren Sie sich für Politik?

Erkälten Sie sich oft?

Setzen Sie sich, bitte!

Er **freut sich auf** (*looks forward to*) die Deutschstunde.

Er **freut sich über** (*is happy about*) die Kinder.

Er kann **sich** an das Klima nicht **gewöhnen** (*get used to*).

Ich kann **mich** an das **Datum** (*date*) nicht **erinnern** (*remember*).

Wird er **sich** ein Radio kaufen?

Jeden Morgen **putze ich mir die Zähne** (*brush my teeth*).

Ich fühle mich nicht wohl.

11. Pronoun Substitution

Ich interessiere mich für Politik.

Er _____.   Er interessiert sich für Politik.

Wir _____.   Wir interessieren uns für Politik.

Sie (*they*) _____.   Sie interessieren sich für Politik.

Willi _____.   Willi interessiert sich für Politik.

Er erkältet sich oft.

Ich _____.   Ich erkälte mich oft.

Wir _____.   Wir erkälten uns oft.

Dora _____.   Dora erkältet sich oft.
Meine Schwestern _____.   Meine Schwestern erkälten sich oft.

Ich interessiere mich für alles.   *Er interessiert sich für nichts.*
Ich freue mich auf alles.   Er freut sich auf nichts.
Ich erinnere mich an alles.   Er erinnert sich an nichts.
Ich gewöhne mich an alles.   Er gewöhnt sich an nichts.
Ich kaufe mir alles.   Er kauft sich nichts.
Ich freue mich über alles.   Er freut sich über nichts.

12. Question-Answer

Wofür interessieren Sie sich? (*Sprachen*)   *Ich interessiere mich für Sprachen.*
Worüber freuen Sie sich? (mein Wagen)   Ich freue mich über meinen Wagen.
Wie fühlt er sich? (besser)   Er fühlt sich besser.
Wie oft erkälten Sie sich? (zu oft)   Ich erkälte mich zu oft.
Wie oft rasieren Sie sich? (jeden Morgen)   Ich rasiere mich jeden Morgen.
Woran können Sie sich nicht erinnern? (an das Wort)   Ich kann mich an das Wort nicht erinnern.
Woran können Sie (*pl.*) sich nicht gewöhnen? (das Klima)   Wir können uns an das Klima nicht gewöhnen.
Worauf freuen sie sich? (auf den Sommer)   Sie freuen sich auf den Sommer.
Wohin setzt sie sich gewöhnlich? (auf das Sofa)   Sie setzt sich gewöhnlich auf das Sofa.
Was werden Sie sich kaufen? (ein Buch)   Ich werde mir ein Buch kaufen.
Wie oft verspäten Sie sich? (nie)   Ich verspäte mich nie.

VI. SUBSTITUTION OF DEFINITE ARTICLES FOR POSSESSIVE ADJECTIVES

> With parts of the body, the definite article or the dative reflexive plus definite article is often used instead of the possessive adjective.
>
> Hand aufs Herz!   Cross your (my) heart.
> Er läßt sich (*dat.*) die Haare schneiden.   He's having his hair cut.
> Ich putze mir die Zähne.   I brush my teeth.

13. Repetition

Er spricht durch **die** Nase.   **Es liegt mir auf der Zunge** (*I've got it on the tip of my tongue*).
Ich habe **mir den** Arm gebrochen.   Sie wäscht **sich die Hände.**
Er **nickt mit dem Kopf** (*nods*).   Er steckt **die** Hand in **die Tasche** (*pocket*).
Sie **winkt mit der Hand** (*waves*).

Review

English-German Patterns

What is wrong with your secretary?	Was ist los mit Ihrer Sekretärin?
Do you know our doctor?	Kennen Sie unseren Arzt?
Does your cousin know their family?	Kennt Ihr Vetter ihre Familie?
He buys my sister flowers.	Er kauft meiner Schwester Blumen.

his professor's books	die Bücher seines Professors
for their families	für ihre Familien
in our lessons (*dat.*)	in unseren Aufgaben
with our sisters	mit unseren Schwestern
except these students	außer diesen Studenten
the children of these women	die Kinder dieser Frauen
at the home of her friend	bei ihrem Freund
the stamps on their letters (*dat.*)	die Briefmarken auf ihren Briefen
without our father	ohne unseren Vater
without his mother	ohne seine Mutter
without our teachers (*f.*)	ohne unsere Lehrerinnen
the teacher of my children	der Lehrer meiner Kinder
on our streets (*dat.*)	auf unseren Straßen
in our newspapers (*dat.*)	in unseren Zeitungen
her uncle's money	das Geld ihres Onkels
his aunt's hats	die Hüte seiner Tante
because of the roses	wegen der Rosen
on the blackboards (*dat.*)	an den Tafeln
in the hotels (*dat.*)	in den Hotels

He's been working for two years.	Er arbeitet schon seit zwei Jahren.
We've been reading for two hours.	Wir lesen schon seit zwei Stunden.
She's been speaking German for two years.	Sie spricht schon seit zwei Jahren Deutsch.
He's been studying for three weeks.	Er studiert schon seit drei Wochen.

I remember the book.	Ich erinnere mich an das Buch.
He catches cold often.	Er erkältet sich oft.
I'm glad to see you.	Ich freue mich, Sie zu sehen.
We are looking forward to the summer.	Wir freuen uns auf den Sommer.

What do you want to buy yourself?	Was wollen Sie sich kaufen?
I want to buy myself two neckties.	Ich will mir zwei Krawatten kaufen.
How often do you brush your teeth?	Wie oft putzen Sie sich die Zähne?

Her father is here. Where is his?	Ihr Vater ist hier. Wo ist seiner?
Do you have a pencil? I have one.	Haben Sie einen Bleistift? Ich habe einen.

Do you have your book? Mine is home.	Haben Sie Ihr Buch? Meins ist zu Hause.

The human being has two eyes, ears, legs, arms, hands, and shoulders.	Der Mensch hat zwei Augen, Ohren, Beine, Arme, Hände und Schultern.
He has only one tongue, one nose, one stomach, one neck, one head, one mouth, and one heart.	Er hat nur eine Zunge, eine Nase, einen Magen, einen Hals, einen Kopf, einen Mund und ein Herz.
He has ten fingers, ten toes, and thirty-two teeth.	Er hat zehn Finger, zehn Zehen und zweiunddreißig Zähne.

Personalized Questions

1. Was sagen Sie, wenn ein Freund an die Tür klopft? 2. Störe ich Sie, wenn ich **eine Frage stelle** (ask a question)? 3. Setzen Sie sich gewöhnlich auf den Tisch, wenn Sie essen? 4. Gehen Sie oft ins Kino? 5. Interessieren Sie sich für Musik? 6. Erkälten Sie sich oft im Frühjahr? 7. Gehen Sie immer um neun Uhr zu Bett? 8. Wann fängt eine neue Woche an? 9. Wie fühlen Sie sich heute? 10. Haben Sie einen Schnupfen? 11. Welche Pillen oder Tabletten nehmen Sie?

Directed Questions

1. Fragen Sie Fräulein ——, ob jeder normale Mensch drei Ohren hat!
2. Fragen Sie Herrn ——, ob er sich das Bein gebrochen hat!
3. Fragen Sie Herrn ——, wie er sich heute fühlt!
4. Fragen Sie Fräulein ——, ob sie sich auf den Sommer freut!
5. Fragen Sie Fräulein ——, ob sie Fieber hat!
6. Fragen Sie Herrn ——, wie oft er Kopfschmerzen hat!
7. Fragen Sie Fräulein ——, wie ihre Zimmerfreundin heißt!
8. Fragen Sie Fräulein ——, ob sie dem Lehrer die Zunge zeigt, wenn er ihr ein „D" gibt!

VERB SUMMARY

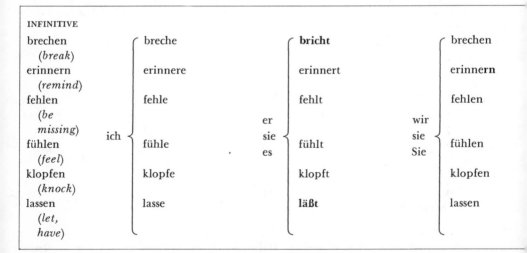

INFINITIVE			
brechen (break)	breche	**bricht**	brechen
erinnern (remind)	erinnere	erinnert	erinnern
fehlen (be missing)	fehle	fehlt	fehlen
fühlen (feel)	fühle	fühlt	fühlen
klopfen (knock)	klopfe	klopft	klopfen
lassen (let, have)	lasse	**läßt**	lassen

VERB SUMMARY (*Continued*)

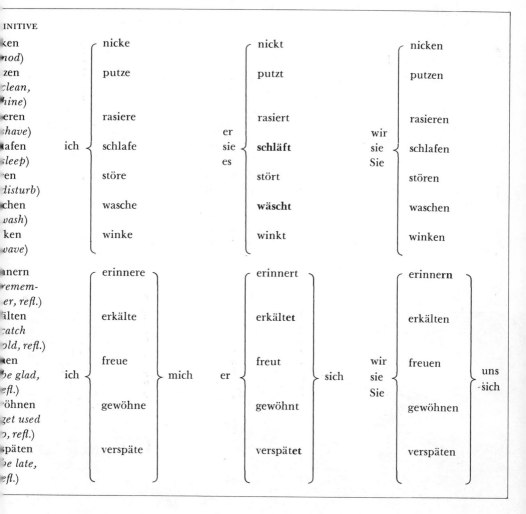

INITIVE

ken
nod)

zen
clean,
hine)

eren
shave)

afen
sleep)

en
disturb)

chen
wash)

ken
wave)

nicke	nickt		nicken
putze	putzt		putzen
rasiere	rasiert		rasieren
schlafe	schläft		schlafen
störe	stört		stören
wasche	wäscht		waschen
winke	winkt		winken

ich — er sie es — wir sie Sie

nern
remem-
er, refl.)

ilten
atch
old, refl.)

en
be glad,
efl.)

öhnen
get used
o, refl.)

päten
be late,
efl.)

erinnere	erinnert		erinnern
erkälte	erkältet		erkälten
freue	freut		freuen
gewöhne	gewöhnt		gewöhnen
verspäte	verspätet		verspäten

ich — mich — er — sich — wir sie Sie — uns -sich

Die deutsche Familie

Die große Familie der Deutschsprechenden in Mitteleuropa umfaßt[1] etwa 92 Millionen Menschen. Es leben rund[2] 62 Millionen in Westdeutschland, 17 Millionen in Ostdeutschland, 7 Millionen in Österreich und 6 Millionen in der Schweiz. Alle sprechen Deutsch als Muttersprache.

Die 62 Millionen Westdeutschen leben in 22 Millionen Haushalten[3] oder Familien. Die deutschen Männer heiraten[4] durchschnittlich[5] mit 29 Jahren, Frauen mit 25 Jahren. Die durchschnittliche deutsche Familie hat vier Mitglieder:[6] Vater, Mutter und zwei Kinder. Das Bild (A) zeigt eine Arbeiter-Familie: einen Vater und drei Kinder beim Spiel. Der Vater scheint[7] etwa 40 Jahre alt zu sein. Er verdient[8] rund 1200 Mark im Monat und bekommt einen extra Monat bezahlt,[9] damit[10] er in Ferien[11] reisen kann.

[1] comprises   [2] approximately   [3] households   [4] marry   [5] on the average
[6] members   [7] seems   [8] earns   [9] receives an extra month's pay   [10] so that
[11] vacation

A

B

Trotz des Regens macht diese junge Familie einen Spaziergang (**B**). An der modischen Kleidung[12] der drei merkt man, daß der Vater gut verdient. Es ist auch möglich, daß das Töchterchen in einen Kindergarten geht, damit die Mutter arbeiten kann.

[12] stylish clothes

C

Die Deutschen wollen gut informiert sein. Wie der Mann auf dem Bild (**C**), lesen 35 Millionen Deutsche regelmäßig[13] eine Zeitung. Von vier Familien haben drei einen Fernsehapparat,[14] der durchschnittlich 2½ Stunden pro Tag läuft. Rund 20% der Erwachsenen[15] gehören einer Buchgemeinschaft an.[16] Nur die Vereinigten Staaten[17] und Rußland veröffentlichen[18] mehr Bücher im Jahre als Westdeutschland. Weil[19] die meisten deutschen Familien gut verdienen, haben sie es zu Hause auch schön: 94% haben ein Radio, 85% einen Kühlschrank,[20] 62% eine Kamera und 61% eine Waschmaschine.

Diese Mutter (**D**) ist Lehrerin und bereitet sich auf ihren Unterricht vor.[21] Der Vater arbeitet in der Stadtverwaltung.[22] Das Kind besucht einen Kindergarten und freut sich, wenn die Eltern es abholen. Vor 30 Jahren waren Kinder, Küche[23] und Kirche der Wirkungskreis[24] der deutschen Frau. Heute arbeiten mehr als 30% der Frauen, und der Mann des Hauses muß jetzt mit den Kindern helfen.

[13] regularly   [14] TV set   [15] adults   [16] belong to a book club   [17] United States
[18] publish   [19] because   [20] refrigerator   [21] is preparing for her teaching
[22] city government   [23] kitchen   [24] realm, domain

D

Aufgabe Neun

aufwachen – (intransitive)
1st person
aufwecken – (transitive)
3rd person

Beim Aufstehen

Rudi Wolf ist ziemlich müde und kann die Augen kaum aufmachen. Sein Nachbar im Studentenheim, Hans Rösch, kommt vorbei, um Rudi aufzuwecken.

[1] RÖSCH: Na, endlich wachen Sie auf!

[2] WOLF: Endlich? Es ist doch immer noch dunkel!

[3] RÖSCH: Natürlich! Sie haben ja auch die Augen noch nicht aufgemacht.

[4] WOLF: [Beginnt sich anzuziehen]   Wie spät ist es denn eigentlich?

[5] RÖSCH: Ungefähr halb sieben. Wie fühlen Sie sich heute morgen?

[6] WOLF: Danke, es geht mir viel besser. Müssen Sie immer so früh aufstehen?

[7] RÖSCH: Selbstverständlich. „Morgenstund' hat Gold im Mund'."

[8] WOLF: Wann sind Sie übrigens gestern abend zurückgekommen?

[9] RÖSCH: Gegen Mitternacht. Das Konzert war einfach herrlich!

[10] WOLF: Nächstes Mal gehe ich bestimmt mit.

[11] RÖSCH: Schön! Ist Ihre Jacke im Kleiderschrank? Sie müssen sich nämlich beeilen.

[12] WOLF: Nein, die habe ich an die Tür gehängt.

[13] RÖSCH: Ich will schon nach unten gehen und im Speisezimmer auf Sie warten.

[14] WOLF: Nur noch einen Augenblick, bitte! Ich will mir nur die Hände waschen und komme dann gleich mit.

[15] RÖSCH: Gut! Sie können sich dann nach dem Frühstück rasieren.

Fragen

1. Warum kann Rudi die Augen nicht aufmachen?   2. Wer will ihn aufwecken?   3. Warum findet Rudi das Zimmer so dunkel?   4. Wie spät ist es denn eigentlich?   5. Wie fühlt er sich heute morgen?   6. Wann ist Hans zurückgekommen?   7. Ist Rudis Jacke im Kleiderschrank?   8. Was will er noch vor dem Frühstück tun?

Lesson 9

Getting Up

Rudi Wolf is rather tired and can hardly open his eyes. His neighbor in the student hostel, Hans Rösch, comes by to wake Rudi up.

¹ RÖSCH: Well, you're finally waking up!

² WOLF: Finally? Why it's still dark.

³ RÖSCH: Of course! You haven't opened your eyes yet.

⁴ WOLF: [Begins to get dressed]   What time is it actually?

⁵ RÖSCH: About six thirty. How do you feel this morning?

⁶ WOLF: I am much better, thanks. Do you always have to get up so early?

⁷ RÖSCH: Of course. "The early bird gets the worm." (The morning hour has gold in its mouth.)

⁸ WOLF: By the way, when did you get in (come back) last night?

⁹ RÖSCH: About midnight. The concert was simply magnificent.

¹⁰ WOLF: Next time I'll definitely go with you.

¹¹ RÖSCH: Fine! Is your coat in the wardrobe? You'll have to hurry, you know.

¹² WOLF: No, I hung it on the door.

¹³ RÖSCH: I'll go downstairs and wait for you in the dining room.

¹⁴ WOLF: Just a moment, please! I just want to wash my hands, and then I'll come right with you.

¹⁵ RÖSCH: Good! You can shave after breakfast, then.

Vocabulary Building

Kleidung (Clothing)

Wo ist
- das Hemd?[1]
- das Kleid?[2]
- das Abendkleid?
- das Kostüm?[3]
- das Taschentuch?[4]

Der Rock[5]
Der Anzug[6]
Der Schlafanzug
Der Hut
Der Mantel[7]
Der Regenmantel

ist hier.

Wo kann ich
- eine Bluse[8]
- eine Handtasche[9]
- eine Hose[10]
- eine Jacke
- eine Sportjacke

kaufen?

Gibt es einen Ausverkauf[11] im Warenhaus?[12]

Ich kaufe mir
- ein Paar Schuhe.
- ein Paar Handschuhe.[13]
- ein Paar Socken.
- ein Paar Strümpfe.[14]

Kleider machen Leute.[15]

Vocabulary Building Questions

1. Darf man einen Schlafanzug **tragen** (*wear*), wenn man zum Frühstück geht?
2. Haben Sie ein Taschentuch in der Tasche?   3. Wo kann man sich einen Mantel kaufen?   4. Gefällt Ihnen eine rote Sportjacke?   5. Tragen Sie Schuhe oder gehen Sie oft barfuß?   6. Gibt es heute einen Ausverkauf in der Buchhandlung?   7. Wo ist das nächste Warenhaus?

German Particles

English has several adverbial particles, such as *well, well then, indeed, after all, of course, you know,* which are difficult for the foreigner to use properly. In like manner, German has the particles **also, denn, doch, ja, nämlich,** and **schon,** which are used idiomatically in German to convey subtle shades of meaning and which are difficult for non-Germans to use correctly. Frequently it is hard to find good English translations for these expressions, other than a gesture or facial expression.

Also often means *therefore* and *well then* in the sense of summing up:

Also! Beginnen wir Aufgabe sieben!   Well then, let's begin Lesson Seven.
Sie wollen **also** nicht kommen?   You won't come then?

[1] shirt   [2] dress   [3] woman's suit, costume   [4] handkerchief   [5] skirt   [6] suit
[7] overcoat   [8] blouse   [9] purse   [10] trousers   [11] sale   [12] department store
[13] gloves   [14] stockings   [15] Clothes make the man (people).

Denn implies an intense interest on the part of the speaker:

Wo ist sie **denn**?	Where *can* she be?
Wie heißt er **denn**?	What *is* his name?

Doch implies a strong assertion or a contradiction:

Das Semester fängt **doch** erst morgen an!	Why, the semester doesn't begin until tomorrow!
Sie wollen nicht kommen?—**Doch**!	You don't want to come? Of course I do!

Ja often adds force to the verb or another particle:

Kommen Sie **ja** nicht zu spät!	Be sure you're not late!
Sie wissen es **ja** doch!	Why, you know it all right!

Nämlich often implies *I want you to know:*

Mein Geschäft ist **nämlich** nicht weit von hier.	My store is not far from here, you know.

Schon often makes the statement more emphatic:

Er wird es **schon** wissen.	He'll know it all right.
Hans wird **schon** kommen.	Hans will be sure to come.

Pronunciation Drill

The sound [ʃ] (spelled *sch;* also *s* before *t* and *p* at the beginning of syllables)

Sch is like **sh** in *shine* except that the lips are more rounded. Listen, and then practice with your model:

ENGLISH	GERMAN	ENGLISH	GERMAN
she	Schi	fishing	fischen
sheer	Schier	caution	naschen
ship	Schiff	flashy	Flasche
shine	Schein	washing	waschen
fish	Fisch	rushing	rauschen

Practice horizontally and vertically:

Schaf	Schatten	schätzen	Schimmer	schon	Schule	schön
Flasche	waschen	fischen	zischen	Dusche	lauschen	Wäsche
rasch	englisch	Gemisch	Geräusch	Mensch	Fleisch	falsch

At the beginning of a word or syllable, the letters **st** and **sp** usually represent the sounds [ʃt] and [ʃp] respectively. Practice horizontally and vertically:

Stamm	Stahl	Stadt	Staat	stehlen	spät
bestellen	bestimmt	Verstand	gestanden	zerstören	verstehen
Spaß	Speer	spinnen	Spuk	Speise	Spule
ersparen	verspielen	zerspringen	anspornen	versprechen	Ansprache

Dialogue Variations

A. Guten Morgen! Haben Sie gut geschlafen?
B. Zu gut. Ich habe nicht einmal[1] den Wecker[2] gehört.
A. Wer hat Sie denn geweckt?[3]
B. Mein Zimmerfreund. Er steht gewöhnlich früh auf.
A. Wann sind Sie denn gestern abend zu Bett gegangen?[4]
B. Gegen Mitternacht.
A. So? Kein Wunder, daß Sie (sich) verschlafen haben.[5]
B. Ja, ich bin noch immer ein bißchen schläfrig.[6] Hoffentlich kann ich während der Vorlesungen wach[7] bleiben.

A. Haben Sie sich schon rasiert?
B. Nein, ich will mir erst die Hände waschen.
A. Was für einen Rasierapparat[8] haben Sie?
B. Einen elektrischen.
A. Sie haben es wirklich gut.
B. Wieso?
A. Sie brauchen kein heißes Wasser, um[9] sich zu rasieren.
B. Vielleicht haben Sie recht; ich habe es wirklich gut.

A. Haben Sie Ihren Anzug in den Kleiderschrank gehängt?
B. Nein, nur das Hemd. Meine Jacke und meine Hose habe ich auf den Stuhl gelegt.
A. Ist das ein neues[10] Hemd? Es sieht sehr schön aus.[11]
B. Ja, meine Mutter hat mir dieses Hemd, eine Krawatte und zwei Paar Socken zum Geburtstag geschickt.[12]
A. Was Sie nicht sagen![13] Ich habe nur einen Schlafanzug bekommen.

Conversational Patterns

I. PRESENT PERFECT TENSE OF REGULAR VERBS

In German the present perfect tense is much broader in scope than in English; it is generally used in question-answer situations when referring to past events and in reporting an event as a fact, detached from its context:

Was haben Sie gesagt?	What did you say?
Ich habe gar nichts gesagt.	I didn't say anything at all.
Es hat gestern geregnet.	It rained yesterday.
Ich habe Hans schon danach gefragt.	I have already asked Hans about it.

Note that the pattern used for all present perfect forms in this lesson is: a form of **haben** plus past participle.

[1] not even [2] alarm clock [3] awakened [4] when did you go [5] have overslept
[6] sleepy [7] awake [8] what kind of razor [9] in order [10] new [11] looks
[12] sent for my birthday [13] You don't say!

1. Repetition

Haben Sie den Anzug gekauft?
Nein, ich habe ihn nicht gekauft.
Haben Sie Ihren Hut gesucht?
Nein, ich habe ihn nicht gesucht.

Haben Sie die Aufgabe gelernt?
Nein, ich habe sie nicht gelernt.
Haben Sie den Lehrer gefragt?
Nein, ich habe ihn nicht gefragt.

2. Present > Present Perfect

Ich kaufe das Hemd.
Die Dame kauft einen Hut.
Ich suche eine Bluse.
Er sucht einen Regenmantel.
Wir lernen diese Aufgabe.
Was lernt Fritz heute?
Was fragt der Lehrer denn?

Ich habe das Hemd gekauft.
Die Dame hat einen Hut gekauft.
Ich habe eine Bluse gesucht.
Er hat einen Regenmantel gesucht.
Wir haben diese Aufgabe gelernt.
Was hat Fritz heute gelernt?
Was hat der Lehrer denn gefragt?

II. FORMING PAST PARTICIPLES

Most German verbs have a simple pattern for forming past participles:

ge + stem + **t**

(**ge/sag/t, ge/wohn/t, ge/hab/t,** etc.)

This is the pattern for regular verbs. Of the regular verbs, the following have already been introduced:

blitzen	fühlen	leben	sagen	suchen
brauchen	glauben	legen	schauen	tanzen
danken	haben[1]	lernen	schneien	wechseln
donnern	hängen	lieben	setzen	winken
fischen	hören	machen	spielen	wohnen
fragen	kaufen	meinen	stecken	wünschen
freuen	klopfen	nicken	stören	zeigen

If the stem of a regular verb ends in **t, d,** or two separately pronounced consonants, **-et** is added to the stem in forming the past participle. The following verbs add **-et:**

antworten		geantwortet	baden (*bathe*)		gebadet
arbeiten	er hat	gearbeitet	retten	er hat	gerettet
öffnen		geöffnet	warten		gewartet
kosten	es hat	gekostet	regnen	es hat	geregnet

---

[1] Often treated as a semi-irregular verb.

3. Repetition

Haben Sie heute Tennis gespielt?
Nein, ich habe keine Zeit gehabt.
Wer hat das Fenster geöffnet?
Ich habe es geöffnet.

Wann hat sie sich das Kleid gekauft?
Sie hat es sich gestern gekauft.
Wie lange hat er gearbeitet?
Er hat den ganzen Tag gearbeitet.

4. Question-Answer

Wird er die Aufgabe lernen?
Werden Sie ihn fragen?
Wird sie das Fenster öffnen?
Werden Sie heute baden?
Wird er den Mantel kaufen?
Werden Sie es dem Lehrer sagen?
Werden Sie es mir zeigen?
Werden Sie mit Maria tanzen?
Werden Sie mir antworten?
Wird er dem Lehrer danken?

Er hat sie schon gelernt.
Ich habe ihn schon gefragt.
Sie hat es schon geöffnet.
Ich habe heute schon gebadet.
Er hat ihn schon gekauft.
Ich habe es ihm schon gesagt.
Ich habe es Ihnen schon gezeigt.
Ich habe schon mit ihr getanzt.
Ich habe Ihnen schon geantwortet.
Er hat ihm schon gedankt.

5. Present > Present Perfect

Warum antwortet er dem Lehrer nicht?

Ich danke ihm immer für seine Hilfe.

Er kauft sich eine Jacke.
Sie kauft sich einen Rock.
Wo wechselt er das Geld?
Regnet es?
Zeigt er dem Lehrer sein Heft?
Warten Sie auf einen Verkäufer?
Suchen Sie eine Handtasche?
Er legt das Taschentuch auf den Tisch.

Es donnert.
Wir lernen neue Wörter.
Ich kaufe mir einen Anzug.
Wieviel kostet ein Paar Handschuhe?

Warum hat er dem Lehrer nicht geantwortet?

Ich habe ihm immer für seine Hilfe gedankt.

Er hat sich eine Jacke gekauft.
Sie hat sich einen Rock gekauft.
Wo hat er das Geld gewechselt?
Hat es geregnet?
Hat er dem Lehrer sein Heft gezeigt?
Haben Sie auf einen Verkäufer gewartet?
Haben Sie eine Handtasche gesucht?
Er hat das Taschentuch auf den Tisch gelegt.

Es hat gedonnert.
Wir haben neue Wörter gelernt.
Ich habe mir einen Anzug gekauft.
Wieviel hat ein Paar Handschuhe gekostet?

6. Future > Present Perfect

Er wird einen Anzug kaufen.
Ich werde meiner Mutter die Jacke zeigen.
Wir werden etwas lernen.
Er wird seine Hose auf den Stuhl legen.

Er hat einen Anzug gekauft.
Ich habe meiner Mutter die Jacke gezeigt.
Wir haben etwas gelernt.
Er hat seine Hose auf den Stuhl gelegt.

Joachim und Peter werden schwer arbeiten.

Was werden Sie denn machen?

Liese wird sich eine Bluse kaufen.

Was werden Sie sagen?

Ich werde mir nämlich eine Schreibmaschine kaufen.

Es wird regnen.

Sie wird auf mich warten.

Trudi wird sich ja freuen.

Joachim und Peter haben schwer gearbeitet.

Was haben Sie denn gemacht?

Liese hat sich eine Bluse gekauft.

Was haben Sie gesagt?

Ich habe mir nämlich eine Schreibmaschine gekauft.

Es hat geregnet.

Sie hat auf mich gewartet.

Trudi hat sich ja gefreut.

7. Replacement

Wie lange hat er gestern getanzt?

_____ Sie _____?

_____ vorgestern (day before yesterday) _____?

_____ gearbeitet?

Wo haben _____?

_____ sein Freund _____?

_____ heute morgen _____?

_____ gespielt?

Wie lange haben Sie gestern getanzt?

Wie lange haben Sie vorgestern getanzt?

Wie lange haben Sie vorgestern gearbeitet?

Wo haben Sie vorgestern gearbeitet?

Wo hat sein Freund vorgestern gearbeitet?

Wo hat sein Freund heute morgen gearbeitet?

Wo hat sein Freund heute morgen gespielt?

Es hat gestern abend geregnet.

_____ heute morgen _____.

_____ gedonnert.

_____ heute nachmittag _____.

_____ geblitzt.

_____ heute früh (early today) _____.

_____ gehagelt.

_____ vor zwei Tagen _____.

Es hat heute morgen geregnet.

Es hat heute morgen gedonnert.

Es hat heute nachmittag gedonnert.

Es hat heute nachmittag geblitzt.

Es hat heute früh geblitzt.

Es hat heute früh gehagelt.

Es hat vor zwei Tagen gehagelt.

III. VERBS OF FOREIGN ORIGIN

Most verbs of foreign origin are regular in their conjugation except for the omission of the **ge-** prefix in the past participle:

analysieren (analyze)		analysiert	studieren		studiert
diktieren (dictate)		diktiert	telefonieren	er hat	telefoniert
korrespondieren (correspond)	er hat	korrespondiert	telegrafieren		telegrafiert
korrigieren (correct)		korrigiert			

amüsieren		amüsiert
interessieren	er hat **sich**	interessiert
rasieren		rasiert

8. Repetition

Wie lange haben Sie denn studiert?

Sie hat mir von Frankfurt telegrafiert.

Hat sie also telefoniert?

Haben Sie sich schon rasiert?

Er hat sich nie für Mathematik interessiert.

Der Lehrer hat den **Fehler** (*mistake*) korrigiert.

Haben Sie sich heute amüsiert?

Haben Sie das Problem analysiert?

Mit dieser **Firma** (*firm*) haben wir oft korrespondiert.

Hat der Lehrer den **Satz** (*sentence*) diktiert?

Amüsieren Sie sich doch!

9. Present > Present Perfect

Der Lehrer diktiert einen Satz.

Fritz amüsiert sich sehr.

Wir korrespondieren mit dieser Firma.

Der Professor analysiert das Problem.

Der Lehrer korrigiert die Hefte.

Er interessiert sich für Politik.

Hugo rasiert sich heute nicht.

Telefoniert er heute?

Er telegrafiert nicht oft.

Der Lehrer hat einen Satz diktiert.

Fritz hat sich sehr amüsiert.

Wir haben mit dieser Firma korrespondiert.

Der Professor hat das Problem analysiert.

Der Lehrer hat die Hefte korrigiert.

Er hat sich für Politik interessiert.

Hugo hat sich heute nicht rasiert.

Hat er heute telefoniert?

Er hat nicht oft telegrafiert.

10. Future > Present Perfect

Er wird auf der Universität studieren.

Wofür wird er sich interessieren?

Der Lehrer wird die Klassenarbeit (*classwork*) korrigieren.

Er wird mit seiner Freundin telefonieren.

Sie wird ihrem Vater telegrafieren.

Wird er den Satz diktieren?

Wir werden uns in der Deutschstunde amüsieren.

Er hat auf der Universität studiert.

Wofür hat er sich interessiert?

Der Lehrer hat die Klassenarbeit korrigiert.

Er hat mit seiner Freundin telefoniert.

Sie hat ihrem Vater telegrafiert.

Hat er den Satz diktiert?

Wir haben uns in der Deutschstunde amüsiert.

IV. REGULAR VERBS WITH INSEPARABLE PREFIXES

Many German verbs begin with an unaccented prefix such as **be-** (**be**suchen), **emp-** (**emp**fehlen, *recommend*), **ent-** (**ent**gehen, *escape*), **er-** (**er**zählen), **ge-** (**ge**hören), **ver-** (**ver**suchen), **zer-** (**zer**brechen, *break to pieces*).

These prefixes change the meaning of the verb and remain attached to it in all tenses. All verbs of this type omit the **ge-** prefix in the past participle.

begleiten				erzählen			
bemerken (*notice*)	er hat	⎰	begleitet	gehören	er hat	⎰	erzählt
besuchen		⎱	bemerkt	verkaufen (*sell*)		⎱	gehört
erklären			besucht	versuchen			verkauft
			erklärt				versucht

erinnern			erinnert
erkälten	er hat **sich**	⎰	erkältet
gewöhnen		⎱	gewöhnt

11. Repetition

Er hat mich gestern besucht.

→Er hat sich an den Ausverkauf erinnert.

Der Lehrer hat das Problem erklärt.

Haben Sie ihm Ihre Bücher verkauft?

Haben Sie einen Fehler bemerkt?

Wer hat Sie begleitet?

12. Present > Present Perfect

Er gewöhnt sich an das Wetter.

Sie versucht Wiener Schnitzel.

Erinnern Sie sich an das Datum?

Was erklärt der Lehrer heute?

Erkälten Sie sich oft?

Wen besuchen Sie?

Bemerken Sie etwas?

Gehört es Ihnen also?

Er hat sich an das Wetter gewöhnt.

Sie hat Wiener Schnitzel versucht.

Haben Sie sich an das Datum erinnert?

Was hat der Lehrer heute erklärt?

Haben Sie sich oft erkältet?

Wen haben Sie besucht?

Haben Sie etwas bemerkt?

Hat es Ihnen also gehört?

13. Future > Present Perfect

Er wird mir sein Rad verkaufen.

Er wird sich nach und nach (*gradually*) an unser Klima gewöhnen.

Wird er sich an den Titel (*title*) erinnern?

Werden Sie sich bei diesem Wetter erkälten?

Wann wird er Sie besuchen?

Wird er unsere Fehler bemerken?

Wird er versuchen, Deutsch zu lernen?

Wird er eine Geschichte erzählen?

Er hat mir sein Rad verkauft.

Er hat sich nach und nach an unser Klima gewöhnt.

Hat er sich an den Titel erinnert?

Haben Sie sich bei diesem Wetter erkältet?

Wann hat er Sie besucht?

Hat er unsere Fehler bemerkt?

Hat er versucht, Deutsch zu lernen?

Hat er eine Geschichte erzählt?

V. DIMINUTIVES

The suffixes **-chen** and **-lein** are added to nouns to form diminutives. Usually these diminutives, which are always neuter, have an umlaut if the stem vowel is capable of change. They may also be used to express affection rather than smallness:

die Stadt	das Städtchen (*small city*)
das Buch	das Büchlein (*small book*)
der Brief	das Brieflein (*short letter*)
die Mutter	das Mütterchen (*small or dear mother*)
der Schlaf	das Schläfchen (*nap*)

14. Repetition

Er hat das Brieflein gar nicht bemerkt.
Hinter dem Häuschen liegt ein Garten.
Kennen Sie das Fräulein?
Das Kindlein spielt vor dem Sofa.

Sehen Sie das Bäumchen da drüben?
Ich liebe mein Mütterchen.
Was Hänschen nicht lernt, lernt Hans **nimmermehr** (*never*).

VI. *ES GIBT*

Es gibt means *there is* or *there are* in reference to general existence:

Es gibt einen Gott.
In jeder Zeitung **gibt es** Fehler.

There is a God.
There are mistakes in every newspaper.

Es is the true subject, and the noun that follows is always in the accusative case.

For a limited area, rather than for general existence, use **sein** or a verb that indicates location:

Viele Studenten **sind** in diesem Zimmer.
Ein Buch **liegt** auf dem Tisch.

There are many students in this room.
There is a book on the table.

15. Repetition

Morgen gibt es Regen.
Es gibt keine Bank hier.
Was gibt's Neues?

Was gibt's **zum Abendessen** (*for dinner*)?
Es gibt einen Ausverkauf im Warenhaus.

Review

English-German Patterns

Did he explain the lesson?
Did she sell her books?
Did that belong to you?
Did you remember the word?
Did he catch cold?

Hat er die Aufgabe erklärt?
Hat sie ihre Bücher verkauft?
Hat das Ihnen gehört?
Haben Sie sich an das Wort erinnert?
Hat er sich erkältet?

The teacher corrected the mistakes.	Der Lehrer hat die Fehler korrigiert.
He became interested in politics.	Er hat sich für Politik interessiert.
My brother telegraphed this morning.	Mein Bruder hat heute morgen telegrafiert.
Has she already telephoned?	Hat sie schon telefoniert?
Have you corresponded with this firm?	Haben Sie mit dieser Firma korrespondiert?
What did they buy today?	Was haben sie heute gekauft?
What did you learn today?	Was haben Sie heute gelernt?
What did he hear today?	Was hat er heute gehört?
What did she look for today?	Was hat sie heute gesucht?
There is a God.	Es gibt einen Gott.
There are such people. (*Menschen*)	Es gibt solche Menschen.
What is there for dinner?	Was gibt's zum Abendessen?
There is Wiener Schnitzel this evening.	Es gibt heute abend Wiener Schnitzel.
What's new?	Was gibt's Neues?
Tomorrow there will be rain.	Morgen gibt es Regen.
He got used to the weather.	Er hat sich an das Wetter gewöhnt.
We thanked him for the book.	Wir haben ihm für das Buch gedankt.
The teacher told the class a story.	Der Lehrer hat der Klasse eine Geschichte erzählt.
I bought his bicycle.	Ich habe sein Fahrrad gekauft.
Did he answer you?	Hat er Ihnen geantwortet?
Did you thank him for the book?	Haben Sie ihm für das Buch gedankt?
Did he sell you the bicycle?	Hat er Ihnen das Rad verkauft?
What did he tell you? (*sagen*)	Was hat er Ihnen gesagt?

Personalized Questions

1. Sind Sie oft ziemlich müde? 2. Wie heißt Ihr Zimmerfreund, Herr ——? 3. Wie spät ist es? 4. Wo ist Ihre Jacke? 5. Werfen Sie Ihre Kleider auf den **Fußboden** (*floor*), wenn Sie ins Bett gehen? 6. Haben Sie gestern abend Ihre Kleider an die Tür gehängt? 7. Essen Sie Ihr Frühstück im Bett? 8. Wann haben Sie sich heute rasiert, Herr ——? 9. Haben Sie sich das Gesicht nach dem Frühstück gewaschen? 10. Wann haben Sie sich die Zähne geputzt? 11. Wie oft schreiben Sie ein Briefchen an Ihr Mütterchen? 12. Braucht man heute einen Regenmantel? 13. Ist Ihr Hemd (Ihre Bluse) neu?

Directed Questions

1. Fragen Sie Herrn ——, wer ihn heute geweckt hat!
2. Fragen Sie Herrn ——, ob er heißes Wasser braucht, um sich zu rasieren!
3. Fragen Sie Fräulein ——, wohin sie ihre Handtasche gelegt hat!
4. Fragen Sie Fräulein ——, ob sie ein Abendkleid hat!
5. Fragen Sie Herrn ——, wie oft er seine Socken wäscht!
6. Fragen Sie Herrn ——, ob er heute morgen einen Spaziergang gemacht hat!
7. Fragen Sie Fräulein ——, ob sie die Aufgabe für heute gelernt hat!
8. Fragen Sie Fräulein ——, ob sie sich für Männer interessiert!

VERB SUMMARY

INFINITIVE		PRESENT		PRES. PERF.
amüsieren (*amuse; refl.,* *have a good time*)		amüsiert		amüsiert
analysieren (*analyze*)		analysiert		analysiert
baden (*bathe*)		badet		gebadet
bemerken (*notice*)		bemerkt		bemerkt
diktieren (*dictate*)		diktiert		diktiert
korrespondieren (*correspond*)	er	korrespondiert	er hat	korrespondiert
korrigieren (*correct*)		korrigiert		korrigiert
öffnen (*open*)		öffnet		geöffnet
telefonieren (*telephone*)		telefoniert		telefoniert
tragen (*wear, carry*)		trägt		getragen
verschlafen[1] (*oversleep*)		verschläft		verschlafen
wecken (*wake*)		weckt		geweckt

[1] Often reflexive.

Volkstrachten in den deutschsprachigen Ländern

In den Trachtengebieten[1] Deutschlands, Österreichs und der Schweiz sieht man noch heute bei Volksfesten[2] die traditionelle Kleidung der Bauern.[3] Wie ein alter Brunnen[4] oder ein Fachwerkhaus,[5] zeigen uns auch die Volkstrachten[6] etwas von der Kultur der Vergangenheit;[7] sie gehen auf die Mode der höheren Gesellschaftsschichten[8] des 17. und 18. Jahrhunderts[9] zurück.[10]

[1] regional-costume areas [2] folk festivals [3] peasants [4] well, fountain
[5] half-timbered house [6] folk costumes [7] past [8] higher social classes
[9] century [10] (*gehen . . . zurück*) go back to

A

Heutzutage[11] heiraten viele junge Menschen in der Tracht ihrer Heimat.[12] Volkstrachten sind natürlich nicht überall[13] dieselben. Das Bild (**A**) zeigt ein junges Paar[14] aus Mittenwald in Süddeutschland in der heimatlichen[15] Tracht. Auf dem anderen Bild (**B**) gehen zwei Mädchen an einem Wegkruzifix vorbei,[16] das fromme Bergbauern[17] errichtet haben.[18] An dieser Tracht erkennt der Trachtenexperte das Ködnitztal,[19] das nicht weit von dem berühmten Großglockner[20] in Österreich liegt.

[11] nowadays   [12] native home   [13] everywhere   [14] couple   [15] native
[16] (*gehen … vorbei*) walk past   [17] devout peasants of the mountains   [18] have erected
[19] Ködnitz Valley   [20] name of a famous mountain

B

Am ersten Mai findet oft in den Trachtengebieten ein Tanzfest um einen Maibaum statt,[21] wie in der schweizerischen Stadt Vindonissa (**C**). Diese Maibaumfeste, die aus vorchristlichen[22] Zeiten stammen,[23] ziehen viele Touristen an.[24] Nicht jedes Trachtenfest findet aber in einem Dorf[25] oder einer Kleinstadt statt. Die Bauern auf dem Bild (**D**) tanzen auf einem Volksfest mitten in Berlin. Der Mann trägt Wollstrümpfe,[26] eine warme wollene Hose und einen Mantel über seiner Weste, denn auch im Sommer ist das Wetter in Norddeutschland oft kühl. Über dem langen Rock trägt die Frau eine Schürze.[27]

[21] (*findet ... statt*) takes place   [22] pre-Christian   [23] originate
[24] (*ziehen ... an*) attract   [25] village   [26] woolen stockings   [27] apron

C

D

E

F

In Süddeutschland und Österreich sieht man auch in den Städten Dirndl-kleider[28] (**E**, Dirndlgeschäft) und ab und zu[29] eine Lederhose.[30] Das Dirndl, eine weibliche[31] Form der Alpenbauerntracht, besteht aus[32] einem eng an-liegenden Mieder[33] und einem weiten, faltigen[34] Rock mit einer bunten Halbschürze.[35] Zum Dirndl trägt man eine weiße Bluse mit weitem Aus-schnitt.[36] Die Lederhose ist besonders für die Jungen sehr praktisch; man braucht sie nicht zu waschen, und es ist fast unmöglich, sie abzutragen.[37]

In Bayern und Österreich ist der Schuhplattler (ein Volkstanz) (**F**) bei Volksfesten sehr beliebt. Die Tracht der Männer auf diesem Bilde besteht aus einer Lederhose mit breiten Hosenträgern,[38] einem weißen Hemd und einem grünen Jägerhut.[39] Die Frauen tragen Dirndlkleider.

28 peasant dresses   29 now and then   30 short leather pants   31 feminine
32 consists of   33 tight bodice   34 gathered   35 bright half-apron   36 low neckline
37 to wear them (the pants) out   38 broad suspenders   39 hunting hat

Aufgabe Zehn

Beim Frühstück

Dann und wann sitzen Rudi Wolf und Hans Rösch nebeneinander am Frühstückstisch. Rudi hat immer goßen Hunger.

¹ RÖSCH: Haben Sie schon gebadet?

² WOLF: Noch nicht, ich habe mich auch nicht rasiert. Was gibt's
zum Frühstück?

³ RÖSCH: Das Gewöhnliche: Kaffee oder Kakao und Brötchen. Was
möchten Sie trinken?

⁴ WOLF: Der Kaffee riecht gut, aber ich ziehe eine Tasse Kakao vor.

⁵ RÖSCH: Bitte, reichen Sie mir Sahne und Zucker!

⁶ WOLF: Gewiß. Was für eine Marmelade ist denn das?

⁷ RÖSCH: Es ist Erdbeermarmelade, glaub' ich. Sie schmeckt gut.

⁸ WOLF: Hm! Vielleicht sollte ich sie versuchen. Bitte, reichen Sie
mir doch noch ein Brötchen und die Butter!

⁹ RÖSCH: Gern. Haben Sie immer noch Hunger?

¹⁰ WOLF: Morgens bin ich immer hungrig.

¹¹ RÖSCH: Armer Kerl! Kein Wunder, daß Sie Wolf heißen.

¹² WOLF: Lassen Sie die Späße! Ich sterbe vor Hunger! Hier in
Deutschland habe ich noch nie genug zum Frühstück bekommen.

¹³ RÖSCH: Haben Sie gestern in der Mensa zu Mittag gegessen?

¹⁴ WOLF: Ja, das Essen war besonders gut.

¹⁵ RÖSCH: Vielleicht können wir uns heute mittag dort treffen, dann
können wir zusammen essen. Wollen Sie?

¹⁶ WOLF: Schön! Bis Mittag dann!

Fragen

1. Hat Rudi schon gebadet?   2. Was gibt's zum Frühstück?   3. Wie schmeckt die
Marmelade?   4. Warum hat Rudi immer noch Hunger?   5. Wo hat er gestern zu
Mittag gegessen?   6. Wie war das Essen in der Mensa?   7. Wo treffen sich die
beiden jungen Männer heute mittag?

Lesson 10

At Breakfast

Now and then Rudi Wolf and Hans Rösch sit next to each other at the breakfast table. Rudi is always very hungry.

[1] RÖSCH: Have you had your bath yet?

[2] WOLF: Not yet; I haven't shaved either. What is there for breakfast?

[3] RÖSCH: The usual things: coffee or cocoa and rolls. What would you like to drink?

[4] WOLF: The coffee smells good, but I prefer a cup of cocoa.

[5] RÖSCH: Please pass me the cream and sugar.

[6] WOLF: Certainly. What kind of jam is that?

[7] RÖSCH: It's strawberry jam, I believe. It tastes good.

[8] WOLF: Hm! Perhaps I should try it. Please pass me another roll and the butter.

[9] RÖSCH: Sure. Are you still hungry?

[10] WOLF: I'm always hungry in the morning.

[11] RÖSCH: You poor guy! It's no wonder your name is Wolf.

[12] WOLF: Stop kidding! I'm dying of hunger! Here in Germany, I've never had enough for breakfast.

[13] RÖSCH: Did you eat lunch in the student restaurant yesterday?

[14] WOLF: Yes, the food was especially good.

[15] RÖSCH: Perhaps we can meet there at noon today; then we can eat together. Do you want to?

[16] WOLF: Fine! See you at noon!

Vocabulary Building

Frühstück (Breakfast)

Was wollen Sie trinken?
- Ein Glas Orangensaft (Apfelsinensaft).[1]
- Ein Glas Milch.
- Eine Tasse Kakao.
- Eine Tasse Schokolade.
- Eine Tasse Kaffee.
- Eine Tasse Tee.

Bitte, reichen Sie mir
- noch ein Brötchen (eine Semmel)!
- das Brot![2]
- die Butter!
- die Marmelade!
- die Sahne!
- den Honig![3]
- den Zucker!
- den Schinken!
- den Speck![4]
- den Toast!
- die Eier[5] (das Ei)!
- die Spiegeleier

Aufräumen (Cleaning Up)

Können Sie mir sagen, wo
- das Badezimmer[6]
- die Dusche (das Brausebad)[7]
- das Badetuch[8]
- das Handtuch[9]
- die Seife[10]
- die Zahnpasta[11]
- die Zahnbürste[12]
- der Kamm[13]
- der Rasierapparat

ist?

Wann
- putzen Sie sich die Zähne?
- putzen Sie sich die Schuhe?
- waschen Sie sich das Gesicht?

Wie oft baden Sie?
Rasieren Sie sich morgens oder abends?
Machen Sie selbst[14] das Bett?
Kämmen Sie sich die Haare?[15]

Vocabulary Building Questions

1. Was trinken Sie morgens? 2. Essen Sie gern Spiegeleier auf Schinken? 3. Wie schmeckt Marmelade auf Toast? 4. Können Sie mir sagen, wo das Badezimmer ist? 5. Wann putzen Sie sich die Zähne? 6. Rasieren Sie sich morgens oder abends? 7. Putzen Sie sich die Schuhe mit der Zahnbürste?

[1] orange juice [2] bread [3] honey [4] bacon [5] eggs [6] bathroom [7] shower
[8] bath towel [9] hand towel [10] soap [11] toothpaste [12] toothbrush [13] comb
[14] yourself [15] Do you comb your hair?

Pronunciation Drill

The sound [ts] (spelled *z, tz, c, ds* in final position, *ts,* and *t* in the suffix *-tion*); review of long and short vowels
The sound [ts] is pronounced like *ts* in *hats*. Limber up your tongue with this sentence: *He smacks his fists against the posts and still insists he sees the ghosts.* Practice the following words vertically and horizontally:

Blitz	Zacke	Celle	sitzen	schwitzen	Generation
Tanz	zart	Zelle	Katze	setzen	Nation
Netz	zaubern	Cäsar	Hitze	verletzen	Inflation
Lands	zorn	Cicero	Warze	wälzen	Station
nichts	Zucht	Ziffer	kitzeln	ritzen	Revolution

Review long and short vowels by pronouncing the following words:

Bahn—Bann	Aal—All	Kahn—kann	Dame—Damm
bieten—bitten	lieben—Lippen	Wien—Wind	Miene—Minne
Meere—merken	wegen—wecken	dehnen—denn	Väter—Vetter
Uhr—Urne	Kur—kurz	Huhn—Hund	Mut—Mutter
vor—fort	Rose—Rosse	Mode—Motte	Tor—Torte

Dialogue Variations

A. Haben Sie Willi gesehen?
B. Ich glaube, er ist nach unten gegangen.
A. Ist es möglich, daß er einen Spaziergang[1] macht, weil[2] er keinen Appetit hat?
B. Unmöglich! Er ist gewöhnlich hungrig wie ein Bär! Ah, jetzt erinnere ich mich!
   Er hatte einen Brief in der Hand. Er hat ihn sicher[3] zur Post gebracht.
A. Gut! Dann wird er ja wohl[4] bald zurückkommen.

A. Mein Herr, was darf ich Ihnen bringen?
B. Ein großes Glas Orangensaft, bitte.
A. Gern. Darf es sonst noch etwas sein?[5]
B. Ja, zwei Eier auf Schinken.
A. Möchten Sie Spiegelei, Rührei[6] oder vielleicht Omelett?
B. Bitte, bringen Sie mir Spiegeleier auf Schinken und auch etwas Toast.
A. Und was wünschen Sie zu trinken? Kaffee, Tee, Schokolade oder Milch?
B. Heiße Schokolade, bitte, mit Sahne und Zucker.
A. Sofort, bitte.

A. Können Sie mir sagen, wo das Badezimmer ist?
B. Um die Ecke und dann die erste Tür links.
A. Danke. Muß ich mein Badetuch mitnehmen?

---

[1] walk   [2] because   [3] surely   [4] probably   [5] Anything else?   [6] scrambled eggs

B. Nein, nicht nötig.[7] Das Hausmädchen[8] wird Ihnen Badetuch und Seife geben.
A. Hoffentlich ist das Wasser heiß. Ich bade nämlich nicht gern kalt.
B. Keine Angst![9] Ich habe eben erst[10] gebadet, und das Wasser war sehr warm.
A. Das ist gut! Ich hoffe,[11] es reicht noch für mich.

Conversational Patterns

I. PRESENT PERFECT OF IRREGULAR VERBS

Irregular verbs are more troublesome than regular verbs inasmuch as one must memorize the past participles. Certain verbs, as you will note below, follow a similar pattern in forming their past participles, but there is no general rule for forming them. The following irregular verbs have already been introduced:

INFINITIVE	PRESENT	PRESENT PERFECT
halten	hält	gehalten
lassen	läßt	gelassen
schlafen	schläft	geschlafen
tragen	trägt	getragen
waschen	wäscht	gewaschen
essen	ißt	gegessen
geben	gibt	gegeben
lesen	liest	gelesen
sehen	sieht	gesehen
helfen	hilft	geholfen
nehmen	nimmt	genommen
sprechen	spricht	gesprochen
treffen (er)	trifft (er hat)	getroffen
riechen — to smell	riecht	gerochen
finden	findet	gefunden
singen	singt	gesungen
trinken	trinkt	getrunken
liegen	liegt	gelegen
sitzen	sitzt	gesessen
schreiben	schreibt	geschrieben
heißen	heißt	geheißen
rufen	ruft	gerufen
stehen	steht	gestanden
tun	tut	getan

Was **haben** Sie heute morgen **geschrieben?**
Er **hat** oft mit mir **gesprochen.**

---

[7] necessary   [8] maid   [9] Don't worry!   [10] just now   [11] hope

1. Repetition

Ich halte Diät. (*I'm on a diet.*)
Ich habe Diät gehalten.
Was tun Sie nach dem Frühstück?
Was haben Sie nach dem Frühstück getan?
Das Baby schläft nach dem Bad.
Das Baby hat nach dem Bad geschlafen.
Ich wasche mir die Hände.
Ich habe mir die Hände gewaschen.
Was gibt es zum Frühstück?

Was hat es zum Frühstück gegeben?
Lesen Sie die **Speisekarte** (*menu*)?
Haben Sie die Speisekarte gelesen?
Ich sehe den **Kellner** (*waiter*) nicht.
Ich habe den Kellner nicht gesehen.
Er nimmt das Brot vom Tisch.
Er hat das Brot vom Tisch genommen.
Mein Freund hilft uns viel.
Mein Freund hat uns viel geholfen.

2. Verb Substitution

Haben Sie die Seife gesehen? (*nehmen*)

Haben Sie den Satz geschrieben? (lesen)
Haben Sie etwas gegessen? (trinken)
Haben Sie den Zucker gesucht? (finden)
Was haben Sie gemacht? (tun)
Wo hat er gelegen? (sitzen)
Wann haben Sie ihn gesehen? (treffen)
Wer hat gesprochen? (singen)
Wer hat geschrieben? (rufen)
Hat er hier gesessen? (stehen)
Hat sie den Brief gelesen? (schreiben)
Was haben Sie in der Hand gehabt? (halten)
Was haben Sie genommen? (geben)

Haben Sie die Seife genommen?

Haben Sie den Satz gelesen?
Haben Sie etwas getrunken?
Haben Sie den Zucker gefunden?
Was haben Sie getan?
Wo hat er gesessen?
Wann haben Sie ihn getroffen?
Wer hat gesungen?
Wer hat gerufen?
Hat er hier gestanden?
Hat sie den Brief geschrieben?
Was haben Sie in der Hand gehalten?

Was haben Sie gegeben?

3. Present > Present Perfect

Er hält den Rasierapparat in der Hand.

Er hat den Rasierapparat in der Hand gehalten.

Läßt er Sie in Ruhe (*in peace*)?
Ich wasche mir die Hände.
Sehen Sie das Handtuch?
Die Zahnpasta liegt auf dem Tisch.

Hat er Sie in Ruhe gelassen?
Ich habe mir die Hände gewaschen.
Haben Sie das Handtuch gesehen?
Die Zahnpasta hat auf dem Tisch gelegen.

Die Stehlampe steht an der Wand.

Die Stehlampe hat an der Wand gestanden.

Sprechen Sie oft mit ihm?
Wie lange schlafen Sie gewöhnlich?
Was tun Sie vor dem Frühstück?
Essen Sie Spiegeleier zum Frühstück?
Gibt es Schinken zum Frühstück?
Trinken Sie Kaffee zum Frühstück?
Singen Sie oft?
Der Arzt hilft mir viel.
Nehmen Sie die Pillen?

Haben Sie oft mit ihm gesprochen?
Wie lange haben Sie gewöhnlich geschlafen?
Was haben Sie vor dem Frühstück getan?
Haben Sie Spiegeleier zum Frühstück gegessen?
Hat es Schinken zum Frühstück gegeben?
Haben Sie Kaffee zum Frühstück getrunken?
Haben Sie oft gesungen?
Der Arzt hat mir viel geholfen.
Haben Sie die Pillen genommen?

4. Future > Present Perfect

Er wird noch ein Brötchen essen.   *Er hat noch ein Brötchen gegessen.*

Werden Sie ihn heute sehen?	Haben Sie ihn heute gesehen?
Ich werde meiner Mutter schreiben.	Ich habe meiner Mutter geschrieben.
Wird das heute in der Zeitung stehen?	Hat das heute in der Zeitung gestanden?
Wir werden hier sitzen.	Wir haben hier gesessen.
Werden Sie mit ihm darüber sprechen?	Haben Sie mit ihm darüber gesprochen?
Er wird ein Brausebad nehmen.	Er hat ein Brausebad genommen.
Werden Sie ihm helfen?	Haben Sie ihm geholfen?
Er wird sich das Gesicht waschen.	Er hat sich das Gesicht gewaschen.

5. Replacement

Heute haben wir einem Freund geholfen.

_____ er _____.	Heute hat er einem Freund geholfen.
_____ Freundin _____.	Heute hat er einer Freundin geholfen.
_____ geschrieben.	Heute hat er einer Freundin geschrieben.

Er hat neun Stunden geschlafen.

_____ zu Hause _____.	Er hat zu Hause geschlafen.
_____ gegessen.	Er hat zu Hause gegessen.
Wir _____.	Wir haben zu Hause gegessen.

Sie hat mir einen Bleistift gegeben.

_____ Brief _____.	Sie hat mir einen Brief gegeben.
_____ geschrieben.	Sie hat mir einen Brief geschrieben.
_____ eine Postkarte _____.	Sie hat mir eine Postkarte geschrieben.

II. IRREGULAR VERBS WITH INSEPARABLE PREFIXES

A few of the irregular verbs that have already been introduced have inseparable prefixes, which means that they add no **ge-** prefix in forming the past participle:

INFINITIVE		PRESENT		PRESENT PERFECT
beginnen		beginnt		begonnen
bekommen		bekommt		bekommen
besprechen		bespricht		besprochen
gefallen (*dat.*)	er	gefällt	er hat	gefallen
vergessen		vergißt		vergessen
verschlafen		verschläft		verschlafen
verstehen		versteht		verstanden
verzeihen (*dat.*)		verzeiht		verziehen

Haben Sie ihn **verstanden?**
Ich **habe** es nie **vergessen.**

6. Repetition

Die Vorlesung beginnt um neun Uhr.
Die Vorlesung hat um neun Uhr be-
gonnen.
Was bekommen Sie?
Was haben Sie bekommen?
Dieses Restaurant gefällt mir.
Dieses Restaurant hat mir gefallen.

Er vergißt, sich die Zähne zu putzen.
Er hat vergessen, sich die Zähne zu
putzen.
Verstehen Sie die Speisekarte?
Haben Sie die Speisekarte verstanden?
Der Lehrer bespricht das Buch.
Der Lehrer hat das Buch besprochen.

7. Present > Present Perfect

Wann beginnt die Vorlesung?
Bekommen Sie jede Woche einen Brief?

Wie gefällt Ihnen Berlin?
Verstehen Sie den Lehrer?

Wann hat die Vorlesung begonnen?
Haben Sie jede Woche einen Brief be-
kommen?
Wie hat Ihnen Berlin gefallen?
Haben Sie den Lehrer verstanden?

8. Future > Present Perfect

Ich werde Frauen nie verstehen.
Das werde ich nie vergessen.
Klara wird mir nie gefallen.
Ich werde Geld bekommen.
Wann wird die Schule beginnen?
Wann wird der Lehrer die Aufgabe be-
sprechen?

Ich habe Frauen nie verstanden.
Das habe ich nie vergessen.
Klara hat mir nie gefallen.
Ich habe Geld bekommen.
Wann hat die Schule begonnen?
Wann hat der Lehrer die Aufgabe be-
sprochen?

III. THE AUXILIARY VERB *SEIN*

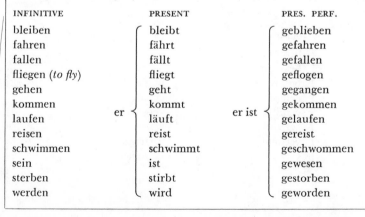

Most verbs require the auxiliary verb **haben** in forming the present perfect tense; however, a few intransitive verbs (verbs that cannot take a direct object) that show either a change of place or a change of condition take the auxiliary verb **sein**. The following verbs, which have already been introduced, belong in this category:

INFINITIVE	PRESENT	PRES. PERF.
bleiben	bleibt	geblieben
fahren	fährt	gefahren
fallen	fällt	gefallen
fliegen (*to fly*)	fliegt	geflogen
gehen	geht	gegangen
kommen	kommt	gekommen
laufen	er { läuft	er ist { gelaufen
reisen	reist	gereist
schwimmen	schwimmt	geschwommen
sein	ist	gewesen
sterben	stirbt	gestorben
werden	wird	geworden

Ist er nach Hause **gekommen?**	*Has* he *come* home?
Sind Sie schnell dahin **gelaufen?**	*Did* you *run* there fast?

Note that the verbs **sein** and **bleiben** take a form of **sein** as their auxiliary even though they do not show change of place or condition. **Fahren** takes **haben** as an auxiliary when it has a direct object:

Er **ist** in die Stadt **gefahren.**	He *traveled* into the city.
Er **hat** einen Volkswagen **gefahren.**	He *drove* a Volkswagen.

9. Repetition

Diese Aufgabe **fällt** mir **schwer** (*is difficult*).
Diese Aufgabe ist mir schwer gefallen.
Ich reise mit dem Flugzeug.
Ich bin mit dem Flugzeug gereist.
Heute bleibt er zu Hause.
Heute ist er zu Hause geblieben.
Fliegen Sie oft nach Hamburg?
Sind Sie oft nach Hamburg geflogen?

Wohin geht Jakob?
Wohin ist Jakob gegangen?
Er kommt spät nach Hause.
Er ist spät nach Hause gekommen.
Kurt läuft schnell.
Kurt ist schnell gelaufen.
Ist Hugo hier?
Ist Hugo hier gewesen?

10. Question-Answer

Wird Hans bald nach Hause laufen?

Wird Ilse in die Stadt gehen?

Wird Fritz kommen?
Wird Albert nach Deutschland fahren?

Wird Max nach Europa fliegen?

Wird Helmut bald hier sein?

Hans? Er ist doch schon nach Hause gelaufen.

Ilse? Sie ist doch schon in die Stadt gegangen.

Fritz? Er ist doch schon gekommen.
Albert? Er ist doch schon nach Deutschland gefahren.

Max? Er ist doch schon nach Europa geflogen.

Helmut? Er ist doch schon hier gewesen.

11. Present > Present Perfect

Er ist krank.
Viele sterben im Krieg (*war*).
Viele Soldaten (*soldiers*) fallen.
Es wird kalt.
Kurt bleibt zu Hause.
Viele Touristen fliegen nach Österreich.

Das Mädchen schwimmt über den Fluß (*river*).
Viele Amerikaner reisen während des Sommers.

Er ist krank gewesen.
Viele sind im Krieg gestorben.
Viele Soldaten sind gefallen.
Es ist kalt geworden.
Kurt ist zu Hause geblieben.
Viele Touristen sind nach Österreich geflogen.

Das Mädchen ist über den Fluß geschwommen.
Viele Amerikaner sind während des Sommers gereist.

Wie geht es?	Wie ist es gegangen?
Wann fährt er nach Hause?	Wann ist er nach Hause gefahren?
Mathematik fällt ihm schwer.	Mathematik ist ihm schwer gefallen.

12. Replacement

Er ist gestern nach Hause gegangen.

Ich _____.	Ich bin gestern nach Hause gegangen.
_____ gekommen.	Ich bin gestern nach Hause gekommen.
Wir _____.	Wir sind gestern nach Hause gekommen.
_____ gefahren.	Wir sind gestern nach Hause gefahren.
Sie (they) _____.	Sie sind gestern nach Hause gefahren.
_____ gelaufen.	Sie sind gestern nach Hause gelaufen.
Er _____.	Er ist gestern nach Hause gelaufen.
_____ geflogen.	Er ist gestern nach Hause geflogen.
Wir _____.	Wir sind gestern nach Hause geflogen.

Er ist zu Hause gewesen.

Wir _____.	Wir sind zu Hause gewesen.
_____ geblieben.	Wir sind zu Hause geblieben.
Ich _____.	Ich bin zu Hause geblieben.
Mein Großvater _____.	Mein Großvater ist zu Hause geblieben.
_____ gestorben.	Mein Großvater ist zu Hause gestorben.

IV. SEMI-IRREGULAR VERBS

Semi-irregular verbs change their stems in forming their past participles just as irregular verbs do; however, they add -t rather than -en:

INFINITIVE		PRESENT		PRES. PERF.
bringen		bringt		gebracht
denken	er	denkt	er hat	gedacht
kennen		kennt		gekannt
wissen		weiß		gewußt

13. Repetition

Wer bringt die Marmelade?	Den Vetter meines Vaters kenne ich nicht gut.
Wer hat die Marmelade gebracht?	
Denken Sie an das Frühstück?	Den Vetter meines Vaters habe ich nicht gut gekannt.
Haben Sie an das Frühstück gedacht?	

14. Question-Answer

Haben Sie das gewußt?	*Nein, ich habe das nicht gewußt.*
_____ (daran denken)?	Nein, ich habe nicht daran gedacht.
_____ (es bringen)?	Nein, ich habe es nicht gebracht.
_____ (ihn kennen)?	Nein, ich habe ihn nicht gekannt.

15. Present > Present Perfect

Er weiß es schon.   *Er hat es schon gewußt.*

Denken Sie oft an die Aufgabe?   Haben Sie oft an die Aufgabe gedacht?

Er bringt seinen Freund zum Bahnhof.   Er hat seinen Freund zum Bahnhof gebracht.

Sie kennt uns nicht gut.   Sie hat uns nicht gut gekannt.

16. Future > Present Perfect

Ich werde es nie wissen.   *Ich habe es nie gewußt.*

Werden Sie ihm das Buch bringen?   Haben Sie ihm das Buch gebracht?

Werden Sie daran denken?   Haben Sie daran gedacht?

Wird er die Kinder kennen?   Hat er die Kinder gekannt?

Review

English-German Patterns

Did you sleep well?   Haben Sie gut geschlafen?

Has he already eaten?   Hat er schon gegessen?

Have you seen Elsa?   Haben Sie Elsa gesehen?

Has she read the book?   Hat sie das Buch gelesen?

Did you take the book?   Haben Sie das Buch genommen?

Did she give you the book?   Hat sie Ihnen das Buch gegeben?

Did you find your razor?   Haben Sie Ihren Rasierapparat gefunden?

Where did they sit?   Wo haben sie gesessen?

Did you write the letter?   Haben Sie den Brief geschrieben?

What did you drink?   Was haben Sie getrunken?

What did he do yesterday?   Was hat er gestern getan?

Did Liese speak with Hugo?   Hat Liese mit Hugo gesprochen?

Have you washed your hands?   Haben Sie sich die Hände gewaschen?

Did you help Hans?   Haben Sie Hans geholfen?

He didn't forget me.   Er hat mich nicht vergessen.

I didn't understand him.   Ich habe ihn nicht verstanden.

Did he get a letter today?   Hat er heute einen Brief bekommen?

When did the semester begin?   Wann hat das Semester begonnen?

Did she appeal to you? *(gefallen)*   Hat sie Ihnen gefallen?

Did you oversleep?   Haben Sie verschlafen?

His son has already gone home.   Sein Sohn ist schon nach Hause gegangen.

My grandfather died yesterday.   Mein Großvater ist gestern gestorben.

Erich has been here, hasn't he?   Erich ist hier gewesen, nicht wahr?

It has become cold.   Es ist kalt geworden.

Many people died in the war.   Viele Menschen sind im Krieg gestorben.

Why did your daughter stay home?	Warum ist Ihre Tochter zu Hause geblieben?
What did he bring you?	Was hat er Ihnen gebracht?
Did you think about us?	Haben Sie an uns gedacht?
I knew this city well.	Ich habe diese Stadt gut gekannt.
I thought of you.	Ich habe an Sie gedacht.
Did you know that?	Haben Sie das gewußt?

Personalized Questions

1. Wer sitzt neben Ihnen am Frühstückstisch? 2. Haben Sie manchmal großen Hunger? 3. Was haben Sie heute morgen zum Frühstück gegessen? 4. Haben Sie je (*ever*) vergessen, am Samstagabend zu baden? 5. Wo haben Sie gestern zu Mittag gegessen? 6. Kann man in einer **Badewanne** (*bathtub*) gut schwimmen? 7. Haben Sie sich heute morgen die Schuhe geputzt? 8. Kämmen Sie sich die Haare, bevor Sie zu Bett gehen? 9. Haben Sie einen Kamm in der Tasche? 10. Haben Sie heute morgen das Bett selbst gemacht? 11. Wie oft essen Sie Spiegeleier auf Schinken? 12. Trinken Sie gern Orangensaft?

Directed Questions

1. Fragen Sie Herrn ——, ob er singt, wenn er badet!
2. Fragen Sie Fräulein ——, ob sie nur Pillen zum Frühstück gegessen hat!
3. Fragen Sie Fräulein ——, ob sie vor Hunger stirbt!
4. Fragen Sie Herrn ——, was er zum Frühstück trinkt!
5. Fragen Sie Fräulein ——, wie oft sie einen langen Spaziergang macht!
6. Fragen Sie Herrn ——, ob er sich morgens oder abends rasiert!
7. Fragen Sie Herrn ——, ob er gestern krank gewesen ist!
8. Fragen Sie Herrn ——, ob man Frauen verstehen kann!

VERB SUMMARY

INFINITIVE		PRESENT		PRESENT PERF.
fliegen (*fly*)		fliegt		ist geflogen
hoffen (*hope*)		hofft		hat gehofft
kämmen (*comb*)		kämmt		hat gekämmt
reichen (*hand*)	er	reicht	er	hat gereicht
sterben (*die*)		stirbt		ist gestorben
treffen (*meet, hit*)		trifft		hat getroffen
riechen (*smell*)	es	riecht	es	hat gerochen
schmecken (*taste*)		schmeckt		hat geschmeckt

Arbeit macht das Leben süss

Für viele Ausländer[1] symbolisiert der Volkswagen die deutsche Industrie
(A). Der „Maikäfer"[2] wird seit dem Jahre 1938 in dem Dorf Wolfsburg
hergestellt[3] und die ersten kleinen Autos, die über das Fließband[4] rollten,
sahen fast genau[5] so aus[6] wie die heutigen Modelle! An einem Werktag
werden[7] heute über viertausend neue Wagen fertiggestellt.[8] Infolge[9] dieser
Produktion ist das Dorf Wolfsburg schon längst[10] eine moderne Industriestadt geworden. Die große Entwicklung[11] der deutschen Industrie in den
letzten Jahrzehnten[12] nennt man das „Wirtschaftswunder".

[1] foreigners   [2] beetle   [3] (wird ... hergestellt) has been manufactured   [4] assembly line
[5] almost exactly   [6] (sahen ... aus) looked   [7] are   [8] completed   [9] as a result of
[10] some time ago   [11] development   [12] decades

A

Wenn man eine Verabredung hat und keinen Parkplatz für seinen Wagen finden kann, dann parkt man in einer verbotenen[13] Zone und hofft, daß es die Polizei[14] nicht merkt.[15] Dem Mann auf dem Bild (**B**) ist es nicht gelungen.[16] Er sitzt im Auto und wartet resigniert auf seinen Strafzettel,[17] den die Politesse[18] ausschreibt. In Deutschland bezahlt man eine kleine Geldstrafe[19] direkt an den Verkehrspolizisten.[20] Das „Straßengericht"[21] dauert[22] nicht lange: „Hier darf man nicht parken! Das kostet 4 Mark. Hoffentlich haben Sie es klein.[23] Danke schön und hier ist Ihre Quittung.[24] Auf Wiedersehen!"

[13] forbidden ·   [14] police   [15] notice   [16] did not get away with it   [17] ticket
[18] policewoman   [19] fine   [20] traffic policeman   [21] "street court of justice"   [22] lasts
[23] Let's hope you have change   [24] receipt

B

C

Da[25] im letzten Krieg viele Männer gefallen sind (etwa 3¼ Millionen) und da der Mangel[26] an Arbeitskräften[27] in Deutschland sehr groß ist, arbeiten heute mehr als 30% aller Frauen im Alter[28] von 15 bis 50 Jahren beruflich[29] oder in der Industrie. (C, Gründig Werke, Nürnberg).

Heutzutage suchen viele Studenten während der Ferien[30] Arbeit, um sich das Studiengeld zu verdienen. Sie waschen Geschirr[31] in Hotels und Restaurants, wenden ihre Sprachkenntnisse an[32] als Fremdenführer[33] in den Großstädten und Touristenorten[34] und arbeiten in Fabriken[35] und Büros.

Etwa ein Drittel[36] aller Studenten der Medizin und Zahnheilkunde[37] sind Mädchen. An der Universitätszahnklinik in Bonn studieren mehr als 300 Studenten und Studentinnen. Zwei Semester lang arbeiten sie an „Patienten aus Aluminium" (D). Erst[38] im sechsten Semester können sie mit der praktischen Arbeit am menschlichen Kiefer[39] beginnen. Die Männer wollen es vielleicht nicht zugeben,[40] aber die Frauen spielen heutzutage eine große Rolle auf allen Gebieten[41] des menschlichen Lebens.

[25] since   [26] lack   [27] manpower   [28] age   [29] professionally   [30] vacation   [31] dishes
[32] use their knowledge of languages   [33] guides   [34] tourist places   [35] factories
[36] third   [37] dentistry   [38] only, not before   [39] jaw   [40] admit   [41] areas

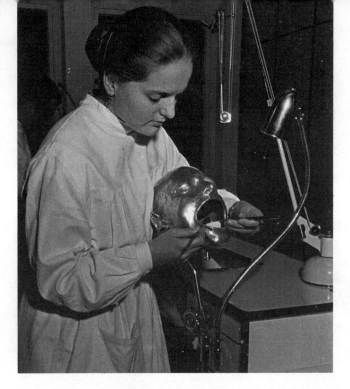

D

Schon im 19. Jahrhundert hatten die meisten deutschen Fabriken ein Laboratorium,[42] wo Universitätswissenschaftler[43] experimentierten (**E,** Forschungszentrum,[44] Heidelberg). Das Resultat war: neue und bessere Produkte, wie zum Beispiel optische und elektrische Instrumente, pharmazeutische Präparate, Chemikalien, und vielerlei[45] Maschinen. Namen wie Bunsen, Siemens, Zeiß, Liebig, Benz und Röntgen wurden weltbekannt.[46]

[42] laboratory   [43] university scientists   [44] research center   [45] many kinds of
[46] became known all over the world

E

Aufgabe Elf

Vor der Mensa

In der vergangenen Woche hat Rudi Wolf eine Reise nach Berlin und Nordwestdeutschland gemacht. Heute begegnet er Anna Ulmer vor der Mensa.

1 WOLF: Anna Ulmer! Wie schön, Sie wieder zu sehen!

2 FRÄULEIN ULMER: Guten Tag! Wie war die Reise?

3 WOLF: Herrlich und aufregend! Erwarten Sie jemand?

4 FRL. ULMER: Meine Schwester kommt gleich zurück; sie ist eben in die Bibliothek gegangen, um ihre Bücher abzuholen.

5 WOLF: Darf ich fragen, wo Sie heute zu Mittag essen?

6 FRL. ULMER: Wir essen wahrscheinlich in der Mensa.

7 WOLF: Erinnern Sie sich an das kleine Café im Park, in dem wir einmal Apfelstrudel gegessen haben?

8 FRL. ULMER: Das vergesse ich nie.

9 WOLF: Wie wäre es, wenn wir heute zu Mittag wieder dahin gingen?

10 FRL. ULMER: Das geht leider nicht. Ich habe eine Vorlesung um ein Uhr.

11 WOLF: Aber Sie haben doch schon lange nicht mehr geschwänzt, oder . . . ?

12 FRL. ULMER: Nein, eigentlich nicht.

13 WOLF: Ich schlage vor, daß wir uns in zehn Minuten am Brunnen treffen. Haben Sie Lust?

14 FRL. ULMER: Wunderbar! Aber erst muß ich meiner Schwester sagen, was wir vorhaben.

Fragen

1. Wohin hat Rudi eine Reise gemacht? 2. Wie war die Reise? 3. Wo ist Annas Schwester? 4. Wo essen die beiden Mädchen zu Mittag? 5. Was wird Anna nie vergessen? 6. Wohin möchte Rudi heute zu Mittag gehen? 7. Wo werden sie sich in zehn Minuten treffen?

Lesson 11

In Front of the Student Restaurant

During the past week Rudi Wolf has taken a trip to Berlin and northwestern Germany. Today he meets Anna Ulmer in front of the student restaurant.

[1] WOLF: Anna Ulmer! How nice to see you again!

[2] MISS ULMER: Hello! How was the trip?

[3] WOLF: Wonderful and exciting! Are you waiting for someone?

[4] MISS ULMER: My sister is coming right back; she just went into the library in order to pick up her books.

[5] WOLF: May I ask where you are eating lunch today?

[6] MISS ULMER: We'll probably eat at the student restaurant.

[7] WOLF: Do you remember the little café in the park where we had apple strudel once?

[8] MISS ULMER: I'll never forget that!

[9] WOLF: How would it be if we were to go there again at noon?

[10] MISS ULMER: Unfortunately, I can't (that won't go). I have a lecture at one o'clock.

[11] WOLF: But you haven't cut class for a long time now, or . . . ?

[12] MISS ULMER: No, not really.

[13] WOLF: I suggest that we meet at the fountain in ten minutes. Would you like to?

[14] MISS ULMER: Wonderful! But first I must tell my sister what we're planning to do.

Vocabulary Building

Verabredungen (Appointments)

Soll ich
- Sie vor dem Theater treffen?
- Sie später anrufen?[1]
- um acht Uhr vorbeikommen?
- Sie heute abend abholen?[2]

Es tut mir leid, daß ich mich verspätet habe.
Ich bin gewöhnlich pünktlich.[3]

Meine Uhr
- geht nach.[4]
- geht vor.[5]
- geht nicht.

Wollen Sie
- nicht hereinkommen?
- nicht Platz nehmen?
- nicht einen Augenblick warten?

Ich habe nichts Besonderes vor.[6]
Ich bin heute nachmittag frei.
Danke sehr für die Einladung.[7]
Er hat mich noch nicht eingeladen.[8]
Haben Sie es eilig?[9]
Ich habe eine Verabredung mit einem Freund.
Haben Sie ein Rendezvous mit einem hübschen Mädchen?
Kommen Sie bald wieder vorbei!

In der Schule

Er geht[10] seit August in die Schule.
Geht Hans heute zur Schule?
Karl ist im Kindergarten.
Besucht Ihre Tochter die Volksschule[11] oder die Oberschule?[12]

Haben wir jeden Tag eine Prüfung?
Ich hoffe, ich werde nicht durchfallen.[13]
Schwänzen die Kinder manchmal?
Wie lange dauern die Sommerferien?[14]

Auf der Universität

Wann fängt das Semester an?
Welche Vorlesungen hören Sie?
Wann hält Herr Professor Werner Vorlesungen?
Werden Sie das Examen bestehen?[15]
Haben Sie je geschwänzt?
Müssen Sie manchmal büffeln?[16]

[1] phone [2] pick you up [3] punctual [4] is slow [5] is fast [6] I have no special plans [7] invitation [8] invited [9] Are you in a hurry? [10] has been going [11] elementary school [12] secondary school [13] fail, "flunk" [14] How long does the summer vacation last? [15] pass [16] cram

Vocabulary Building Questions

1. Treffen Sie manchmal Ihre Freundin vor dem Theater? 2. Tut es Ihnen leid, wenn Sie sich verspätet haben? 3. Geht Ihre Uhr vor? 4. Sind Sie heute abend frei? 5. Haben wir jede Woche eine Prüfung? 6. Fallen Sie manchmal durch? 7. Haben Sie je geschwänzt?

Pronunciation Drill

The sound [f] (spelled *f, v, ph*) and the sound [v] (spelled *v, w*)

German **f, v,** and **ph** represent the sound **[f]** in *fight.*

[f]	Feder	Film	Fieber	fünf	Philosophie
	Vetter	viel	vierzig	Vogel	Photo
	fett	vier	Vieh	vor	Physiologie

German **v** in words of foreign origin such as **Verb** and German **w** represent the sound **[v]** in *victory.*

[v]	wann	Verb	Wände	Vanille	Wonne
	wenig	Winter	Wiese	Wort	Venedig
	Welt	Villa	Woche	Weise	waschen
	Schwan	Schwester	zwanzig	Zwilling	November
	schwarz	schwimmen	Zweck	Zweifel	Novelle
	schwer	Schwindel	zwischen	zwingen	Provinz

Note, however, that the letter **v** in final position represents the sound **[f]**, e.g., Nerv, Motiv.

Dialogue Variations

A. Was haben Sie heute abend vor?
B. Nichts Besonderes. Ich werde mir wohl nur die Haare waschen.
A. Möchten Sie mit mir ins Kino gehen?
B. Gern. Wann kommen Sie denn vorbei?
A. Ich werde Sie um sieben Uhr abholen.
B. Fein! Ich freue mich darauf.
A. Dann bis heute abend!

A. Ich höre, einige Studenten machen morgen einen Ausflug[1] nach dem Starnberger See.[2]
B. Möchten Sie nicht mit? Es ist immer sehr lustig.[3]

[1] excursion   [2] Lake Starnberg   [3] a lot of fun

A. Danke für die Einladung! Was machen Sie dort, wenn ich fragen darf?
B. Schwimmen. Nehmen Sie Ihren Badeanzug mit!
A. Wie kommen Sie denn hin?
B. Mit dem Rad. In zwei Stunden sind wir da.
A. Schön! Ich möchte gern mitkommen. Wann fahren wir ab?
B. Morgen früh[4] um sechs Uhr. Wir treffen uns am Brunnen.
A. Danke nochmals![5] Ich werde bestimmt da sein.

A. Sind Sie mit Ihren Vorlesungen immer noch zufrieden?
B. Ja, sie sind ausgezeichnet! Ist es wirklich wahr, daß wir am Ende des Semesters keine Prüfungen haben?
A. Sie nicht, nur die älteren Semester.[6]
B. Stimmt es,[7] daß das Schuljahr hier in Deutschland auch nur aus zwei Semestern besteht?[8]
A. Ja, unser Sommersemester fängt im Mai an und endet im Juli; unser Wintersemester fängt im November an und endet im Februar.
B. Dazwischen[9] liegen dann Ferien?
A. Jawohl! Dann haben wir viel Zeit zum Lesen[10] und die Professoren haben viel Zeit zum Schreiben.

Conversational Patterns

I. VERBS WITH SEPARABLE PREFIXES

Both English and German have separable verbs. These consist of a verb plus an adverbial element,[1] as one can see by the following examples in English:

I always *get up* early.
She *is coming back* tomorrow.
Please *look* this *over*.
Sit down now.

In German the separable prefix is separated from its verb and placed at the end of all independent clauses in the present tense, past tense (to be studied later), and the imperative. In all other tenses, dependent clauses, infinitives, and infinitive phrases, the prefix precedes the verb and is attached to it. Study the following examples:

4 early in the morning   5 again   6 older students   7 Is it right ...?   8 consists
9 in between   10 time for reading

1 While many separable prefixes are identical in form with prepositions, their function and sentence position differentiate them sharply from prepositions.

aufmachen (*to open*)	abfahren (*to depart*)
Er **macht** die Tür **auf.**	Er **fährt** heute **ab.**
Er **wird** die Tür **aufmachen.**	Er **wird** heute **abfahren.**
Er **hat** die Tür **aufgemacht.**	Er **ist** heute **abgefahren.**
Um (*in order*) die Tür **aufzumachen,** ... (*infinitive phrase*)	Um heute **abzufahren,** . . . (*infinitive phrase*)
Machen Sie die Tür **auf!**	**Fahren** Sie heute **ab!**

Note that **zu** is placed between the prefix and the infinitive in infinitive phrases. Remember also that the prefix of a separable verb always receives the stress: *an*kommen, *auf*stehen, etc.

1. Repetition

Ich **höre** heute **gut zu** (*listen well*).	Kommt Ihr Bruder mit?
Ich werde morgen gut zuhören.	Nein, er kommt nicht mit.
Ich habe gestern gut zugehört.	Wird er morgen mitkommen?
Hören Sie gut zu!	Nein, er wird morgen nicht mitkommen.
Wann **stehen** Sie **auf** (*get up*)?	Ist er je mitgekommen?
Wann werden Sie morgen aufstehen?	Nein, er ist nie mitgekommen.
Wann sind Sie gestern aufgestanden?	Kommen Sie mit?
Stehen Sie auf!	Kommen Sie mit!
Um früh aufzustehen, **stelle** ich **den Wecker** (*set the alarm*).	Wollen Sie mitkommen?
	Nein, ich will nicht mitkommen.

II. COMMON SEPARABLE VERBS

PREFIX	MEANING	SEPARABLE VERB	MEANING
ab	*off, away*	abfahren	*depart*
		abholen	*pick up*
		abstellen	*turn off (radio)*
an	*at, on*	anfangen	*begin*
		ankommen	*arrive*
		anrufen	*telephone*
		anschauen	*look at*
		ansehen	*look at*
		anstellen	*turn on (radio)*
		anziehen	*dress, put on*
auf	*up*	aufhören	*stop, cease*
		aufmachen	*open*
		aufpassen	*pay attention*

PREFIX	MEANING	SEPARABLE VERB	MEANING
		aufstehen	*stand up, arise*
		aufwachen	*wake up*
aus	*out*	auskommen	*get along, manage*
		aussehen	*look, appear*
		aussteigen	*climb out, get out*
durch	*through*	durchfallen	*fail an exam*
ein	*in*	einladen	*invite*
		einlösen	*cash*
		einsteigen	*climb in, get in*
her	*toward the speaker*	hereinkommen	*come in*
hin	*away from the speaker*	hinausgehen	*go out*
kennen	*know*	kennenlernen	*get to know*
mit	*with, along*	mitbringen	*bring along*
		mitgehen	*go along*
		mitkommen	*come along*
		mitnehmen	*take along*
vor	*in front of, before*	vorhaben	*plan to do*
		vorlesen	*read aloud*
		vorschlagen	*propose, suggest*
		vorstellen	*introduce*
		vorziehen	*prefer*
vorbei	*by, past*	vorbeikommen	*come by, past*
zu	*to*	zuhören	*listen*
		zumachen	*close*
zurück	*back*	zurückkommen	*come back*

2. Repetition

Er steht jeden Tag früh auf.
Er wird heute früh aufstehen.
Er ist um sechs Uhr aufgestanden.
Wann kommt er heute an?
Wann wird er morgen ankommen?
Wann ist er gestern angekommen?
Er stellt das Radio an.
Er wird das Radio anstellen.
Er hat das Radio angestellt.
Wann soll ich Sie abholen?
Passen Sie auf!

Er kommt am Freitag zurück.
Er wird am Freitag zurückkommen.
Er ist am Freitag zurückgekommen.
Wann kommt er gewöhnlich vorbei?
Wann wird er heute vorbeikommen?
Wann ist er gestern vorbeigekommen?
Er stellt mir seine Freunde vor.
Er wird mir seine Freunde vorstellen.
Er hat mir seine Freunde vorgestellt.
Ich muß morgen abfahren.
Lesen Sie diesen Satz vor!

III. SENTENCE PATTERNS FOR REGULAR VERBS WITH SEPARABLE PREFIXES

INFINITIVE	PRESENT	FUTURE	PRESENT PERFECT
abholen	holt ihn ab.	. . . abholen.	hat . . . abgeholt.
aufwachen	Er { wacht . . . auf.	Er wird { . . . aufwachen.	Er { ist . . . aufgewacht.
zuhören	hört gut zu.	. . . zuhören.	hat . . . zugehört.

3. Repetition

Wann soll er mich abholen?
Machen Sie das Buch auf!
Passen Sie auf! Da kommt der Zug!
Wachen Sie immer früh auf?
Heute muß ich einen Scheck einlösen.
Möchten Sie ihn kennenlernen?

Ich möchte Ihnen meinen Freund vorstellen.
Bitte, machen Sie das Fenster zu!
Was haben Sie heute vor?
Schauen Sie das Buch an!

4. Question-Answer

Wird Albert das Fenster zumachen? *Er macht es eben (gerade) zu.*

Wird Lili das Radio anstellen? Sie stellt es eben an.
Wird Jakob seinen Vetter bald abholen? Er holt ihn eben ab.
Wird das Baby bald aufwachen? Es wacht eben auf.
Wird er seine Freunde vorstellen? Er stellt sie eben vor.

Wird er Fritz abholen? *Er hat ihn schon abgeholt.*

Wird das Kind bald aufwachen? Es ist schon aufgewacht.
Werden Sie das Fenster zumachen? Ich habe es schon zugemacht.
Wird er seinen Freund vorstellen? Er hat ihn schon vorgestellt.
Werden Sie diese Studentin kennenlernen? Ich habe sie schon kennengelernt.

Soll ich meinen Freund vorstellen? *Ja, stellen Sie ihn vor!*

Darf ich Sie um vier Uhr abholen? Ja, holen Sie mich um vier Uhr ab!
Soll ich das Fenster aufmachen? Ja, machen Sie es auf!
Soll ich meinen Scheck einlösen? Ja, lösen Sie ihn ein!
Soll ich die Tür zumachen? Ja, machen Sie sie zu!
Darf ich jetzt aufhören? Ja, hören Sie jetzt auf!

IV. SENTENCE PATTERNS FOR IRREGULAR VERBS WITH SEPARABLE PREFIXES

INFINITIVE	PRESENT	FUTURE	PRESENT PERFECT
anrufen	ruft uns an.	. . . anrufen.	hat . . . angerufen.
aussehen	Er { sieht gut aus.	Er wird { . . . aussehen.	Er { hat . . . ausgesehen.
mitgehen	geht heute mit.	. . . mitgehen.	ist . . . mitgegangen.

5. Repetition

Haben Sie ihn schon eingeladen?
Sie hat ihre Schuhe angezogen.
Wir haben Aufgabe elf angefangen.
Haben Sie den Brief schon aufgegeben?
Das Mädchen sieht hübsch aus.
Fallen Sie manchmal durch?

Können Sie um vier Uhr vorbeikommen?
Wann kommen Sie zurück?
Nehmen Sie dieses Buch mit!
Soll ich Sie morgen anrufen?
Kommen Sie heute mit?
Geht meine Uhr vor?

6. Present > Present Perfect

Was schlagen Sie vor?

Wann stehen Sie auf?
Gehen Sie mit?
Kommt er bald zurück?
Kommen Sie heute vorbei?
Was nehmen Sie mit?
Wann kommt er an?
Wen laden Sie ein?
Warum rufen Sie ihn jetzt an?

Was haben Sie vorgeschlagen?

Wann sind Sie aufgestanden?
Sind Sie mitgegangen?
Ist er bald zurückgekommen?
Sind Sie heute vorbeigekommen?
Was haben Sie mitgenommen?
Wann ist er angekommen?
Wen haben Sie eingeladen?
Warum haben Sie ihn jetzt angerufen?

7. Question-Answer

Wann wird Emil abfahren?

Wann wird die Sommerschule anfangen?
Wann werden Ihre Freunde vorbeikommen?

Wann werden die Kinder aufstehen?
Wann werden Sie Rolf anrufen?
Wann werden wir Elsa zum Mittagessen einladen?
Wann wird Willi seine Schulbücher mitnehmen?
Wird der Lehrer diese Geschichte vorlesen?
Wann fangen die Ferien an?

Er ist schon abgefahren.

Sie hat schon angefangen.
Sie sind schon vorbeigekommen.

Sie sind schon aufgestanden.
Ich habe ihn schon angerufen.
Wir haben sie schon eingeladen.

Er hat sie schon mitgenommen.

Er hat sie schon vorgelesen.

Sie haben schon angefangen.

Darf ich aufstehen?

Darf ich einen Satz vorlesen?
Darf ich Franz einladen?
Soll ich ihn anrufen?
Darf ich anfangen?
Dürfen wir vorbeikommen?

Bitte, stehen Sie auf!

Bitte, lesen Sie ihn vor!
Bitte, laden Sie ihn ein!
Bitte, rufen Sie ihn an!
Bitte, fangen Sie an!
Bitte, kommen Sie vorbei!

Wann fängt das Kino an?

Wann kommt Hans zurück?
Wann geht Helene mit?
Wann steht Jürgen auf?
Wann wird Kätchen vorbeikommen?
Wann wird der Zug abfahren?

Es hat schon angefangen.

Er ist schon zurückgekommen.
Sie ist schon mitgegangen.
Er ist schon aufgestanden.
Sie ist schon vorbeigekommen.
Er ist schon abgefahren.

8. Replacement

Er wird heute zurückkommen.

Wir _____.	Wir werden heute zurückkommen.
___ möchten _____.	Wir möchten heute zurückkommen.
_____ mitgehen.	Wir möchten heute mitgehen.
___ müssen _____.	Wir müssen heute mitgehen.
Erna _____.	Erna muß heute mitgehen.
_____ vorbeikommen.	Erna muß heute vorbeikommen.
___ kann _____.	Erna kann heute vorbeikommen.
_____ anfangen.	Erna kann heute anfangen.
Lore und Lili _____.	Lore und Lili können heute anfangen.
___ dürfen _____.	Lore und Lili dürfen heute anfangen.

Review

English-German Patterns

He's opening the window.	Er macht das Fenster auf.
She's closing the door.	Sie macht die Tür zu.
I'm cashing a check.	Ich löse einen Scheck ein.
They are introducing their friend.	Sie stellen ihren Freund vor.
We are planning something. (vorhaben)	Wir haben etwas vor.

Wake up!	Wachen Sie auf!
Watch out!	Passen Sie auf!
Introduce her to me!	Stellen Sie sie mir vor!
Begin now!	Fangen Sie jetzt an!
Please close the window!	Bitte, machen Sie das Fenster zu!
Go out!	Gehen Sie hinaus!
Come back!	Kommen Sie zurück!
Look at him!	Schauen Sie ihn an!

When did he arrive?	Wann ist er angekommen?
When did he begin?	Wann hat er angefangen?
What did he look like? (wie)	Wie hat er ausgesehen?
Did he go along?	Ist er mitgegangen?
Which book did she prefer?	Welches Buch hat sie vorgezogen?
Has he come by already?	Ist er schon vorbeigekommen?
Did he invite you?	Hat er Sie eingeladen?
Where did we start? (anfangen)	Wo haben wir angefangen?
Did you phone your girl friend?	Haben Sie Ihre Freundin angerufen?

I shall return.	Ich werde zurückkommen.
I want to go in.	Ich will hineingehen.
She wants to begin now.	Sie will jetzt anfangen.
I have permission to invite them.	Ich darf sie einladen.
They must come along.	Sie müssen mitkommen.

Emil goes to school.	Emil geht in die (zur) Schule.
Trudi is in kindergarten.	Trudi ist im Kindergarten.
Peter attends a secondary school.	Peter besucht eine Oberschule.
I'm taking an examination today.	Ich mache heute eine Prüfung.
I shall not fail.	Ich werde nicht durchfallen.
I never cut class.	Ich schwänze nie.
Do you have a date?	Haben Sie ein Rendezvous?
My watch is slow.	Meine Uhr geht nach.
Fritz is usually punctual.	Fritz ist gewöhnlich pünktlich.
Shall I meet you at the corner?	Soll ich Sie an der Ecke treffen?
I am free this afternoon.	Ich bin heute nachmittag frei.

Personalized Questions

1. Sind Sie **letzte** (*last*) Woche nach Berlin gereist?   2. Haben Sie heute einige Bücher von der Bibliothek abgeholt?   3. Haben Sie im letzten Monat geschwänzt? 4. Haben Sie Lust, einen Spaziergang im Park zu machen?   5. Was haben Sie heute abend vor?   6. Haben Sie es eilig, oder sind Sie jetzt frei?   7. Wie oft laden Sie einen Freund (eine Freundin) zum Abendessen ein?   8. Fallen Sie bei Prüfungen manchmal durch?   9. Wann fängt das nächste Semester an?   10. Um wieviel Uhr sind Sie heute morgen aufgestanden?   11. Haben Sie heute nachmittag frei? 12. Schwänzen Sie manchmal?

Directed Questions

1. Fragen Sie Fräulein ——, wann sie einen Ausflug machen möchte!
2. Fragen Sie Herrn ——, ob er viel Zeit zum Spielen hat!
3. Fragen Sie Herrn ——, ob er immer pünktich zur Deutschstunde kommt!
4. Fragen Sie Fräulein ——, ob ihre Mutter gewöhnlich mitkommt, wenn sie ein Rendezvous hat!
5. Fragen Sie Fräulein ——, wann sie aufwacht!
6. Fragen Sie Herrn ——, ob er alle Studentinnen in der Klasse kennengelernt hat!
7. Fragen Sie Herrn ——, ob er immer gut aufpaßt!
8. Fragen Sie Herrn ——, wie oft er seine Freundin anruft!

VERB SUMMARY

INFINITIVE		PRESENT		PRES. PERF.
bestehen (*pass an exam*)		besteht		bestanden
bestellen (*order*)		bestellt		bestellt
erwarten (*expect*)	er	erwartet	er hat	erwartet
schwänzen (*cut class*)		schwänzt		geschwänzt
vermissen (*miss*)		vermißt		vermißt
dauern (*last*)		dauert		gedauert
enden (*end*)	es	endet	es hat	geendet
stimmen (*be correct*)		stimmt		gestimmt

Auf der Reise

Auf der Reise durch Deutschland sieht man an einem Tag Dutzende[1] von idyllischen Dörfern und Städtchen wie Schwäbisch Hall (**A**). Sie sehen heute noch genauso aus wie vor Hunderten von Jahren.[2]

Wenn man ein neues Haus baut oder ein altes Haus renoviert und dann zuletzt[3] das Dach aufsetzt,[4] feiert[5] man noch heute, wie vor Jahrhunderten, das Richtfest[6] (**B**). Ein Kranz[7] oder ein kleiner Tannenbaum auf einer Stange[9] symbolisiert die Hoffnung,[10] daß das Haus lange stehen wird. Der Hausbesitzer[11] muß für die Arbeiter Bier kaufen, aber wenn er zu geizig[12] ist, nageln ihm die Zimmerleute[13] einen Besen[14] auf das Dach. Dann weiß alle Welt, daß der Hausbesitzer ein Geizhals[15] ist.

Die Stadt Frankfurt am Main ist mehr als tausend Jahre alt. Im Mittelalter war hier eine Furt,[16] durch welche die Franken über den Fluß Main ritten. Frankfurt am Main[17] ist bekannt als eine Krönungsstadt[18] deutscher Kaiser[19] und die Geburtsstadt[20] Goethes. Seit Jahrhunderten hält man hier jedes Jahr die weltbekannte Frankfurter Messe[21] ab.[22] Auf diesem Bild (**C**) sehen wir den Römer, Frankfurts Rathaus aus dem Mittelalter.

[1] dozens [2] hundreds of years ago [3] finally [4] erects the roof [5] celebrates
[6] ceremony at completion of rafter construction [7] wreath [8] fir tree [9] pole
[10] hope [11] owner of the house [12] stingy [13] the carpenters nail [14] broom
[15] tightwad [16] ford [17] Main River [18] coronation city [19] of German emperors
[20] birthplace [21] fair [22] (*hält . . . ab*) have been holding

A

B

C

Seit dem letzten Weltkrieg sind viele deutsche Städte ganz modern geworden, nicht immer weil die Bürgermeister und Stadträte[23] es so geplant[24] hatten, sondern weil sie nach der Zerstörung[25] durch den Krieg ihre Städte wieder aufbauen[26] mußten. Solch eine schöne moderne Stadt ist Düsseldorf (**D**). Früher war es ein kleines Dorf an der Stelle,[27] wo das Flüßchen Düssel in den Rhein fließt.[28] Heute ist dieses deutsche „Paris" eine Großstadt mit mehr als 700 000 Einwohnern.[29] Das Thyssen-Haus ist eines der höchsten Gebäude[30] in Deutschland. Düsseldorf liegt am Rande[31] des Ruhrgebietes,[32] eines der größten Industriezentren Europas.

[23] mayors and councilmen   [24] planned   [25] destruction   [26] build up   [27] spot, place
[28] flows   [29] inhabitants   [30] buildings   [31] edge   [32] Ruhr area

D

E

In alten deutschen Städten wie Bremen (**E**) steht der Dom und das Rathaus gewöhnlich am Marktplatz.[33] Im frühen Mittelalter waren die „Domstädte" Ausgangspunkte[34] für die Verbreitung des Christentums.[35] Die meisten dieser Städte sind Großstädte geworden, wie Bremen, Köln und Frankfurt. Das Bremer Rathaus mit der schönen Renaissancefassade hat den ältesten und größten Ratskeller[36] Deutschlands. Noch heute kann man dort gut essen und trinken.

[33] marketplace   [34] points of departure   [35] spread of Christianity
[36] town hall restaurant

F

Die Kaiser-Wilhelm-Gedächtniskirche[37] (**F**) ist heute die einzige[38] Ruine des zweiten Weltkrieges in Westberlin. Sie wird auch eine Ruine bleiben, denn sie soll an die Furchtbarkeit[39] des Krieges erinnern. Viele moderne Geschäftshäuser befinden sich in diesem Teil[40] Berlins. Unter den Gebäuden der Freien Universität ist das neue Klinikum besonders modern und schön (**G**). Kein Wunder, daß Studenten der Architektur aus allen Teilen der Welt nach Berlin kommen, um die neuen Gebäude zu sehen.

[37] Emperor Wilhelm Memorial Church   [38] only   [39] frightfulness   [40] part

G

Aufgabe Zwölf

Ein Spaziergang

Rudi Wolf findet es sehr angenehm, mit einem hübschen Mädchen spazieren zu gehen. Wenn er nur nicht so hungrig wäre!

1 WOLF: Sie sehen heute sehr schick aus.

2 FRL. ULMER: Danke schön. Es ist sehr nett von Ihnen, mir das zu sagen.

3 WOLF: Ist das ein neuer Rock?

4 FRL. ULMER: Nein, nur die Bluse ist neu; den Rock habe ich schon vor drei Wochen gekauft, als ich ihn in einem Schaufenster sah.

5 WOLF: Raten Sie mal, was ich meiner Schwester kaufen möchte!

6 FRL. ULMER: Ein Dirndl?

7 WOLF: Erraten! Wissen Sie, wo ich eins preiswert kaufen kann?

8 FRL. ULMER: Es gibt da ein kleines Geschäft gleich beim Rathaus um die Ecke; dort kann man gewöhnlich gut kaufen.

9 WOLF: Fein! Ich gehe gleich morgen hin. Meine Schwester hat nämlich im nächsten Monat Geburtstag.

10 FRL. ULMER: Wie alt ist Ihre Schwester? Ist sie älter als Sie?

11 WOLF: Nein, jünger. Sie ist erst sechzehn, aber sie sieht älter aus.

12 FRL. ULMER: Ah, was für ein herrlicher Tag für einen Spaziergang!

13 WOLF: Das finde ich auch. Geht's hier zum Park? Je weiter ich gehe, desto hungriger werde ich.

14 FRL. ULMER: Wenn Sie wollen, können wir dort drüben im Gasthof zum Schwarzen Bären essen.

15 WOLF: Wunderbar! Ich bin wirklich hungrig wie ein Bär!

Fragen

1. Was findet Rudi sehr angenehm? 2. Wie sieht Anna aus? 3. Ist ihr Rock neu?
4. Was will Rudi seiner Schwester kaufen? 5. Wo kann man gut kaufen? 6. Wie alt ist Rudis Schwester? 7. Wo will er zu Mittag essen?

Lesson 12

A Walk

Rudi Wolf finds it very pleasant to go walking with a pretty girl. If he were just not so hungry!

¹ WOLF: You look very sharp today.

² MISS ULMER: Thank you. It's very nice of you to say that to me.

³ WOLF: Is that a new skirt?

⁴ MISS ULMER: No, only the blouse is new; I bought the skirt three weeks ago when I saw it in a shop window.

⁵ WOLF: Guess what I'd like to buy my sister.

⁶ MISS ULMER: A dirndl?

⁷ WOLF: You guessed it! Do you know where I can buy one reasonably?

⁸ MISS ULMER: There's a small shop just around the corner from the city hall. One can usually get a good buy there.

⁹ WOLF: Fine! I'll go there the first thing tomorrow. My sister has a birthday next month, you see.

¹⁰ MISS ULMER: How old is your sister? Is she older than you?

¹¹ WOLF: No, younger. She's only sixteen, but she looks older.

¹² MISS ULMER: Ah, what a beautiful day for a walk!

¹³ WOLF: It surely is. Is this the way to the park? The farther I go, the hungrier I get.

¹⁴ MISS ULMER: If you want to, we can eat over there in the Black Bear Inn.

¹⁵ WOLF: Wonderful! I'm really hungry as a bear.

Vocabulary Building

quiz on age

Das Alter (Age)

Wann { sìnd Sie / ist er / ist sie } geboren? Ich bin / Er ist / Sie ist } im Oktober geboren.

Wie alt ist er? Er ist { einundzwanzig (Jahre alt). / nicht älter als dreißig. / beinah vierzig. / noch ziemlich jung. / viel jünger als ich. / genauso alt wie ich. }

→ Sie sehen nicht so alt aus, wie Sie sind. *You don't look as old as you are.*
Für wie alt halten Sie mich? *How old to you consider me*
Heute ist mein Geburtstag.
Heute habe ich Geburtstag

(Ich wünsche Ihnen) { viel Glück![1] / alles Gute![2] }

Ich gratuliere (Ihnen).[3]

Einkaufen (Shopping)

Gehen Sie heute einkaufen?[4]
Ja, ich muß einige Einkäufe[5] machen, denn morgen ist Sonntag.

Was wünschen Sie, bitte? Ich möchte { ein Kleid / eine Bluse / einen Hut / eine Jacke / Schuhe } anprobieren.[6]

Die Schuhe passen[7] mir nicht.
Welche Größe (Schuhnummer)[8] haben Sie?
Das Kleid paßt Ihnen ausgezeichnet.
Es steht Ihnen gut.[9]

Es kostet genau zehn Mark siebzig.[10] Das ist { aber sehr teuer![11] *expensive* / aber billig![12] *cheap* / ja sehr preiswert! *reasonable* }

Vocabulary Building Questions

1. Sind Sie im Juni geboren? 2. Wie alt ist Ihre Großmutter? 3. Für wie alt halten Sie Rudi Wolf? 4. Haben Sie im nächsten Monat Geburtstag? 5. Wann gehen Sie einkaufen? 6. Was möchten Sie anprobieren? 7. Welche Schuhnummer haben Sie?

[1] happiness, luck   [2] everything that's good   [3] I congratulate you.   [4] shopping
[5] some purchases   [6] try on   [7] fit   [8] size   [9] It looks good on you.
[10] 10 marks and 70 pfennigs   [11] expensive   [12] cheap

Pronunciation Drill

The sound [ŋ] (spelled *ng*) and the combination [kv] (spelled *qu*); review of *ü* and *ö*

The spelling combination **ng** represents the sound [ŋ] heard in English *singer*, never the combination [ŋg] heard in *finger*. Practice with your model: Sänger, länger, Hunger, jünger, bange, Zange, Engel.

Practice the combination [kv] by pronouncing the following words: Quelle, Qual, Qualität, Quartett, bequem, Äquator, Quantität, Quatsch.

Review **ü** and **ö** in the following combinations:

Riemen—rühmen	vier—für	spielen—spülen	Ziege—Züge
missen—müssen	sticken—stücken	Bitte—Bütte	Binde—Bünde
beten—böten	Hefe—Höfe	kehren—Chöre	Esel—Ösel
Welfe—Wölfe	kennen—können	Kellner—Köln	Männchen—Mönche

Dialogue Variations

A. Guten Tag, mein Herr! Womit kann ich (Ihnen) dienen?[1]
B. Ich hätte gern[2] eine Krawatte.
A. Wollen Sie mir bitte folgen?[3] Wir haben hinten im Geschäft[4] eine große Auswahl.[5] Gefällt Ihnen diese Krawatte?
B. Ich fürchte,[6] das ist nicht ganz, was ich suche.
A. Wie gefällt Ihnen denn diese Farbe?
B. Die gefällt mir recht gut.

A. Was kostet diese Handtasche?
B. Genau zwanzig Mark, meine Dame.
A. Das ist ziemlich viel für eine Handtasche, finden Sie nicht?
B. Oh nein, im Gegenteil.[7] In diesem Fall[8] ist das sehr preiswert. Sie hat vorher[9] dreißig Mark gekostet.
A. Na schön, ich möchte sie mitnehmen.
B. Bezahlen Sie bitte an der Kasse![10] Sie ist links neben der Tür. Auf Wiedersehen!

A. Entschuldigen Sie, bitte![11] Geht's in dieser Richtung zum Tiergarten?[12]
B. Ganz recht! Rechts um die Ecke und dann immer geradeaus.
A. Wie weit ist es noch?
B. Zu Fuß, ungefähr zwanzig Minuten.
A. Kann man mit der Straßenbahn dahin fahren?
B. Gewiß. Nehmen Sie Nummer fünf, sie wird in drei Minuten kommen.

---

[1] serve   [2] would like   [3] follow   [4] in the back of the shop   [5] selection   [6] fear
[7] on the contrary   [8] in this case   [9] formerly   [10] Please pay at the cashier's.
[11] Pardon me please!   [12] zoo

A. Wo ist die nächste Haltestelle?
B. Gleich um die Ecke, gegenüber der alten Kirche.[13]
A. Danke schön.
B. Nichts zu danken. Auf Wiedersehen!

Conversational Patterns

I. DEPENDENT OR SUBORDINATE CLAUSES

A dependent clause cannot stand alone; it is incomplete without the main clause of the sentence:

Wenn ich den Lehrer sehe, . . . (*dependent clause, incomplete sentence*).
Whenever I see the teacher, . . .

Wenn ich den Lehrer sehe (*dependent clause*), begrüße ich ihn (*main clause, complete sentence*).
Whenever I see the teacher, I greet him.

The following conjunctions always introduce dependent clauses:

als *when*	**ob** *whether*	*was*
bevor, ehe *before*	**obwohl, obgleich** *although*	*wo*
bis *until*	**seitdem** *since (temporal)*	
da, weil *because, since*	**sobald** *as soon as*	
daß *that*	**während** *while*	
nachdem *after*	**wenn** *if, whenever*	

In clauses introduced by any of the above subordinating conjunctions, the inflected or conjugated verb usually stands at the end of the clause:

Ich weiß, **daß** mein Freund krank **ist**.
Wir bleiben hier, **weil** meine Schwester nicht **gehen will**.

In a dependent clause the prefix of a separable verb precedes and is attached to the rest of the verb:

Wenn er früh **aufsteht,** wird er bald müde.

Note the inverted word order (verb-subject) in the main clause whenever the dependent clause begins the sentence:

Obgleich er zu Hause ist, **sehen wir** ihn nicht oft.

1. Repetition

Ich weiß, daß er zwanzig Jahre alt ist.
Ich weiß, daß er eine Jacke anprobieren will.

Er sagt, daß er einen Brief bekommen hat.
Ich warte, bis er zurückkommt.

[13] church

Er weiß, daß ich nicht kommen kann.
Er weiß, daß sie mitkommen wird.
Er sagt, daß er das Buch gelesen hat.

Ich warte, bis er **fertig** (*finished*) ist.
Ich lese, während er Tennis spielt.

2. Present > Future

Ich weiß, daß es teuer ist.
Wir wissen, daß er zurückkommt.
Wissen Sie, was ich heute lese?
Er weiß, daß ich einige Einkäufe mache.

Wissen Sie, ob er einkaufen geht?

Ich weiß, daß es teuer sein wird.
Wir wissen, daß er zurückkommen wird.
Wissen Sie, was ich heute lesen werde?
Er weiß, daß ich einige Einkäufe machen werde.
Wissen Sie, ob er einkaufen gehen wird?

3. Present > Present Perfect

Er weiß, daß ich hier bin.
Ich weiß, daß er zurückkommt.
Ich weiß, daß er Tennis spielt.
Wissen Sie, daß er Geburtstag hat?
Weiß sie, ob er heute abfährt?

Er weiß, daß ich hier gewesen bin.
Ich weiß, daß er zurückgekommen ist.
Ich weiß, daß er Tennis gespielt hat.
Wissen Sie, daß er Geburtstag gehabt hat?
Weiß sie, ob er heute abgefahren ist?

4. *Während* in First Clause

Ich lese die Zeitung.
Er spielt Tennis.
Ich sitze in der Sonne.
Er schwimmt.
Ich schreibe Briefe.
Er telefoniert mit einem Freund.
Wir besprechen die Aufgabe.
Sie geht einkaufen.
Wir arbeiten an Aufgabe zwölf.
Er liest einen Roman.

Während ich die Zeitung lese, spielt er Tennis.
Während ich in der Sonne sitze, schwimmt er.
Während ich Briefe schreibe, telefoniert er mit einem Freund.
Während wir die Aufgabe besprechen, geht sie einkaufen.
Während wir an Aufgabe zwölf arbeiten, liest er einen Roman.

5. *Während* in Second Clause

Ich mache meine Hausarbeit.
Er spricht mit einem Mädchen.
Ich putze mir die Zähne.
Er wäscht sich die Hände.
Ich studiere auf der Universität.
Er arbeitet in einem Büro.
Ich hole einen Freund vom Bahnhof ab.
Er schreibt einen Brief.
Ich probiere eine neue Jacke an.
Er schaut sich die Krawatten an.

Ich mache meine Hausarbeit, während er mit einem Mädchen spricht.
Ich putze mir die Zähne, während er sich die Hände wäscht.
Ich studiere auf der Universität, während er in einem Büro arbeitet.
Ich hole einen Freund vom Bahnhof ab, während er einen Brief schreibt.
Ich probiere eine neue Jacke an, während er sich die Krawatten anschaut.

6. *Wenn* in First Clause

Es regnet.
Ich bleibe zu Hause.

Es schneit heute.
Ich muß zu Hause bleiben.

Er sieht mich.
Er grüßt (*greets*) mich.

Ich gehe einkaufen.
Ich trage einen Mantel.

Ich bin krank.
Ich gehe zu einem Arzt.

Wenn es regnet, bleibe ich zu Hause.

Wenn es heute schneit, muß ich zu Hause bleiben.

Wenn er mich sieht, grüßt er mich.

Wenn ich einkaufen gehe, trage ich einen Mantel.

Wenn ich krank bin, gehe ich zu einem Arzt.

7. *Sobald* in First Clause

Ich habe mit ihm gesprochen.
Ich werde zu Ihnen kommen.

Er hat die Zeitung gelesen.
Er wird sie Ihnen zurückgeben.

Ich habe meine Schularbeiten gemacht.
Ich kann gehen.

Inge hat das Geschirr (*dishes*) gewaschen.
Sie kann hinausgehen.

Ich habe gegessen.
Ich gehe an die Arbeit.

Sobald ich mit ihm gesprochen habe, werde ich zu Ihnen kommen.

Sobald er die Zeitung gelesen hat, wird er sie Ihnen zurückgeben.

Sobald ich meine Schularbeiten gemacht habe, kann ich gehen.

Sobald Inge das Geschirr gewaschen hat, kann sie hinausgehen.

Sobald ich gegessen habe, gehe ich an die Arbeit.

8. *Bis* in Second Clause

Ich warte.
Er kommt zurück.

Ich bleibe hier.
Er ruft mich an.

Ich werde arbeiten.
Ich werde müde.

Er muß im Krankenhaus bleiben.
Er ist wieder gesund (*well*).

Ich warte, bis er zurückkommt.

Ich bleibe hier, bis er mich anruft.

Ich werde arbeiten, bis ich müde werde.

Er muß im Krankenhaus bleiben, bis er wieder gesund ist.

9. *Weil* or *da* in Second Clause

Ich lerne Deutsch.
Ich will nach Deutschland reisen.

Er arbeitet schnell.
Er will früh nach Hause gehen.

Er lernt Sprachen.
Er will Diplomat werden.

Ich lerne Deutsch, weil (da) ich nach Deutschland reisen will.

Er arbeitet schnell, weil (da) er früh nach Hause gehen will.

Er lernt Sprachen, weil (da) er Diplomat werden will.

Ich schreibe an meine Eltern. Es ist meine Pflicht (*duty*).	Ich schreibe an meine Eltern, weil (da) es meine Pflicht ist.
Ich denke oft an meine Freundin. Ich habe sie gern.	Ich denke oft an meine Freundin, weil (da) ich sie gern habe.

10. *Obgleich* or *obwohl* in First Clause

Er hat wenig Geld. *Er geht jede Woche ins Kino.*	*Obgleich (obwohl) er wenig Geld hat,* *geht er jede Woche ins Kino.*
Er kennt mich gut. Er begrüßt mich selten (*seldom*).	Obgleich (obwohl) er mich gut kennt, be- grüßt er mich selten.
Es regnet stark. Die Frau geht einkaufen.	Obgleich (obwohl) es stark regnet, geht die Frau einkaufen.
Er spricht schon zwei Sprachen. Er will auch noch Deutsch lernen.	Obgleich (obwohl) er schon zwei Sprachen spricht, will er auch noch Deutsch lernen.
Sie probiert viele Blusen an. Sie will keine kaufen.	Obgleich (obwohl) sie viele Blusen an- probiert, will sie keine kaufen.

11. *Ehe* or *bevor* in First Clause

Ich gehe zu Bett. *Ich putze mir die Zähne.*	*Bevor (ehe) ich zu Bett gehe, putze ich* *mir die Zähne.*
Ich komme zur Deutschstunde. Ich mache meine Hausarbeiten.	Bevor (ehe) ich zur Deutschstunde komme, mache ich meine Hausar- beiten.
Ich betrete (*enter*) das Zimmer meines Freundes. Ich klopfe an die Tür.	Bevor (ehe) ich das Zimmer meines Freundes betrete, klopfe ich an die Tür.
Es donnert. Es blitzt immer.	Bevor (ehe) es donnert, blitzt es immer.

12. *Seitdem* in Second Clause

Ich habe ihn nicht gesehen. *Ich bin zurück.*	*Ich habe ihn nicht gesehen, seitdem ich* *zurück bin.*
Wir wissen mehr über Deutschland. Wir lernen Deutsch.	Wir wissen mehr über Deutschland, seitdem wir Deutsch lernen.
Ich habe viele neue Freunde kennen- gelernt. Ich lerne Deutsch.	Ich habe viele neue Freunde kennen- gelernt, seitdem ich Deutsch lerne.
Ich verstehe meine Muttersprache viel besser. Ich lerne Deutsch.	Ich verstehe meine Muttersprache viel besser, seitdem ich Deutsch lerne.

13. Replacement

Ich weiß, daß er gegangen ist.

Wir _____.

_____ abgefahren _____.

_____ sie (they) _____.

_____ fliegen werden.

_____ Hans _____.

_____ geflogen ist.

_____ Hans und Hugo _____.

Wir wissen, daß er gegangen ist.

Wir wissen, daß er abgefahren ist.

Wir wissen, daß sie abgefahren sind.

Wir wissen, daß sie fliegen werden.

Wir wissen, daß Hans fliegen wird.

Wir wissen, daß Hans geflogen ist.

Wir wissen, daß Hans und Hugo geflogen sind.

II. INTERROGATIVES AS SUBORDINATING CONJUNCTIONS

Interrogatives such as **wer, was, welch, wie, wann, warum, wo** (including derivatives **womit, wohin,** etc.) can introduce indirect as well as direct questions. Whenever they are used to introduce indirect questions, these interrogatives function as subordinating conjunctions; consequently, the verb is placed at the end of the subordinate clause.

14. Repetition

Wissen Sie, wie alt dieser Mann ist?

Wissen Sie, wer Geburtstag hat?

Wissen Sie, welche Schuhnummer Sie haben?

Wissen Sie, wann Hans zurückkommen wird?

Weiß Peter, welchen Bleistift Rolf genommen hat?

Wissen Sie, warum Luise die Bluse gekauft hat?

Wissen Sie, wie dieser Herr heißt?

Weiß er, wann die Deutschstunde beginnt?

Ich weiß nicht, wo mein Buch ist.

Wissen Sie, wieviel diese Jacke kostet?

Wissen Sie, worüber der Lehrer gesprochen hat?

15. Question-Answer

Wissen Sie, wie meine Schwester heißt?

Wissen Sie, wo meine Freunde wohnen?

Wissen Sie, wie viele Geschwister (brothers and sisters) er hat?

Wissen Sie, woran ich jetzt denke?

Wissen Sie, wie das Mädchen heißt?

Nein, ich weiß nicht, wie Ihre Schwester heißt.

Nein, ich weiß nicht, wo Ihre Freunde wohnen.

Nein, ich weiß nicht, wie viele Geschwister er hat.

Nein, ich weiß nicht, woran Sie jetzt denken.

Nein, ich weiß nicht, wie das Mädchen heißt.

Wissen Sie, wann dieser Student gestern nach Hause gekommen ist?

Nein, ich weiß nicht, wann dieser Student gestern nach Hause gekommen ist.

16. Direct Question > Indirect Question

Wo ist Karl geboren?	*Wissen Sie, wo Karl geboren ist?*
Wo liegt Deutschland?	Wissen Sie, wo Deutschland liegt?
Wer wird morgen hier sein?	Wissen Sie, wer morgen hier sein wird?
Wie heißt dieser Mann?	Wissen Sie, wie dieser Mann heißt?
Was wollen Sie werden?	Wissen Sie, was Sie werden wollen?
Wer ist heute nicht hier?	Wissen Sie, wer heute nicht hier ist?
Wessen Bleistift ist das?	Wissen Sie, wessen Bleistift das ist?
Warum freut sich der Lehrer?	Wissen Sie, warum sich der Lehrer freut?
Wohin gehe ich nach der Deutschstunde?	Wissen Sie, wohin ich nach der Deutschstunde gehe?
Warum lernen Sie Deutsch?	*Karl fragt, warum Sie Deutsch lernen.*
Gefällt Ihnen diese Stadt? (ob)	Karl fragt, ob Ihnen diese Stadt gefällt.
Gehen Sie heute abend ins Kino? (ob)	Karl fragt, ob Sie heute abend ins Kino gehen.
Welche Vorlesungen hören Sie jetzt?	Karl fragt, welche Vorlesungen Sie jetzt hören.
Wann werden Sie nach Hause gehen?	Karl fragt, wann Sie nach Hause gehen werden.
Gefällt Ihnen Deutsch?	*Kurt will wissen, ob Ihnen Deutsch gefällt.*
Wie alt ist das Mädchen?	Kurt will wissen, wie alt das Mädchen ist.
Wie viele Geschwister hat sie?	Kurt will wissen, wie viele Geschwister sie hat.
Tanzt sie gern? (ob)	Kurt will wissen, ob sie gern tanzt.
Wie lange spricht sie schon Deutsch?	Kurt will wissen, wie lange sie schon Deutsch spricht.

III. WORD ORDER OF INFINITIVE PHRASES

In all infinitive phrases, the verb comes last:

Er bleibt zu Hause, um ein Buch **zu lesen.**

17. Repetition

Er kommt so früh wie möglich, um mit mir einkaufen zu gehen.

Er kommt so früh wie möglich, um Aufgabe elf zu wiederholen (*review*).

Er kommt so früh wie möglich, um meinen Freund kennenzulernen.

Sie geht nach Hause, ohne mir das Buch zu geben.

IV. THE INTENSIFYING PRONOUNS *SELBST* AND *SELBER*

Selbst and selber, which mean *myself, yourself, himself,* etc., do not take endings; they are intensifying pronouns, not reflexives, and are used as follows:

Er selbst (selber) hat mir das Buch gegeben.
He *himself* gave me the book.

Selbst (but never selber) may introduce a sentence, in which case it means *even:*

Selbst im Winter geht er zu Fuß.
Even in winter he goes on foot.

18. Repetition

Ich weiß das selbst.
Selbst meine Tochter lacht (*laughs*) darüber.
Der Lehrer hat es mir selbst gesagt.

Selbst kleine Kinder sprechen Deutsch.
Er hilft sich selbst.
Können Sie es selber machen?

19. Question-Answer

Hat der Lehrer es erklärt?

Haben Sie es gekauft?

Hat er es gesagt?
Hat sie es gesehen?
Haben Sie dieses Brot gebacken (*baked*)?

Lacht der Lehrer manchmal?

Sprechen Kinder Deutsch?
Können kleine Kinder schwimmen?

Können Sie es verstehen?
Will Rolf mitkommen?

Jawohl, er hat es selbst (selber) erklärt.

Jawohl, ich habe es selbst (selber) gekauft.

Jawohl, er hat es selbst (selber) gesagt.
Jawohl, sie hat es selbst (selber) gesehen.
Jawohl, ich habe es selbst (selber) gebacken.

Ja, selbst der Lehrer lacht manchmal.

Ja, selbst Kinder sprechen Deutsch.
Ja, selbst kleine Kinder können schwimmen.

Ja, selbst ich kann es verstehen.
Ja, selbst Rolf will mitkommen.

Review

English-German Patterns

Do you know when he will come?
Do you know where she lives?
Do you know who this man is?
Do you know whose book that is?

Wissen Sie, wann er kommen wird?
Wissen Sie, wo sie wohnt?
Wissen Sie, wer dieser Mann ist?
Wissen Sie, wessen Buch das ist?

Do you know what time it is?	Wissen Sie, wieviel Uhr (wie spät) es ist?
Do you know what her name is?	Wissen Sie, wie sie heißt?
Do you know who can help me?	Wissen Sie, wer mir helfen kann?
Do you know whether he can come?	Wissen Sie, ob er kommen kann?
Do you know whether he will be here?	Wissen Sie, ob er hier sein wird?
Do you know whether he has already ordered the apple strudel?	Wissen Sie, ob er den Apfelstrudel schon bestellt hat?
Do you know if he speaks German?	Wissen Sie, ob er Deutsch spricht?
She knows that he is here.	Sie weiß, daß er hier ist.
She knows that he has been here.	Sie weiß, daß er hier gewesen ist.
She knows that he will be here.	Sie weiß, daß er hier sein wird.
She knows that he can be here.	Sie weiß, daß er hier sein kann.
She knows that he wants to be here.	Sie weiß, daß er hier sein will.
We shall wait until he returns.	Wir werden warten, bis er zurückkommt.
We shall wait until he departs.	Wir werden warten, bis er abfährt.
We shall wait until he writes.	Wir werden warten, bis er schreibt.
We shall wait until I can speak with him.	Wir werden warten, bis ich mit ihm sprechen kann.
I read while he visits his friends.	Ich lese, während er seine Freunde besucht.
I read although I am tired.	Ich lese, obgleich (obwohl) ich müde bin.
I read until I become tired.	Ich lese, bis ich müde werde.
I read whenever it rains.	Ich lese, wenn es regnet.
I read because I want to learn.	Ich lese, weil (da) ich lernen will.
I read as soon as I come home.	Ich lese, sobald ich nach Hause komme.
I read a lot since I've been living here (*present tense*).	Ich lese viel, seitdem ich hier wohne.
She stays home in order to help her mother.	Sie bleibt zu Hause, um ihrer Mutter zu helfen.
He comes to school early in order to read the lesson once more.	Er kommt früh zur Schule, um die Aufgabe noch einmal zu lesen.
He stands up in order to close the door.	Er steht auf, um die Tür zuzumachen.
Where were you born?	Wo sind Sie geboren?
I am as old as you.	Ich bin so alt wie Sie.
Today is my birthday.	Heute ist mein Geburtstag.
Congratulations!	Ich gratuliere (Ihnen).
You don't look old.	Sie sehen nicht alt aus.
They are still rather young.	Sie sind noch ziemlich jung.
She looks young.	Sie sieht jung aus.
The shoes don't fit me.	Die Schuhe passen mir nicht.
The blouse looks good on you.	Die Bluse steht Ihnen gut.
I would like to try on the hat.	Ich möchte den Hut anprobieren.
I must make some purchases.	Ich muß einige Einkäufe machen.

Did you do it yourself?	Haben Sie es selbst (selber) gemacht?
Did he give it to you himself?	Hat er es Ihnen selbst (selber) gegeben?
Even I know that.	Selbst ich weiß das.
He wrote it himself.	Er hat es selbst (selber) geschrieben.

Personalized Questions

1. Gehen Sie gern spazieren, wenn der **Mond** (*moon*) scheint? 2. Sehen alle Mädchen sehr schick aus? 3. Tragen Sie heute eine neue Bluse? 4. Haben Sie im nächsten Monat Geburtstag? 5. Wann sind Sie geboren? 6. Wie alt ist Ihr Vater? 7. Für wie alt halten Sie den jungen Mann neben Ihnen? 8. Gehen Sie gern mit Frauen einkaufen? 9. Bezahlt man an der Kasse, wenn man in einem Restaurant ißt? 10. Gibt's einen Tiergarten hier in dieser Stadt?

Directed Questions

1. Fragen Sie Fräulein ——, ob sie heute einen neuen Rock trägt!
2. Fragen Sie Fräulein ——, wie oft sie Geburtstag hat!
3. Fragen Sie Herrn ——, ob er hungrig wie ein Bär ist!
4. Fragen Sie Fräulein ——, ob sie je ein Dirndl gekauft hat!
5. Fragen Sie Herrn ——, welche Schuhnummer er hat!
6. Fragen Sie Fräulein ——, ob sie gern Hüte anprobiert!
7. Fragen Sie Fräulein ——, ob sie die Aufgabe für heute wiederholt hat!
8. Fragen Sie Herrn ——, ob heute ein herrlicher Tag für einen Spaziergang ist!

VERB SUMMARY

INFINITIVE	PRESENT	PRES. PERFECT
anprobieren (*try on*)	probiert . . . an	hat anprobiert
backen (*bake*)	bäckt	hat gebacken
begrüßen (*greet*)	begrüßt	hat begrüßt
betreten (*enter*)	betritt	hat betreten
bezahlen (*pay for*)	bezahlt	hat bezahlt
dienen (*serve, dat.*)	dient	hat gedient
entschuldigen (*excuse*)	entschuldigt	hat entschuldigt
folgen (*follow, dat.*)	folgt	**ist** gefolgt
fürchten (*fear*)	fürchtet	hat gefürchtet
gratulieren (*congratulate, dat.*)	gratuliert	hat gratuliert
grüßen (*greet*)	grüßt	hat gegrüßt
hingehen (*go there*)	geht . . . hin	**ist** hingegangen
lachen (*laugh*)	lacht	hat gelacht
passen (*fit, suit, dat.*)	paßt	hat gepaßt
raten (*guess at; advise, dat.*)	rät	hat geraten
wiederholen (*repeat, review*)	wiederholt	hat wiederholt

(er for Present and Pres. Perfect columns)

Zu Fuss

Trotz des Autos ist der Spaziergang bei den deutschsprachigen Völkern immer noch sehr beliebt. An einem schönen Sonntagnachmittag bleiben nur wenige Leute zu Hause (**A**). In den Städten geht man gern in einem Park spazieren, oder man spaziert an den Geschäftshäusern vorbei,[1] um zu sehen, was es alles zu kaufen gibt.

In Österreich und in der Schweiz ist Wandern[2] bei alt und jung besonders beliebt. Viele Menschen können es kaum erwarten,[3] bis der Frühling da ist, damit sie eine Bergtour machen können (**B,** Vorfrühling in der Nähe von Heiligenblut in Österreich). Es kommen jeden Sommer so viele Städter[4] in die Alpen, um die Berge zu besteigen,[5] daß man Bergsteigerschulen gegründet hat, um ihnen die Grundregeln[6] beizubringen.[7]

[1] (*spaziert ... vorbei*) walk past   [2] hiking   [3] scarcely wait   [4] people from the city
[5] climb   [6] basic rules   [7] give, instruct

A

B

Auf dem Lande haben die auswärtigen[8] Kinder oft einen weiten Weg zur Dorfschule, denn selten[9] gibt es Schulbusse wie bei uns. Zwei von ihnen sehen wir hier auf dem Weg zur Schule (C). Bei schönem Wetter macht es ihnen Spaß.[10]

Ziemlich oft machen ganze Familien Ausflüge[11] in die Berge. Wenn ein kleines Kind müde wird, trägt es der Vater oder ein älterer Bruder auf den Schultern (D).

Die deutschsprachigen Völker hatten von jeher[12] große Wanderlust. Kein Wunder, denn ihre Länder gleichen[13] einer schönen Parklandschaft,[14] die zum Wandern einlädt. Um der deutschen Jugend[15] zu helfen, die Schönheiten[16] ihres Landes kennenzulernen, baut man in Deutschland seit 1909 Jugendherbergen.[17] Heute gibt es in Städten, an Flüssen und in den Bergen

---

[8] out-of-town   [9] seldom   [10] it's fun for them   [11] excursions   [12] time immemorial
[13] resemble   [14] park scenery   [15] youth   [16] beauties   [17] youth hostels

C

D

mehr als 700 Jugendherbergen. Für wenig Geld kann der junge Mensch durch das ganze Land wandern. (Die Übernachtung[18] in einer Herberge kostet eine bis zwei Mark.)

Nach deutschem Muster[19] haben 32 andere Nationen Jugendherbergen gebaut, und es besteht[20] nun eine internationale Jugendherbergsorganisation. In den Jugendherbergen lernt sich die Jugend der ganzen Welt kennen. Nicht alle Jugendherbergen sind in alten Gebäuden und romantischen Burgen.[21] Die Herberge in Nürnberg ist neu, wurde aber im alten Stil gebaut (E). Wenn Erwachsene[22] billig[23] reisen wollen, müssen sie ein Zelt[24] mitnehmen. Oder wenn sie es vorziehen,[25] können sie die Nacht in einem schönen Berghotel verbringen (F, Tirol, Österreich).

18 overnight stay   19 model, pattern   20 there exists   21 castles   22 adults
23 cheap(ly)   24 tent   25 prefer

E

F

Aufgabe Dreizehn

Im Restaurant

Rudi Wolf und Anna Ulmer bekommen etwas Gutes zum Mittagessen im Gasthof zum Schwarzen Bären.

[1] KELLNER: Guten Tag, meine Herrschaften!

[2] WOLF: Guten Tag! Ist noch ein Tisch frei, von dem wir eine schöne Aussicht auf den Park haben?

[3] KELLNER: Ja, mein Herr. Wollen Sie bitte mitkommen? Wie gefällt Ihnen dieser kleine Tisch am Fenster?

[4] WOLF: Danke sehr! Hier ist es gemütlich.

[5] KELLNER: Was wollen Sie trinken? Unsere Biere und Weine sind besonders gut.

[6] FRL. ULMER: Ich möchte nur ein Glas Traubensaft.

[7] WOLF: Gut! Also, Herr Ober, zweimal Traubensaft, bitte!

[8] KELLNER: Darf ich unser Tagesgericht empfehlen, oder möchten Sie lieber nach der Karte speisen?

[9] FRL. ULMER: Was haben Sie als Tagesgericht?

[10] KELLNER: Tomatensuppe mit Reis, dann Schweinebraten mit Bratkartoffeln und grünen Bohnen und Pudding oder Eis als Nachtisch.

[11] FRL. ULMER: Bitte, ich möchte das Tagesgericht und Eis.

[12] WOLF: Schön! Herr Ober, bitte, zweimal Tagesgericht und als Nachspeise Eis.

[13] KELLNER: Bitte sehr. Es kommt sofort.

Fragen

1. Wo essen Rudi und Anna? 2. Ist ein Tisch frei? 3. Wo steht der Tisch?
4. Was will Anna trinken? 5. Was hat der Gasthof als Tagesgericht? 6. Was bestellt Anna als Nachspeise?

Lesson 13

In the Restaurant

Rudi Wolf and Anna Ulmer get something good for their noon meal in the Black Bear Inn.

[1] WAITER: Good day! (**Herrschaften** means *my lady and sir,* but this form would not be used in English.)

[2] WOLF: Good day! Is there a table that will give us a nice view of the park?

[3] WAITER: Yes, sir. Do you want to come this way, please? How do you like this small table by the window?

[4] WOLF: Thank you very much. It's pleasant here.

[5] WAITER: What do you want to drink? Our beers and wines are especially good.

[6] MISS ULMER: I would like just a glass of grape juice.

[7] WOLF: Good. Well then, waiter (**Oberkellner,** head waiter), two glasses of grape juice, please.

[8] WAITER: May I recommend our special meal, or would you prefer to dine à la carte?

[9] MISS ULMER: What is your special?

[10] WAITER: Tomato soup with rice, then roast pork with fried potatoes and green beans, and pudding or ice cream for dessert.

[11] MISS ULMER: I would like the special and ice cream, please.

[12] WOLF: Fine! Waiter, two specials, please, and ice cream for dessert.

[13] WAITER: Yes, sir. Right away.

Vocabulary Building

Mittagessen und Abendessen (Noon and Evening Meals)

Was für Suppen haben Sie? {
Tomatensuppe.
Gulaschsuppe.
Hühnersuppe mit Nudeln.[1]
Fleischbrühe.[2]

Was möchten Sie zu Mittag essen?

Ein Brathuhn[3]
Wiener Schnitzel
Beefsteak
Schweinebraten[4]
Eine Bratwurst[5]
Ein Paar Frankfurter
Eine kalte Platte[6]

mit {
Reis[7]
Kartoffeln[8]
Senf[9]
} und {
Salat.
gemischtem Salat.
jungen Erbsen.[10]
grünen Bohnen.
Gemüse.[11]
Sauerkraut.

Zum Nachtisch
Als Nachspeise
} haben wir {
Obst.[12]
Birnen.[13]
Weintrauben.[14]
Pflaumen.[15]
Pudding.
Eis.
eine Torte mit Schlagsahne.[16]
Käse.[17]

Was möchten Sie trinken? {
Eine Tasse Kaffee.
Apfelsaft.
Traubensaft.
Ein Bier.
Ein Coca-Cola.
Einen Sprudel.[18]
Ein Glas Mineralwasser.
Ein Glas frisches Wasser.
Eine Flasche Wein.[19]

Herr Ober, ich habe {
keine Speisekarte.[20]
keine Serviette.[21]
kein Glas.
keinen Teller.[22]
kein Messer.[23]
keinen Löffel.[24]
keine Gabel.[25]

[1] chicken noodle soup   [2] clear soup, broth   [3] fried chicken   [4] roast pork
[5] fried sausage   [6] cold cuts   [7] rice   [8] potatoes   [9] mustard   [10] peas
[11] vegetables   [12] fruit   [13] pears   [14] grapes   [15] plums
[16] cake with whipped cream   [17] cheese   [18] soda water   [19] bottle of wine   [20] menu
[21] napkin   [22] plate   [23] knife   [24] spoon   [25] fork

Vocabulary Building Questions

1. Essen Sie manchmal Gulaschsuppe zum Frühstück? 2. Was möchten Sie heute zu Mittag oder zu Abend essen? 3. Was bestellen Sie gern zum Nachtisch? 4. Trinken Sie gern Mineralwasser? 5. Trinken die Deutschen gern Bier? 6. Was schmeckt besser, Traubensaft oder Coca-Cola? 7. Trinken die Deutschen gern frisches Wasser?

Pronunciation Drill

The combinations *pf* and *kn;* review of *ach-* and *ich*-sounds

In the combinations **pf** and **kn**, the sounds represented by both letters are pronounced. Practice with your model:

fehlen—empfehlen fahl—Pfahl fort—Pforte Pfuhl Pfund Pfropf Pforte
Knie Knabe Knecht knicken knacken Knopf Knochen kneten kneipen

Review the **ach-** and **ich**-sounds in the following words:

Macht—Mächte	lachen—lächeln	Bach—Bäche	mochte—möchte
Woche—wöchentlich	Tochter—Töchter	Buch—Bücher	Frucht—Früchte

Licht	sechzehn	rechnen	Pflicht	endlich	sicher
leicht	riechen	feucht	Milch	Kindchen	gleich
Mäuschen	bißchen	fertig	sonnig	lustig	Eiche

Dialogue Variations

A. Guten Tag! Haben Sie heute schon gegessen?
B. Nein, noch nicht, ich habe noch keine Zeit gehabt.
A. Darf ich Sie dann vielleicht zu einer Bratwurst und einem Bier einladen?
B. Oh ja, das ist eine gute Idee. Dort drüben am Stand schmecken sie besonders gut.
A. Wenn wir uns beeilen, können wir später noch ein bißchen plaudern.[1]

A. Ich habe aber Hunger!
B. Also gehen wir jetzt essen!
A. Wollen wir wieder in den Ratskeller[2] gehen? Das Essen[3] ist dort sehr preiswert und gut.
B. Gern. Die Wiener Schnitzel sind dort ausgezeichnet.

A. Wissen Sie was? Wenn ich jetzt Geburtstag hätte, würde ich ein Brathuhn mit Reis und gemischtem Salat essen, eine Flasche eiskalten Apfelsaft trinken und zum Nachtisch einen Eisbecher[4] mit Früchten[5] und Schlagsahne bestellen.
B. Das paßt gut. Ich habe heute Geburtstag. Darf ich Sie also einladen?

[1] chat [2] city hall restaurant [3] food [4] dish of ice cream [5] fruits

Conversational Patterns

I. RELATIVE PRONOUNS

Relative pronouns have the same forms as the definite articles except for **dessen** instead of **des, deren** (feminine genitive and genitive plural) instead of **der,** and **denen** (dative plural) instead of **den.**

	MASCULINE	NEUTER	FEMININE	PLURAL
NOM.	der	das	die	
ACC.	den			
DAT.	dem		der	denen
GEN.	dessen		deren	

A relative pronoun agrees in number and gender with its antecedent; its case, however, is determined by the manner in which it is used in its own clause:

Der Mann, der (*who*) mich heute besucht, ist mein Freund.
Das Buch, das (*that*) Sie auf den Tisch gelegt haben, gehört mir.
Die junge Dame, mit **der** (*whom*) er spricht, ist meine Schwester.
Der Student, dessen (*whose*) Ring sie trägt, geht ins Krankenhaus.
Die Leute, die (*who*) da drüben stehen, sind gute Freunde von uns.

All relative clauses are dependent clauses. For this reason, they are set off by commas and require dependent word order. (See sentences above.)

1. Repetition

NOMINATIVE

Kennen Sie den Mann, **der** da drüben steht?

Kennen Sie die Frau, **die** da drüben steht?

Kennen Sie das Kind, **das** da drüben steht?

Kennen Sie die Leute, **die** da drüben stehen?

ACCUSATIVE

Der Mann, **den** Sie da drüben sehen, heißt Erich Schmidt.

Die Studentin, **die** Sie da drüben sehen, heißt Olga Pfeffer.

Das Mädchen, **das** Sie da drüben sehen, heißt Inge.

Die Männer, **die** Sie da drüben sehen, heißen Müller und Fischer.

DATIVE

Der Mann, mit **dem** Sie gesprochen haben, ist mein Onkel.

Die Studentin, mit **der** Sie gesprochen haben, ist meine Kusine.

GENITIVE

Der Mann, **dessen** Buch auf dem Tisch liegt, heißt Kurt Meyer.

Die Frau, **deren** Buch auf dem Tisch liegt, heißt Rosa Ehlers.

Das Kind, mit **dem** Sie gesprochen haben, wohnt nicht weit von hier.

Die Leute, mit **denen** Sie gesprochen haben, kommen aus Berlin.

Das Mädchen, **dessen** Vater Professor ist, heißt Paula Fiedler.

Die Studenten, **deren** Hefte auf dem Tisch liegen, dürfen nach Hause gehen.

2. Question-Answer

Ist das die Frau, die Spanisch spricht?

Nein, das ist nicht die Frau, die Spanisch spricht.

_____ der Kellner, _____?

Nein, das ist nicht der Kellner, der Spanisch spricht.

_____ das Kind, _____?

Nein, das ist nicht das Kind, das Spanisch spricht.

_____ die Studenten, _____?

Nein, das sind nicht die Studenten, die Spanisch sprechen.

_____ die Leute, _____?

Nein, das sind nicht die Leute, die Spanisch sprechen.

Ist das das Obst, das ich bestellt habe?

Ja, das ist das Obst, das Sie bestellt haben.

_____ der Pudding, _____?

Ja, das ist der Pudding, den Sie bestellt haben.

_____ die Tomatensuppe, _____?

Ja, das ist die Tomatensuppe, die Sie bestellt haben.

_____ die Kartoffeln, _____?

Ja, das sind die Kartoffeln, die Sie bestellt haben.

_____ der Salat, _____?

Ja, das ist der Salat, den Sie bestellt haben.

_____ die grünen Bohnen, _____?

Ja, das sind die grünen Bohnen, die Sie bestellt haben.

Ist das der Mann, mit dem Sie Deutsch gesprochen haben?

Nein, das ist nicht der Mann, mit dem ich Deutsch gesprochen habe.

_____ die Frau, _____?

Nein, das ist nicht die Frau, mit der ich Deutsch gesprochen habe.

_____ das Kind, _____?

Nein, das ist nicht das Kind, mit dem ich Deutsch gesprochen habe.

_____ die Leute, _____?

Nein, das sind nicht die Leute, mit denen ich Deutsch gesprochen habe.

_____ die Männer, _____?

Nein, das sind nicht die Männer, mit denen ich Deutsch gesprochen habe.

Ist das der Mann, dessen Schwester Sie kennen?

Nein, das ist nicht der Mann, dessen Schwester ich kenne.

_____ die Dame, _____?

Nein, das ist nicht die Dame, deren Schwester ich kenne.

_____ das Mädchen, _____?   Nein, das ist nicht das Mädchen, dessen Schwester ich kenne.

_____ die Frauen, _____?   Nein, das sind nicht die Frauen, deren Schwester ich kenne.

_____ das Kind, _____?   Nein, das ist nicht das Kind, dessen Schwester ich kenne.

3. Independent Clause > Relative Clause

Connect the independent clauses by inserting a relative pronoun.

Der Mann ist mein Bruder.
Er steht dort an der Wand.

     Der Mann, der dort an der Wand steht, ist mein Bruder.

Die Studentin ist meine Schwester.
Sie steht vor der Bibliothek.

     Die Studentin, die vor der Bibliothek steht, ist meine Schwester.

Das Mädchen ist meine Kusine.
Sie sitzt in dem Volkswagen.

     Das Mädchen, das in dem Volkswagen sitzt, ist meine Kusine.

Der Student ist mein Freund.
Er kommt eben aus der Bibliothek heraus.

     Der Student, der eben aus der Bibliothek herauskommt, ist mein Freund.

Das ist der Käse.
Ich habe ihn bestellt.

     Das ist der Käse, den ich bestellt habe.

Das ist der Schweinebraten.
Ich habe ihn bestellt.

     Das ist der Schweinebraten, den ich bestellt habe.

Er bringt die Torte.
Sie (*you*) haben sie bestellt.

     Er bringt die Torte, die Sie bestellt haben.

Er bringt die Hühnersuppe.
Wir haben sie bestellt.

     Er bringt die Hühnersuppe, die wir bestellt haben.

Das ist unser Lehrer.
Ich habe mit ihm gesprochen.

     Das ist unser Lehrer, mit dem ich gesprochen habe.

Wie heißt die Sekretärin?
Ich habe gerade mit ihr gesprochen.

     Wie heißt die Sekretärin, mit der ich gerade gesprochen habe?

Wer sind die Männer?
Sie (*you*) haben mit ihnen gesprochen.

     Wer sind die Männer, mit denen Sie gesprochen haben?

Das ist der Onkel.
Ich wohne bei ihm.

     Das ist der Onkel, bei dem ich wohne.

Ist das die Straßenbahnlinie?
Sie müssen mit ihr fahren.

     Ist das die Straßenbahnlinie, mit der Sie fahren müssen?

Das ist der Mann.
Ich kenne seine Tochter.

     Das ist der Mann, dessen Tochter ich kenne.

Das ist die Frau.
Ich kenne ihre Tochter.

     Das ist die Frau, deren Tochter ich kenne.

Das ist das Kind.
Ich kenne seine Schwester.

Das ist das Kind, dessen Schwester ich kenne.

Das sind die Männer.
Ich kenne ihre Söhne.

Das sind die Männer, deren Söhne ich kenne.

II. *WO*-COMPOUNDS

Compounds of **wo-** plus preposition (**wor-** before prepositions beginning with a vowel) are *occasionally* used in place of the relative pronouns when referring to inanimate objects:

Die Feder, mit der (womit) er schreibt, ist schwarz.
The pen with which he is writing is black.

Der Stuhl, auf dem (worauf) er sitzt, ist zu klein.
The.chair on which he is sitting is too small.

4. Repetition

Das ist eine **Krankheit** (*disease*), **über die (worüber)** wir nicht viel wissen.

Der Bleistift, **mit dem (womit)** ich schreibe, ist ein **Geschenk** (*present*).

Das Haus, **in dem (worin)** wir wohnen, ist zweihundert Jahre alt.

Er kommt oft vorbei, **wofür** ich ihm dankbar bin.

Das ist der Brief, **auf den (worauf)** ich so lange gewartet habe.

Wo ist der Tisch, **auf dem (worauf)** seine Bücher liegen?

III. INDEFINITE RELATIVE PRONOUNS

The indefinite relative pronouns are **wer** (for persons) and **was** (for things), the same forms that are used as interrogative pronouns:

	PERSONS	THINGS
NOM.	wer	was
ACC.	wen	was
DAT.	wem	— ← wo - compounds
GEN.	wessen	wessen

Wer (*whoever*) is used only when there is no definite antecedent:

Wer nicht hier ist, wird die Aufgabe nicht verstehen.

Was (*whatever*) is also used when there is no antecedent:

Was er tut, ist immer gut.

Was is used when the antecedent is an indefinite neuter pronoun such as **alles, etwas,** and **nichts:**

Das ist **etwas, was** *(that)* ich nicht verstehen kann.

Was is used if the antecedent is a neuter adjective used as a noun:

Das ist **das Beste, was** *(that)* ich je gesehen habe.

Was is used when the antecedent is a whole clause:

Er will zu Fuß gehen, was *(which)* ihn sehr ermüden *(tire)* wird.

5. Repetition

Wer mir hilft, ist mein Freund.

Was man nicht im Kopf hat, muß man in den Beinen haben.

Was ich nicht weiß, macht mich nicht heiß.

Wer nicht hören will, muß fühlen.

Sehen Sie hier etwas, **was** Ihnen gefällt?

Das ist etwas, **was** ich nicht verstehe.

Nicht alles, **was** man liest, ist **wahr** *(true)*.

Ich gebe ihm immer das Beste, **was** ich habe.

Mein Freund lernt Deutsch, **was** mich sehr freut.

6. *Wer* as a Relative Pronoun

Man hilft mir. Man ist mein Freund.

Man sieht das. Man will es kaufen.

Man kommt zu spät. Man wird keinen Platz bekommen.

Man ist nicht für mich. Man ist gegen mich.

Man liest das. Man wird wissen, worüber ich schreibe.

Man will Deutsch lernen. Man muß Deutsch üben *(practice)*.

Man will reisen. Man muß Geld haben.

Wer mir hilft, ist mein Freund.

Wer das sieht, will es kaufen.

Wer zu spät kommt, wird keinen Platz bekommen.

Wer nicht für mich ist, ist gegen mich.

Wer das liest, wird wissen, worüber ich schreibe.

Wer Deutsch lernen will, muß Deutsch üben.

Wer reisen will, muß Geld haben.

7. *Was* as a Relative Pronoun

Er liest etwas. Es interessiert ihn.

Ich sehe hier etwas. Es gefällt mir.

Das ist das Beste. Ich habe es gesehen.

Er besucht mich oft. Es freut mich sehr.

Er glaubt alles. Es steht in der Zeitung.

Eine Frau sieht immer etwas. Es gefällt ihr.

Das ist das Schönste. Wir haben es gesehen.

Er liest etwas, was ihn interessiert.

Ich sehe hier etwas, was mir gefällt.

Das ist das Beste, was ich gesehen habe.

Er besucht mich oft, was mich sehr freut.

Er glaubt alles, was in der Zeitung steht.

Eine Frau sieht immer etwas, was ihr gefällt.

Das ist das Schönste, was wir gesehen haben.

Review

English-German Patterns

The man about whom you spoke is my uncle.	Der Mann, über den Sie gesprochen haben, ist mein Onkel.
Is that the ballpoint pen that you usually write with?	Ist das der Kugelschreiber, mit dem (womit) Sie gewöhnlich schreiben?
Show me the man you work with.	Zeigen Sie mir den Mann, mit dem Sie arbeiten.
That is the teacher (f.) with whom we often talk.	Das ist die Lehrerin, mit der wir oft sprechen.
Here is the book about which the students are talking.	Hier ist das Buch, über das (worüber) die Studenten sprechen.
The man whose picture is in the paper is my uncle.	Der Mann, dessen Bild in der Zeitung ist, ist mein Onkel.
That is the man whose daughter we know.	Das ist der Mann, dessen Tochter wir kennen.
Whoever helps me is my friend.	Wer mir hilft, ist mein Freund.
Whoever reads the book will know what I am talking about.	Wer das Buch liest, wird wissen, worüber ich spreche.
Whoever knows me knows that I speak the truth (die Wahrheit).	Wer mich kennt, weiß, daß ich die Wahrheit sage.
Everything that he says is interesting.	Alles, was er sagt, ist interessant.
Tell him what you want.	Sagen Sie ihm, was Sie wollen!
Is that the ice cream that you ordered?	Ist das das Eis, das Sie bestellt haben?
Is that the dessert (Nachtisch) that he ordered?	Ist das der Nachtisch, den er bestellt hat?
Is that the soup that she ordered?	Ist das die Suppe, die sie bestellt hat?
Are those the pears that I ordered?	Sind das die Birnen, die ich bestellt habe?
Waiter!	Herr Ober!
I have no napkin.	Ich habe keine Serviette.
She has no knife.	Sie hat kein Messer.
He has no fork.	Er hat keine Gabel.
We have no plates.	Wir haben keine Teller.
You have no spoon.	Sie haben keinen Löffel.

Personalized Questions

1. Bekommen Sie gewöhnlich etwas Gutes zum Mittagessen? 2. Was bestellen Sie, wenn Sie in ein Restaurant gehen? 3. Haben Sie je Traubensaft getrunken? 4. Was essen Sie gern zum Nachtisch? 5. Beeilen Sie sich, wenn man Sie zum Abendessen eingeladen hat? 6. Plaudern Sie gern mit Kindern? 7. Ist das Essen in einem Ratskeller gewöhnlich preiswert und gut? 8. Ist der Wagen, den Sie fahren, alt oder neu? 9. Wie heißt die Stadt, in der Sie jetzt wohnen? 10. Ist der Kugelschreiber, mit dem Sie schreiben, ein Geschenk?

Directed Questions

1. Fragen Sie Fräulein ——, ob sie eine Bratwurst mit Senf bestellt, wenn sie in ein elegantes Restaurant geht!
2. Fragen Sie Herrn ——, wie oft er Käse zum Nachtisch bestellt!
3. Fragen Sie Fräulein ——, ob es **schicklich** (*proper, decent*) ist, Hühnersuppe aus der Tasse zu trinken!
4. Fragen Sie Herrn ——, was er gestern zu Mittag gegessen hat!
5. Fragen Sie Fräulein ——, ob sie zum Frühstück Beefsteak ißt!
6. Fragen Sie Herrn ——, was er lieber trinkt, einen Sprudel oder ein Glas Milch!
7. Fragen Sie Herrn ——, ob es für die **Linie** (*figure*) gut ist, wenn man zu viele Kartoffeln mit **Soße** (*gravy*) ißt!
8. Fragen Sie Herrn ——, ob der Kaffee, den er bestellt, immer heiß ist!

VERB SUMMARY

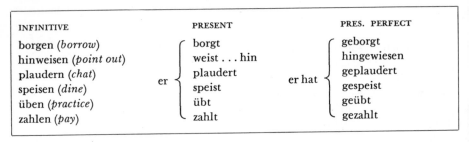

INFINITIVE		PRESENT		PRES. PERFECT
borgen (*borrow*)		borgt		geborgt
hinweisen (*point out*)		weist . . . hin		hingewiesen
plaudern (*chat*)	er	plaudert	er hat	geplaudert
speisen (*dine*)		speist		gespeist
üben (*practice*)		übt		geübt
zahlen (*pay*)		zahlt		gezahlt

Hunger ist der beste Koch

Die drei Hauptmahlzeiten[1] in den deutschsprachigen Ländern sind das Frühstück, das Mittagessen und das Abendessen. Viele Leute essen um zehn Uhr ein zweites Frühstück und noch eine Mahlzeit am Nachmittag: Kaffee oder Tee mit Brötchen, Keks[2] oder Kuchen[3] (**A,** Restaurant am Tulpenfeld, Bonn). Das Frühstück ist meist einfach: Kaffee mit Brötchen, Butter und Marmelade. Das Mittagessen beginnt gewöhnlich mit einer Suppe. Das Hauptgericht[4] besteht aus einer Fleischspeise[5] (Schweinefleisch, Rindfleisch,[6] Kalbfleisch[7]) mit Kartoffeln und Gemüse. Als Nachtisch ißt man Obst oder einen Pudding. Zum Abendessen gibt es häufig[8] Butterbrot mit Schinken, Wurst oder Käse. Dazu trinkt man Bier, Kaffee, Tee, Milch oder Kakao. Wasser wird während der Mahlzeit gewöhnlich nicht getrunken.[9] Die Deutschen sagen, Wasser verrostet[10] den Magen.[11] Beim Essen hält man die Gabel in der linken und das Messer in der rechten Hand.

[1] main meals   [2] cookies   [3] cake   [4] main course   [5] meat dish   [6] beef   [7] veal
[8] frequently   [9] *(wird . . . getrunken)* is drunk   [10] rusts   [11] stomach

A

B

Gute Freunde treffen sich gern abends in einem Wirtshaus[12] mit „Atmosphäre" (**B**). Gäste,[13] die jahrelang[14] dasselbe Wirtshaus besuchen, sitzen mit alten Freunden an einem für sie reservierten Tisch, dem „Stammtisch". Für sie ist das Wirtshaus ein zweites Zuhause.[15] Nachdem sie gegessen haben, plaudern[16] sie stundenlang über einem Glas Wein oder Bier.

Seit dem Mittelalter ist Donnerstag in den meisten europäischen Städten Markttag. Am frühen Morgen bringen die Bauern Obst, Gemüse, Eier, Geflügel[17] und andere landwirtschaftliche[18] Produkte in die Stadt, um sie auf dem Markplatz zu verkaufen. Die Hausfrauen gehen an diesem Tage früh auf den Markt, um für die Woche einzukaufen. Sie haben große Auswahl[19] und gehen von Stand zu Stand, bis sie alles gefunden haben, was sie suchen. Gegen Mittag beginnen die Bauern ihre Kisten[20] wieder auf die Wagen zu laden,[21] und fahren zu ihrem Dorf zurück. Die alte Großmutter (**C**) auf dem Marktplatz hilft ihrer Tochter bei der Arbeit; sie hält ihre kleine Enkelin[22] auf dem Knie und verkauft gleichzeitig[23] Hühner.[24]

Das Schaufenster sieht appetitlich aus (**D**). In diesem Geschäft werden nur Fleisch, Wurstwaren[25] und Speck verkauft. In den deutschsprachigen Ländern ißt man viel mehr Wurst als bei uns. Man findet das Wort „Wurst" sogar in Redewendungen.[26] Der Ausdruck[27] „Das ist mir Wurst" bedeutet „Das ist mir gleich". In den Großstädten kann man heutzutage beinahe alles in einem Supermarkt einkaufen, genau so wie bei uns. Da Deutschland ein

C

D

Mitgliedstaat[28] der Europäischen Wirtschaftsgemeinschaft[29] ist, kann man in den Geschäften viele ausländische Waren[30] kaufen.

Mitten in Bonn neben dem großen, modernen Kaufhof[31] gibt es einen Marktplatz, wo man frisches Gemüse und Obst kaufen kann (**E**). Die Hausfrau im Vordergrund[32] schaut sich die schönen, saftigen Pfirsiche[33] an.

[28] member state   [29] Common Market   [30] wares, goods   [31] department store
[32] foreground   [33] juicy peaches

E

Wann wird es möglich sein, Küchenarbeit durch Knopfdruck[34] zu erledigen?[35] Die Antwort auf diese Frage sehen wir auf dem Bilde (F). Das schöne Mädchen braucht nur auf ein paar Knöpfe[36] zu drücken,[37] um ein schmackhaftes[38] Essen zuzubereiten.[39] Nach der Mahlzeit drückt sie auf einen anderen Knopf, um das Geschirr[40] zu waschen. Dieses Wunderwerk der Technik[41] ist die Antwort auf die Frage der berufstätigen[42] Frau: Wie kann ich kochen und Geschirr waschen, wenn ich jeden Tag müde von der Arbeit nach Hause komme?

[34] pressing (of) a button   [35] take care of   [36] buttons   [37] press   [38] tasty
[39] to prepare   [40] dishes   [41] technology   [42] working, employed

F

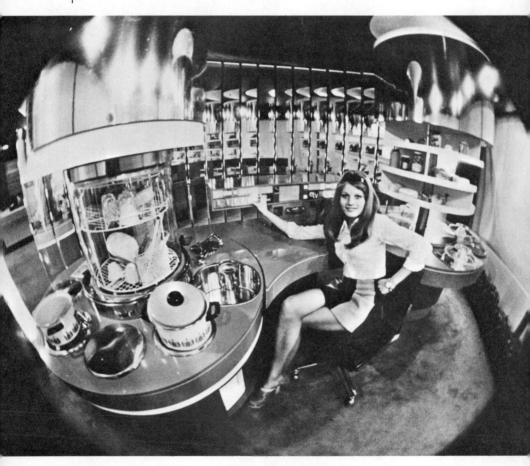

Aufgabe Vierzehn

Im Theater

Rudi und Anna freuen sich schon lange auf die Aufführung von Goethes „Faust". Der alte Platzanweiser hat sie eben an ihre Plätze im Theater geführt.

¹ RUDI: Schauen Sie mal! Fast jeder Platz ist schon besetzt.

² ANNA: Wann haben Sie sich die Plätze reservieren lassen?

³ RUDI: Vor drei Wochen. Ich habe die Eintrittskarten heute morgen an der Kasse abgeholt.

⁴ ANNA: Es freut mich, daß wir wieder auf der Galerie sitzen. Von hier aus kann man die Bühne gut übersehen.

⁵ RUDI: Für „Faust" wollte ich eigentlich bessere Plätze haben, aber die Karten fürs Parkett waren schon ausverkauft.

⁶ ANNA: Ich finde es hier sehr schön.

⁷ RUDI: In der dritten Reihe sitzt ein lustiges Ehepaar. Sehen Sie den kleinen Mann mit der großen, dicken Frau?

⁸ ANNA: Meinen Sie die große Frau mit dem schwarzen Kleid?

⁹ RUDI: Ja, ihr Mann trägt einen grauen Anzug. Jetzt dreht sie sich um!

¹⁰ ANNA: Ach, ja. Wie in aller Welt haben die sich wohl kennengelernt?

¹¹ RUDI: Vielleicht war sie reich. Da kommt eine hübsche junge Dame!

¹² ANNA: Genug! Schauen wir das Programm an!

¹³ RUDI: Bitte, seien Sie nicht böse auf mich! Ich necke Sie nur gern.

¹⁴ ANNA: Psst! Die Lichter gehen aus.

Fragen

1. Worauf freuen sich Rudi und Anna? 2. Wann hat er sich die Plätze reservieren lassen? 3. Wo hat er die Eintrittskarten abgeholt? 4. Wo sitzen sie im Theater? 5. Was **betrachten** (observe) sie im Theater? 6. Was trägt der kleine Mann? 7. Warum ist Anna ein bißchen böse auf Rudi?

Lesson 14

In the Theater

Rudi and Anna have been looking forward to the performance of Goethe's *Faust* for some time now. The old usher has just led them to their seats in the theater.

¹ RUDI: Just look! Almost every seat is already occupied.

² ANNA: When did you reserve the seats?

³ RUDI: Three weeks ago. I picked up the tickets this morning at the box office.

⁴ ANNA: I'm glad that we're sitting in the gallery again. From here one can see the stage well.

⁵ RUDI: For *Faust* I really wanted to have better seats, but the tickets for the orchestra stalls were already sold out.

⁶ ANNA: I find it very nice here.

⁷ RUDI: There's an amusing couple sitting in the third row. Do you see the little man with the big fat wife?

⁸ ANNA: Do you mean the large woman with the black dress?

⁹ RUDI: Yes, her husband is wearing a gray suit. Now she's turning around.

¹⁰ ANNA: Oh, yes. How in the world did *they* get to know each other?

¹¹ RUDI: Perhaps she was rich. There comes a pretty young lady.

¹² ANNA: That's enough! Let's look at the program.

¹³ RUDI: Please don't be angry at me. I just like to tease you.

¹⁴ ANNA: Sh! The lights are going out.

Vocabulary Building

Das Theater

Das Drama
Das Schauspiel[1]
Das Lustspiel (die Komödie)
Das Trauerspiel (die Tragödie) } wird im Theater aufgeführt.[2]

aufführen - perform

Viele Leute gehen gern ins Theater.
Wann fängt die Aufführung an?

performance

Wie heißt { der Schauspieler?[3]
            die Schauspielerin?

actor

Die Eintrittskarten kauft man gewöhnlich an der Theaterkasse.[4]

admission

Selten gibt man dem Platzanweiser (der Platzanweiserin) ein Trinkgeld.[5]

rarely   *usher*

Während der Aufführung ist das Rauchen[6] verboten.[7]

Nur in der Pause darf man { eine Zigarette
                            eine Zigarre
                            eine Pfeife[8] } rauchen.

Das Kino

Viele Leute gehen lieber[9] ins Kino.

Im Kino sehen wir { die Wochenschau.[10]
                    einen Kulturfilm.
                    den Hauptfilm.[11]
                    einen Farbfilm.

Einige { Filmschauspieler
         Filmstars } sind besonders beliebt.[12]

Vocabulary Building Questions

1. Wo führt man eine Tragödie auf? 2. Gehen Sie gern ins Theater? 3. Wo kann man sich Eintrittskarten kaufen? 4. Darf man während der Aufführung rauchen? 5. Gehen Sie lieber ins Kino oder ins Theater? 6. Was für Filme sehen Sie gern? 7. Bekommen Sie ein Trinkgeld, wenn Sie dem Lehrer (der Lehrerin) eine richtige Antwort geben?

Dialogue Variations

A. Was haben Sie heute nachmittag vor?
B. Ich werde jetzt einige Bücher zur Bibliothek bringen, dann gehe ich wahrscheinlich nach Hause.

[1] serious play that generally has a happy ending   [2] is performed   [3] actor
[4] ticket office   [5] tip   [6] smoking   [7] forbidden   [8] pipe   [9] prefer to go
[10] news of the week   [11] main feature   [12] popular

A. Das klingt[1] langweilig.[2]

B. Ist es aber nicht! Erich wird mich um halb sieben abholen. Wir werden dann ins Kino gehen.

A. Wie heißt der Film?

B. Ich habe den Titel vergessen, aber es soll ein sehr romantischer Film aus Hollywood sein.

A. Ach ja, der[3] im neuen Bahnhofskino! Ich habe gehört, daß besonders die Tänze und Lieder im Film einfach fabelhaft[4] sind.

A. Gehen Sie gern ins Theater?

B. O ja! Jeden Monat sehe ich mir ein neues Stück[5] an.

A. Was wird denn meistens gespielt?

B. Das kann man nicht so genau sagen. Vielleicht Komödien von Molière, Dramen von Schiller oder Tragödien von Shakespeare.

A. Heute habe ich mir für sieben Mark eine Eintrittskarte an der Theaterkasse gekauft.

B. Soviel Geld haben Sie ausgegeben?[6]

A. Ja, die berühmten[7] Schauspieler des Berliner Theaters kommen.

B. Was werden sie denn aufführen?

A. Zuckmayers „Der Hauptmann von Köpenick", ein köstliches[8] Lustspiel.

B. Wenn dieses Stück aufgeführt wird, dann will ich mir auch schnell eine Karte kaufen.

Conversational Patterns

I. PREDICATE ADJECTIVES

Predicate adjectives never take endings:

Der Tisch ist **klein**.
Das Wetter ist **warm**.

1. Repetition

Ein Fußballspieler ist gewöhnlich beliebt.	Die Kinder sind noch jung.
	Tante Luise ist oft krank.
Herr Brockhaus ist ziemlich intelligent.	Diese Männer sind meistens freundlich.

II. ADJECTIVE ENDINGS AFTER *DER*-WORDS

Whenever an adjective follows a **der**-word (**der, das, die, dieser, jener,**[1] **jeder, welcher, mancher,** and **solcher**), it takes the following endings:

---

[1] sounds   [2] boring   [3] the one   [4] fabulous   [5] play   [6] spent   [7] famous
[8] delightful

---

[1] Seldom used in conversational German.

	MASCULINE	NEUTER	FEMININE	PLURAL
NOM.	e	e	e	en
ACC.	en	e	e	en
DAT.	en	en	en	en
GEN.	en	en	en	en

Note that all endings outside the heavy lines are **-en**. Memorize these sentences:

Der ⎫
Das ⎬ kluge ⎰ Mann ⎱
Die ⎭   ⎱ Kind ⎰ lernt Deutsch.
            ⎩ Frau ⎭

Kennen Sie ⎰ das kluge Kind?
           ⎱ die kluge Frau?

2. Repetition

Kennen Sie die schöne Sängerin?
Da ist der berühmte Schauspieler.
Das neue Theater ist nicht weit von hier.
Sehen Sie den alten Platzanweiser?
Welchen alten Platzanweiser meinen Sie?
Ich meine den mit dem langen, grauen Haar.
Bitte, helfen Sie der alten Frau!

Diese **reizende** (*charming*) junge Dame gefällt mir.
Heinz schreibt mit der linken Hand.
Mit solchen freundlichen Kindern spreche ich gern.
Günther kennt die Familie dieser schönen Schauspielerin.
Wie gefällt Ihnen dieser amerikanische Film?
Hunger ist der beste Koch (*cook*).

3. Adjectives

Dieser _____ *Filmstar ist beliebt.* (*alt*) — *Dieser alte Filmstar ist beliebt.*
Jede _____ Frau weiß das. (*normal*) — Jede normale Frau weiß das.
Welches _____ Buch liegt hier? (*wertvoll, valuable*) — Welches wertvolle Buch liegt hier?
Das _____ Kino ist dort drüben. (*neu*) — Das neue Kino ist dort drüben.
Die _____ Studentin ist draußen. (*freundlich*) — Die freundliche Studentin ist draußen.
Wo ist die _____ Schreibmaschine? (*alt*) — Wo ist die alte Schreibmaschine?
Haben Sie den _____ Roman gelesen? (*ganz, whole*) — Haben Sie den ganzen Roman gelesen?
Haben Sie den _____ *Kugelschreiber?* (*grün*) — *Haben Sie den grünen Kugelschreiber?*
Hat er das _____ Heft? (*groß*) — Hat er das große Heft?
Hat Erich die _____ Jacke an? (*weiß*) — Hat Erich die weiße Jacke an?

Wer hat den _____ Bleistift? (gelb)

Wer hat den gelben Bleistift?

Wer hat diese _____ Erbsen bestellt? (jung)

Wer hat diese jungen Erbsen bestellt?

Wo haben Sie diese _____ Bleistifte gefunden? (neu)

Wo haben Sie diese neuen Bleistifte gefunden?

Schmeicheln (flatter) Sie jeder _____ Frau? (schön)

Schmeicheln Sie jeder schönen Frau?

Ich habe es unter der _____ Schreibmaschine gefunden. (alt)

Ich habe es unter der alten Schreibmaschine gefunden.

In welchem _____ Buch steht das geschrieben? (berühmt)

In welchem berühmten Buch steht das geschrieben?

In solchen _____ Häusern wohnen nur junge Familien. (klein)

In solchen kleinen Häusern wohnen nur junge Familien.

Er ist immer freundlich zu den _____ Kindern. (klein)

Er ist immer freundlich zu den kleinen Kindern.

Kennen Sie die Mutter dieses _____ Studenten? (deutsch)

Kennen Sie die Mutter dieses deutschen Studenten?

Kennen Sie den Vater dieses _____ Mädchens? (hübsch)

Kennen Sie den Vater dieses hübschen Mädchens?

Wer ist der Autor (*author*) dieses _____ Romans? (interessant)

Wer ist der Autor dieses interessanten Romans?

Sind die Väter dieser _____ Studentinnen Professoren? (amerikanisch)

Sind die Väter dieser amerikanischen Studentinnen Professoren?

Wer möchte nicht der Lehrer solcher _____ Studenten sein? (intelligent)

Wer möchte nicht der Lehrer solcher intelligenten Studenten sein?

Wo sind die _____ Krawatten? (bunt)

Wo sind die bunten Krawatten?

Wie heißt das _____ Theater? (neu)

Wie heißt das neue Theater?

Er sitzt in dem _____ Wagen da. (grün)

Er sitzt in dem grünen Wagen da.

Mit welchen _____ Studenten haben Sie gesprochen? (ausländisch, *foreign*)

Mit welchen ausländischen Studenten haben Sie gesprochen?

Wegen dieses _____ Freundes lerne ich Deutsch. (alt)

Wegen dieses alten Freundes lerne ich Deutsch.

Kennen Sie diese _____ Stadt? (schön)

Kennen Sie diese schöne Stadt?

Ich spreche gern mit jedem _____ Kind. (klein)

Ich spreche gern mit jedem kleinen Kind.

Jeder _____ Student will soviel wie möglich lernen. (gut)

Jeder gute Student will soviel wie möglich lernen.

Haben Sie das _____ Buch gefunden? (ander)

Haben Sie das andere Buch gefunden?

Kennen Sie den _____ Dichter (*poet*) Goethe? (deutsch)

Kennen Sie den deutschen Dichter Goethe?

Er schmeichelt den _____ Mädchen gern. (hübsch)

Er schmeichelt den hübschen Mädchen gern.

Haben Sie dieses _____ Trauerspiel verstanden? (deutsch)

Haben Sie dieses deutsche Trauerspiel verstanden?

Er versteht die _____ Aufgaben. (schwer)

Er versteht die schweren Aufgaben.

Welche _____ Studentin haben Sie gestern kennengelernt? (hübsch)

Welche hübsche Studentin haben Sie gestern kennengelernt?

Solche _____ Leute möchte ich auch kennenlernen. (freundlich)

Solche freundlichen Leute möchte ich auch kennenlernen.

Diesen _____ Nachbarn bin ich dankbar. (gut)

Diesen guten Nachbarn bin ich dankbar.

Seit wann kennen Sie diese _____ Studenten? (deutsch)

Seit wann kennen Sie diese deutschen Studenten?

Kennt der Direktor jeden _____ Filmstar? (berühmt)

Kennt der Direktor jeden berühmten Filmstar?

Dieses _____ Lustspiel habe ich schon gelesen. (interessant)

Dieses interessante Lustspiel habe ich schon gelesen.

Wann haben Sie die _____ Bluse da gekauft? (blau)

Wann haben Sie die blaue Bluse da gekauft?

III. ADJECTIVE ENDINGS AFTER *EIN*-WORDS

Whenever an adjective follows an **ein**-word (**ein, kein, mein, sein, unser, ihr,** and **Ihr**), its declensional endings are the same as those used after **der**-words with only three exceptions: the neuter nominative and accusative, and the masculine nominative:

	MASCULINE	NEUTER	FEMININE	PLURAL
NOM.	er	es	e	en
ACC.	en	es	e	en
DAT.	en	en	en	en
GEN.	en	en	en	en

Memorize:

Ein { kluger Junge / kluges Mädchen } lernt Deutsch. Kennen Sie ein kluges Mädchen?

4. Repetition

Ein schöner Abend, nicht wahr?
Ich bin in einer kleinen Stadt geboren.
Sind Sie ein **einziges** (*only*) Kind?
Ich war ein großer Junge für mein **Alter** (*age*).
Meine beiden Eltern leben noch.

Kennen Sie unsere freundlichen Nachbarn?
Sprechen Sie gern mit seinen deutschen Freunden?
Ich muß mir eine neue Jacke kaufen.
Maria ist ein nettes Mädchen.

Kennen Sie meine kleine Schwester?

Hans ist ein alter Freund von mir.

Mein **lieber** (*dear*) Freund, was ist los?

Was für eine hübsche Freundin Sie haben!

Er raucht eine schwarze Pfeife.

5. Adjectives

Ein _____ *Heft liegt hier.* (*schwarz*)   *Ein schwarzes Heft liegt hier.*

Wien ist eine _____ Stadt. (schön)   Wien ist eine schöne Stadt.

Der Volkswagen ist ein _____ Auto. (deutsch)   Der Volkswagen ist ein deutsches Auto.

Unsere _____ Freunde sind gestern angekommen. (gut)   Unsere guten Freunde sind gestern angekommen.

Wo ist mein _____ Bleistift? (neu)   Wo ist mein neuer Bleistift?

Wie gefallen Ihnen unsere _____ Städte? (schön)   Wie gefallen Ihnen unsere schönen Städte?

Ich habe einen _____ *Volkswagen.* (*rot*)   *Ich habe einen roten Volkswagen.*

Wollen Sie ein _____ Mädchen kennenlernen? (reizend)   Wollen Sie ein reizendes Mädchen kennenlernen?

Da sehen Sie unseren _____ Stadtpark. (schön)   Da sehen Sie unseren schönen Stadtpark.

Ich lese ein _____ Drama. (deutsch)   Ich lese ein deutsches Drama.

Bestellen Sie eine _____ Wurst? (gebraten, *fried*)   Bestellen Sie eine gebratene Wurst?

Der Lehrer hat eine _____ Geschichte erzählt. (interessant)   Der Lehrer hat eine interessante Geschichte erzählt.

Sie hat sich ein _____ Kleid gekauft. (neu)   Sie hat sich ein neues Kleid gekauft.

Ich plaudere gern mit einem _____ *Mädchen.* (*hübsch*)   *Ich plaudere gern mit einem hübschen Mädchen.*

Sie wohnt bei einer _____ Tante. (alt)   Sie wohnt bei einer alten Tante.

Das Kind fürchtet sich vor (*is afraid of*) unserem _____ Hund. (schwarz)   Das Kind fürchtet sich vor unserem schwarzen Hund.

Vor unserer _____ Katze fürchtet sich niemand. (klein)   Vor unserer kleinen Katze fürchtet sich niemand.

Die Buchhandlung gehört meinen _____ Freunden. (reich)   Die Buchhandlung gehört meinen reichen Freunden.

Die Frau unseres _____ *Freundes ist nach Europa gereist.* (*deutsch*)   *Die Frau unseres deutschen Freundes ist nach Europa gereist.*

Haben Sie den Mann unserer _____ Lehrerin kennengelernt? (neu)   Haben Sie den Mann unserer neuen Lehrerin kennengelernt?

Hier ist die Buchhandlung meines _____ Freundes. (reich)   Hier ist die Buchhandlung meines reichen Freundes.

Luise ist die Tochter meines _____ Freundes. (gut)   Luise ist die Tochter meines guten Freundes.

Lesen Sie ein _____ Buch? (deutsch)   *Lesen Sie ein deutsches Buch?*

Wie gefällt Ihnen unsere _____ Stadt? (groß)   Wie gefällt Ihnen unsere große Stadt?

Heute habe ich einen _____ Brief geschrieben. (lang)   Heute habe ich einen langen Brief geschrieben.

Haben Sie meinen _____ Photoapparat (*camera*) gesehen? (neu)   Haben Sie meinen neuen Photoapparat gesehen?

Viele Professoren einer _____ Universität kennen einander nicht. (groß)   Viele Professoren einer großen Universität kennen einander nicht.

Er plaudert gern mit seinen _____ Freunden. (alt)   Er plaudert gern mit seinen alten Freunden.

Wo sind meine _____ Bücher? (deutsch)   Wo sind meine deutschen Bücher?

Wohnt er in einem _____ Hotel? (gut)   *Wohnt er in einem guten Hotel?*

Er hat eine _____ Schreibmaschine gekauft. (neu)   Er hat eine neue Schreibmaschine gekauft.

Mit seiner _____ Schreibmaschine schreibt er ganz schnell. (neu)   Mit seiner neuen Schreibmaschine schreibt er ganz schnell.

Ich sehe meine _____ Freunde nur selten. (alt)   Ich sehe meine alten Freunde nur selten.

Ein _____ Student weiß, wovon ich spreche. (klug)   Ein kluger Student weiß, wovon ich spreche.

Einen _____ Augenblick, bitte! (klein)   Einen kleinen Augenblick, bitte!

Es gibt ein _____ Café in der Nähe. (nett)   Es gibt ein nettes Café in der Nähe.

Fritz ist der Sohn eines _____ Arztes. (berühmt)   Fritz ist der Sohn eines berühmten Arztes.

IV. ADJECTIVES USED AS ADVERBS

Most adjectives may also be used as adverbs:

Dieser Student ist **fleißig** (*diligent, adjective*).
Er arbeitet **fleißig** (*diligently, adverb*).

6. Repetition

Es regnet stark.
Er singt gut.
Sprechen Sie nicht so laut!
Maria schreibt schön.
Der Lehrer spricht **deutlich** (*distinctly.*)

Er ist früh angekommen.
Manchmal spricht der Professor zu schnell.
Frauen sprechen oft sehr **leise** (*softly*).
Gestern hat er ganz unfreundlich mit mir gesprochen.

V. THE PRESENT PARTICIPLE AS AN ADJECTIVE AND AS AN ADVERB

The present participle is formed by adding -d to the infinitive: **folgend,** **kommend,** etc. When used as an adjective, the present participle adds the regular adjective endings:

am **folgenden** Morgen	on the *following* morning
das **brennende** Haus	the *burning* house
ein **weinendes** Kind	a *crying* child

The present participle is often used adverbially:

Weinend ist sie aus dem Haus gelaufen.

7. Repetition

Was werden Sie während des kommenden Sommers tun?

Am folgenden Montag ging (*went*) er schwimmen.

Das Hotelzimmer hat fließendes Wasser.

Singende Kinder sind glückliche Kinder.

Auf dem Bett liegt ein schlafendes Kind.

Ich plaudere gern mit meinen Deutsch sprechenden Freunden.

Ein Mann läuft aus dem brennenden Haus.

Helfen Sie dem weinenden Kind!

Er spricht fließend (*fluently*) Deutsch.

8. Verb > Participial Adjective

Besucht er uns am _____ Freitag?
   (*kommen*)

Hören Sie den _____ Hund? (bellen, *bark*)

Haben Sie das _____ Haus gesehen? (brennen)

Das Spielzeug (*toy*) gehört dem _____ Jungen. (weinen)

Haben Sie einen _____ Freund? (Deutsch sprechen)

Besucht er uns am kommenden Freitag?

Hören Sie den bellenden Hund?

Haben Sie das brennende Haus gesehen?

Das Spielzeug gehört dem weinenden Jungen.

Haben Sie einen Deutsch sprechenden Freund?

VI. THE PAST PARTICIPLE AS AN ADJECTIVE AND AS AN ADVERB

A past participle is sometimes used as an adjective, in which case it takes the regular adjective endings:

der **geschriebene** Brief	the *written* letter
ein **gebrochenes** Bein	a *broken* leg
auf dem **gesunkenen** Schiff	on the *sunken* ship

The past participle may also be used as an adverb:

Er hat den Lehrer **wiederholt** (*repeatedly*) gefragt.

9. Repetition

Kann man durch eine **geschlossene** (*closed*) Tür gehen?

Ich esse gern dieses **frisch gebackene Brot** (*freshly baked bread*).

Wollen Sie ein **gekochtes** (*boiled*) Ei?

Er hilft einem **zurückgebliebenen** (*retarded, held back in school*) Kind.

Das **gesprochene** Wort ist **wichtig** (*important*).

10. Past Participles as Adjectives

Das ist ein _____ *Lied* (*song*). (*oft gesungen*)

Er hat eine _____ Zeitung gekauft. (illustriert, *illustrated*)

Das ist ein _____ Roman. (viel gelesen)

Das ist ein _____ Mann. (erfahren, *experienced*)

Ich lese ein _____ Drama. (oft aufgeführt)

Bitte ist ein _____ Wort. (oft gebraucht, *often used*)

Das ist ein oft gesungenes Lied.

Er hat eine illustrierte Zeitung gekauft.

Das ist ein viel gelesener Roman.

Das ist ein erfahrener Mann.

Ich lese ein oft aufgeführtes Drama.

Bitte ist ein oft gebrauchtes Wort.

Review

English-German Patterns

The old gentleman is my grandfather.
A large book is lying on the table.
The pretty girl is my cousin.
These new books belong to me.
He is a good teacher.
Karl is an old friend of mine.
An old lady is waiting at the corner.
I have a new suit.

Der alte Herr ist mein Großvater.
Ein großes Buch liegt auf dem Tisch.
Das hübsche Mädchen ist meine Kusine.
Diese neuen Bücher gehören mir.
Er ist ein guter Lehrer.
Karl ist ein alter Freund von mir.
Eine alte Dame wartet an der Ecke.
Ich habe einen neuen Anzug.

He is reading an interesting book.
We have their old books.
Do you know this little girl?
Rolf knows these pretty girls.
He smokes a long black pipe.
Have you seen my new car? (*Wagen*)
I seldom speak with the old gentleman.
It is too cold for these small children.
He likes to chat with his old friends.

Er liest ein interessantes Buch.
Wir haben ihre alten Bücher.
Kennen Sie dieses kleine Mädchen?
Rolf kennt diese hübschen Mädchen.
Er raucht eine lange, schwarze Pfeife.
Haben Sie meinen neuen Wagen gesehen?
Ich spreche selten mit dem alten Herrn.
Es ist diesen kleinen Kindern zu kalt.
Er plaudert gern mit seinen alten Freunden.

The little girl is speaking with her new friends.
Do you know the mother of these little girls?

Das kleine Mädchen spricht mit ihren neuen Freunden.
Kennen Sie die Mutter dieser kleinen Mädchen?

Do you have a German-speaking friend?	Haben Sie einen Deutsch sprechenden Freund?
Here is a boiled egg.	Hier ist ein gekochtes Ei.
The spoken word is important.	Das gesprochene Wort ist wichtig.
The written word is also important.	Das geschriebene Wort ist auch wichtig.
He is an experienced man.	Er ist ein erfahrener Mann.
Did you see the burning house?	Haben Sie das brennende Haus gesehen?

Personalized Questions

1. Freuen Sie sich auf das nächste Semester? 2. Wenn Sie ins Theater gehen, geben Sie dem Platzanweiser oder der Platzanweiserin ein Trinkgeld? 3. Ist jeder gute Platz in diesem kleinen Klassenzimmer besetzt? 4. Sitzen Sie gern auf der Galerie? 5. Haben Sie einen kleinen Wagen, Herr ——? 6. Wie oft tragen Sie einen schwarzen Anzug? 7. Herr ——, necken Sie die jungen Mädchen gern? 8. Möchten Sie eine schöne Schauspielerin kennenlernen? 9. Rauchen Sie Zigarren, Zigaretten oder eine Pfeife? 10. Möchten Sie das Rauchen aufgeben? 11. Haben Sie je eine lange Reise gemacht?

Directed Questions

1. Fragen Sie Fräulein ——, ob sie eine schwarze Pfeife raucht!
2. Fragen Sie Herrn ——, wo man sich Theaterkarten kaufen kann!
3. Fragen Sie Fräulein ——, ob sie einen interessanten Film sehen möchte!
4. Fragen Sie Herrn ——, ob er ein berühmter Schauspieler ist!
5. Fragen Sie Fräulein ——, ob sie das Leben langweilig findet!
6. Fragen Sie Fräulein ——, ob sie je ein Drama von Schiller gesehen hat!
7. Fragen Sie Herrn ——, wie oft er eine rote Sportjacke trägt!
8. Fragen Sie Herrn ——, ob er immer Geld in der Tasche hat!

VERB SUMMARY

INFINITIVE		PRESENT		PRES. PERFECT
aufführen (perform)		führt . . . auf		hat aufgeführt
ausgehen (go out)		geht . . . aus		ist ausgegangen
bellen (bark)		bellt		hat gebellt
betrachten (observe, consider)		betrachtet		hat betrachtet
brechen (break)		bricht		hat gebrochen
brennen (burn)		brennt		hat gebrannt
erfahren (find out, experience)	er	erfährt	er	hat erfahren
fließen (flow)		fließt		ist geflossen
führen (lead)		führt		hat geführt
gebrauchen (use)		gebraucht		hat gebraucht
illustrieren (illustrate)		illustriert		hat illustriert
klingen (sound)		klingt		hat geklungen
necken (tease)		neckt		hat geneckt

rauchen (smoke)		raucht		hat geraucht
reservieren (reserve)		reserviert		hat reserviert
schließen (close)		schließt		hat geschlossen
schmeicheln (flatter, dat.)		schmeichelt		hat geschmeichelt
sinken (sink)	er	sinkt	er	ist gesunken
übersehen (look over)		übersieht		hat übersehen
umdrehen (turn around, often refl.)		dreht . . . um		hat umgedreht
weinen (weep)		weint		hat geweint

Theater

In den deutschsprachigen Ländern hat fast jede größere Stadt ihr eigenes Theater, meist das „Stadttheater" genannt, in dem man Dramen, Opern und Operetten aufführt. Die Großstädte haben außerdem[1] eine Oper[2] und mehrere private Theater, in denen man sich auch die Dramen junger, unbekannter Autoren ansehen kann. Seit dem Krieg haben viele Städte neue Theater und Opern gebaut (**A,** das neue Theater in Dortmund).

Wir ehren Friedrich Schiller als den größten deutschen Dramatiker, dessen Dramen in der ganzen Welt bekannt sind. Als Professor für Geschichte[3] an der Universität Jena fand er den Stoff[4] für viele seiner historischen Dramen, wie „Don Carlos", „Wallenstein", „Maria Stuart", „Die Jungfrau von Orleans" und „Wilhelm Tell".

[1] besides [2] opera house [3] history [4] subject matter

A

B

Obwohl Schillers „Wilhelm Tell" mehr Legende als Geschichte ist, haben die Schweizer dieses dramatische Werk zum Nationaldrama gemacht und führen es jeden Sommer während der Wilhelm-Tell-Festspiele in Interlaken auf. Jeder Student kennt die dramatische Szene, in der der tyrannische Landvogt[5] Geßler den Meisterschützen[6] Tell zwingt,[7] einen Apfel vom Kopfe seines Sohnes Walter zu schießen, um sein Leben und das Leben seines Sohnes zu retten. Obwohl der edle[8] Tell das tut, ist Geßler damit noch nicht zufrieden. Er weiß, daß Tell ihn haßt[9] und daß er ein gefährlicher Feind[10] der Regierung[11] ist. Aus diesem Grunde[12] sollen Geßlers Soldaten[13] Tell ins Gefängnis[14] werfen. Traurig umarmt[15] der brave[16] Tell seinen Sohn Walter, bevor man ihn wegführt[17] (B). Auf dem Weg über den Vierwaldstätter See[18] kommt ein Sturm auf, und Tell rettet sich ans Land. Dort in der Nähe wartet er auf Geßler, aber diesmal ist es kein Apfel, sondern Geßlers Herz, das er mit dem Pfeil[19] treffen will. Mit dem Tod[20] des Landvogts beginnt der Kampf[21] der Schweizer um ihre Freiheit.

5 governor   6 expert marksman   7 forces   8 noble   9 hates   10 dangerous enemy
11 of the government   12 for this reason   13 soldiers   14 prison   15 embraces
16 good, upright   17 leads away   18 Lake Lucerne   19 arrow   20 death
21 fight, struggle

C   D

Auf dem Schillerplatz[22] in Stuttgart (C) steht Thorwaldsens berühmtes Schillerdenkmal,[23] das man im Jahre 1839 enthüllte.[24] Der achteckige[25] Kirchturm[26] ist ein Wahrzeichen[27] der Stadt.

Das alte Stück[28] von Dr. Faustus, der seine Seele[29] dem Teufel[30] verkauft, ist ein beliebtes Thema in der deutschen Literatur. Johann Wolfgang von Goethe (D), der größte Dichter[31] Deutschlands, behandelt[32] dieses Thema meisterhaft[33] in dramatischer Form. In Goethes Fassung[34] darf der Teufel Fausts Seele nur dann verlangen,[35] wenn er ihm alle seine Wünsche erfüllt,[36] und wenn Faust zu einem bestimmten[37] Augenblick sagen kann: „Verweile doch,[38] du bist so schön!" Obwohl Faust gegen Ende des Stückes diesen Wunsch ausspricht,[39] wird er doch gerettet. In den Worten der Engel,[40] die Fausts unsterbliche[41] Seele himmelwärts[42] tragen, finden wir die Begründung[43] für Fausts Erlösung:[44] „. . . wer immer strebend sich bemüht, den können wir erlösen."[45] Dieser Vers charakterisiert den Geist[46] des 18. und 19. Jahrhunderts, den Geist des Idealismus. Das Bild (E) zeigt den weltbekannten Schauspieler und Generalintendanten[47] Gustav Gründgens als Mephisto und Will Quadflieg als Faust.

[22] Schiller Square   [23] Schiller monument   [24] unveiled   [25] octagonal
[26] church tower   [27] landmark   [28] play, story   [29] soul   [30] devil   [31] poet
[32] treats   [33] masterfully   [34] version   [35] demand   [36] fulfills all of his wishes
[37] definite, given   [38] tarry a while   [39] expresses   [40] angels   [41] immortal
[42] heavenward   [43] justification   [44] redemption   [45] whoever is always earnestly
striving, him we can save   [46] spirit   [47] theatrical manager

E

Deutschlands größte Dichter und Kritiker haben schon im 18. Jahrhundert das dramatische Genie Shakespeares und seinen unumstrittenen[48] Platz in der Weltliteratur und auf der Bühne erkannt. Goethe nannte ihn „William, Stern der höchsten Höhe".[49] Es ist deshalb[50] kein Wunder, daß Shakespeares Werke ebenso oft in deutschen Theatern aufgeführt werden, wie die besten Werke der deutschen Dramatiker.

Unter den modernen deutschsprachigen Dramatikern sind einige sehr populär geworden, wie z.B. Carl Zuckmayer, ebenso[51] zwei Schweizer, Max Frisch und Friedrich Dürrenmatt. In ihren Werken verlangen sie[52] geistige[53] Freiheit und politische Unabhängigkeit.[54] Während des Zweiten Weltkriegs machten die Schweizer ihr Theater zum Forum des humanistischen Dramas. Hier sehen wir eine Szene aus Dürrenmatts satirischer Komödie „Ein Engel kommt nach Babylon" (F).

[48] undisputed   [49] star of the highest heights   [50] therefore   [51] likewise
[52] they demand   [53] intellectual   [54] independence

F

Aufgabe Fünfzehn

Im Studentenkeller

Den Abend im Studentenkeller zu verbringen, ist für junge Leute immer ein lustiges Erlebnis. Anna und Rudi amüsieren sich sehr.

¹ RUDI: Lieben Sie Musik?

² ANNA: Es kommt darauf an, was Sie unter Musik verstehen. Klassische Musik höre ich immer gern.

³ RUDI: Spielen Sie nicht auch Klavier?

⁴ ANNA: Ja, aber nicht gut. Ich gehe lieber ins Konzert und höre zu. Und Sie?

⁵ RUDI: Ich auch, ab und zu. Ich bin immer erstaunt, so viele junge Leute im Konzertsaal zu finden.

⁶ ANNA: Aber natürlich! Viele junge Leute mögen klassische Musik.

⁷ RUDI: Aber wenn man hier im Studentenkeller sitzt, vergißt man, daß es noch irgend etwas außer Rock und Jazz gibt.

⁸ ANNA: Man braucht solche Musik eben zur Unterhaltung.

⁹ RUDI: Vielleicht haben Sie recht. Möchten Sie noch einmal tanzen?

¹⁰ ANNA: Ich möchte schon, aber ich muß heute abend meine Schularbeiten machen.

¹¹ RUDI: Dann müssen wir leider schon gehen. Ich will nur eben zahlen.

¹² ANNA: Hier, nehmen Sie auch mein Geld!

¹³ RUDI: Auf keinen Fall! Ich bezahle!

¹⁴ ANNA: Nein, das geht nicht! Wir wollen uns die Rechnung teilen, wie es unter Studenten üblich ist.

¹⁵ RUDI: Aber nicht, wenn Sie mit mir ausgehen!

Fragen

1. Wo verbringen Rudi und Anna den Abend? 2. Was für Musik gefällt Anna? 3. Spielt sie Klavier? 4. Warum ist Rudi erstaunt? 5. Was vergißt man im Studentenkeller? 6. Warum darf Anna nicht mehr tanzen? 7. Teilen sie die Rechnung?

Lesson 15

In the Student "Hangout"

Spending an evening in a student "Hangout" is always a fun experience for young people. Anna and Rudi have a very good time.

¹ RUDI: Are you fond of music?

² ANNA: It depends on what you mean by music. I always like to hear classical music.

³ RUDI: Don't you play the piano too?

⁴ ANNA: Yes, but not well. I prefer to go to a concert and listen. And you?

⁵ RUDI: I do too, now and then. I am always astonished to find so many young people in the concert hall.

⁶ ANNA: Why of course! Many young people like classical music.

⁷ RUDI: But when one sits here in the "Studentenkeller," one forgets that there is anything besides rock and jazz.

⁸ ANNA: One needs such music just for entertainment.

⁹ RUDI: Perhaps you are right. Would you like to dance again?

¹⁰ ANNA: I would surely like to, but I have to do my homework tonight.

¹¹ RUDI: Unfortunately, we'll have to go then. I'll just pay (the bill).

¹² ANNA: Here, take my money too.

¹³ RUDI: Not at all! I'm paying!

¹⁴ ANNA: No, you don't! Let's divide the bill, the way students usually do (as is customary among students).

¹⁵ RUDI: But not when you go out with me!

Vocabulary Building

Die Musik

Sie haben eine schöne Stimme.
Singen Sie gern?
Kennen Sie viele berühmte Sänger?

Ich singe { Tenor. / Bariton. / Baß. } Meine Schwester singt { Sopran. / Mezzosopran. / Alt. }

Spielen Sie ein Instrument? Ja, ich spiele { Klavier. / Klarinette. / Trompete. / Geige (Violine). / Mundharmonika. / Ziehharmonika (Akkordeon). }

Stellen Sie { den Radioapparat[1] an! / den Fernsehapparat[2] ab! }

Haben Sie { einen Plattenspieler?[3] / Tanzplatten?[4] / Langspielplatten? }

Was für Musik hören Sie am liebsten? { Jazz? / Schlager?[5] / klassiche Musik? / Volkslieder?[6] / Opern? / Operetten? / Sinfonien? }

Der Dirigent leitet[7] { das Orchester. / den Chor. }

Der Kapellmeister[8] leitet die { Kapelle.[9] / Tanzkapelle.[10] }

Compound Nouns

German has many compound nouns which may be readily understood, such as the examples given below. Note that the last noun in a compound determines its gender.

das Abendbrot	das Arbeitszimmer	das Ausland
die Alltagssprache	der Augapfel	der Ausländer
der Arbeitgeber	der Augenarzt	das Badezimmer
der Arbeitnehmer	die Augenbrauen (*pl.*)	die Banknote

[1] radio [2] television [3] record player [4] dance records [5] hit tunes [6] folk songs
[7] directs [8] band director [9] band [10] dance band

der Blumengarten	der Fußballspieler	der Liebesfilm
das Butterbrot	das Gartenhaus	das Liebeslied
der Dummkopf	die Haustür	die Mittagspause
der Familienname	das Hochhaus	der Rosenbusch
der Farbfilm	das Kartenspiel	die Studentensprache
der Filmschauspieler	der Kühlschrank	der Wahrheitsucher

Vocabulary Building Questions

1. Singen Sie gern? 2. Was für eine Stimme haben Sie? 3. Was für ein Instrument spielen Sie? 4. Haben Sie einen Fernsehapparat? 5. Hören Sie gern Opern? 6. Singen Sie gern Volkslieder? 7. Was leitet ein Kapellmeister? 8. Findet man einen Rosenbusch im Kühlschrank oder im Gartenhaus?

Dialogue Variations

A. Diese Tanzkapelle spielt viel zu laut.
B. Mögen Sie Musik nicht?
A. Ich mag Musik gern! Allerdings[1] kommt es darauf an, welche Art[2] von Musik man spielt.
B. Kommen Sie, wir suchen einen Platz, der nicht so nahe bei[3] der Kapelle ist.
A. Ah, dort hinten ist ein freier Tisch. Dort wird es angenehmer sein. Gehen wir!

A. Spielen Sie Klavier?
B. Ja, sehr gern. Ich spiele am liebsten klassische Musik.
A. Dann gehen Sie auch oft ins Konzert, nicht wahr?
B. Sehr oft sogar. Vorgestern[4] war ich in einem Konzert der Philharmoniker.
A. Herrlich! Was haben sie gespielt?
B. Mozart, Beethoven, Schubert und Schumann. Es war ein Jugendkonzert.
A. Ist jedes Konzert ausverkauft?
B. Ja, die meisten. Man muß oft stundenlang Schlange stehen,[5] um noch einen Stehplatz[6] zu bekommen.
A. Wenn ich nur verstehen könnte, was die moderne Jugend[7] am Jazz findet! Mit Musik hat das doch wirklich nichts zu tun.
B. Doch![8] Sehen Sie, Jazz ist einfach die Musik unserer Zeit.
A. Unserer Zeit? Jazz erinnert mich an die Musik der Afrikaner.[9]
B. Sie haben recht, es ist die Musik der Afrikaner, die wir übernommen und verändert haben.[10]
A. Aber was ist nun schön am Jazz? Bitte, sagen Sie mir das!
B. Die Antwort auf diese Frage kann ich nicht geben. Jeder hat einen anderen Geschmack.[11] Mich macht die klassische Musik manchmal recht ernst,[12] ja sogar traurig,[13] aber . . .

---

[1] to be sure [2] type [3] near to [4] day before yesterday [5] stand in line for hours
[6] standing room [7] youth [8] Oh yes it does! [9] Africans
[10] have taken over and changed [11] taste [12] serious [13] sad

A. Aber beim Jazz werden Sie froh.
B. Eben![14] Er macht mich fröhlich.[15]

Conversational Patterns

I. MORE ADJECTIVE ENDINGS

Selecting the correct adjective endings for attributive adjectives that are preceded by neither a der-word nor an **ein**-word is a rather simple procedure. Ask yourself: "If I were to replace the adjective with a definite article, what would the definite article be?" Then attach the ending of the definite article to the adjective. Study the following examples:

Ein Baby trinkt warm___ Milch.

If one were to use a definite article, it would be **die Milch;** therefore, the adjective ending would be **-e, warme Milch.**

Der Franzose trinkt gern rot___ Wein.

The definite article would be **den Wein;** thus the adjective ending would be **-en, roten Wein.**

Der Deutsche trinkt oft kalt___ Bier.

The definite article would be **das Bier;** thus the adjective ending would be **-es, kaltes Bier.** Note that the adjective ending for **das,** is **-es** rather than **-as.**

Er bringt ihr schön___ Blumen (*pl.*).

The definite article would be **die Blumen;** thus the adjective ending would be **-e, schöne Blumen.**

The only exception to this rule is found in the masculine and neuter genitive singular, where the adjective ending is **-en** rather than the **-es** that one would expect with the article **des:**

Er bestellt eine Tasse heißen Kaffees.

In spoken German, however, the accusative appositional form is used much more frequently than the genitive form:

Er bestellt
{ eine Tasse heißen Kaffee.
ein Glas kaltes Wasser.
eine Flasche kalte Milch.

[14] Precisely!   [15] cheerful

1. Repetition

Schönes Wetter heute, nicht wahr?

Amerikaner trinken gern kaltes Wasser.

Fahren Sie zweiter Klasse?

Die Kinder reicher Leute sind manchmal **faul** (*lazy*).

Dieses Hotelzimmer hat fließendes Wasser.

Im Fernsehen sieht man oft alte Filme.

Kalte Hände, warmes Herz!

Ich mag kleine Kinder.

Armes Kind, was ist los?

Guten Morgen, meine Herren!

Glückliche Reise!

Schlafen Sie bei offenem Fenster?

Bitte, bringen Sie mir ein Glas frisches Wasser!

Bellende (*barking*) Hunde beißen nicht.

2. Adjectives

Viele _____ *Lehrer lehren hier.* (*ausgezeichnet*)

Viele ausgezeichnete Lehrer lehren hier.

_____ Kind, was ist los? (lieb)

Liebes Kind, was ist los?

Als _____ Kind war ich oft krank. (klein)

Als kleines Kind war ich oft krank.

_____ Studenten üben immer. (fleißig)

Fleißige Studenten üben immer.

Hören Sie gern _____ *Opern?* (*deutsch*)

Hören Sie gern deutsche Opern?

Trinken Sie _____ Kaffee? (stark, *strong*)

Trinken Sie starken Kaffee?

Ich lese gern _____ Bücher. (gut)

Ich lese gern gute Bücher.

Er liest gern _____ Geschichten. (kurz, *short*)

Er liest gern kurze Geschichten.

Ich habe einige _____ Freunde getroffen. (alt)

Ich habe einige alte Freunde getroffen.

Haben Sie _____ Hunger? (groß)

Haben Sie großen Hunger?

Essen Sie gern _____ Brot? (frisch)

Essen Sie gern frisches Brot?

Ich habe mehrere (*several*) _____ Bücher gekauft. (gut)

Ich habe mehrere gute Bücher gekauft.

Was soll man _____ *Studenten sagen?* (*faul*)

Was soll man faulen Studenten sagen?

Ich werde es Ihnen in _____ Worten sagen. (kurz)

Ich werde es Ihnen in kurzen Worten sagen.

Er ist mit einigen _____ Freunden spazieren gegangen. (lieb)

Er ist mit einigen lieben Freunden spazieren gegangen.

Kennen Sie ein Mädchen mit langem _____ Haar? (schwarz)

Kennen Sie ein Mädchen mit langem, schwarzem Haar?

Morgen muß ich mehreren _____ Freunden schreiben. (alt)

Morgen muß ich mehreren alten Freunden schreiben.

Jedes Jahr kaufe ich mir zwei Paar _____ *Schuhe.* (*gut*)

Jedes Jahr kaufe ich mir zwei Paar gute Schuhe.

Die Kinder vieler _____ Leute sind nicht faul. (reich)

Die Kinder vieler reicher Leute sind nicht faul.

Mit Hilfe mehrerer _____ Freunde versteht er jetzt alles. (gut)

Mit Hilfe mehrerer guter Freunde versteht er jetzt alles.

Bringen Sie mir ein Glas _____ Limonade! (kalt)

Bringen Sie mir ein Glas kalte Limonade!

In Amerika kann man sogar ein Glas _____ Buttermilch bestellen. (kalt)

In Amerika kann man sogar ein Glas kalte Buttermilch bestellen.

Das Theater war voll (*full of*) _____ Leute. (jung)

Das Theater war voll junger Leute.

Er hat viele _____ Freunde. (treu, faithful)

Er hat viele treue Freunde.

_____ Kindern hilft man gern. (klein)

Kleinen Kindern hilft man gern.

_____ Fräulein, kommen Sie her! (lieb)

Liebes Fräulein, kommen Sie her!

_____ Romane liest jeder gern. (gut)

Gute Romane liest jeder gern.

Herr Müller hat drei _____ Kinder. (klug)

Herr Müller hat drei kluge Kinder.

Mehrere _____ Studenten haben ihm geholfen. (fleißig)

Mehrere fleißige Studenten haben ihm geholfen.

Ich habe viele _____ Romane gelesen. (interessant)

Ich habe viele interessante Romane gelesen.

Fürchten Sie sich vor _____ Tieren (*dat.*)? (wild)

Fürchten Sie sich vor wilden Tieren?

II. ADJECTIVES USED AS NOUNS

Adjectives are frequently used as nouns. When so used, they are capitalized, but they keep their regular adjective endings:

Der Deutsche liebt die Musik.
Mein Lieber (*my dear fellow*), was ist los?
Der Reiche (*the rich man*) stirbt nicht gern.
Ich kenne **Reiche** und **Arme** (*rich and poor people*).

Neuter adjectives are capitalized when used as nouns following the indefinite pronouns **etwas, nichts, viel,** and **wenig** and generally take the ending **-es.**

Es ist **etwas ganz Gutes** (*something very good*)!
Das ist **nichts Neues** (*nothing new*).
Sie erzählt **viel Interessantes** (*much that is interesting*).

Alles usually requires that the following adjective be capitalized. The adjective has the ending **-e.** After **alle** (*pl.*), adjectives take the ending **-en.**

Ich wünsche Ihnen **alles Gute** (*everything good*).
Nicht **alle schönen** Mädchen sind dumm.

3. Repetition

Mein Guter, was machen Sie hier?

Wo ist die Kleine?

Ich werde mein Bestes tun.

Er hat den Armen immer geholfen.

Der Junge kann sterben, der Alte muß sterben.

Ich habe etwas sehr Schönes gesehen.

Wir haben nichts Besonderes vor.

Nicht alle Reichen sind glücklich.

Er wünscht ihr alles Gute!

Alles Schöne interessiert sie.

Es hat immer Reiche und Arme gegeben.

Ich kenne einen Deutschen.

Ich habe etwas Interessantes gelesen.

Ich suche das Schöne im Leben.

Ich habe nichts Neues gehört.

Nicht alle Alten haben graue Haare.

4. Adjective > Noun

Die fleißigen Studenten sind immer vorbereitet (prepared).

Mein lieber Freund, wie geht's?

Die kleinen Kinder spielen im Park.

Der alte Mann ist gestorben.

Was hat er den armen Leuten gegeben?

Was haben Sie in der rechten Hand?

Das Buch gehört dem kleinen Jungen.

Die Fleißigen sind immer vorbereitet.

Mein Lieber, wie geht's?

Die Kleinen spielen im Park.

Der Alte ist gestorben.

Was hat er den Armen gegeben?

Was haben Sie in der Rechten?

Das Buch gehört dem Kleinen.

Ich habe etwas gelesen. (interessant)

Etwas ist geschehen (*has happened*). (wunderbar)

Heute ist nichts geschehen. (interessant)

Er hat nichts zu sagen. (besonder)

Goethe hat viel geschrieben. (schön)

In diesen Büchern steht viel. (wahr)

Mein Vater hat wenig über den Krieg gesagt. (gut)

Er wünscht mir alles. (gut)

Alles interessiert mich. (schön)

Sie bringt mir etwas zum Mittagessen. (gut)

Ich habe etwas Interessantes gelesen.

Etwas Wunderbares ist geschehen.

Heute ist nichts Interessantes geschehen.

Er hat nichts Besonderes zu sagen.

Goethe hat viel Schönes geschrieben.

In diesen Büchern steht viel Wahres.

Mein Vater hat wenig Gutes über den Krieg gesagt.

Er wünscht mir alles Gute.

Alles Schöne interessiert mich.

Sie bringt mir etwas Gutes zum Mittagessen.

III. *DERSELBE, DIESELBE, DASSELBE*

The adjective **selb** (*same*) takes the same ending as any other adjective that follows a **der-**word, but is different inasmuch as it is usually attached to the definite article:

dieselbe Oper	*the same* opera
in derselben Operette	in *the same* operetta
dieselben Volkslieder	*the same* folk songs

5. Repetition

Das ist derselbe Schlager, den die Tanzkapelle gestern gespielt hat.

Ist das dasselbe Volkslied, das wir gestern
gehört haben?

Wir haben in demselben Dorf gewohnt.

Richard und ich spielen in derselben
Kapelle.

Wir lieben dieselbe Musik.

Wir hören denselben Langspielplatten zu.

6. *Derselbe*

Wir wohnen in dem Haus.

Wir lesen das Buch.

Wir arbeiten in dem Büro.

Die Musik gefällt uns.

Er fährt den Volkswagen.

Wir gehen zum Schwimmbad.

Max und Josef spielen in der Tanzkapelle.

Sie ziehen die modernen Schlager vor.

Wir singen in dem Chor.

Sie besuchen die Universität.

Wir wohnen in demselben Haus.

Wir lesen dasselbe Buch.

Wir arbeiten in demselben Büro.

Dieselbe Musik gefällt uns.

Er fährt denselben Volkswagen.

Wir gehen zu demselben Schwimmbad.

Max und Josef spielen in derselben
Tanzkapelle.

Sie ziehen dieselben modernen Schlager
vor.

Wir singen in demselben Chor.

Sie besuchen dieselbe Universität.

IV. ORDINAL NUMBERS

Except for the irregularities indicated in boldface type, ordinal numerals
are formed by adding **-t** to all cardinal numerals from 1 to 19 and **-st** to all
others:

erst-	zwanzigst-
zweit-	einundzwanzigst-
dritt-	siebzigst-
viert-	neunundneunzigst-
acht-	hundertst-
neunzehnt-	tausendst-

All ordinal numerals are declined like other adjectives:

Das ist das **fünfte** Buch, das ich gelesen habe. (. . . *the fifth book*)
Heute ist der **achte** Mai. (. . . *the eighth of May*)
Er kommt am **zweiundzwanzigsten** Juni. (. . . *on the twenty-second of June*)

Ordinal adverbs add **-ens** to the stem of the ordinal adjective:

erstens (*firstly, in the first place*)
zweitens (*secondly*)
drittens (*thirdly*)

7. Repetition

Das Semester hat am achtundzwanzigsten September begonnen.

Ludwig der Vierzehnte war König von Frankreich.

Den wievielten haben wir heute? (*What is the date today?*)

Heute ist der neunte März.

Heute haben wir den neunten März.

Wann sind Sie geboren? Ich bin am zwölften Mai geboren.

Gestern habe ich Hugos Freundin zum ersten Mal gesehen.

Den Fernsehapparat will ich nicht kaufen: Erstens habe ich nicht genug Geld, zweitens gefällt mir das Fernsehen nicht, drittens habe ich keine Zeit zum Fernsehen.

8. Ordinal Numerals

Write out the numerals.

Heute haben wir den 27. April.

Jeden Sommer feiern (*celebrate*) wir den 4. Juli.

Mein Freund ist am 8. Februar geboren.

Am 25. Dezember feiern wir Weihnachten (*Christmas*).

Ich bin am 6. Juni geboren.

Am 3. November ist mein Freund in Deutschland angekommen.

Dieser Brief trägt das Datum: „den 14. Oktober".

Ludwig XIV

Wilhelm II

Napoleon III

Heute haben wir den siebenundzwanzigsten April.

Jeden Sommer feiern wir den vierten Juli.

Mein Freund ist am achten Februar geboren.

Am fünfundzwanzigsten Dezember feiern wir Weihnachten.

Ich bin am sechsten Juni geboren.

Am dritten November ist mein Freund in Deutschland angekommen.

Dieser Brief trägt das Datum: „den vierzehnten Oktober".

Ludwig der Vierzehnte

Wilhelm der Zweite

Napoleon der Dritte

Review

English-German Patterns

Nice weather today, isn't it?
Do you like to see old films?
Do you like little children? (*mögen*)
Do you know this German (*man*)?

Does the teacher help lazy students?
In (*bei*) cold weather, I wear warm clothing (*die Kleidung*).

Not all rich (people) are happy.
Tell me something new! (*erzählen*)
I know little that is new.

Schönes Wetter heute, nicht wahr?
Sehen Sie gern alte Filme?
Mögen Sie kleine Kinder?
Kennen Sie diesen Deutschen?

Hilft der Lehrer faulen Studenten?
Bei kaltem Wetter trage ich warme Kleidung.

Nicht alle Reichen sind glücklich.
Erzählen Sie mir etwas Neues!
Ich weiß wenig Neues.

He does much good. *(tun)* — Er tut viel Gutes.
I wish you everything that is good. — Ich wünsche Ihnen alles Gute.

Seek the true and the beautiful! — Suchen Sie das Wahre und das Schöne!
Help the poor! — Helfen Sie den Armen!
I know many Germans. — Ich kenne viele Deutsche.
Do you know these Germans? — Kennen Sie diese Deutschen?

Today is the fourteenth of April. — Heute ist der vierzehnte April.
My friend was born on the eighth of May. — Mein Freund ist am achten Mai geboren.
We celebrate Christmas on the twenty-fifth of December. — Wir feiern Weihnachten am fünfundzwanzigsten Dezember.
Yesterday I saw him for the third time. — Gestern habe ich ihn zum dritten Mal gesehen.

What happened *(ist . . . geschehen)* in 1492? — Was ist im Jahre vierzehnhundertzweiundneunzig geschehen?
What is the date today? — Den wievielten haben wir heute?
Today is July 24. — Heute ist der vierundzwanzigste Juli.
We live in the twentieth century *(das Jahrhundert).* — Wir leben im zwanzigsten Jahrhundert.
I did it for the first time. *(tun)* — Ich habe es zum ersten Mal getan.

It's the same man who was here yesterday. — Es ist derselbe Mann, der gestern hier war.
We were born in the same year. — Wir sind in demselben Jahr geboren.
They sing in the same chorus. — Sie singen in demselben Chor.
The same music appeals to us. — Dieselbe Musik gefällt uns.

Personalized Questions

1. Ist es ein lustiges Erlebnis, einen Abend im Studentenkeller zu verbringen?
2. Haben wir Studentenkeller hier in Amerika? 3. Amüsieren Sie sich sehr, wenn Sie tanzen? 4. Lieben Sie moderne Musik? 5. Was für ein Instrument spielen Sie? 6. Wie oft gehen Sie ins Konzert? 7. Braucht man Jazz zum Tanzen?
8. Singen Sie gern deutsche Volkslieder? 9. Können Sie Baß singen? 10. Möchten Sie ein Instrument in einer Tanzkapelle spielen?

Directed Questions

1. Fragen Sie Fräulein ——, ob sie etwas Schönes kaufen möchte!
2. Fragen Sie Herrn ——, ob er ein Orchester leiten kann!
3. Fragen Sie Fräulein ——, wieviel Geld sie bei sich hat!
4. Fragen Sie Fräulein ——, ob sie deutschen Fußball verstehen kann!
5. Fragen Sie Herrn ——, ob er Sopran singen kann!
6. Fragen Sie Herrn ——, was für Musik er am liebsten mag!
7. Fragen Sie Fräulein ——, ob sie die Rechnung bezahlt, wenn sie ein Rendezvous mit einem jungen Mann hat!
8. Fragen Sie Herrn ——, ob er immer mit demselben Mädchen ausgeht!

VERB SUMMARY

INFINITIVE		PRESENT		PRES. PERFECT
feiern (*celebrate*)		feiert		hat gefeiert
leiten (*direct*)		leitet		hat geleitet
teilen (*share, divide*)		teilt		hat geteilt
übernehmen (*take over*)	er	über**nimmt**	er	hat übernommen
verändern (*change*)		verändert		hat verändert
vorbereiten (*prepare*)		bereitet ... vor		hat vorbereitet
geschehen (*happen*)	**es**	geschieht	**es**	**ist** geschehen

A

Musik und Kunst

„Wo man singt, da laß dich ruhig nieder,[1] böse Menschen haben keine Lieder." In den deutschsprachigen Ländern sieht man an jeder Litfaßsäule[2] (**A,** Frankfurt am Main) Bekanntmachungen[3] von Konzerten, Opern, Operetten und Theaterstücken.[4] Kein Wunder, denn fast jede größere Stadt hat eine Oper, ein Orchester, ein Opernensemble[5] und einen oder mehrere Gesangvereine.[6] Namen wie Bach, Händel, Mozart, Haydn, Beethoven, Schubert, Schumann, Mendelssohn, Brahms, Johann Strauß, Wagner und Richard Strauß sind auf der ganzen Welt geachtet.[7]

Die Stadt Bonn ist nicht nur als Universitätsstadt und als die Hauptstadt der deutschen Bundesrepublik bekannt, sondern auch als die Geburtsstadt[8] Beethovens (**B**). Als guter Demokrat und Europäer, haßte[9] Beethoven jegliche[10] Form von Tyrannei. So gab er seiner Sinfonie „Buonaparte" den neuen Titel „Sinfonia Eroica", nachdem sich Napoleon selbst zum Kaiser erklärt hatte. Auf unserem Bild (**C**) stehen einige junge Leute vor dem Beethovenhaus. Wie in vielen deutschen Städten sind die Bürgersteige[11] so eng, daß die Fußgänger[12] oft auf der Straße gehen müssen.

[1] settle down, reside in peace   [2] pillar for posting announcements   [3] announcements
[4] stage plays   [5] group of operatic performers   [6] glee clubs   [7] esteemed
[8] birthplace   [9] hated   [10] every   [11] sidewalks   [12] pedestrians

B

C

D

Nach Bayreuth kommen jeden Sommer Musikliebende[13] aus allen Teilen der Welt, um den Richard-Wagner-Festspielen beizuwohnen.[14] Hier (**D**) sehen wir das berühmte Festspielhaus, wo die bekanntesten von Wagners Opern oder „Musikdramen", wie er sie nannte,[15] aufgeführt werden.[16]

In den deutschsprachigen Ländern ist Musik ein wichtiger Teil des Unterrichts.[17] Die Kinder können viele Lieder mehrstimmig singen.[18] Wenn Freunde in einem Wirtshaus beieinander sitzen oder zusammen durch den Wald wandern, singen sie gern. Auf den Volksfesten ist Musik, Gesang[19] und Tanz die Hauptsache.[20] Im Engadin in der Südostschweiz[21] musiziert man[22] während der traditionellen „Schlitteda" oder Schlittenfahrt[23] (**E**).

[13] music lovers [14] to attend [15] called them [16] are performed [17] instruction
[18] sing in harmony [19] singing, song [20] main thing [21] southeastern Switzerland
[22] they "make" music [23] sleigh ride

E

F

Von den modernen Konzertsälen[24] Europas ist der neue Konzertsaal der
Berliner Philharmonie einer der schönsten (**F**). Neu darin ist, daß man das
Orchester von jeder Seite gut sehen und hören kann. Architektonisch wirkt
das Innere dieses modernen Gebäudes ebenso wohltuend wie[25] das har-
monische Spiel des Orchesters.

[24] concert halls   [25] architecturally the interior has just as pleasant an effect as

G

„Kunst" und „können" sind verwandte[26] Wörter. Man kann vielleicht sagen, daß Kunst das ist, was man am besten kann. In fast jeder deutschsprachigen Stadt gibt es Museen, wo man die Meisterstücke[27] großer Künstler[28] anschauen und bewundern[29] kann. Wegen der vielen Kunstsammlungen[30] in München und der Vorliebe[31] bayrischer Könige für klassische Architektur nannte man oft diese Stadt gegen Ende des 19. Jahrhunderts „das deutsche Athen". Hier sehen wir einen Ausstellungsraum[32] in dem Haus der Kunst, einem der großen und wohlbekannten Museen Deutschlands (G). Die kniende[33] Figur im Vordergrund[34] stellt Wilhelm Lehmbrucks Ideal der klassischen Schönheit[35] dar.[36] Oft besucht eine ganze Schulklasse ein Kunstmuseum. Der Lehrer, der mitkommt, hat die Kinder schon vorher über einzelne Gemälde[37] unterrichtet.

Jedes Jahrhundert hat seine eigene Kunst. Die Rokokokünstler des 18. Jahrhunderts wollten mit dem Schönmachen gar nicht aufhören, wie man an dem Altar und an der Decke[38] der Wieskirche in Bayern sehen kann (H). Dieses Kunstwerk stellt die Religiosität der Künstler und Gläubigen[39] jener Epoche dar, während das einfache Schnitzwerk[40] „Mutter und Kind" (I) den Geschmack[41] unseres Jahrhunderts besser ausdrückt.

---

26 related, cognate   27 masterpieces   28 artists   29 admire   30 art collections
31 preference, liking   32 exhibition room   33 kneeling   34 foreground   35 beauty
36 (stellt ... dar) represents   37 individual paintings   38 ceiling   39 of the believers, of the faithful   40 wood carving   41 taste

H

I

Aufgabe Sechzehn

Auf dem Lande

Rudi freut sich sehr, daß ihm sein Vater Geld für einen Volkswagen geschickt hat. In drei Wochen muß er nach den Vereinigten Staaten zurückkehren, aber erst will er noch mehr von Europa sehen. Er hat Bruno Lehmann eingeladen mitzufahren.

¹ LEHMANN: Als Sie mich gestern fragten, ob ich mitkommen wollte, war ich eigentlich sehr froh, denn ich habe die Schweiz schon lange nicht besucht.

² WOLF: Wann waren Sie das letzte Mal dort?

³ LEHMANN: Als ich zehn Jahre alt war. Mein Vater und ich reisten damals nach Zürich, wo wir einige Verwandte besuchten.

⁴ WOLF: Sehen Sie mal das alte Bauernhaus da drüben, Bruno! Menschen und Tiere unter einem Dach!

⁵ LEHMANN: Es ist aber gar nicht so schlimm, wie es aussieht. Innen ist das Haus ganz sauber. Da vorne ist eine Tankstelle, falls Sie tanken wollen.

⁶ TANKWART: Grüß Gott, meine Herren! Möchten Sie tanken?

⁷ WOLF: Voll bitte! Normal.

⁸ LEHMANN: Wo übernachten wir? In Heilbronn?

⁹ WOLF: Nein, keinesfalls. Ich dachte, wir würden die Nacht in Dinkelsbühl verbringen.

¹⁰ LEHMANN: Wie herrlich!

¹¹ TANKWART: Das macht sechzehn Mark siebzig, meine Herren. Danke schön! Gute Reise!

¹² WOLF: Danke. Auf Wiedersehen!

Fragen

1. Wann muß Rudi nach den Vereinigten Staaten zurückkehren? 2. Wann war Bruno das letzte Mal in der Schweiz? 3. Wen besuchte er? 4. Was sagt man, wenn man tanken will? 5. Wo wollen die jungen Männer übernachten? 6. Wieviel kostet das Benzin?

Lesson 16

In the Country

Rudi is very happy that his father has sent him money for a Volkswagen. In three weeks he must return to the United States, but first he wants to see still more of Europe. He has invited Bruno Lehmann to go along.

[1] LEHMANN: When you asked me yesterday whether I wanted to come along, I was really very glad, because I haven't visited Switzerland for a long time.

[2] WOLF: When were you there the last time?

[3] LEHMANN: When I was ten years old. My father and I traveled at that time to Zürich, where we visited some relatives.

[4] WOLF: Just look at that old farmhouse over there, Bruno! People and animals under one roof!

[5] LEHMANN: It is not at all as bad as it appears. Inside, the house is quite clean. Up ahead of us is a service station, in case you want to get gas.

[6] SERVICE STATION ATTENDANT: Good day, gentlemen! (a South German greeting) Would you like some gas?

[7] WOLF: Fill it up, please. Regular (gas).

[8] LEHMANN: Where are we spending the night? In Heilbronn?

[9] WOLF: No, certainly not. I thought we would spend the night in Dinkelsbühl.

[10] LEHMANN: Great!

[11] ATTENDANT: That's sixteen marks and seventy pfennigs, gentlemen. Thank you. Have a nice trip!

[12] WOLF: Thanks. Good-by.

Vocabulary Building

Das Haus

Unser Haus besteht aus[1] sechs Zimmern.
Das Wohnzimmer ist sehr schön.
Das Eßzimmer ist klein, aber gemütlich.[2]
Das Schlafzimmer ist an der Ostseite.[3]
Das Badezimmer ist ganz klein.
Die Küche[4] ist hell.[5]
Die Bibliothek gehört dem Vater.

Der Tisch
Der Stuhl
Der Sessel[6]
Der Teppich[7] } befindet sich[8] im Wohnzimmer.
Das Bild
Das Sofa
Die Lampe

In meinem Schlafzimmer habe ich {
ein Bett.
eine Kommode.[9]
einen Kleiderschank.
einen Nachttisch.
einen Spiegel.[10]

Das Waschbecken[11]
Das Badetuch
Das Handtuch
Die Seife } ist im Badezimmer.
Die Badewanne
Die Dusche (die Brause)[12]
Die Toilette

Meine Mutter hat einen Eisschrank[13] und einen neuen Herd.[14]

Der Bauernhof (The Farm)

Mein Großvater hat auf seinem Bauernhof {
einen Hund.
eine Katze.
drei Kühe.[15]
ein Kalb.
zwei Pferde.[16]
hundert Hühner.
sechs Schweine.

Hinter seinem Haus wachsen[17] {
Bäume.
Blumen.
Büsche.

[1] consists of	[2] comfortable	[3] east side	[4] kitchen	[5] bright	[6] armchair
[7] carpet	[8] is (found)	[9] dresser	[10] mirror	[11] washbasin	[12] shower
[13] refrigerator	[14] stove	[15] cows	[16] horses	[17] grow	

Im Garten pflanzt[18] er Gemüse:
$$\left\{ \begin{array}{l} \text{Erbsen.} \\ \text{grüne Bohnen.} \\ \text{Spinat.}[19] \\ \text{Kopfsalat.}[20] \\ \text{Kohl.}[21] \end{array} \right.$$

Vocabulary Building Questions

1. Aus wie vielen Zimmern besteht Ihr Haus? 2. Wie ist Ihr Schlafzimmer?
3. Was befindet sich in Ihrem Wohnzimmer? 4. Was findet man gewöhnlich in
einem Badezimmer? 5. Haben Sie Tiere zu Hause? 6. Was für Tiere haben Sie?
7. Hat Ihr Großvater einen Bauernhof?

Dialogue Variations

A. Als junger Mann wohnte ich jeden Sommer auf Großvaters Bauernhof.
B. Machte es Ihnen Spaß?[1]
A. Und wie! Ich fütterte[2] die Hühner, ritt[3] auf den Pferden, und melkte[4] die Kühe.
B. Arbeiteten Sie auch auf dem Feld?
A. Ja, bei gutem Wetter.
B. Was machten Sie, wenn es regnete?
A. Ach, ich will nicht daran denken. Wir mußten die Kuh- und Pferdeställe
ausmisten.[5]

A. Wieviel bezahlen Sie für Ihr Zimmer?
B. Hundert Mark im Monat.
A. Oh, das ist aber viel!
B. Das kann schon sein, aber dafür habe ich auch einen Teppich, einen Sessel,
einen Schreibtisch mit einer Leselampe, ein großes Bett und sogar ein Bild in
meinem Zimmer.
A. Sie Glücklicher![6]

A. Guten Tag! Möchten Sie tanken?
B. Ja, voll bitte.
A. Normal oder Super?
B. Normal, bitte.
A. Soll ich Öl und Luft nachsehen?[7]
B. Ja, bitte. Können Sie uns vielleicht eine Auskunft[8] geben? Wie kommen wir am
besten nach Dinkelsbühl und Rothenburg?
A. Biegen Sie links an der nächsten Ecke ab[9] und dann immer geradeaus!
B. Danke vielmals. Wieviel bin ich Ihnen schuldig?[10]
A. Fünfzehn Mark fünfzig.—Danke schön. Gute Reise!
B. Danke. Auf Wiedersehen!

[18] plants   [19] spinach   [20] lettuce   [21] cabbage

---

[1] fun   [2] fed   [3] rode   [4] milked   [5] clean stalls   [6] You lucky fellow!   [7] check oil and air
[8] information   [9] **biegen . . . ab,** turn off   [10] How much do I owe you?

Conversational Patterns

I. NARRATIVE PAST OF REGULAR VERBS

The narrative past is generally used for telling a story or when telling of closely connected events or simultaneous happenings:

Ich **hatte** Angst, aber endlich **klopfte** ich an die Tür. Wie erstaunt **war** ich, als mein Freund Erich an die Tür **kam.**
„Guten Abend," **sagte** ich. „Ich möchte mit Elsas Vater sprechen."
„Zu spät, mein Freund," **antwortete** Erich, „ich habe schon mit ihm gesprochen."

The pattern for forming the narrative past of regular verbs is very simple: stem plus -**t**- plus the endings -**e** (*sing.*) and -**en** (*pl.*).

$$
\left.\begin{array}{l} \text{ich} \\ \text{er} \\ \text{sie} \\ \text{es} \end{array}\right\} \text{lernte} \; (\textit{learned}) \qquad \left.\begin{array}{l} \text{wir} \\ \text{sie} \\ \text{Sie} \end{array}\right\} \text{lernten} \; (\textit{learned})
$$

Note that **ich lernte** may be translated as *I learned, I was learning,* or *I did learn.*

From now on, the tense forms of verbs will be presented in this manner:

INFINITIVE		PRESENT		NARRATIVE PAST		PRESENT PERFECT
lernen		lernt		lernte		gelernt
machen	er {	macht	er {	machte	er hat {	gemacht
warten		wartet		wartete		gewartet

Note that verbs with stems ending in -**t** (**warten**), -**d** (**baden**), and two or more separately pronounced consonants (**öffnen**), add -**et**- plus endings to form the narrative past.

1. Repetition

Als Schüler (*as a pupil*) lernte er fleißig.
Auf dem Bauernhof lernten wir beinah jeden Tag etwas Neues.

Was machte er **damals** (*at that time*)?
Was machten Sie, während ich auf Sie wartete?

2. Pronoun Substitution

Damals lernte ich fleißig.

_____ er _____.	Damals lernte er fleißig.
_____ wir _____.	Damals lernten wir fleißig.
_____ sie (*she*) ___.	Damals lernte sie fleißig.
_____ Karl _____.	Damals lernte Karl fleißig.
_____ sie (*they*) __.	Damals lernten sie fleißig.
_____ Sie _____.	Damals lernten Sie fleißig.

Was machte er, während ich wartete?

_____ Sie _____ wir _____?   Was machten Sie, während wir warteten?

_____ Dora _____ Hans _____?   Was machte Dora, während Hans wartete?

_____ sie *(they)* _ er _____?   Was machten sie, während er wartete?

_____ er _____ sie *(they)*___?   Was machte er, während sie warteten?

II. LIST OF REGULAR VERBS

The following regular verbs have been introduced in the first sixteen lessons. All form their narrative past tense in the manner described in Part I of this lesson.

abholen	blitzen	gehören	öffnen	tanzen
abstellen	borgen	gewöhnen	passen	teilen
amüsieren	brauchen	glauben	pflanzen	telefonieren
analysieren	brummen	gratulieren	plaudern	trennen
anmachen	danken	grüßen	putzen	üben
anprobieren	dauern	haben	rasieren	übernachten
anschauen	dienen	hageln	rauchen	umdrehen
anstellen	diktieren	hängen	reichen	verändern
antworten	donnern	hören	reservieren	vermissen
arbeiten	einlösen	illustrieren	retten	verspäten
aufführen	enden	interessieren	sagen	versuchen
aufhören	entschuldigen	kämmen	schauen	vorbereiten
aufmachen	erinnern	kaufen	schicken	vorhaben
aufpassen	erkälten	kennenlernen	schmecken	vorstellen
aufwachen	erwarten	klopfen	schmeicheln	warten
ausmachen	erzählen	korrespondieren	schneien	wechseln
ausmisten	fehlen	kosten	schwänzen	wecken
baden	feiern	lachen	setzen	weinen
begegnen	fischen	leben	speisen	wiederholen
begleiten	folgen	legen	spielen	wohnen
begrüßen	fragen	leiten	stecken	wünschen
bellen	freuen	lernen	stellen	zahlen
bemerken	fühlen	lieben	stimmen	zeigen
bestellen	führen	machen	stören	zuhören
besuchen	fürchten	meinen	studieren	zumachen
betrachten	füttern	merken	suchen	
bezahlen	gebrauchen	necken	tanken	

Although **haben** is sometimes considered a regular verb, it is somewhat irregular in the narrative past: **ich / er / sie / es hatte, wir / sie / Sie hatten.**

Regular verbs with separable prefixes have the same word order in the narrative past as they have in the present tense:

Er **macht** das Fenster **auf.**
Er **machte** das Fenster **auf.**
Obgleich er das Fenster jeden Abend **aufmacht,** erkältet er sich nicht.
Obgleich er das Fenster jeden Abend **aufmachte,** erkältete er sich nicht.

3. Repetition

Er glaubte nicht alles, was ich ihm erzählte.

Als Student setzte ich mich immer gerade vor den Professor.

Eine Zeitlang (*for a while*) korrespondierten wir mit einer Firma in Berlin.

Wagner lebte im neunzehnten Jahrhundert.

Letztes Jahr studierten viele Amerikaner in Europa.

Gestern hatte ich nichts vor.

4. Present > Narrative Past

Heute, gewöhnlich	*Damals*
Im Sommer reisen wir auf das Land (to the country).	*Im Sommer reisten wir auf das Land.*
Wir besuchen Großvaters Bauernhof.	Wir besuchten Großvaters Bauernhof.
Eine Zeitlang wohne ich bei Großvater.	Eine Zeitlang wohnte ich bei Großvater.
In meinem Schlafzimmer habe ich nur ein Bett und einen Kleiderschrank.	In meinem Schlafzimmer hatte ich nur ein Bett und einen Kleiderschrank.
Alles auf dem Hof (*farm*) gehört Großvater.	Alles auf dem Hof gehörte Großvater.
Bei gutem Wetter arbeiten wir auf dem Feld.	Bei gutem Wetter arbeiteten wir auf dem Feld.
Manchmal regnet es.	Manchmal regnete es.
Im Gemüsegarten pflanzt Großvater Erbsen, Bohnen, Spinat und Kopfsalat.	Im Gemüsegarten pflanzte Großvater Erbsen, Bohnen, Spinat und Kopfsalat.
Ich fürchte mich vor den großen Schweinen.	Ich fürchtete mich vor den großen Schweinen.
Jeden Tag lerne ich etwas Neues.	Jeden Tag lernte ich etwas Neues.
Das Bauernleben macht mir viel Spaß.	Das Bauernleben machte mir viel Spaß.

5. *Während* as a Conjunction

Sie probierte Schuhe an.
Ich plauderte mit zwei Freunden.

Sie probierte Schuhe an, während ich mit zwei Freunden plauderte.

Sie machten die Betten.
Ich machte einen Spaziergang.

Sie machten die Betten, während ich einen Spaziergang machte.

Es schneite.
Ich war in der Schule.

Es schneite, während ich in der Schule
war.

Sie putzte die Badewanne.
Ich arbeitete in der Küche.

Sie putzte die Badewanne, während ich
in der Küche arbeitete.

Was machten Sie?
Ich suchte meinen Freund.

Was machten Sie, während ich meinen
Freund suchte?

6. Present > Narrative Past

*Antwortet er gern auf die Fragen des
Lehrers?*

*Antwortete er gern auf die Fragen des
Lehrers?*

Wie oft kaufen Sie sich Schuhe?
Legen die Hühner viele Eier?
Donnert es oft?
Baden Sie jeden Tag?
Wie lange dauert das Drama?
Was haben Sie vor?
Ich stelle meine Freunde gern vor.
Der Anzug paßt mir.

Wie oft kauften Sie sich Schuhe?
Legten die Hühner viele Eier?
Donnerte es oft?
Badeten Sie jeden Tag?
Wie lange dauerte das Drama?
Was hatten Sie vor?
Ich stellte meine Freunde gern vor.
Der Anzug paßte mir.

7. Infinitive > Narrative Past

*Was machten Sie, während ich auf Sie
wartete?*

auf dem Feld arbeiten

tanken
mit dem Hund spielen
mit einer Freundin plaudern
ein paar Rechnungen bezahlen
einen alten Freund besuchen
Deutsch üben
sich baden (*refl.*)
tanzen
meine Aufgabe lernen

Ich arbeitete auf dem Feld.

Ich tankte.
Ich spielte mit dem Hund.
Ich plauderte mit einer Freundin.
Ich bezahlte ein paar Rechnungen.
Ich besuchte einen alten Freund.
Ich übte Deutsch.
Ich badete mich.
Ich tanzte.
Ich lernte meine Aufgabe.

*Was machten Ernst und Franz, wäh-
rend ich auf sie wartete?*

Karten spielen

sich Bücher kaufen
einen Freund vom Bahnhof abholen

sich amüsieren
ihre Hausarbeiten machen

Sie spielten Karten.

Sie kauften sich Bücher.
Sie holten einen Freund vom Bahnhof
ab.
Sie amüsierten sich.
Sie machten ihre Hausarbeiten.

III. *ALS, WENN,* AND *WANN*

There are three words for *when: als, wenn,* and *wann;* each, however, has a special use:

Als is used for a single, definite, past action:

Als ich ihn gestern auf der Straße sah, grüßte er mich freundlich.

Wenn, in the sense of *when* or *whenever,* is used to express a customary or habitual action in the present, future, or past tense:

Wenn er mich $\left\{\begin{array}{l} \text{sieht, grüßt} \\ \text{sah, grüßte} \end{array}\right\}$ er mich freundlich.

Wenn, always whenever [handwritten annotation]

Wenn is also a word for *if:*

Wenn er heute nicht hier ist, werde ich später mit ihm sprechen.

Wann is used in direct and indirect questions:

Wann arbeiten Sie auf dem Feld?
Er fragt, **wann** Sie auf dem Feld arbeiten.

8. Repetition

Als ich jung war, wohnte ich auf einem Bauernhof.

Als mein Lehrer jung war, lebte er in Deutschland.

Als ich jung war, lernte ich Spanisch.

Wissen Sie, wann er zurückkommen wird?

Wenn er fleißig ist, wird er viel lernen.

Wenn ich in die Stadt gehe, besuche ich meinen Freund.

Wenn der Lehrer einen Satz diktiert, passen wir gut auf.

Immer wenn wir ihn besuchten, war er **beschäftigt** (*busy*).

Wenn es regnete, erkältete er sich gewöhnlich.

Wenn ich ihn grüßte, fragte er **nach** (*about*) meiner Mutter.

Wann arbeiteten Sie damals, morgens oder abends?

9. *Als* or *Wenn* in First Clause

Sie arbeiten nicht fleißig.
Sie werden durchfallen.

Wenn Sie nicht fleißig arbeiten, werden Sie durchfallen.

Ich sah ihn mit Lore.
Er grüßte gewöhnlich nicht.

Wenn ich ihn mit Lore sah, grüßte er gewöhnlich nicht.

Er sah mich auf der Straße.
Er grüßte immer.

Wenn er mich auf der Straße sah, grüßte er immer.

Er sah mich am Montag.
Er grüßte mich nicht.

Als er mich am Montag sah, grüßte er mich nicht.

Wir sahen ihn einmal bei der Arbeit.
Er grüßte steif (*stiffly*).

Als wir ihn einmal bei der Arbeit sahen, grüßte er steif.

Ich sah ihn am letzten Freitag.
Er grüßte mich nicht.

Als ich ihn am letzten Freitag sah, grüßte er mich nicht.

10. Direct Question > Indirect Question (*Wann?*)

Wann kommen Sie? . .   *Marie will wissen, wann Sie kommen.*

Wann beginnt die Klasse?   Marie will wissen, wann die Klasse be-
                                                ginnt.
Wann werden Sie fertig sein?   Marie will wissen, wann Sie fertig sein
                                                werden.
Wann wollen Sie kommen?   Marie will wissen, wann Sie kommen
                                                wollen.

IV. PAST PERFECT TENSE

In general, the past perfect tense is used in German just as it is in English. This tense is formed by using the past tense of **haben** or **sein** plus the past participle:

lernen		**reisen**	
ich hatte gelernt	*I had learned*	ich war gereist	*I had traveled*

er			er		
sie	} hatte gelernt		sie	} war gereist	
es			es		

wir			wir		
sie	} hatten gelernt		sie	} waren gereist	
Sie			Sie		

11. Repetition

Wir hatten Kohl und Kopfsalat ge-   Nachdem ich das Fenster zugemacht
pflanzt.   hatte, setzte ich mich.
Er hatte an der Aufgabe gearbeitet.   Er hatte den Brief schon beantwortet,
Sie hatte das Buch gesucht.   als ich ihn gestern danach fragte.
Er war schon nach Afrika gereist.

12. Pronoun Substitution

Er hatte die Rechnung schon bezahlt.

Ich _____.   Ich hatte die Rechnung schon bezahlt.
Wir _____.   Wir hatten die Rechnung schon bezahlt.
Wer _____?   Wer hatte die Rechnung schon bezahlt?
Sie (*they*) _____.   Sie hatten die Rechnung schon bezahlt.

13. Present Perfect > Past Perfect

So etwas (such a thing) *habe ich nie*   *So etwas hatte ich nie zuvor versucht.*
zuvor (before) *versucht.*

Zigarren hat er noch nie geraucht.   Zigarren hatte er noch nie geraucht.
So lange haben die Hunde noch nie   So lange hatten die Hunde noch nie
gebellt.   gebellt.

So viel haben die Kinder noch nie ge-
lacht.

So schnell habe ich mich noch nie
rasiert.

So viel haben wir noch nie an einem
Tag gelernt.

So lange habe ich noch nie gewartet.

So viel hatten die Kinder noch nie ge-
lacht.

So schnell hatte ich mich noch nie
rasiert.

So viel hatten wir noch nie an einem
Tag gelernt.

So lange hatte ich noch nie gewartet.

14. *Nachdem* in First Clause

Er hatte Deutsch gelernt.
Er reiste nach Deutschland.

Nachdem er Deutsch gelernt hatte, reiste
er nach Deutschland.

Ich hatte auf dem Feld gearbeitet.
Ich war müde.

Nachdem ich auf dem Feld gearbeitet
hatte, war ich müde.

Wir hatten eine Zeitlang geplaudert.
Wir tanzten.

Nachdem wir eine Zeitlang geplaudert
hatten, tanzten wir.

Sie hatte viele Hüte anprobiert.
Sie kaufte endlich einen.

Nachdem sie viele Hüte anprobiert hatte,
kaufte sie endlich einen.

Es hatte eine Zeitlang gedonnert.
Es regnete.

Nachdem es eine Zeitlang gedonnert
hatte, regnete es.

Er hatte viel Geld verdient (*earned*).
Er bezahlte seine Rechnungen.

Nachdem er viel Geld verdient hatte,
bezahlte er seine Rechnungen.

Review

English-German Patterns

What was he doing at that time?
What was he studying?
What was he playing in the orchestra?
Where was your father working?
On which street were you living?

Was machte er damals?
Was studierte er?
Was spielte er im Orchester?
Wo arbeitete Ihr Vater?
In welcher Straße wohnten Sie?

It snowed while we were visiting them.
They played cards while I was practicing
German.
I paid the bill while he chatted with the
salesman.
I waited while she tried on shoes.

Es schneite, während wir sie besuchten.
Sie spielten Karten, während ich Deutsch
übte.
Ich bezahlte die Rechnung, während er
mit dem Verkäufer plauderte.
Ich wartete, während sie Schuhe anpro-
bierte.

For a while we corresponded with the
firm.
He lived for a time in Berlin.
For a while he led the orchestra.

Eine Zeitlang korrespondierten wir mit
der Firma.
Er wohnte eine Zeitlang in Berlin.
Eine Zeitlang leitete er das Orchester.

For a while she paid attention in class.	Eine Zeitlang paßte sie in der Klasse auf.
For a while he did his homework regularly (regelmäßig).	Eine Zeitlang machte er seine Hausaufgaben regelmäßig.
For a while he cut classes.	Eine Zeitlang schwänzte er.
We were dancing.	Wir tanzten.
She was playing (the) piano.	Sie spielte Klavier.
Outside it was raining.	Draußen regnete es.
What were they doing? (machen)	Was machten sie?
I had already answered the letter.	Ich hatte den Brief schon beantwortet.
He had already reviewed the lesson.	Er hatte die Aufgabe schon wiederholt.
She had never before (zuvor) danced so beautifully.	Sie hatte nie zuvor so schön getanzt.
I had never accompanied her before.	Ich hatte sie nie zuvor begleitet.
Had you already opened it? (öffnen)	Hatten Sie es schon geöffnet?
After he had become rich, he still lived in the same little house.	Nachdem er reich geworden war, wohnte er noch in demselben kleinen Haus.
Although he hadn't understood anything, he tried to answer.	Obgleich er nichts verstanden hatte, versuchte er zu antworten.
After he had learned German, he traveled to Germany.	Nachdem er Deutsch gelernt hatte, reiste er nach Deutschland.
As soon as he had earned enough money, he bought himself a new car (Wagen).	Sobald er genug Geld verdient hatte, kaufte er sich einen neuen Wagen.
When we visited Berlin, I was ten years old.	Als wir Berlin besuchten, war ich zehn Jahre alt.
If she doesn't work diligently, she will fail.	Wenn sie nicht fleißig arbeitet, wird sie durchfallen.
Whenever he saw her, he greeted her.	Wenn er sie sah, grüßte er sie.
She wants to know when the German class begins.	Sie will wissen, wann die Deutschstunde beginnt (anfängt).
What was he doing, when she visited him last Wednesday?	Was machte er, als sie ihn letzten Mittwoch besuchte?

Personalized Questions

1. Haben Sie je einen Sommer auf einem Bauernhof verbracht? 2. Was möchten Sie lieber haben, ein gutes Pferd oder ein neues Rad? 3. Möchten Sie die Schweiz besuchen? 4. Ist Kopfsalat ein Gemüse? 5. Schlafen Sie gern am Tage? 6. Wie oft muß man tanken, wenn man einen großen Wagen fährt? 7. Haben Sie je in einem Volkswagen übernachtet? 8. Können Sie am Tage in einem Klassenzimmer gut schlafen, oder spricht der Lehrer zu laut? 9. Was befindet sich in Ihrem Wohnzimmer? 10. Haben Sie zu Hause eine schwarze Katze? 11. Möchten Sie sich einen Hund kaufen? 12. Ist Ihr Schlafzimmer groß oder klein?

Directed Questions

1. Fragen Sie Fräulein ——, ob sie je eine Kuh gemelkt hat!
2. Fragen Sie Herrn ——, ob er bei gutem Wetter auf dem Feld arbeiten möchte!

3. Fragen Sie Fräulein ——, wieviel sie im Monat für ihr Zimmer bezahlt!
4. Fragen Sie Herrn ——, ob er normales Benzin oder Super tankt!
5. Fragen Sie Fräulein ——, ob man Blumen in einem Gemüsegarten pflanzt!
6. Fragen Sie Herrn ——, wieviel Sie ihm schuldig sind!
7. Fragen Sie Fräulein ——, welche **Möbel** (*furniture*) sie in ihrem Schlafzimmer hat!
8. Fragen Sie Herrn ——, ob er gern in der Badewanne singt!

VERB SUMMARY

INFINITIVE	PRESENT	NARRATIVE PAST	PRES. PERFECT
abbiegen (*turn off*)	biegt . . .ab	bog . . . ab[1]	ist abgebogen
ausmisten (*clean a stable*)	mistet . . . aus	mistete . . . aus	hat ausgemistet
beantworten (*answer*)	beantwortet	beantwortete	hat beantwortet
füttern (*feed*)	füttert	fütterte	hat gefüttert
melken (*milk*)	melkt	melkte (molk)	hat gemelkt (gemolken)
mitfahren (*travel with a person*)	fährt . . . mit	fuhr . . . mit[1]	ist mitgefahren
nachsehen (*check*)	sieht . . . nach	sah . . . nach[1]	hat nachgesehen
pflanzen (*plant*)	pflanzt	pflanzte	hat gepflanzt
reiten (*ride*)	reitet	ritt[1]	ist geritten
tanken (*get gas*)	tankt	tankte	hat getankt
trennen (*separate*)	trennt	trennte	hat getrennt
übernachten (*spend the night*)	übernachtet	übernachtete	hat übernachtet
verdienen (*earn*)	verdient	verdiente	hat verdient
wachsen (*grow*)	wächst	wuchs[1]	ist gewachsen
zurückkehren (*return*)	kehrt . . . zurück	kehrte . . . zurück	ist zurückgekehrt

[1] The narrative past of irregular verbs will be treated in the next lesson.

Auf dem Lande

„Man muß Heu[1] machen, solange die Sonne scheint," lautet[2] ein altes deutsches Sprichwort.[3] Es weist darauf hin,[4] daß es in Mitteleuropa ziemlich oft regnet. Wegen des Regens muß man das Heu und das Getreide[5] auf Stangen legen. Die Getreidepuppen[6] auf dem Bild (A) sehen wie komische Strohmänner[7] aus, die das Feld bewachen.[8] Wenn das Heu trocken[9] ist, kommt es auf einen großen Haufen[10] (B), den man Heuschober[11] nennt. Das kleine Strohdach[12] auf dem Heuschober schützt[13] das Stroh gegen Regen und Schnee.

Auch das Gras auf den Bergwiesen[14] wird mehrere Male während des Sommers gemäht.[15] Man lagert[16] es in kleinen Heuscheunen[17] auf dem Bergabhang[18] bis zur Winterfütterung.[19] Wenn der Bergabhang steil[20] ist, benutzt[21] man einen Heuschlitten,[22] um das Heu zur Scheune zu bringen.

[1] hay   [2] says   [3] proverb   [4] it indicates   [5] grain   [6] bundles of grain that resemble human beings   [7] straw men   [8] guard   [9] dry   [10] heap, pile   [11] haystack   [12] straw roof   [13] protects   [14] mountain meadows   [15] (wird . . . gemäht) is mowed   [16] stores   [17] hay barns   [18] mountain slope   [19] winter feed   [20] steep   [21] uses   [22] hay sled

A

B

C

Dieses Dorf mag klein sein, aber es hat zwei Kirchen, die von dem religiösen Leben der Bauern zeugen[23] (**C**). Die Zäune[24] schützen die Felder neben den Häusern vor dem Vieh,[25] das die Dorfjungen jeden Morgen auf die Bergwiesen treiben. Wie überall in Europa sind auf einem Bauernhof Scheune und Wohnteil[26] nebeneinander. Wegen des regnerischen Klimas haben alle Schornsteine[27] Dächer. Die Schornsteine auf dem Dach der Scheune dienen aber wahrscheinlich zur Ventilation. Das englische Wort „neighbor" und das deutsche „Nachbar" weisen beide darauf hin, daß unsere germanischen Vorfahren[28] alle Bauern waren, denn beide Wörter bedeuteten einmal „Bauer in der Nähe".

[23] testify   [24] fences   [25] cattle, livestock   [26] living quarters   [27] chimneys
[28] ancestors

Überall, wo man Deutsch spricht, sieht man Blumen vor den Fenstern (**D**). Deutsche Bauernfamilien, die jeden Tag auf dem Felde schwer arbeiten, haben auch Zeit für Blumen. Warum sind die Bauernhäuser so groß? Erstens waren Bauernfamilien vor hundert Jahren, als viele dieser Häuser errichtet wurden,[29] meistens kinderreich; zweitens dienen einige Zimmer als Aufbewahrungsräume[30] und andere als Arbeitsräume; drittens mußte das Haus groß sein, denn die Scheune stand gewöhnlich unter demselben Dach.

Vor dem Pferde- oder Kuhstall hat mancher Bauer einen Misthaufen[31] (**E**). Im Spätherbst und im Frühjahr düngt[32] er mit diesem Mist seine Felder. Ganz anders als bei uns, kommt in deutschen Dörfern auch die Jauche[33] auf das Feld.

[29] were built   [30] storage rooms   [31] manure pile   [32] fertilizes   [33] liquid manure

D

E

Das größte Obstgebiet[34] in Deutschland liegt nicht weit von Hamburg in Nordwestdeutschland. Schon im April fangen die Bauern an, ihre Obstgärten zu spritzen.[35] Das alte Bauernhaus mit dem Strohdach und der verzierten[36] Fassade paßt schön zu dieser Landschaft[37] (F). Fast überall hat der Traktor den Ochsen und das Pferd auf den Bauernhöfen ersetzt.[38]

[34] fruit area   [35] spray   [36] embellished   [37] landscape   [38] replaced

F

Aufgabe Siebzehn

Heidelberg

Heute befinden sich Rudi und Bruno in Heidelberg, einer schönen Universitätsstadt am Neckar. Hier trinken sie Brüderschaft und fangen an, einander zu duzen. (Rudi und Anna duzen einander schon seit einiger Zeit.)

1 RUDI: Ich finde Heidelberg sehr schön.

2 BRUNO: Ich auch. War die Aussicht vom Schloß nicht herrlich?

3 RUDI: Ja! Kein Wunder, daß alle Studenten für Heidelberg schwärmen.

4 BRUNO: Vielleicht können wir morgen in dem Roten Ochsen zu Mittag essen.

5 RUDI: Oh, das wäre ausgezeichnet!

6 BRUNO: Oder wenn es uns zu teuer ist, können wir wenigstens vorbeigehen und sehen, ob die Kellnerinnen hübsch sind.

7 RUDI: Man könnte denken, du hättest Luise schon ganz und gar vergessen.

8 BRUNO: Spotte nicht. Du weißt, daß ich Luise lieb habe.

9 RUDI: Ich scherze nur. Wenn du nach unten gehst, nimm bitte diesen Brief mit!

10 BRUNO: Gern.

(Rudis Brief an Anna)

Heidelberg, den 3. August

Liebe Anna!
Dinkelsbühl war für uns ein wunderbares, unvergeßliches Erlebnis. Genau so hatte ich mir das Mittelalter vorgestellt: Straßen mit Kopfsteinpflaster, dicke Mauern und hohe Wachttürme. Wir verbrachten die Nacht in einer Jugendherberge, in der wir Gelegenheit hatten, viele junge Leute aus anderen Ländern kennenzulernen.
Heute fuhren wir durch das liebliche, grüne Neckartal nach Heidelberg. Heidelberg ist wirklich eine sehr romantische Stadt. Wenn Du[1] hier wärest, würde unser Aufenthalt noch viel schöner sein. Übermorgen werden wir die Rheinfahrt nach Bonn machen. Natürlich freuen wir uns darauf. Danach werden wir über Freudenstadt im

---

1 The forms of du are capitalized when used in a letter.

Schwarzwald nach Luzern reisen. Wenn alles gut geht, werde ich Dich anrufen, sobald wir in der Schweiz ankommen.

Mit den herzlichsten Grüßen
Rudi

Fragen

1. Was wissen wir über Heidelberg? 2. Warum schwärmen alle Studenten für Heidelberg? 3. Wen duzt Rudi? 4. Wie stellte er sich das Mittelalter vor? 5. Wo verbrachten sie die Nacht? 6. Wie findet er Heidelberg?

Lesson 17

Heidelberg

Today Rudi and Bruno find themselves in Heidelberg, a beautiful university city on the Neckar River. Here they pledge close friendship and begin to use the familiar form of **you** in speaking to each other. (Rudi and Anna have been using **du** with each other for some time.)

1 RUDI: I find Heidelberg very beautiful.

2 BRUNO: Me too. Wasn't the view from the castle magnificent?

3 RUDI: Yes, no wonder all the students rave about Heidelberg.

4 BRUNO: Perhaps we can eat our noon meal tomorrow in the Red Ox Inn.

5 RUDI: Oh, that would be great!

6 BRUNO: Or if it's too expensive for us, we can at least stop by and see whether the waitresses are pretty.

7 RUDI: One might think you had completely forgotten Luise.

8 BRUNO: Don't make fun of me! You know that I'm fond of Luise.

9 RUDI: I'm just kidding. If you're going downstairs, please take this letter along.

10 BRUNO: Glad to.

(Rudi's letter to Anna)

Heidelberg
August 3

Dear Anna:

For us, Dinkelsbühl was a wonderful, unforgettable experience. It is just the way I had imagined the Middle Ages to be: cobblestone streets, thick walls, and tall watchtowers. We spent the night in a youth hostel, in which we had an opportunity to get to know many young people from other countries.

Today we traveled through the lovely green Neckar Valley to Heidelberg. Heidelberg is really a very romantic city. If you were here, our stay would be much nicer. The day after tomorrow we shall take the Rhine trip to Bonn. Naturally, we are looking forward to it. Afterwards we shall travel by way of Freudenstadt in the Black Forest to Lucerne. If all goes well, I shall phone you as soon as we arrive in Switzerland.

Love,
Rudi

Vocabulary Building

Fotografieren (Taking Pictures)

Haben Sie
- eine gute Kamera?
- einen neuen Photoapparat?
- einen Film?
- einen Farbfilm?
- einen Schwarz-Weiß-Film?

Ist das
- ein Foto (Photo)
- ein Bild
- ein Farbfoto
- eine Aufnahme[1]
- eine Farbaufnahme

von Ihnen?

Darf ich
- eine Aufnahme von Ihnen machen?
- Sie fotografieren (photographieren)?
- Sie knipsen?[2]

Reisen (Traveling)

Haben Sie
- alles Gepäck?[3]
- Ihren großen Koffer?[4]
- Ihren Handkoffer?[5]
- Ihre Aktentasche?[6]
- Ihre Brieftasche?[7]
- Ihre Handtasche?[8]
- Ihren Reisepaß?[9]
- den Stadtplan?[10]
- den Reiseplan?[11]
- einen Reiseführer?[12]

Haben Sie
- Ihren Koffer gepackt?
- ihn ausgepackt?[13]

— suitcase

Fahren Sie
- nach Norden?
- nach Süden?
- nach Osten?
- nach Westen?

Ist Boston
- nördlich
- südlich
- östlich
- westlich

von hier?

der Schrankkoffer — trunk

Wohin reisen Sie?
Machen Sie schon wieder eine Reise?
Fahren Sie erster oder zweiter Klasse?
Brauchen Sie einen Gepäckträger?[14]
Fahren Sie mit dem Zug?
Wann kommt der Zug an?
Wann fährt der Zug ab?
Ankunft:[15] 17:40 (17 Uhr 40)
Abfahrt:[16] 18:15 (18 Uhr 15)
Wie kommt man zur Autobahn?[17]

[1] picture [2] snap your picture [3] all of your luggage [4] trunk [5] suitcase
[6] briefcase [7] pocketbook [8] lady's purse [9] passport [10] city map [11] itinerary
[12] guidebook, guide [13] unpacked [14] porter [15] arrival [16] departure [17] turnpike

Vocabulary Building Questions

1. Haben Sie eine neue Kamera? 2. Was ziehen Sie vor, Farbfilm oder Schwarz-Weiß-Film? 3. Haben Sie eine Aufnahme von einem guten Freund? 4. Wo ist Ihr Reisepaß? 5. Wann nehmen Sie einen großen Koffer mit? 6. Fahren Sie gewöhnlich erster oder zweiter Klasse? 7. Ist Los Angeles östlich von hier?

Dialogue Variations

A. Ich hätte nie gedacht, daß eine Retina solche scharfen[1] Aufnahmen machen würde.
B. Oh doch, die Retina ist nur eine der vielen guten deutschen Kameras.
A. Machen Sie Farbaufnahmen oder fotografieren Sie schwarz-weiß?
B. In solch herrlicher Landschaft[2] mit so vielen wunderbaren Farbkontrasten finde ich Farbdias[3] am besten.

A. Wo ist Bergmanns Reisebüro?
B. Gegenüber dem Rathaus. Machen Sie eine Reise?
A. Ja, ich habe Urlaub.[4]
B. Wunderbar! Wohin reisen Sie?
A. Wir hatten vor, nach Rom zu fahren, aber wegen der Hitze[5] dort wollen wir nun lieber in die Schweiz, wo es kühler ist.
B. Ach, ich würde die Schweiz auch so gerne besuchen! Wie kommen Sie dorthin, mit dem Autobus?
A. Nein, mit der Bahn.[6]
B. Erster oder zweiter Klasse?
A. Zweiter, natürlich! Es ist viel billiger und ist doch eigentlich sehr bequem.[7]
B. Na, dann gute Reise!

(Am Schalter)[8]

A. Zwei Fahrkarten[9] zweiter Klasse nach Wien,[10] bitte.
B. Hin und zurück?[11]
A. Nur hin, bitte. Wann fährt der Zug nach Wien ab? Im Hotel konnte ich keinen Fahrplan bekommen.
B. Um 17:20.
A. Muß man in Salzburg umsteigen?[12]
B. Nein, dieser Zug fährt über Passau direkt nach Wien.
A. Wie lange hält der Zug in Passau?
B. Nur zehn Minuten. Sie können im Speisewagen[13] Ihr Abendessen bekommen.
A. Danke schön für die Auskunft. Und was kosten diese Karten?
B. Genau 30 Mark. Viel Vergnügen!

[1] clear   [2] landscape   [3] colored slides   [4] vacation, leave   [5] heat   [6] by rail
[7] comfortable   [8] ticket window   [9] tickets   [10] Vienna   [11] round trip
[12] change trains   [13] diner

Conversational Patterns

I. NARRATIVE PAST OF IRREGULAR VERBS

The narrative past of irregular verbs is formed by changing the stem; in addition, the verb has *no* ending in the singular, but it has the usual ending **-en** in the plural:

sprechen

ich
er
sie   } **sprach** (*spoke*)
es

wir
sie   } **sprachen**
Sie

The form **ich sprach** may be translated as: *I spoke, I was speaking,* or *I did speak.*

1. Repetition

Damals sprach ich jeden Tag mit Emil.　　Sie sprach fließender als er.
Ich sprach ab und zu mit Paula.　　　　　Beide sprachen gut Deutsch.

2. Replacement

Wir sprachen über dieses und jenes.

Er _____.　　　　　Er sprach über dieses und jenes.
Ich _____ den Reiseplan.　　　Ich sprach über den Reiseplan.
Sie (*they*) _____.　　　　　Sie sprachen über den Reiseplan.
Wer _____ das Farbfoto?　　　Wer sprach über das Farbfoto?
Wir _____.　　　　　Wir sprachen über das Farbfoto.

II. SUMMARY OF COMMONLY USED IRREGULAR VERBS

INFINITIVE	PRESENT	NARR. PAST	PRES. PERFECT
halten	hält	hielt	gehalten
lassen	läßt	ließ	gelassen
raten	rät	riet	geraten
schlafen	schläft	schlief	geschlafen
tragen	trägt	trug	getragen
waschen	er wäscht	er wusch	er hat gewaschen
brechen	bricht	brach	gebrochen
essen	ißt	aß	gegessen
finden	findet	fand	gefunden
geben	gibt	gab	gegeben
helfen	hilft	half	geholfen

nehmen	nimmt	nahm	genommen
sprechen	spricht	sprach	gesprochen
treffen	trifft	traf	getroffen
werfen	wirft	warf	geworfen
lesen	liest	las	gelesen
sehen	sieht	sah	gesehen
bitten	bittet	bat	gebeten
singen	singt	sang	gesungen
trinken er	trinkt er	trank er hat	getrunken
liegen	liegt	lag	gelegen
schließen	schließt	schloß	geschlossen
sitzen	sitzt	saß	gesessen
schreiben	schreibt	schrieb	geschrieben
heißen	heißt	hieß	geheißen
rufen	ruft	rief	gerufen
stehen	steht	stand	gestanden
tun	tut	tat	getan

3. Repetition

Damals tat er sein Bestes.
Viele Leute standen vor dem Schalter.
Wir fotografierten das Rathaus.
„Guten Morgen," rief er oft.
Im Sommer schloß er seine Tür selten.
Gab es damals viel Interessantes?

Wir sangen gern Studentenlieder.
Ich fand sie hübsch.
Was las er damals?
Er riet mir immer, weiter zu studieren.
Er ließ sich die Haare schneiden (*had his hair cut*).

4. Present > Narrative Past

Während er schläft, lesen wir die Zeitung.

Der Lehrer steht immer vor dem Tisch, während er spricht.

Während er auf Reisen ist, schreibt er nicht oft.

Während sie sich die Hände wäscht, sieht sie sich im Spiegel an.

Während wir zu Mittag essen, sprechen wir über Deutschland.

Während er schlief, lasen wir die Zeitung.

Der Lehrer stand immer vor dem Tisch, während er sprach.

Während er auf Reisen war, schrieb er nicht oft.

Während sie sich die Hände wusch, sah sie sich im Spiegel an.

Während wir zu Mittag aßen, sprachen wir über Deutschland.

5. Present > Past Perfect and Narrative Past

Begin with **sobald.**

Er macht eine Aufnahme von mir.
Er geht nach Hause.

Sobald er eine Aufnahme von mir gemacht hatte, ging er nach Hause.

Er steht auf.
Er wäscht sich die Hände.

Sobald er aufgestanden war, wusch er sich die Hände.

Er wäscht sich die Hände.
Er geht in das Eßzimmer.

Sobald er sich die Hände gewaschen hatte, ging er in das Eßzimmer.

Er kommt herein.
Wir sprechen über den Reiseplan.

Sobald er hereingekommen war, sprachen wir über den Reiseplan.

Er findet seine Kamera.
Er knipst uns.

Sobald er seine Kamera gefunden hatte, knipste er uns.

6. Present > Narrative Past

Heute, gewöhnlich

Er hält sie für schön.
Ich rate ihm, weiter zu studieren.
Er läßt die Tür offen.
Er gibt seiner Mutter einen Kuß (*kiss*).
Er sieht seinem Vater ähnlich (*He looks like his father*).
Sie findet Mathematik schwer.
Sie singt schön.

Damals

Er hielt sie für schön.
Ich riet ihm, weiter zu studieren.
Er ließ die Tür offen.
Er gab seiner Mutter einen Kuß.
Er sah seinem Vater ähnlich.

Sie fand Mathematik schwer.
Sie sang schön.

7. Infinitive > Narrative Past

Was machten Sie, während ich auf Sie wartete?
Briefe schreiben

schlafen
sitzen und plaudern
eine Tasse Tee trinken
mit dem Lehrer sprechen
den Reiseführer lesen
ein Butterbrot essen
alte Freunde treffen
sich die Hände waschen

Ich schrieb Briefe.

Ich schlief.
Ich saß und plauderte.
Ich trank eine Tasse Tee.
Ich sprach mit dem Lehrer.
Ich las den Reiseführer.
Ich aß ein Butterbrot.
Ich traf alte Freunde.
Ich wusch mir die Hände.

III. SUMMARY OF COMMON IRREGULAR *SEIN* VERBS

INFINITIVE	PRESENT	NARR. PAST	PRES. PERFECT
bleiben	bleibt	blieb	geblieben
fahren	fährt	fuhr	gefahren
fallen	fällt	fiel	gefallen
fliegen	fliegt	flog	geflogen
gehen	geht	ging	gegangen
kommen	kommt	kam	gekommen
laufen	läuft	lief	gelaufen
schwimmen	schwimmt	schwamm	geschwommen
sein	ist	war	gewesen
steigen	steigt	stieg	gestiegen
sterben	stirbt	starb	gestorben
werden	wird	**wurde**	geworden

(er) (er) (er ist)

8. Repetition

Nachdem sie krank geworden war, blieb
   sie oft zu Hause.
Er fuhr gewöhnlich zweiter Klasse.
Er ging immer spät nach Hause.
Er kam selten vor acht Uhr.

Jeden Sonntag ging er spazieren.
Das Kind lief hin und her.
Als Kind schwamm ich gern.
Als er 19 Jahre alt war, wurde er Soldat.

9. Present > Narrative Past

Heute, gewöhnlich	*Damals*
Er kommt selten vor acht Uhr.	*Er kam selten vor acht Uhr.*
Wenn er krank ist, bleibt er immer zu Hause.	Wenn er krank war, blieb er immer zu Hause.
Er fährt mit dem Zug.	Er fuhr mit dem Zug.
Ich fliege gern.	Ich flog gern.
Mathematik fällt mir schwer.	Mathematik fiel mir schwer.
Er ist mein bester Freund.	Er war mein bester Freund.
Mein Hund läuft gern.	Mein Hund lief gern.

IV. SUMMARY OF COMMON IRREGULAR VERBS WITH INSEPARABLE PREFIXES

INFINITIVE	PRESENT	NARR. PAST	PRES. PERF.
beginnen	beginnt	begann	begonnen
bekommen	bekommt	bekam	bekommen
besprechen	bespricht	besprach	besprochen
bestehen	besteht	bestand	bestanden
erfahren	erfährt	erfuhr	erfahren
gefallen (*dat.*)	gefällt	gefiel	gefallen
vergeben (*forgive, dat.*) er	vergibt er	vergab er hat	vergeben
vergessen	vergißt	vergaß	vergessen
verlassen (*leave*)	verläßt	verließ	verlassen
verlieren (*lose*)	verliert	verlor	verloren
verschlafen	verschläft	verschlief	verschlafen
versprechen (*promise, dat.*)	verspricht	versprach	versprochen
verstehen	versteht	verstand	verstanden

10. Repetition

Gewöhnlich verließ er das Haus bei
   Sonnenaufgang (*sunrise*).
Ich erfuhr es durch einen Freund.

Wir besprachen den Stadtplan.
Die Klasse bestand damals aus mehr als
zwanzig Studenten.

11. Present > Past Perfect and Narrative Past

Begin with **nachdem**.

Er fährt ab.
Sie vergibt ihm.

Nachdem er abgefahren war, vergab
sie ihm.

Er verschläft zweimal.	Nachdem er zweimal verschlafen hatte, bat er um Entschuldigung.
Er bittet um Entschuldigung (*pardon*).	
Sie tanzt mit ihm.	Nachdem sie mit ihm getanzt hatte, gefiel er ihr nicht mehr.
Er gefällt ihr nicht mehr.	
Ich erinnere ihn an die Briefe.	Nachdem ich ihn an die Briefe erinnert hatte, vergaß er, sie aufzugeben.
Er vergißt, sie aufzugeben.	

12. Present > Narrative Past

Heute, gewöhnlich	*Damals*
Versteht sie alles, was der Lehrer sagt?	*Verstand sie alles, was der Lehrer sagte?*
Verläßt er das Haus früh?	Verließ er das Haus früh?
Vergißt er immer, die Briefe seiner Frau aufzugeben?	Vergaß er immer, die Briefe seiner Frau aufzugeben?
Ich bekomme jede Woche einen Brief.	Ich bekam jede Woche einen Brief.
Seine Familie besteht aus vier Personen.	Seine Familie bestand aus vier Personen.
Er verliert nie den Mut (*courage*).	Er verlor nie den Mut.
Meine Nachbarn besprechen gern Politik.	Meine Nachbarn besprachen gern Politik.
Wann beginnen die Kinos?	Wann begannen die Kinos?
Er verspricht, mir zu helfen.	Er versprach, mir zu helfen.
Sie verschläft selten.	Sie verschlief selten.

V. SUMMARY OF COMMON IRREGULAR VERBS WITH SEPARABLE PREFIXES

INFINITIVE	PRESENT	NARR. PAST	PRES. PERFECT
abfahren	fährt . . . ab	fuhr . . . ab	ist abgefahren
anfangen	fängt . . . an	fing . . . an	hat angefangen
ankommen	kommt . . . an	kam . . . an	ist angekommen
anrufen	ruft . . . an	rief . . . an	hat angerufen
ansehen	sieht . . . an	sah . . . an	hat angesehen
aufgeben	gibt . . . auf	gab . . . auf	hat aufgegeben
aufstehen	steht . . . auf	stand . . . auf	ist aufgestanden
auskommen	kommt . . . aus	kam . . . aus	ist ausgekommen
aussehen	sieht . . . aus	sah . . . aus	hat ausgesehen
einladen er	lädt . . . ein (*or* er ladet . . . ein)	lud . . . ein (*or* er ladete . . . ein)	hat eingeladen
hereinkommen	kommt . . . herein	kam . . . herein	ist hereingekommen
mitgehen	geht . . . mit	ging . . . mit	ist mitgegangen
mitkommen	kommt . . . mit	kam . . . mit	ist mitgekommen
mitnehmen	nimmt . . . mit	nahm . . . mit	hat mitgenommen
stehenbleiben	bleibt . . . stehen	blieb . . . stehen	ist stehengeblieben
vorbeikommen	kommt . . . vorbei	kam . . . vorbei	ist vorbeigekommen
vorziehen	zieht . . . vor	zog . . . vor	hat vorgezogen
zurückkommen	kommt . . . zurück	kam . . . zurück	ist zurückgekommen

13. Repetition

Da er eine Zeitlang krank gewesen war, stand er morgens immer spät auf.
Sein großer Koffer sah sehr alt aus.
Ging er gewöhnlich mit?

Er nahm seine Aktentasche mit.
Als wir noch in derselben Stadt wohnten, kam er oft vorbei.

14. Present > Narrative Past

Heute, gewöhnlich	*Damals*
Fährt er gewöhnlich um acht Uhr ab?	*Fuhr er gewöhnlich um acht Uhr ab?*
Kommt er gewöhnlich um fünf Uhr an?	Kam er gewöhnlich um fünf Uhr an?
Wann stehen Sie gewöhnlich auf?	Wann standen Sie gewöhnlich auf?
Sie kommt immer herein, ohne vorher (*before*) an die Tür zu klopfen.	Sie kam immer herein, ohne vorher an die Tür zu klopfen.
Sie kommen täglich vorbei.	Sie kamen täglich vorbei.
Das Kino fängt um acht Uhr an.	Das Kino fing um acht Uhr an.
Sie ruft ihre Mutter jede Woche einmal an.	Sie rief ihre Mutter jede Woche einmal an.
Er sieht mich immer komisch an.	Er sah mich immer komisch an.
Wann kommt er gewöhnlich von der Arbeit zurück?	Wann kam er gewöhnlich von der Arbeit zurück?
Gewöhnlich gibt er seine Pakete auf der Hauptpost (*main post office*) auf.	Gewöhnlich gab er seine Pakete auf der Hauptpost auf.
Er kommt mit seinem Geld nie aus.	Er kam mit seinem Geld nie aus.
Sie sieht krank aus.	Sie sah krank aus.
Samstags laden wir immer Freunde ein.	Samstags luden wir immer Freunde ein.
Geht Ihre Mutter immer mit?	Ging Ihre Mutter immer mit?
Kommt Rolf gewöhnlich mit?	Kam Rolf gewöhnlich mit?
Nehmen Sie gewöhnlich eine Kamera mit?	Nahmen Sie gewöhnlich eine Kamera mit?
Wo bleiben Sie gewöhnlich stehen?	Wo blieben Sie gewöhnlich stehen?
Wen ziehen Sie vor, Bach oder Beethoven?	Wen zogen Sie vor, Bach oder Beethoven?

VI. SUMMARY OF COMMON SEMI-IRREGULAR VERBS

INFINITIVE		PRESENT		NARR. PAST.		PRES. PERFECT
brennen		brennt		brannte		gebrannt
bringen		bringt		brachte		gebracht
verbringen		verbringt		verbrachte		verbracht
denken		denkt		dachte		gedacht
kennen	er	kennt	er	kannte	er hat	gekannt
erkennen		erkennt		erkannte		erkannt
nennen (*name, call*)		nennt		nannte		genannt
wissen		weiß		wußte		gewußt

15. Repetition

Das Haus brannte schon, als wir an-
kamen.

Damals brachte er mir oft Obst aus
seinem Garten.

Damals verbrachten wir oft einen
schönen Abend in seinem Haus.

Damals dachte ich oft an den **Krieg**
(*war*).

Ich kannte viele Studenten im Seminar.

Ich wußte damals eigentlich nicht viel.

Er nannte mich damals seinen Freund.

Sie erkannte ihn nicht.

16. Present > Narrative Past

Heute, gewöhnlich

Sie kennt mich nicht mehr.

Er bringt uns jeden Morgen eine Zeitung.

Der Lehrer weiß mehr als (*than*) wir.

Ich denke an meine Heimat (*home-
town*).

Er nennt mich seinen Freund.

Wo brennt es?

Damals

Sie kannte mich nicht mehr.

Er brachte uns jeden Morgen eine Zeitung.

Der Lehrer wußte mehr als wir.

Ich dachte an meine Heimat.

Er nannte mich seinen Freund.

Wo brannte es?

VII. NARRATIVE PAST OF MODAL VERBS

INFINITIVE		PRESENT		NARR. PAST.
dürfen		darf		durfte
können		kann		konnte
mögen	er	mag	er	mochte
müssen		muß		mußte
sollen		soll		sollte
wollen		will		wollte

Plural forms and the **Sie** form add **–n** in the narrative past: **wir durften,
Sie konnten,** etc.

17. Repetition

Wollte er damals eine Fremdsprache
lernen?

Durften Sie Deutsch lernen?

Konnten Sie viel verstehen?

Mußten Sie jeden Tag üben?

Sollten Sie viel **auswendig** (*by heart*)
lernen?

Mochten Sie den Lehrer?

18. Present > Narrative Past

Ich will ihn kennenlernen.

Er darf mitkommen.

Sie kann das nicht verstehen.

Ich muß es tun.

Können Sie das beweisen?

Ich wollte ihn kennenlernen.

Er durfte mitkommen.

Sie konnte das nicht verstehen.

Ich mußte es tun.

Konnten Sie das beweisen?

Wollen Sie arbeiten?
Sie muß gehen.
Klara und Trudi wollen ins Theater
gehen.
Ich kann ihn nicht leiden (*I can't stand
him*).

Wollten Sie arbeiten?
Sie mußte gehen.
Klara und Trudi wollten ins Theater
gehen.
Ich konnte ihn nicht leiden.

Review

English-German Patterns

He seldom looked at her.
She called her mother every week.
The child always went along.
He always took along a camera.
He always arrived at eight o'clock.
He always got up early.

Er sah sie selten an.
Sie rief ihre Mutter jede Woche an.
Das Kind ging immer mit.
Er nahm immer eine Kamera mit.
Er kam immer um acht Uhr an.
Er stand immer früh auf.

He wanted to pack his trunk.
I was permitted to snap his picture.
I had to travel by train.
She didn't like him.
He couldn't come.
At that time I knew the whole family.
Did you know that already?
He was thinking about his suitcase.
Every evening he brought us a news-
paper.
They named the street Beethoven Street.

Er wollte seinen großen Koffer packen.
Ich durfte ihn knipsen.
Ich mußte mit dem Zug fahren.
Sie mochte ihn nicht.
Er konnte nicht kommen.
Damals kannte ich die ganze Familie.
Wußten Sie das schon?
Er dachte an seinen Handkoffer.
Jeden Abend brachte er uns eine Zei-
tung.
Sie nannten die Straße Beethovenstraße.

Whenever he was sick, he stayed home.
When I came into the room, he was
reading.
He wrote letters while I was waiting
for him.
I waited while he was writing his com-
position.
While I was working, they went swimming.
While he was in the hospital, we wrote
to him regularly.

Wenn er krank war, blieb er zu Hause.
Als ich ins Zimmer kam, las er.

Er schrieb Briefe, während ich auf ihn
wartete.
Ich wartete, während er seinen Aufsatz
schrieb.
Während ich arbeitete, gingen sie
schwimmen.
Während er im Krankenhaus war,
schrieben wir ihm regelmäßig.

Although he had promised it, he didn't
keep his word.
As soon as they had seated themselves
at the table, they began to eat.
After he had failed, he never cut classes
any more.

Obwohl (obgleich) er es versprochen
hatte, hielt er sein Wort nicht.
Sobald sie sich an den Tisch gesetzt
hatten, fingen sie an zu essen.
Nachdem er durchgefallen war, schwänzte er nie mehr.

Personalized Questions

1. Möchten Sie ein **Wochenende** (*weekend*) in Heidelberg verbringen? 2. Haben Sie je mit einem Freund (einer Freundin) Brüderschaft getrunken? 3. Haben Sie heute **Post** (*mail*) bekommen? 4. Darf ich Sie knipsen? 5. Haben Sie zweitausend Mark in Ihrer Brieftasche? 6. Ist die Stadt Denver nördlich von hier? 7. Wo kann man einen Stadtplan bekommen? 8. Haben Sie einen Reisepaß? 9. Was nehmen Sie mit, wenn Sie reisen? 10. Glauben Sie, daß wir morgen schönes Wetter haben?

Directed Questions

1. Fragen Sie Fräulein ——, ob sie eine gute deutsche Kamera kennt!
2. Fragen Sie Herrn ——, wann der nächste Zug ankommt!
3. Fragen Sie Fräulein ——, wo das nächste Reisebüro ist!
4. Fragen Sie Fräulein ——, ob sie für **gutaussehende** (*handsome*) junge Männer schwärmt!
5. Fragen Sie Fräulein ——, ob sie Angst hat, wenn sie allein reist.
6. Fragen Sie Fräulein ——, ob sie je eine Nacht in einer Jugendherberge verbracht hat!
7. Fragen Sie Herrn ——, ob er gewöhnlich erster oder zweiter Klasse fährt!

VERB SUMMARY

INFINITIVE	PRESENT	NARR. PAST.	PRES. PERFECT
auspacken (*unpack*)	packt ... aus	packte ... aus	hat ausgepackt
beleidigen (*offend*)	beleidigt	beleidigte	hat beleidigt
duzen (*use the familiar du*)	duzt	duzte	hat geduzt
erkennen (*recognize*)	erkennt	erkannte	hat erkannt
fotografieren (*photograph*)	fotografiert	fotografierte	hat fotografiert
knipsen (*snap a picture*)	knipst	knipste	hat geknipst
küssen (*kiss*)	küßt	küßte	hat geküßt
packen (*pack*)	packt	packte	hat gepackt
scherzen (*joke*)	scherzt	scherzte	hat gescherzt
schneiden (*cut*)	schneidet	schnitt	hat geschnitten
schwärmen (*rave, be enthusiastic*)	schwärmt	schwärmte	hat geschwärmt
spotten (*make fun of*)	spottet	spottete	hat gespottet
umsteigen (*change cars, trains, etc.*)	steigt ... um	stieg ... um	**ist** umgestiegen
vergeben (*forgive*)	vergibt	vergab	hat vergeben
verlassen (*leave, forsake*)	verläßt	verließ	hat verlassen
versprechen (*promise, dat. of person*)	verspricht	versprach	hat versprochen
ziehen (*pull, draw*)	zieht	zog	hat gezogen

(er)

Mittelalterliches Deutschland

Es ist leicht zu verstehen, warum es in einem deutschen Studentenlied heißt: „Ich hab' mein Herz in Heidelberg verloren",[1] denn diese alte Univeritätsstadt ist schön gelegen[2] zwischen dem Neckar und der alten Schloßruine[3] (**A**), die heute die Hauptsehenswürdigkeit[4] der Stadt ist. Im Mittelalter wurde das Stadttor (**B**) nachts geschlossen.[5] Jetzt ist es nur noch ein Denkmal[6] vergangener Jahrhunderte.[7] Die Universität Heidelberg (1386 gegründet)[8] ist die älteste im heutigen Deutschland und eine der berühmtesten in ganz Europa.

[1] lost   [2] situated   [3] castle ruin   [4] main attraction
[5] (*wurde ... nachts geschlossen*) was closed at night   [6] monument
[7] of past centuries   [8] founded

A

B

Das süddeutsche Städtchen Dinkelsbühl (**C**) ist eine Museumsstadt; das heißt, alles ist beinahe genau wie im Mittelalter. Niemand darf ohne Erlaubnis[9] der Regierung[10] ein neues Haus bauen oder ein altes renovieren. Da die Stadt immer noch einen Graben, eine Stadtmauer und Wachttürme hat, kommen viele Leute aus allen Teilen Europas hierher, um eine echte[11] mittelalterliche Stadt zu sehen. Das Bild zeigt das alte Stadttor, die Mauer und zwei Wachttürme.

[9] permission   [10] government   [11] genuine

C

Rothenburg (**D**) ist ebenfalls eine mittelalterliche Stadt, die nicht weit von Dinkelsbühl liegt. Auch hier ist alles, wie es im Mittelalter war: Graben, Stadtmauer, Wachttürme und schöne alte Fachwerkhäuser.[12] Obwohl jeden Sommer viele Touristen Dinkelsbühl und Rothenburg besuchen, stören sie das Leben der Bauern nicht. Jeden Tag fahren die Bauern durch die Stadttore auf ihre Felder außerhalb der Stadt.

[12] half-timbered houses

D

Unter den mittelalterlichen Burgen gibt es wohl keine, die schöner und besser erhalten[13] ist, als Burg Eltz im Moselgebiet[14] (E). Burg Eltz wurde im zwölften Jahrhundert gebaut und gehört seit 1157 immer noch der Familie von Eltz.

[13] preserved   [14] Moselle River area

E

Aufgabe Achtzehn

Am romantischen Rhein

Die meisten Leute finden eine Nacht in Rüdesheim am Rhein ein einmaliges Erlebnis. Jung und alt singt und tanzt bis drei oder vier Uhr morgens in diesem bekannten Weinort. Aus diesem Grunde ist es schwer, Nachtruhe zu finden.

¹ BRUNO: Ach, ich bin heute müde! Mir ist, als ob wir die ganze Nacht getanzt hätten.

² RUDI: Nicht die ganze Nacht, wir sind schon um zwei Uhr ins Bett gegangen.

³ BRUNO: Es wäre schön, wenn wir noch eine Nacht hier am Rhein verbringen könnten.

⁴ RUDI: Ja, wenn wir nur mehr Zeit hätten! Wann fährt unser Dampfer an der Lorelei vorbei?

⁵ BRUNO: Wenn das Schiff nicht fünf Minuten Verspätung hätte, wären wir schon da.

⁶ RUDI: Hätten wir mehr Zeit, so würde ich den Felsen besteigen, dann könnten die Lorelei und ich ein schönes Duett singen.

⁷ BRUNO: Du bist ganz verrückt!

⁸ RUDI: Wie wäre es, wenn wir etwas zu essen bestellten? Ich sterbe vor Hunger.

⁹ BRUNO: Schon wieder? [Neckend] Du bist doch schon gestern gestorben!

¹⁰ RUDI: Herr Ober, einmal Fisch mit Tomatensalat, bitte.

¹¹ OBER: Leider haben wir keine warmen Mahlzeiten mehr.

¹² RUDI: Könnten wir vielleicht zweimal Torte mit Schlagsahne bestellen?

¹³ OBER: Jawohl! Das kann ich sofort bringen.

Fragen

1. Was tut man abends in Rüdesheim am Rhein? 2. Warum ist Bruno so müde? 3. Welchen Felsen will Rudi besteigen? 4. Wer hat Hunger? 5. Was bestellt er? 6. Was bekommt er?

Lesson 18

On the Romantic Rhine

Most people find a night in Rüdesheim on the Rhine a unique experience. Young and old sing and dance until three or four o'clock in the morning in this well-known wine town. For this reason, it is hard to get a good night's rest.

¹ BRUNO: Gee, I'm tired today. It seems to me as though we had danced all night.

² RUDI: Not the whole night; we got to bed at two o'clock.

³ BRUNO: It would be nice if we could spend another night here on the Rhine.

⁴ RUDI: Yes, if we only had more time! When does our steamer pass by the Lorelei?

⁵ BRUNO: If the ship were not five minutes late, we would already be there.

⁶ RUDI: If we had more time, I would climb the rock (cliff); then Lorelei and I could sing a beautiful duet.

⁷ BRUNO: You're completely mad!

⁸ RUDI: How would it be if we ordered something to eat? I'm dying of hunger.

⁹ BRUNO: Again? [Teasingly] You just died yesterday.

¹⁰ RUDI: Waiter, a serving of fish with tomato salad, please.

¹¹ WAITER: Unfortunately, we don't have any more warm meals.

¹² RUDI: Could we, perhaps, order two pieces of cake with whipped cream?

¹³ WAITER: Yes indeed! I can bring that right away.

Vocabulary Building

Feste (Festivals) *der Feiertag* [handwritten]

Die drei größten kirchlichen Feste sind Weihnachten,[1] Ostern[2] und Pfingsten.[3]

Zu[4] Weihnachten sprechen wir vom
{
Weihnachtsabend.
Weihnachtstag.
Heiligen[5] Abend. *holy* [handwritten]
Weihnachtsbaum.
Tannenbaum.[6]
}

Karfreitag – Good Friday [handwritten]
Ostersonntag – East. Sunday [handwritten]
Pfingst montag = [handwritten]

Der Weihnachtsmann
(oder)
Das Christkind
} bringt den Kindern Weihnachtsgeschenke.[7]

Zu Weihnachten hört man immer wieder:[8]

Fröhliche Weihnachten![9]
(oder)
Frohe Weihnacht!

Nicht viel später feiert man Sylvesterabend[10] und Neujahr. Dann ruft man seinen Freunden, Bekannten und Verwandten[11] zu:

Viel Glück zum Neuen Jahr!
(oder)
Alles Gute im Neuen Jahr!
(oder)
Ein gutes Neues Jahr!

Vocabulary Building Questions

1. Welche großen kirchlichen Feste kennen Sie? 2. Was für einen Baum kauft man zu Weihnachten? 3. Wer bringt Weihnachtsgeschenke? 4. Wann feiert man Sylvesterabend?

Dialogue Variations

A. Wohin reisen Sie heute?
B. Wir fahren mit dem Rheindampfer von Bingen nach Bonn.
A. Gibt's auf der Rheinfahrt viel zu sehen?
B. O ja! Auf beinahe jedem Berg kann man alte Burgen aus dem Mittelalter sehen.
A. Wer wohnt heute darin?
B. Einige sind nur Ruinen, andere benutzt[1] man als Jugendherbergen und Museen.[2]

[1] Christmas   [2] Easter   [3] Pentecost   [4] at   [5] holy   [6] fir tree, Christmas tree
[7] Christmas presents   [8] again and again   [9] Merry Christmas   [10] New Year's Eve
[11] relatives

[1] uses   [2] museums

A. Wie romantisch! Vielleicht können wir in einer mittelalterlichen Burg übernachten.

B. Wunderbar! Ich freue mich schon darauf.

A. Haben Sie Heimweh?[3]

B. Ja, wenn ich an Weihnachten denke, habe ich immer Heimweh nach Deutschland.

A. Wann kehren Sie nach Deutschland zurück?

B. Sobald ich genug Geld gespart[4] habe.

A. Warum fahren wir nicht im nächsten Sommer mit einer Studentengruppe dorthin? Eine Studienreise[5] kostet wirklich sehr wenig.

B. So? Das klingt ganz interessant. Vielleicht kann ich das machen.

A. Wozu[6] brauchen die Deutschen eigentlich zwei Tage Pfingsten?

B. Am ersten Tag gehen sie in die Kirche.

A. Und was machen sie am zweiten Tag?

B. Sie erholen sich[7] von der Arbeit und ruhen sich aus.[8]

A. Hm! Wie machen sie denn das?

B. Ganz einfach. Sie wandern[9] mit der Familie und freuen sich am Sonnenschein.

A. Sie meinen wirklich „wandern", zu Fuß gehen?

B. Warum nicht? Wenn sie wandern, dann sehen sie mehr von den Schönheiten der Natur.[10]

A. Ja, das mag schon stimmen.[11]

Conversational Patterns

I. IMAGINATIVE SUBJUNCTIVE OF REGULAR VERBS—PRESENT TIME

The indicative mood expresses a factual statement; the imperative, a command or request; and the subjunctive, uncertainty, doubt, and imagination.

INDICATIVE: Er macht eine Reise.
IMPERATIVE: Machen Sie eine Reise!
SUBJUNCTIVE: Wenn er Zeit hätte, würde er eine Reise machen.

In both English and German, a *real condition* leaves open the possibility of fulfillment:

Wenn er Zeit **hat, wird** er eine Reise **machen.**
If he *has* time, he *will take* a trip.

Perhaps he has time: If he does, he will take a trip. This is a real condition.

---

[3] Are you homesick?   [4] saved   [5] study tour   [6] why   [7] relax   [8] rest up
[9] go hiking   [10] beauties of nature   [11] may be right

The subjunctive is used, however, when an *unreal* condition or completely *imaginative statement* is expressed:

Wenn er Zeit **hätte, würde** er eine Reise **machen.**
If he *had* time, he *would take* a trip.

This is not a real condition, because he does *not* have time. Such unreal or contrary-to-fact conditions imply that the condition is not being fulfilled and is not likely to be fulfilled; in other words, it is a completely imaginative situation.

Both English and German use the narrative past tense form of regular verbs to form the *imaginative subjunctive of present time:*[1]

ich / er / sie / es {
fragte
glaubte
hätte[2]
legte
liebte
spielte
}

wir / sie / Sie {
fragten
glaubten
hätten[2]
legten
liebten
spielten
}

With regular verbs, **würde** plus infinitive is generally used in a result clause. This construction with **würde** (*would*) is often called the *conditional.*

Wenn ich viel Geld **hätte, würde** ich mir ein neues Auto **kaufen.**
If I *had* a lot of money, I *would buy* myself a new car.

1. Repetition

Wenn er mich **fragte, würde** ich ihm **antworten.** — If he *asked* me, I *would answer* him.

Wenn er in der Klasse **aufpaßte, würde** er etwas **lernen.** — If he *paid* attention in class, he *would learn* something.

Wenn er fleißig **arbeitete, würde** er es **lernen.** — If he *worked* hard, he *would learn* it.

2. Indicative > Subjunctive

Change from real condition to unreal condition.

Wenn ich Zeit habe, werde ich Sie begleiten. — *Wenn ich Zeit hätte, würde ich Sie begleiten.*

Wenn er genug Geld hat, wird er die Universität besuchen. — Wenn er genug Geld hätte, würde er die Universität besuchen.

Wenn sie mich besuchen, werde ich mich freuen. — Wenn sie mich besuchten, würde ich mich freuen.

[1] Although the subjunctive forms of regular verbs are the same as the narrative past forms, the situation refers to the present—hence the term *subjunctive of present time.*
[2] The use of **hätte(n)** rather than **hatte(n)** is an exception to the rule; but, as mentioned before, **haben** is sometimes considered a semi-irregular verb.

Wenn sie sich besser fühlt, wird sie uns besuchen.

Wenn er noch in Bremen wohnt, werden wir ihn besuchen.

Wenn sie ihn liebt, wird sie ihn heiraten (*marry*).

Wenn er das glaubt, wird er alles glauben.

Wenn sie sich besser fühlte, würde sie uns besuchen.

Wenn er noch in Bremen wohnte, würden wir ihn besuchen.

Wenn sie ihn liebte, würde sie ihn heiraten.

Wenn er das glaubte, würde er alles glauben.

II. WORD ORDER VARIATIONS IN THE SUBJUNCTIVE

Occasionally **wenn** is omitted when expressing an unreal condition. In such cases, inverted word order must be used. When **wenn** is omitted, **so** or **dann** is frequently used to introduce the following clause:

Hätte er genug Geld, so **würde** er sich einen neuen Anzug **kaufen.**
Had he enough money, (as a result) he *would buy* himself a new suit.

A sentence may also begin with the result clause:

Er **würde** sich einen neuen Anzug **kaufen,** wenn er genug Geld **hätte.**

3. Repetition

Hätte er Zeit, so würde er mich besuchen.

Hätte er Geld, so würde er mir etwas kaufen.

Hätten wir **Tennisschläger** (*tennis rackets*), so würden wir Tennis spielen.

Er würde einen Brief diktieren, wenn er Zeit hätte.

Er würde es nicht glauben, wenn wir es ihm sagten.

Sie würde sich nicht so oft erkälten, wenn sie die Fenster zumachte.

4. Word Order

Omit **wenn.**

Wenn ich Geld hätte, würde ich ein Rad kaufen.

Wenn ich Zeit hätte, würde ich mich rasieren.

Wenn ich Zeit und Geld hätte, würde ich nach Deutschland reisen.

Wenn wir einen Wagen hätten, würden wir nicht mehr warten.

Hätte ich Geld, so würde ich ein Rad kaufen.

Hätte ich Zeit, so würde ich mich rasieren.

Hätte ich Zeit und Geld, so würde ich nach Deutschland reisen.

Hätten wir einen Wagen, so würden wir nicht mehr warten.

Begin with result clause.

Wenn ich mehr Zeit hätte, würde ich Ihre Frage beantworten.

Wenn er Geld hätte, würde er Medizin studieren.

Ich würde Ihre Frage beantworten, wenn ich mehr Zeit hätte.

Er würde Medizin studieren, wenn er Geld hätte.

Wenn er sie besuchte, würde sie sich freuen.

Sie würde sich freuen, wenn er sie besuchte.

Wenn ich Geld brauchte, würde ich meinen Eltern telefonieren.

Ich würde meinen Eltern telefonieren, wenn ich Geld brauchte.

III. SUBJUNCTIVE OF WISH

In expressing a wish that is not likely to be fulfilled, the result clause of an unreal condition is omitted:

Wenn ich nur ein neues Auto **hätte!**
If I only *had* a new car!

Sometimes **wenn** is omitted, in which case the conjugated verb begins the sentence:

Hätte ich nur ein neues Auto!

5. Repetition

Wenn ich nur Geld hätte!
Hätte er nur Zeit!
Wenn sie mir nur glaubte!

Wenn er in der Klasse nur aufpaßte!
Wenn er nur nicht schwänzte!
Hätte sie nur eine hübsche Schwester!

6. Statement > Wish

Er glaubt mir nicht.

Wenn er mir nur glaubte!

Sie interessiert sich nicht für Sport.
Sie macht ihre Hausarbeit nicht.
Er arbeitet nicht fleißig.
Er paßt nicht auf.
Er tanzt nicht gut.

Wenn sie sich nur für Sport interessierte!
Wenn sie nur ihre Hausarbeit machte!
Wenn er nur fleißig arbeitete!
Wenn er nur aufpaßte!
Wenn er nur gut tanzte!

Ich habe kein Geld.

Hätte ich nur Geld!

Ich habe keine Zeit.
Ich habe keine Schreibmaschine.
Er hat keinen Wagen.
Sie hat kein **Wörterbuch** (*dictionary*).

Hätte ich nur Zeit!
Hätte ich nur eine Schreibmaschine!
Hätte er nur einen Wagen!
Hätte sie nur ein Wörterbuch!

IV. IMAGINATIVE SUBJUNCTIVE OF REGULAR VERBS—PAST TIME

The imaginative subjunctive of past time is generally formed by using:

hätte(n) + past participle.

Verbs that take the auxiliary **sein,** however, have:

wäre(n) + past participle.

Wenn er fleißiger gearbeitet hätte, hätte er mehr gelernt.
If he *had worked* more diligently, he *would have learned* more.

Wenn er nach Deutschland gereist wäre, hätte er sich einen Volkswagen gekauft.
If he *had traveled* to Germany, he *would have bought* himself a Volkswagen.

Although it is possible to use a form of **würde** in the result clause, this form is rather long and unpopular in conversational German:

Wenn er fleißig gearbeitet hätte, würde er es gelernt haben.
If he *had worked* diligently, he *would have learned* it.

7. Repetition

Wenn sie das Fenster zugemacht hätte, hätte sie sich nicht erkältet.

Wenn er Geld gehabt hätte, hätte er eine Reise gemacht.

Wenn ich nur fleißiger gearbeitet hätte!

Hätte er aufgepaßt, so hätte er etwas gelernt.

Wäre er gestern dahin gereist, so hätten sie ihn vom Bahnhof abgeholt.

Hätten wir nur fleißiger gearbeitet!

8. Present Time > Past Time

Wenn er Geld hätte, würde er eine Reise machen.

Wenn Sie Elsa besuchten, würden Sie ihren Vater kennenlernen.

Wenn Sie fleißiger arbeiteten, würden Sie mehr leisten (*accomplish*).

Wenn Sie nicht schwänzten, würden Sie mehr lernen.

Wenn er nicht rauchte, würde sich seine Frau freuen.

Wenn Sie dieses Buch kauften, würden Sie es nie bedauern (*regret*).

Die Bauern (*farmers*) würden sich freuen, wenn es regnete.

Ich würde nicht antworten, wenn er mich fragte.

Wenn er Geld gehabt hätte, hätte er eine Reise gemacht.

Wenn Sie Elsa besucht hätten, hätten Sie ihren Vater kennengelernt.

Wenn Sie fleißiger gearbeitet hätten, hätten Sie mehr geleistet.

Wenn Sie nicht geschwänzt hätten, hätten Sie mehr gelernt.

Wenn er nicht geraucht hätte, hätte sich seine Frau gefreut.

Wenn Sie dieses Buch gekauft hätten, hätten Sie es nie bedauert.

Die Bauern hätten sich gefreut, wenn es geregnet hätte.

Ich hätte nicht geantwortet, wenn er mich gefragt hätte.

V. IMAGINATIVE SUBJUNCTIVE OF
IRREGULAR VERBS—PRESENT AND PAST TIME

The subjunctive of present time for irregular verbs is formed by adding an umlaut, if possible, to the narrative past form and by adding the ending **-e** in the singular and **-en** in the plural (verb summaries in Lesson 17):

| ich / er / sie / es | äße (essen)
bliebe (bleiben)
fände (finden)
ginge (gehen)
käme (kommen)
sähe (sehen)
schliefe (schlafen)
schriebe (schreiben)
spräche (sprechen)
täte (tun)
tränke (trinken)
wäre (sein) | wir / sie / Sie | äßen
blieben
fänden
gingen
kämen
sähen
schliefen
schrieben
sprächen
täten
tränken
wären |

Wenn er heute hier **wäre**, **würde** er es tun.
If he *were* here today, he *would do* it.

In written German and in formal spoken German, the subjunctive form of the irregular verb is often used in the result clause:

Wenn er heute hier wäre, **täte** er es.

The forms **hätte** and **wäre** are also used much more frequently than **würde** . . . haben and würde . . . sein:

Wenn heute Sonntag **wäre**, **hätte** ich keine Vorlesungen.
Wenn er jetzt **käme**, **wäre** ich glücklich.

The imaginative subjunctive of past time is formed just as it is for regular verbs: **hätte(n)** or **wäre(n)** plus past participle:

Wenn er hier **gewesen wäre**, { **hätte** er es getan.
 (or)
 würde er es getan haben. }

If he *had been* here, he *would have done* it.

As mentioned in Part IV, the **würde** form for past time is long and is used rather infrequently in conversational German.

9. Repetition

Wenn er sein Bestes täte, würden wir ihm helfen.
Wenn er sein Bestes getan hätte, hätten wir ihm geholfen.
Ich würde das auf keinen Fall schreiben.
Ich hätte das auf keinen Fall geschrieben.
Wenn er jetzt käme, wäre ich zu schläfrig, mit ihm zu sprechen.

Wenn er gestern gekommen wäre, wäre ich zu schläfrig gewesen, mit ihm zu sprechen.
Wenn er nur zurückkäme!
Wenn er nur zurückgekommen wäre!
Wäre ich nur nicht so schläfrig!
Wäre ich nur nicht so schläfrig gewesen!

10. Present Time > Past Time

Wenn er nicht so viel äße, würde er nicht so dick werden.	*Wenn er nicht so viel gegessen hätte, wäre er nicht so dick geworden.*
Er wäre besser informiert, wenn er die Zeitung läse.	Er wäre besser informiert gewesen, wenn er die Zeitung gelesen hätte.
Wenn er mir schriebe, würde ich mich freuen.	Wenn er mir geschrieben hätte, hätte ich mich gefreut.
Wenn er früher zu Bett ginge, wäre er nicht so müde.	Wenn er früher zu Bett gegangen wäre, wäre er nicht so müde gewesen.
Er würde sich besser fühlen, wenn er mehr schliefe.	Er hätte sich besser gefühlt, wenn er mehr geschlafen hätte.
Wenn er lauter spräche, würden wir ihn besser verstehen.	Wenn er lauter gesprochen hätte, hätten wir ihn besser verstanden.

11. Past Time > Present Time

Wenn es nicht geregnet hätte, wäre ich aufs Land (to the country) *gefahren.*	*Wenn es nicht regnete, würde ich aufs Land fahren.*
Wenn das Wetter warm gewesen wäre, wären wir schwimmen gegangen.	Wenn das Wetter warm wäre, würden wir schwimmen gehen.
Wenn er diesen Zug genommen hätte, wäre er schneller nach Hamburg gekommen.	Wenn er diesen Zug nähme, würde er schneller nach Hamburg kommen.
Wenn Sie länger geschlafen hätten, wären Sie nicht so müde gewesen.	Wenn Sie länger schliefen, wären Sie nicht so müde.
Hätte er Ferien gehabt, so wären wir fischen gegangen.	Hätte er Ferien, so würden wir fischen gehen.
Wäre er vorbeigekommen, so hätte ich ihn zum Abendessen eingeladen.	Käme er vorbei, so würde ich ihn zum Abendessen einladen.
Wenn Sie mitgegangen wären, hätten Sie meinen Freund kennengelernt.	Wenn Sie mitgingen, würden Sie meinen Freund kennenlernen.
Wenn ich an Ihrer Stelle (*in your place*) gewesen wäre, hätte ich es getan.	Wenn ich an Ihrer Stelle wäre, würde ich es tun.

VI. IMAGINATIVE SUBJUNCTIVE OF SEMI-IRREGULAR VERBS—PRESENT AND PAST TIME

The subjunctive of present time for these verbs is formed by umlauting, if possible, the stem vowel of the narrative past verb form:

ich / er / sie / es {
brächte (bringen)
dächte (denken)
verbrächte (verbringen)
wüßte (wissen)
}

wir / sie / Sie {
brächten
dächten
verbrächten
wüßten
}

Wenn er den Sommer hier **verbrächte,** würden wir ihn gut kennenlernen.
If he *spent* the summer here, we would get to know him well.

The verbs **brennen, kennen,** and **nennen** do not have imaginative subjunctive forms that are commonly used in spoken German. The subjunctive idea is generally expressed with **würde, sollte, wollte, könnte,** etc., plus the infinitive.

The imaginative subjunctive of the irregular verbs **helfen, stehen, schwimmen, sterben,** and **werfen** is frequently expressed in the same way in spoken German.

Wenn ich ihn besser **kennen würde,** würde ich ihn danach fragen.
If I *knew* him better, I would ask him about it.

12. Repetition

Wenn er mir ein Geschenk brächte, würde ich mich freuen.

Wenn ich nur alles wüßte, was in dem Buch steht!

Würden Sie sich erkälten, wenn Sie eine Nacht im Schnee verbrächten?

Ich dächte, es wäre Zeit zu gehen.

Was würden Sie tun, wenn Ihr Haus brennen würde?

Ich würde mich freuen, wenn er mich „Freund" nennen wollte.

Wenn er nur daran gedacht hätte!

13. Statement > Wish

Ich weiß es nicht.

Er bringt es nie mit.

Er denkt nie daran.

Meine Taschenlampe (*flashlight*) brennt nicht. (*Use* würde.)

Ich habe den ganzen Sommer in Berlin verbracht.

Wenn ich es nur wüßte!

Wenn er es nur mitbrächte!

Wenn er nur daran dächte!

Wenn meine Taschenlampe nur brennen würde!

Wenn ich nur den ganzen Sommer in Berlin verbracht hätte!

VII. IMAGINATIVE SUBJUNCTIVE OF MODAL VERBS—PRESENT TIME

The subjunctive of present time for the modal verbs (except **sollen** and **wollen**) is formed by umlauting the stem vowel of the narrative past form:

ich / er / sie / es		wir / sie / Sie	
	dürfte (dürfen)		dürften
	könnte (können)		könnten
	möchte (mögen)		möchten
	müßte (müssen)		müßten
	sollte (sollen)		**sollten**
	wollte (wollen)		**wollten**

Wenn er **möchte, könnte** er die Nacht bei uns **verbringen.**
If he *would like to,* he *could spend* the night with us.

These subjunctive verb forms are more formal and polite than the indicative.

14. Repetition

Wenn Sie Ihr Buch hätten, könnten wir jetzt anfangen.

Dürfte ich Sie um ein Stück Kreide bitten?

Wir gehen schwimmen; möchten Sie mit?

Könnten Sie mir sagen, wie man schnell reich werden könnte?

Was sollte (*should*) ich sagen?

Ich müßte jetzt eigentlich auch gehen.

15. Indicative > Subjunctive

Wenn er Zeit hat, kann er gehen. *Wenn er Zeit hätte, könnte er gehen.*

Wenn er diesen Zug verpaßt (*misses*), muß er noch zwei Stunden warten.	Wenn er diesen Zug verpaßte, müßte er noch zwei Stunden warten.
Darf ich Ihnen helfen?	Dürfte ich Ihnen helfen?
Jeder Student soll täglich zwei Stunden üben.	Jeder Student sollte täglich zwei Stunden üben.
Kann das wahr sein?	Könnte das wahr sein?
Er kann gehen, wenn er will.	Er könnte gehen, wenn er wollte.
Darf ich mich neben Sie setzen?	Dürfte ich mich neben Sie setzen?

VIII. USE OF THE SUBJUNCTIVE AFTER *ALS OB* AND *ALS WENN*

Both **als ob** and **als wenn** mean *as if* or *as though* and generally introduce imaginative situations:

Er sah aus, **als ob** (als wenn) er müde **wäre.**
He looked *as if* he *were* tired.

Er tat, **als ob** (als wenn) er mich nicht gesehen **hätte.**
He acted *as though* he *had* not *seen* me.

It is also permissible to drop the **ob** or **wenn** and use inverted word order:

Er sah aus, **als wäre** er müde.
He looked *as if* he *were* tired.

16. Repetition

Sie sehen aus, als ob Sie hungrig wären.   Tun Sie, als wären Sie zu Hause!

Er sah aus, als wäre er zornig.   Er sieht aus, als wäre er zornig.

Die Kinder taten, als hätten sie ihre Mutter nicht gehört.   Er tat, als wenn er alles wüßte.

17. Infinitive > Subjunctive

Fritz sieht aus, als ob er zornig (sein).   *Fritz sieht aus, als ob er zornig wäre.*

Oskar sah aus, als wenn er müde (sein).   Oskar sah aus, als wenn er müde wäre.

Sie tat, als ob sie ihn (lieben).   Sie tat, als ob sie ihn liebte.

Sie tat, als ob sie es gelesen (haben).   Sie tat, als ob sie es gelesen hätte.

Review

English-German Patterns

If he asked me, I would answer him.

Wenn er mich fragte, würde ich ihm antworten.

He would learn more if he worked more.

Er würde mehr lernen, wenn er mehr arbeitete.

If I had time, I would go swimming.

Wenn ich Zeit hätte, würde ich schwimmen gehen.

If the book hadn't cost so much, I would have bought it.

Wenn das Buch nicht so viel gekostet hätte, hätte ich es gekauft.

We wouldn't work if he came today.

Wir würden nicht arbeiten, wenn er heute käme.

If I were you, I wouldn't do it! (machen)

Wenn ich Sie wäre, würde ich es nicht machen.

If he went now, I would go along.

Wenn er jetzt ginge, würde ich mitgehen.

If he forgot his book, I would give him mine.

Wenn er sein Buch vergäße, würde ich ihm meines geben.

If I were only rich!
If she only loved me!
Had I only stayed home!

Wenn ich nur reich wäre!
Wenn sie mich nur liebte!
Wäre ich nur zu Hause geblieben!

If I had known him well, I would have asked him about it. (danach)

Wenn ich ihn gut gekannt hätte, hätte ich ihn danach gefragt.

I would be happy if he would call me his friend.

Ich würde mich freuen, wenn er mich seinen Freund nennen würde.

What would you say if I brought you a big red apple?

Was würden Sie sagen, wenn ich Ihnen einen großen roten Apfel brächte?

What would you do if tomorrow were Christmas? (tun)

Was würden Sie tun, wenn morgen Weihnachten wäre?

What would we do if there were no Christmas trees (Weihnachtsbaum)?

Was würden wir tun, wenn es keine Weihnachtsbäume gäbe?

What would you do if you were all alone (ganz allein) on New Year's Eve?

Was würden Sie tun, wenn Sie am Sylvesterabend ganz allein wären?

Could you help me?
What should I do?
What would you like to do?
You should practice every day.

Könnten Sie mir helfen?
Was sollte ich tun?
Was möchten Sie tun?
Sie sollten jeden Tag üben.

He looks as if he were sick. (als ob)
He acted as if he knew everything. (omit ob)

Er sieht aus, als ob er krank wäre.
Er tat, als wüßte er alles.

He acted as if he had had a lot of money. (als wenn)

Er tat, als wenn er viel Geld gehabt hätte.

He acted as if he had attended the university. (als wenn)

Er tat, als wenn er die Universität besucht hätte.

Personalized Questions

1. Möchten Sie eine Nacht am Rhein verbringen? 2. Wären Sie müde, wenn Sie die ganze Nacht getanzt hätten? 3. Finden Sie es schwer, ein Duett zu singen, besonders wenn Sie ganz allein sind? 4. Was würden Sie jetzt vorziehen, ein Fischgericht mit Tomatensalat oder eine große Torte mit Schlagsahne? 5. Können Sie drei große kirchliche Feste nennen? 6. Haben Sie einen Weihnachtsbaum in Ihrem Garten? 7. Von wem bekommen Sie Weihnachtsgeschenke? 8. Haben Sie manchmal Heimweh? 9. Wievel Geld haben Sie im letzten Sommer gespart? Tausend Dollar? 10. Haben Sie jeden Sommer wenigstens zwei Wochen Ferien?

Directed Questions

1. Fragen Sie Herrn ——, ob er zu Weihnachten einen Volkswagen in seinem Strumpf finden möchte!
2. Fragen Sie Fräulein ——, ob sie je **Sehnsucht** (*longing*) nach alten Freunden hat!
3. Fragen Sie Fräulein ——, wann sie eine Studienreise nach Europa macht!
4. Fragen Sie Herrn ——, ob er je ein Rendezvous mit einer blonden Sirene haben möchte!
5. Fragen Sie Fräulein ——, ob man sich im Kino ausruhen kann!
6. Fragen Sie Herrn ——, wie oft er in die Kirche geht!
7. Fragen Sie Herrn ——, ob er in einer Burgruine wohnt!
8. Fragen Sie Fräulein ——, was für eine Wohnung ihr besser gefallen würde, eine alte, romantische Burg oder ein neues, modernes Haus!

VERB SUMMARY

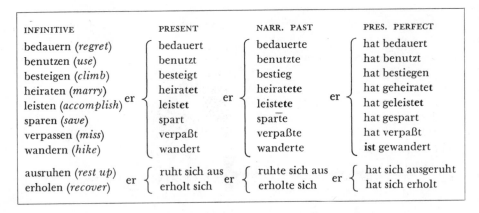

INFINITIVE	PRESENT	NARR. PAST	PRES. PERFECT
bedauern (*regret*)	bedauert	bedauerte	hat bedauert
benutzen (*use*)	benutzt	benutzte	hat benutzt
besteigen (*climb*)	besteigt	bestieg	hat bestiegen
heiraten (*marry*)	heiratet	heiratete	hat geheiratet
leisten (*accomplish*)	leistet	leistete	hat geleistet
sparen (*save*)	spart	sparte	hat gespart
verpassen (*miss*)	verpaßt	verpaßte	hat verpaßt
wandern (*hike*)	wandert	wanderte	ist gewandert
ausruhen (*rest up*)	ruht sich aus	ruhte sich aus	hat sich ausgeruht
erholen (*recover*)	erholt sich	erholte sich	hat sich erholt

Deutsche Feste

In den deutschsprachigen Ländern feiert man Weihnachten und Ostern ungefähr wie bei uns, denn der Weihnachtsbaum (**A**, vor dem berühmten gotischen Dom in Köln), der Osterhase[1] und das Osterei wurden von deutschen Einwanderern[2] nach Amerika gebracht. Unsere Weihnachtsfeier wäre undenkbar[3] ohne das Lied „Stille Nacht",[4] das in Oberndorf in Österreich komponiert wurde. In Deutschland, Österreich und der Schweiz kommt aber Sankt[5] Nikolaus mit seinen Geschenken[6] schon am sechsten Dezember. Zu Weihnachten warten die Kinder gespannt[7] auf den Besuch des Christkinds (**B**).

[1] Easter rabbit [2] immigrants [3] inconceivable [4] "Silent Night" by Franz Gruber and Joseph Mohr [5] Saint [6] presents [7] excitedly

A

B

Nicht nur die Kinder freuen sich auf Weihnachten, sondern auch die Verkehrspolizisten. Wenn sie während des Jahres freundlich und behilflich[8] gewesen sind, bekommen sie von dankbaren Fahrern[9] kleine Weihnachtsgeschenke (**C**).

[8] helpful   [9] drivers

C

D

Zu Ostern bekommen die Kinder Eier, die ihnen der Osterhase bringt. Er versteckt[10] sie im Garten oder in der Wohnung, und am Ostermorgen sucht jung und alt danach. Im Gottesdienst[11] von Ostersamstag auf Ostersonntag feiert man in allen Kirchen die Auferstehung[12] Christi.[13] Zu Pfingsten gehen die meisten Leute am ersten Feiertag[14] in die Kirche, aber am zweiten Tag machen sie Ausflüge in die Berge oder wandern durch Feld und Wald.

Die Fastnacht,[15] der Fasching oder der Karneval ist das große Fest vor der Fastenzeit,[16] die in katholischen Ländern am Aschermittwoch,[17] 40 Tage vor Ostern, beginnt. Nur im Süden und im Rheinland, wo die meisten Katholiken wohnen, ist der Karneval ein großes Volksfest. In Großstädten wie Düsseldorf, Köln, Mainz und München gibt es Festzüge,[18] Maskenbälle[19] und bunte[20] Programme in den Wirtshäusern und Nachtlokalen. In den Festzügen sieht man oft Teufel,[21] Dämonen und allerlei[22] Gespenster.[23] Dieser „Teufel" (D) versucht vielleicht die Kinder zu erschrecken.[24]

Am Rhein, der in der Schweiz entspringt[25] und dann durch Westdeutschland und die Niederlande[26] fließt, liegen Weinberge,[27] Weindörfer, alte Burgruinen, Großstädte, Wiesen und Fabriken. Seit dem Mittelalter ist der Rhein eine wichtige internationale Wasserstraße zwischen der Schweiz und der Nordsee. Auf den Bergen am Rhein und an der Mosel wachen[28] die alten Burgen der Raubritter,[29] (E) die vor Jahrhunderten jeden vorbeifahrenden Schiffer zwangen,[30] Zoll[31] zu bezahlen.

[10] hides   [11] religious service   [12] resurrection   [13] of Christ   [14] holiday
[15] Shrovetide   [16] Lent   [17] Ash Wednesday   [18] parades   [19] masked balls
[20] lively   [21] devils   [22] all kinds of   [23] ghosts, evil spirits   [24] frighten
[25] originates   [26] Netherlands   [27] vineyards   [28] stand guard   [29] robber knights
[30] forced   [31] toll, duty

E

In den vielen kleinen Dörfern, die an beiden Rheinufern zwischen Rüdesheim und Koblenz, sowie an der Mosel liegen (**F,** Zell an der Mosel), wohnen Weinbauern,[32] die in den Weinbergen arbeiten. Im Herbst, nach der Weinlese,[33] feiert man in den Dörfern im Rhein- und Moseltal fröhliche Weinfeste.

Jedes Jahr seit 1833 feiern die Münchener in den ersten Oktobertagen (manchmal auch schon gegen Ende September) das Oktoberfest, das größte deutsche Volksfest. Millionen von Touristen kommen alljährlich nach

[32] wine growers   [33] grape harvest

F

G

München, um die zahllosen Attraktionen zu bewundern und sich an den Festzügen,[34] bunten Programmen und Bällen[35] in den Nachtlokalen[36] und in den Parks zu erfreuen[37] (G). Der Hauptanziehungspunkt[38] des ganzen Festes ist das Münchner Bier, das unter riesigen Zelten[39] auf der Theresienwiese[40] ausgeschenkt wird.[41] (H).

[34] parades   [35] balls   [36] night clubs   [37] enjoy   [38] main attraction
[39] huge tents   [40] meadow on the outskirts of Munich   [41] is sold

H

Aufgabe Neunzehn

In der Schweiz

Im Sommer ist es schwer, ein freies Zimmer in Luzern zu finden, denn Luzern ist die Lieblingsstadt vieler Touristen. In Alpnachstad, einer kleinen Stadt am Vierwaldstätter See, finden Rudi und Bruno ein freies Zimmer.

1 BRUNO: Haben Sie ein Zimmer frei?

2 WIRTIN: Was für ein Zimmer wünschen Sie? Ein Einzelzimmer?

3 BRUNO: Nein, ein Doppelzimmer mit Bad. Mein Freund sucht gerade einen Parkplatz für seinen Wagen.

4 WIRTIN: Es tut mir leid, die Doppelzimmer mit Bad sind schon alle belegt. Ich habe aber ein sehr schönes Zimmer mit fließendem Wasser im dritten Stock, wenn es Ihnen gefällt.

5 BRUNO: Gut! Wir werden es nehmen. Können Sie mir, bitte, sagen, wie man am besten zum Gipfel des Pilatus kommt?

6 WIRTIN: Mit der Zahnradbahn von Station Alpnachstad.

7 BRUNO: Gibt's auch eine Seilbahn? Ein Freund von mir sagte, er wäre einmal mit einer Seilbahn hinaufgefahren.

8 WIRTIN: Von Kriens ist das möglich, aber nicht von Alpnachstad.

9 BRUNO: Ah, jetzt erinnere ich mich! Er sagte, er hätte die Seilbahn von der Bergspitze nach Kriens genommen und wäre dann mit der Straßenbahn nach Luzern gefahren.

10 WIRTIN: Das ist ein guter Reiseplan. Sie könnten es auch so machen und dann mit dem Schiff von Luzern zurückkommen.

11 BRUNO: Danke schön für den Vorschlag!

12 WIRTIN: Bitte schön.

Fragen

1. Warum ist es im Sommer schwer, ein freies Zimmer in Luzern zu finden? 2. Was für ein Zimmer sucht Bruno? 3. Wo ist sein Freund Rudi? 4. Was für ein Zimmer bekommen sie? 5. Wie kommt man am besten zum Gipfel des Pilatus? 6. Gibt's auch eine Seilbahn?

Lesson 19

In Switzerland

In summer it is difficult to find a vacant room in Lucerne, for Lucerne is the favorite city of many tourists. In Alpnachstad, a small town by Lake Lucerne, Rudi and Bruno find a vacant room.

1 BRUNO: Do you have a vacant room?

2 LANDLADY: What kind of a room do you wish? A single room?

3 BRUNO: No, a double room with bath. My friend is looking for a parking place for his car now.

4 LANDLADY: I'm sorry; the double rooms with bath are all taken. I do have, however, a very fine room with running water on the fourth floor, if you wish it.

5 BRUNO: Good! We'll take it. Can you please tell me what is the best way to get to the top of Mount Pilatus?

6 LANDLADY: By cogwheel railway from Alpnachstad Station.

7 BRUNO: Is there also an aerial cableway? A friend of mine said he had once traveled up there by aerial cableway.

8 LANDLADY: From Kriens that's possible, but not from Alpnachstad.

9 BRUNO: Ah, now I remember! He said he had taken the aerial cableway from the mountaintop to Kriens and then had traveled to Lucerne by streetcar.

10 LANDLADY: That's a good itinerary. You could do it the same way and then return from Lucerne by ship.

11 BRUNO: Thanks very much for the suggestion.

12 LANDLADY: You're quite welcome.

Vocabulary Building

In einem Hotel

Was für ein Zimmer wünschen Sie?
- Ein Einzelzimmer.
- Ein Doppelzimmer.
- Ein Zimmer mit (ohne) Bad.
- Ein Zimmer mit fließendem Wasser.

Wünschen Sie ein Zimmer
- im Erdgeschoß[1]
- im ersten Stock?[2]
- im zweiten Stock?[3]
- im dritten Stock?[4]

Wo ist
- der Portier?[5]
- der Geschäftsführer?[6]
- der Hoteldiener?[7]
- der Koch?[8]
- die Köchin?
- das Zimmermädchen?

Können Sie mir sagen, wo
- das Frühstückszimmer
- der Speisesaal[9]
- der Schlüssel[10] für mein Zimmer
- der Lift (Fahrstuhl)

ist?

Das Telefon

Haben Sie
- ein Telefon?
- einen Fernsprecher?[11]
- ein Telefonbuch?
- die Telefonnummer Ihres Freundes?

Haben Sie
- ihn schon angerufen?
- mit ihm telefoniert?

Gibt's eine Telefonzelle[12] in der Nähe?
Wollen Sie ein Ferngespräch anmelden?[13]

Wenn man telefonieren will, wählt[14] man die Nummer auf der Nummernscheibe.[15] Es passiert[16] oft, daß die Leitung[17] besetzt[18] ist. Wenn das Gespräch[19] zu Ende ist, hängt man den Hörer[20] auf.

Vocabulary Building Questions

1. Was für ein Zimmer suchen Sie, wenn Sie eine Reise machen? 2. Muß das Zimmer gewöhnlich im Erdgeschoß sein? 3. Brauchen Sie immer einen Hoteldiener? 4. Was tut ein Zimmermädchen? 5. Wo ist der Schlüssel zu Ihrem Zimmer? 6. Was tut man, wenn die Leitung besetzt ist?

---

[1] ground floor   [2] second floor   [3] third floor   [4] fourth floor   [5] doorman
[6] manager   [7] bellboy   [8] cook, chef   [9] dining room   [10] key   [11] telephone
[12] telephone booth   [13] make a long-distance call   [14] dials   [15] dial   [16] happens
[17] line   [18] busy   [19] conversation   [20] receiver

Dialogue Variations

A. Wollen wir in einem Hotel übernachten?
B. Wieviel kostet denn das?
A. Wenn wir ein einfaches Zimmer ohne Bad nehmen, wird es nicht so viel kosten.
B. Haben Sie aber auch an das Trinkgeld für den Hoteldiener und das Zimmermädchen gedacht?
A. Ach, wir geben nur soviel, wie wir haben.
B. Also, gut!

A. Wo ist der Geschäftsführer? Mein Gepäck ist immer noch nicht angekommen.
B. Haben Sie ein Zimmer im voraus[1] bestellt?
A. Ja, und ich habe auch mein Gepäck vor acht Tagen hierher schicken lassen.[2]
B. Einen Moment, bitte! Ich werde bei der Anmeldung[3] anrufen.

(Am Telefon)
A. Hallo, Frau Eggert, hier ist Luise Schmidt. Bitte, könnte ich Sigrid sprechen?
B. Einen Moment, bitte! Ich werde sie rufen . . .
C. Hallo!
A. Hallo, Sigrid! Hier ist Luise. Wie geht's?
C. Ach, Luise, du! Danke, prima![4]
A. Ich wollte dich zu meiner Party morgen abend einladen. Hättest du Lust?
C. Ganz bestimmt![5] Kommen wir einzeln[6] oder mit einem Herrn?
A. Bitte, mit einem Herrn.
C. Großartig![7] Das werde ich tun.

Conversational Patterns

I. SUBJUNCTIVE OF INDIRECT DISCOURSE

The use of the subjunctive in indirect discourse indicates that the speaker does not wish to assume any responsibility in reporting indirectly the words or thoughts of some other person.

Direct discourse (indicative):

Sie (*they*) sagten: „Wir **haben** kein Geld."
They said, "We *have* no money."

Indirect discourse (subjunctive):

Sie sagten, daß sie kein Geld **hätten.**
They said (that) they *had* no money.

[1] in advance [2] have had sent here [3] reception desk [4] fine [5] Most definitely!
[6] alone [7] Splendid!

The tense of the direct statement determines the tense of the indirect statement as follows:

Direct statement = indicative

Indirect statement = subjunctive

PRESENT
Sie sagten: „Wir **haben** kein Geld."

PRESENT TIME
Sie sagten, daß sie kein Geld **hätten.**

Sie sagten:
NARRATIVE PAST
„Wir **hatten** kein Geld."

PRESENT PERFECT
„Wir **haben** kein Geld **gehabt.**"

PAST PERFECT
„Wir **hatten** kein Geld **gehabt.**"

PAST TIME
Sie sagten, daß sie kein Geld **gehabt hätten.**

FUTURE
Sie sagten: „Wir **werden** kein Geld haben."

FUTURE TIME
Sie sagten, daß sie kein Geld **haben würden.**

In an indirect statement the conjunction *daß* may be omitted, in which case regular word order is used:

Sie sagten, **sie hätten** kein Geld.

1. Repetition

Change from direct statement, indicative, to indirect statement, subjunctive.

Sie *(they)* sagten: „Wir können nicht kommen."

Sie sagten, daß sie nicht kommen könnten.

Meine Freunde schrieben „Wir werden mit dem Zug fahren."

Meine Freunde schrieben, sie würden mit dem Zug fahren.

Hans und Willi sagten: "Wir haben bei einem Freund übernachtet."

Hans und Willi sagten, daß sie bei einem Freund übernachtet hätten.

Die Kinder sagten: „Wir nahmen unsere Bücher mit."

Die Kinder sagten, sie hätten ihre Bücher mitgenommen.

2. Direct Statement > Indirect Statement (Present Time)

Use **daß.**

Er sagte zu mir: „Wir haben keine Lust dazu."

Er sagte mir, daß sie keine Lust dazu hätten.

Die Kinder sagten: „Wir wissen nichts davon."

Die Kinder sagten, daß sie nichts davon wüßten.

Klara erklärte: „Meine Freunde rufen mich oft an."

Klara erklärte, daß ihre Freunde sie oft anriefen.

Meine Gäste *(guests)* sagten: „Wir müssen morgen abreisen *(leave)*."

Meine Gäste sagten, daß sie morgen abreisen müßten.

Omit **daß**.

Mein Vetter schrieb: „Wir gehen jeden Tag schwimmen."	*Mein Vetter schrieb, sie gingen jeden Tag schwimmen.*
Sie (*they*) sagten: „Wir hören das oft im Radio."	Sie sagten, sie hörten das oft im Radio.
Meine Eltern schrieben: „Wir haben einen neuen Wagen."	Meine Eltern schrieben, sie hätten einen neuen Wagen.
Onkel Wilhelm schrieb: „Wir haben vor, nach Europa zu fliegen."	Onkel Wilhelm schrieb, sie hätten vor, nach Europa zu fliegen.

3. Direct Statement > Indirect Statement (Past Time)

Use **daß**.

Die Studenten behaupteten (asserted): „Wir haben unsere Hausarbeit gemacht."	*Die Studenten behaupteten, daß sie ihre Hausarbeit gemacht hätten.*
Großvater schrieb: „Wir haben die Kartoffeln gepflanzt."	Großvater schrieb, daß sie die Kartoffeln gepflanzt hätten.
Karl und Fritz sagten: „Wir haben den ganzen Sommer in einer Fabrik (*factory*) gearbeitet."	Karl und Fritz sagten, daß sie den ganzen Sommer in einer Fabrik gearbeitet hätten.
Sie (*they*) sagten: „Wir sahen Georg oft bei der Arbeit."	Sie sagten, daß sie Georg oft bei der Arbeit gesehen hätten.

daß

Johann telefonierte: „Wir haben den Zug verpaßt."	*Johann telefonierte, sie hätten den Zug verpaßt.*
Er schrieb uns: „Wir haben uns endlich an das Wetter gewöhnt."	Er schrieb uns, sie hätten sich endlich an das Wetter gewöhnt.
Meine Eltern schrieben: „Wir haben einen neuen Fernsehapparat gekauft."	Meine Eltern schrieben, sie hätten einen neuen Fernsehapparat gekauft.
Sie (*they*) sagten zu mir: „Damals interessierten wir uns für die Kunst."	Sie sagten mir, sie hätten sich damals für die Kunst interessiert.

4. Direct Statement > Indirect Statement (Future Time)

Use **daß**.

Sie (they) sagten: „Wir werden morgen abfahren."	*Sie sagten, daß sie morgen abfahren würden.*
Der Lehrer sagte: „Morgen werden wir eine kleine Prüfung haben."	Der Lehrer sagte, daß wir morgen eine kleine Prüfung haben würden.
Sie (*you*) sagten: „Ich werde kommen."	Sie sagten, daß Sie kommen würden.
Meine Freunde sagten: „Wir werden eine Reise machen."	Meine Freunde sagten, daß sie eine Reise machen würden.

Omit **daß.**

Sie behaupteten: „Unsere Berge werden ihm gefallen."

Sie behaupteten, ihre Berge würden ihm gefallen.

Sie schrieb: „Wir werden so bald wie möglich zu Ihnen *(pl.)* kommen."

Sie schrieb, sie würden so bald wie möglich zu uns kommen.

Der Lehrer sagte: „Meine Schüler werden ihre Arbeit gut machen."

Der Lehrer sagte, seine Schüler würden ihre Arbeit gut machen.

Meine Eltern haben geschrieben: „Wir werden kein Geld schicken."

Meine Eltern haben geschrieben, sie würden kein Geld schicken.

II. INDIRECT QUESTIONS

The subjunctive is used in indirect questions as well as indirect statements, but dependent word order *must* be used because the interrogatives (**wohin, wann, wer,** etc.) serve as subordinating conjunctions:

DIRECT: Hans fragte uns: „Wohin gehen Sie heute?"
INDIRECT: Hans fragte uns, **wohin** wir heute **gingen.**

When no interrogative is used in the direct question, use **ob** to introduce the indirect question:

Kurt fragte uns, **ob** wir heute abend ins Konzert **gingen.**

5. Repetition

Change from direct question, indicative, to indirect question, subjunctive.

Er fragte uns: „Haben Sie ein freies Zimmer?"

Er fragte uns, ob wir ein freies Zimmer hätten.

Sie fragte mich: „Haben Sie mein Kind gesehen?"

Sie fragte mich, ob ich ihr Kind gesehen hätte.

Sie *(they)* fragten uns: „Wohin werden Sie nächsten Sommer reisen?"

Sie fragten uns, wohin wir nächsten Sommer reisen würden.

6. Direct Question > Indirect Question (Present Time)

Er fragte mich: „Haben Sie einen Wagen?"

Er fragte mich, ob ich einen Wagen hätte.

Er fragte mich: „Wo arbeiten Ihre Brüder?"

Er fragte mich, wo meine Brüder arbeiteten.

Er fragte mich: „Wie viele Geschwister haben Sie?"

Er fragte mich, wie viele Geschwister ich hätte.

Er fragte mich: „Wo bleiben Ihre Freunde?"

Er fragte mich, wo meine Freunde blieben.

7. Direct Question > Indirect Question (Past Time)

Sie fragte die Studenten: „Wo haben Sie das Buch gekauft?"

Sie fragte die Studenten, wo sie das Buch gekauft hätten.

Der Lehrer fragte uns: „Haben Sie das Gedicht gelesen?"

Der Lehrer fragte uns, ob wir das Gedicht gelesen hätten.

Er fragte mich: „Wohnten Sie damals in Berlin?"

Er fragte mich, ob ich damals in Berlin gewohnt hätte.

Sie fragte uns: „Hatten Sie den Brief schon geschrieben?"

Sie fragte uns, ob wir den Brief schon geschrieben hätten.

Wir fragten die Studenten: „Haben Sie die neuesten Nachrichten (*the latest news*) gelesen?"

Wir fragten die Studenten, ob sie die neuesten Nachrichten gelesen hätten.

8. Direct Question > Indirect Question (Future Time)

Er fragte uns: „Werden Sie morgen kommen?"

Er fragte uns, ob wir morgen kommen würden.

Er fragte mich: „Werden Sie nach Deutschland reisen?"

Er fragte mich, ob ich nach Deutschland reisen würde.

Er fragte uns: „Wann werden Sie mich besuchen?"

Er fragte uns, wann wir ihn besuchen würden.

Er fragte mich: „Wo werden Sie nächstes Jahr studieren?"

Er fragte mich, wo ich nächstes Jahr studieren würde.

9. Direct Question > Indirect Question (Various Time References)

Sie fragte uns: „Haben Sie meine Katze gesehen?"

Sie fragte uns, ob wir ihre Katze gesehen hätten.

Er fragte mich: „Wann gehen Sie an die Arbeit?"

Er fragte mich, wann ich an die Arbeit ginge.

Er fragte sie (*them*): „Haben Sie in Berlin gewohnt?"

Er fragte sie, ob sie in Berlin gewohnt hätten.

Er fragte uns: „Werden Sie mich bald besuchen?"

Er fragte uns, ob wir ihn bald besuchen würden.

Er fragte uns: „Warum wollen Sie nicht kommen?"

Er fragte uns, warum wir nicht kommen wollten.

Er fragte sie (*them*): „Warum können Sie nicht länger bleiben?"

Er fragte sie, warum sie nicht länger bleiben könnten.

Er fragte uns: „Arbeiteten Sie damals?"

Er fragte uns, ob wir damals gearbeitet hätten.

III. ALTERNATE SUBJUNCTIVE

There is another subjunctive form that is also used in indirect discourse. It occurs especially in literature and in the speech of educated people. This form, *which is used only in the third person singular of most verbs*,[1] is made by adding -e to the stem of the infinitive:

er
sie } habe, werde, mache, tue, gebe, könne, wolle, denke, solle, wisse, etc.
es

The irregular verb **sein** has both a singular and a plural form:

ich
er } **sei**
sie
es

wir
sie } **seien**
Sie

In summary, if the verb of the indirect statement is in the third person singular, it may appear in either the regular subjunctive form or the alternate subjunctive form, both of which are correct.

DIRECT DISCOURSE	INDIRECT DISCOURSE
Walter sagte: „Ich habe das Buch gelesen."	Walter sagte, daß er das Buch **gelesen habe.** *(or)* Walter sagte, daß er das Buch **gelesen hätte.**

10. Repetition

Er sagte, daß er heute nicht kommen könne (könnte).

Sie antwortete, daß sie gehen müsse (müßte).

Er versprach, daß er mir helfen werde (würde).

Sie dachte, sie habe (hätte) sein Auto gesehen.

Er schrieb, daß es ihm besser gehe (ginge).

Er sagte, daß er in die Berge gefahren sei (wäre).

Sie schrieb, daß sie meine Kusine gesehen habe (hätte).

Er glaubte, ich sei (wäre) reich.

11. Direct Statement > Indirect Statement

Use **daß.**

Albert dachte: „Ich kann durchfallen."

Wolfgang sagte: „Ich muß zum Arzt."

Karl sagte: „Ich habe mein Buch verlegt."

Meine Schwester berichtete (*reported*): „Mutter war letzte Woche krank."

Der junge Mann sagte: „Ich bin Student."

Albert dachte, daß er durchfallen könne (könnte).

Wolfgang sagte, daß er zum Arzt müsse (müßte).

Karl sagte, daß er sein Buch verlegt habe (hätte).

Meine Schwester berichtete, daß Mutter letzte Woche krank gewesen sei (wäre).

Der junge Mann sagte, daß er Student sei (wäre).

---

1 With the exception of the verb **sein,** the alternate form is not used with **wir, sie** (*they*), and **Sie.** It is used with **ich** only when the verb form would be different from the indicative form, as is the case with **sein, wissen,** and the modal auxiliaries: **ich sei, wisse, dürfe, könne, möge, müsse, solle, wolle.**

Omit **daß.**

Er sagte: „Ich werde diesen Roman lesen."

Er behauptete: „Ich weiß nichts davon."

Er meinte: „Das ist etwas Neues."

Sie *(they)* sagten: „Wir sind beschäftigt."

Die Zeitung berichtete: „Der Präsident hat eine Pressekonferenz gehalten."

Jürgen sagte: „Ich arbeite an einem Aufsatz."

Maria hat gesagt: „Er liebt mich nicht mehr."

Er sagte, er werde (würde) diesen Roman lesen.

Er behauptete, er wisse (wüßte) nichts davon.

Er meinte, das sei (wäre) etwas Neues.

Sie sagten, sie seien (wären) beschäftigt.

Die Zeitung berichtete, der Präsident habe (hätte) eine Pressekonferenz gehalten.

Jürgen sagte, er arbeite (arbeitete) an einem Aufsatz.

Maria hat gesagt, er liebe (liebte) sie nicht mehr.

12. Direct Question > Indirect Question

Er fragte uns: „Sind Sie Amerikaner?"

Er fragte mich: „Ist Herr Kluge nach Deutschland gereist?"

Wir fragten ihn: „Warum bleiben Sie zu Hause?"

Er fragte mich: „Worüber hat der Senator gesprochen?"

Er fragte mich: „Warum sind Sie so früh nach Hause gegangen?"

Ich fragte ihn: „Werden Sie nächsten Sommer nach Europa reisen?"

Wir fragten ihn: „Können Sie Kants Philosophie verstehen?"

Er fragte uns, ob wir Amerikaner seien (wären).

Er fragte mich, ob Herr Kluge nach Deutschland gereist sei (wäre).

Wir fragten ihn, warum er zu Hause bleibe (bliebe).

Er fragte mich, worüber der Senator gesprochen habe (hätte).

Er fragte mich, warum ich so früh nach Hause gegangen sei (wäre).

Ich fragte ihn, ob er nächsten Sommer nach Europa reisen werde (würde).

Wir fragten ihn, ob er Kants Philosophie verstehen könne (könnte).

IV. INDIRECT COMMANDS

An indirect command is expressed by using the regular subjunctive form **sollte(n)** plus an infinitive, or by using the alternate form in the first and third person singular (**ich, er, sie**).

DIRECT COMMAND	INDIRECT COMMAND
Er sagte zu mir: „Laufen Sie schnell!"	Er sagte mir, daß ich schnell **laufen sollte (solle).**
Der Lehrer sagte zu uns: „Sprechen Sie Deutsch!"	Der Lehrer sagte uns, daß wir Deutsch **sprechen sollten.**

13. Direct Command > Indirect Command

Use daß.

Sie sagte zu mir: „Kommen Sie morgen um acht Uhr!"	*Sie sagte mir, daß ich morgen um acht Uhr kommen sollte (solle).*
Er sagte zu mir: „Setzen Sie sich!"	Er sagte mir, daß ich mich setzen sollte (solle).
Er sagte zu ihr: „Antworten Sie mir!"	Er sagte ihr, daß sie ihm antworten sollte (solle).
Sie sagte zu uns: „Fahren Sie nicht so schnell!"	Sie sagte uns, daß wir nicht so schnell fahren sollten.

Omit daß.

Er sagte zu mir: „Kommen Sie bald zurück!"	*Er sagte mir, ich sollte (solle) bald zurückkommen.*
Sie sagte zu uns: „Sprechen Sie nicht so schnell!"	Sie sagte uns, wir sollten nicht so schnell sprechen.
Sie sagte zu ihm: „Schreiben Sie mir oft!"	Sie sagte ihm, er sollte (solle) ihr oft schreiben.
Er sagte zu mir: „Arbeiten Sie nicht so fleißig!"	Er sagte mir, ich sollte (solle) nicht so fleißig arbeiten.

V. MINOR USES OF THE ALTERNATE SUBJUNCTIVE

The alternate subjunctive is used in formal discourse to express wishes, commands, and concessions. In both English and German these expressions have an archaic flavor.

Gott sei mit uns!	God be with us!
Es koste, was es wolle!	Cost what it may!

14. Repetition

Es lebe die Freiheit!	Long live freedom!
Gott sei Dank!	Thanks be to God!
Der Teufel hole ihn!	The devil take him!
Er ruhe in Frieden.	May he rest in peace.
Möge der Herr uns segnen.	May the Lord bless us.

Review

English-German Patterns

You said that you felt better.	Sie sagten, daß Sie sich besser fühlten.
We said that we didn't believe it.	Wir sagten, daß wir es nicht glaubten.
They said that they were looking for the teacher.	Sie sagten, daß sie den Lehrer suchten.

You said that you would phone me to-morrow. (*anrufen*)	Sie sagten, daß Sie mich morgen anrufen würden.
My parents wrote that they would visit me soon.	Meine Eltern schrieben, daß sie mich bald besuchen würden.
They said that they had no money.	Sie sagten, daß sie kein Geld hätten.
They said that they had worked hard.	Sie sagten, daß sie fleißig gearbeitet hätten.
They asked us where we had studied.	Sie fragten uns, wo wir studiert hätten.
They asked us where we were going.	Sie fragten uns, wohin wir gingen.
He asked us whether we had had a good time.	Er fragte uns, ob wir uns amüsiert hätten.
We asked them whether they could come.	Wir fragten sie, ob sie kommen könnten.
She asked us whether we wanted to come.	Sie fragte uns, ob wir kommen wollten.
He said that he had to fly to Hamburg.	Er sagte, daß er nach Hamburg fliegen müßte (müsse).
The teacher said that he didn't know everything.	Der Lehrer sagte, daß er nicht alles wüßte (wisse).
He believed that they were rich.	Er glaubte, daß sie reich wären (seien).
She wrote that she had seen our teacher.	Sie schrieb, daß sie unseren Lehrer gesehen hätte (habe).
He said his grandfather had died.	Er sagte, sein Großvater wäre (sei) gestorben.
She said I should visit her.	Sie sagte, ich sollte (solle) sie besuchen.

Personalized Questions

1. Ist es manchmal schwer für Sie, einen Parkplatz für Ihren Wagen zu finden?
2. Haben Sie ein schönes Zimmer mit Bad?   3. In welchem Stock ist Ihr Zimmer?
4. Hat das Zimmer ein Telefon?   5. Wie kommt man am besten zum Gipfel eines Berges?   6. Findet man eine Telefonzelle auf dem Gipfel des Matterhorns?
7. Kann man mit dem Lift zum Gipfel des Matterhorns fahren?   8. Hätten Sie Lust, heute abend zu einer Party zu gehen?   9. Haben Sie eine Einladung bekommen?   10. Passiert es oft, daß die Leitung besetzt ist, wenn Sie telefonieren wollen?   11. Wo ist der Schlüssel für Ihr Zimmer?

Directed Questions

1. Fragen Sie Fräulein ———, welche Stadt ihre Lieblingsstadt ist!
2. Fragen Sie Herrn ———, ob er ein freies Zimmer hat, wo wir übernachten können!
3. Fragen Sie Fräulein ———, ob sie Angst hat, wenn sie mit einer Seilbahn fährt!
4. Fragen Sie Herrn ———, ob er ein einfaches Zimmer oder ein Zimmer mit Bad **verlangt** (*asks for*), wenn er eine Reise macht!
5. Fragen Sie Herrn ———, ob man das Abendessen in einem Frühstückszimmer essen darf!
6. Fragen Sie Herrn ———, wie viele Telefonnummern er in seinem Büchlein hat!
7. Fragen Sie Fräulein ———, wie oft sie ein Ferngespräch anmeldet!

VERB SUMMARY

INFINITIVE		PRESENT		NARR. PAST		PRES. PERFECT
abreisen *(leave)*		reist . . . ab		reiste . . . ab		ist abgereist
anmelden *(report)*		meldet . . . an		meldete . . . an		hat angemeldet
aufhängen *(hang up)*		hängt . . . auf		hängte . . . auf		hat aufgehängt
behaupten *(assert)*		behauptet		behauptete		hat behauptet
berichten *(report)*		berichtet		berichtete		hat berichtet
drehen *(turn, dial)*	er	dreht	er	drehte	er	hat gedreht
erklären *(explain)*		erklärt		erklärte		hat erklärt
hinauffahren *(travel up)*		fährt . . . hinauf		fuhr . . . hinauf		ist hinaufgefahren
verlangen *(ask for)*		verlangt		verlangte		hat verlangt
verlegen *(misplace)*		verlegt		verlegte		hat verlegt
wählen *(choose)*		wählt		wählte		hat gewählt
passieren *(happen, dat.)*	es	passiert	es	passierte	es	ist passiert

Die Schweiz

Bis zum neunzehnten Jahrhundert war die Schweiz ein Bauernstaat, aber jetzt ist sie hoch industrialisiert. Von den vielen Schweizer Produkten wie Käse, Schokolade, Stickereien,[1] Chemikalien,[2] Maschinen usw. sind die Schweizer Uhren am bekanntesten.

Der Fremdenverkehr[3] ist seit langem eine wichtige Industrie in der Schweiz. Fast jeder, der eine Europareise macht, fährt in die Schweiz, um sich die Alpen anzusehen. In einigen Bergdörfern und Städten befinden sich oft mehr Touristen als Einheimische.[4] Das kleine Dorf Zermatt am Fuße des majestätischen Matterhorns ist z.B. ein „Hoteldorf" (A). In einigen kleinen Dörfchen hoch oben in den Alpen wohnen noch Schweizer, deren Lebens-

[1] embroidery work   [2] chemicals   [3] tourist trade   [4] native inhabitants

A

weise[5] sich seit Jahrhunderten nicht viel verändert hat.[6] Sie hüten[7] ihre Ziegen[8] und Kühe auf den Bergen. Aus der frischen Milch machen sie jeden Tag in ihren Almhütten[9] Käse, der unten in der Stadt bis zur Reife[10] und zum Verkauf[11] auf Lager liegt[12] (B).

Die vier ältesten Kantone der Schweiz liegen am Vierwaldstättersee:[13] Uri, Schwyz, Unterwalden und Luzern (C, Schweizer Ausflugsschiff mit der Stadt Luzern im Hintergrund). An diesem See schlossen[14] 1291 die Männer der ersten drei Kantone ein Schutz- und Trutzbündnis[15] gegen die Tyrannei der Landvögte.[16] Wie schon erwähnt,[17] schildert[18] Friedrich Schiller in seinem bekannten Drama „Wilhelm Tell" den Kampf der Schweizer um ihre Freiheit.

Von Interlaken aus hat man an einem klaren Tag eine gute Aussicht auf den berühmten Berg „Jungfrau". Mit der Zahnradbahn kann man über kleine Bahnhöfe oder Raststationen[19] wie die Kleine Scheidegg (D) zum Jungfraujoch[20] fahren.

[5] way of life   [6] has not changed much   [7] herd, watch over   [8] goats   [9] alpine huts
[10] for aging   [11] for sale   [12] is stored   [13] Lake Lucerne   [14] contracted
[15] protective and offensive alliance   [16] regional governors   [17] mentioned   [18] depicts
[19] rest stations   [20] saddle (yoke) of the Jungfrau Mountain

B

C

D

Der schöne Genfersee[21] in der Westschweiz liegt in einem wichtigen Zentrum des Fremdenverkehrs. Am östlichen Ende des Sees liegt die Stadt Montreux, und an der Südspitze liegt Genf, eine bedeutende internationale Stadt (**E**). In diesem Teil der Schweiz spricht man Französisch. Von den mehr als sechs Millionen Schweizern sprechen ungefähr 71% Deutsch, 21% Französisch, 7% Italienisch und 1% Rätoromanisch.[22]

[21] Lake Geneva   [22] Romansh, Rhaeto-Romanic

E

Aufgabe Zwanzig

In den Bayrischen Alpen

Rudi und Bruno sind heute auf der letzten Strecke ihrer Reise.

¹ BRUNO: Ich finde diese Landschaft ebenso schön wie die im Schwarzwald und in der Schweiz.

² RUDI: Ja, es ist so ruhig und friedlich in dieser Gegend. Wo ist unsere Straßenkarte? Ich glaube, wir müssen irgendwo in der Nähe von Füssen rechts abbiegen.

³ BRUNO: Es wäre schade, wenn wir die Schlösser von König Ludwig dem Zweiten nicht sehen würden.

⁴ RUDI: Anna sagte, sie wären einfach fabelhaft. Schau doch! Noch ein Zeltplatz!

⁵ BRUNO: „Camping" sieht man überall, in den Bergen und an den Ufern der schönsten Seen.

⁶ RUDI: Hast du jemals so viele junge Leute gesehen, die mit dem Rad von Ort zu Ort fahren?

⁷ BRUNO: Bei diesem herrlichen Wetter ist es kein Wunder, daß man nicht zu Hause hocken will.

⁸ RUDI: Bruno, sieh mal das Mädchen dort drüben! Sie erinnert mich an meine Schwester.

⁹ BRUNO: Stell dir vor! In drei Wochen bist du wieder zu Hause.

¹⁰ RUDI: Bitte, ich möchte lieber noch nicht daran denken.

Fragen

1. Wo sind Rudi und Bruno zu dieser Zeit? 2. Wie finden sie die Landschaft? 3. Welche Schlösser wollen sie sehen? 4. Wo müssen sie abbiegen? 5. Wo sieht man Zeltplätze? 6. Wer fährt mit dem Rad von Ort zu Ort? 7. Wann kehrt Rudi nach Amerika zurück?

Lesson 20

In the Bavarian Alps

Today Rudi and Bruno are on the last stretch of their trip.

¹ BRUNO: I find this landscape just as beautiful as that in the Black Forest and Switzerland.

² RUDI: Yes, it's so quiet and peaceful in this region. Where is our road map? I believe we have to turn off to the right somewhere near Füssen.

³ BRUNO: It would be too bad if we didn't see the castles of King Ludwig II.

⁴ RUDI: Anna said they were simply fabulous. Just look! Another camping spot!

⁵ BRUNO: One sees "Camping" everywhere, in the mountains and on the shores of the most beautiful lakes.

⁶ RUDI: Have you ever seen so many young people traveling from place to place by bicycle?

⁷ BRUNO: In such magnificent weather it's no wonder that one doesn't want to stay at home.

⁸ RUDI: Bruno, just look at that girl over there! She reminds me of my sister.

⁹ BRUNO: Imagine! In three weeks you'll be home again.

¹⁰ RUDI: Please, I'd prefer not to think of it yet.

Vocabulary Building

Contrasting Adjectives

Ist sie
- groß oder klein?
- dünn oder dick?
- jung oder alt?
- glücklich oder unglücklich?
- fröhlich oder traurig?
- gesund oder krank?
- gut oder schlecht?
- stark oder schwach?
- reich oder arm?
- hübsch oder häßlich?
- fleißig oder faul?
- klug oder dumm?
- hungrig oder satt?[1]

Ist es
- lang oder kurz?
- teuer oder billig?
- schnell oder langsam?
- leicht oder schwer?[2]
- hart oder weich?[3]
- heiß oder kalt?
- voll oder leer?[4]
- hoch oder niedrig?[5]
- sauber oder schmutzig?[6]
- naß oder trocken?[7]
- ähnlich oder verschieden?[8]
- richtig oder falsch?

Contrasting Verbs

Er kommt.	Er geht.	Er findet.	Er verliert.
Er geht.	Er bleibt.	Er öffnet.	Er schließt.
Er springt.	Er fällt.	Er macht auf.	Er macht zu.
Er reist.	Er bleibt zu Hause.	Er kauft.	Er verkauft.
Er geht hinauf.	Er kommt herunter.	Er lacht.	Er weint.
Er geht hinein.	Er kommt heraus.	Er lehrt.	Er lernt.
Er steht auf.	Er setzt sich hin. / Er nimmt Platz.	Er fragt.	Er antwortet.
		Er liebt.	Er haßt.[11]
Er schläft.	Er bleibt wach.	Er beginnt.	Er endet.
Er schläft ein.[9]	Er wacht auf.	Er fährt.	Er hält an.[12]
Er zieht sich an.	Er zieht sich aus.[10]		

[1] full   [2] light or heavy   [3] hard or soft   [4] empty   [5] low   [6] clean or dirty
[7] dry   [8] similar or different   [9] falls asleep   [10] undresses   [11] hates
[12] stops

Vocabulary Building Questions

1. Ist Ihr Auto groß oder klein? 2. Sind Sie heute krank oder gesund? 3. Sind die meisten Studenten klug oder dumm? 4. Ist Ihr Zimmer sauber oder schmutzig? 5. Machen Sie im Winter Ihr Fenster auf oder zu? 6. Ziehen Sie sich morgens aus oder an? 7. Sieht Ihr Haar naß oder trocken aus? 8. Wann wachen Sie gewöhnlich auf?

Dialogue Variations

A. Warum übernachten wir heute nicht in einer Jugendherberge?
B. Das ist eine ausgezeichnete Idee! Mein Geld wird sowieso[1] schon immer weniger.[2]
A. Ach, nicht deswegen.[3] Ich finde es sehr anregend, so viele junge Deutsche und Ausländer dort kennenzulernen und mit ihnen zu plaudern.
B. Ich eigentlich auch. Am schönsten finde ich es aber, wenn jemand Gitarre spielt, und alle anderen Volkslieder singen.

A. Wie wär's mit einem Ausflug zum Bodensee?[4]
B. Nicht schlecht. Wir könnten mit der Bahn[5] bis Lindau fahren und von dort aus mit unseren Rädern weiterradeln.[6]
A. Unterwegs könnten wir dann in einem Wald rasten[7] und unsere Butterbrote[8] essen.
B. Fein! Vergessen Sie Ihren Badeanzug nicht!

A. Wenn das Wetter morgen schön ist, gehen wir zelten.[9]
B. Geht das denn so einfach?
A. Natürlich. Ich habe ein Zelt[10] zu Hause, zwei Luftmatratzen[11] und einen Kochtopf,[12] mit dem wir auf einem offenen Feuer kochen[13] können.
B. Na, wenn das so ist, dann werde ich alles Weitere[14] mitbringen.
A. Abgemacht! Bis morgen dann.

Conversational Patterns

I. COMPARATIVE AND SUPERLATIVE FORMS OF PREDICATE ADJECTIVES AND ADVERBS

Both adjectives and adverbs add **-er** to form the comparative and **-sten** to from the superlative; however, the contraction **am** precedes the superlative form:

1 anyhow 2 less and less 3 for that reason 4 Lake Constance 5 by rail
6 continue by bicycle 7 rest 8 sandwiches 9 camping 10 tent
11 air mattresses 12 cooking pot 13 cook on an open fire 14 everything else

schnell, schneller, am schnellsten	fast, faster, fastest
klein, kleiner, am kleinsten	small, smaller, smallest
schön, schöner, am schönsten	beautiful, more beautiful, most beautiful

Achim ist klein, Maria ist kleiner, aber Lili ist am kleinsten.
Fritz läuft schnell, Jürgen läuft schneller, Hans läuft am schnellsten.

If the adjective or adverb ends in **-d,**[1] **-t,** or a sibilant (**-s, -z, -sch, -ß**), **-esten** is added for the superlative form:

wild, wilder, am wildesten	wild, wilder, wildest
heiß, heißer, am heißesten	hot, hotter, hottest

The following common adjectives and adverbs of *one syllable* umlaut the **a, o,** or **u** in both the comparative and superlative:

alt, älter, am ältesten	kurz, kürzer, am kürzesten
arm, ärmer, am ärmsten	lang, länger, am längsten
dumm, dümmer, am dümmsten	oft, öfter, am öftesten
jung, jünger, am jüngsten	schwach, schwächer, am schwächsten
kalt, kälter, am kältesten	schwarz, schwärzer, am schwärzesten
klug, klüger, am klügsten	stark, stärker, am stärksten
krank, kränker, am kränksten	warm, wärmer, am wärmsten

Adjectives and adverbs of more than one syllable never umlaut a vowel in the comparative and superlative forms.

1. Repetition
Klaus ist klug. Kurt ist klüger. Karl ist am klügsten.
Der Elefant ist wild. Der Bär ist wilder. Der Tiger ist am wildesten.
Berta ist jung. Dora ist jünger. Christine ist am jüngsten.

2. Adjective Substitution

Franz ist alt.	*Franz ist älter.*
_____ jung.	Franz ist jünger.
_____ nett.	Franz ist netter.
_____ ruhig.	Franz ist ruhiger.
_____ schnell.	Franz ist schneller.
_____ langsam.	Franz ist langsamer.

Wo ist das Klima warm?	*Wo ist das Klima am wärmsten?*
_____ kalt?	Wo ist das Klima am kältesten?
_____ kühl?	Wo ist das Klima am kühlsten?
_____ heiß?	Wo ist das Klima am heißesten?
_____ schön?	Wo ist das Klima am schönsten?
_____ angenehm?	Wo ist das Klima am angenehmsten?
_____ schwül?	Wo ist das Klima am schwülsten?

[1] Present participles are exceptions, e.g., das reizendste Mädchen.

3. Positive > Comparative and Superlative

Frau Schultz ist alt.	*Frau Schultz ist alt.*
Herr Meyer ist _____.	*Herr Meyer ist älter.*
Herr Hoffmann ist _____.	*Herr Hoffmann ist am ältesten.*

Karola singt schön.	Karola singt schön.
Gudrun singt _____.	Gudrun singt schöner.
Grete singt _____.	Grete singt am schönsten.

Im Juni ist es warm.	Im Juni ist es warm.
Im Juli ist es _____.	Im Juli ist es wärmer.
Im August ist es _____.	Im August ist es am wärmsten.

Im November ist es kalt.	Im November ist es kalt.
Im Dezember ist es _____.	Im Dezember ist es kälter.
Im Januar ist es _____.	Im Januar ist es am kältesten.

Dora ist jung.	Dora ist jung.
Heinz ist _____.	Heinz ist jünger.
Karl ist _____.	Karl ist am jüngsten.

II. COMPARATIVE AND SUPERLATIVE ADJECTIVES BEFORE NOUNS

> Comparatives and superlatives before nouns are declined like other adjectives. The comparative form, which ends in **-er,** takes the usual adjective ending; the superlative form has the ending **-st (-est** if required by the syllabic structure) plus the regular adjective ending. Study the following examples:
>
> | | |
> |---|---|
> | der **alte** Mann | mit dem **jungen** Mädchen |
> | der **ältere** Mann | mit dem **jüngeren** Mädchen |
> | der **älteste** Mann | mit dem **jüngsten** Mädchen |
>
> The definite article is used with the superlative when a noun either follows the superlative form or is definitely understood:
>
> Johann ist **der stärkste Junge** in der Klasse.
> Von allen Jungen in der Klasse ist Johann **der stärkste** (Junge).

4. Repetition

An einem warmen Tag im Mai ging ich spazieren. An einem noch wärmeren Tag im Juni saß ich im **Schatten** (*shade*). An dem wärmsten Tag des Jahres ging ich schwimmen.

Gestern sah ich einen alten Mann. Vorgestern sah ich einen noch älteren Mann. Im letzten Monat sah ich den ältesten Mann in der ganzen Stadt.

Deutschland ist eins der schönsten Länder Europas.

5. Adjective Substitution

Wer ist der (klug) Schüler?

_____ (alt) _____?
_____ (gescheit) _____?
_____ (fleißig) _____?
_____ (freundlich) _____?
_____ (intelligent) _____?

Wer ist der klügste Schüler?
Wer ist der älteste Schüler?
Wer ist der gescheiteste Schüler?
Wer ist der fleißigste Schüler?
Wer ist der freundlichste Schüler?
Wer ist der intelligenteste Schüler?

6. Comparative > Superlative

Kennen Sie unsere jüngere Tochter?
Kennen Sie den älteren Mann dort?
Wo ist der kleinere Koffer?
Hier ist der billigere Anzug.
Das sind unsere schwereren Koffer.
Wollen Sie unsere teureren[1] Blusen sehen?

Kennen Sie unsere jüngste Tochter?
Kennen Sie den ältesten Mann dort?
Wo ist der kleinste Koffer?
Hier ist der billigste Anzug.
Das sind unsere schwersten Koffer.
Wollen Sie unsere teuersten Blusen sehen?

III. COMPARISON OF ADJECTIVES AND ADVERBS

In comparisons, **wie** is used with the positive and **als** with the comparative:

Susie singt **(eben) so gut wie** Helene.
Sie singen **besser als** ich.

Susie sings *(just) as well as* Helen.
You sing *better than* I.

7. Repetition

Heute ist es so warm wie gestern.
Max läuft so schnell wie sein Freund.
Der Tiger ist ebenso **gefährlich** (*dangerous*) wie der Elefant.

Paul ist klüger als Erich.
Liese schreibt öfter als Trudi.
Hänschen läuft schneller als sein Vater.
Blut ist dicker als Wasser.

8. Adjective Substitution

Rolf ist (hungrig) als Willi.

_____ (dick) _____.
_____ (stark) _____.
_____ (glücklich) _____.
_____ (arm) _____.
_____ (dumm) _____.

Rolf ist hungriger als Willi.
Rolf ist dicker als Willi.
Rolf ist stärker als Willi.
Rolf ist glücklicher als Willi.
Rolf ist ärmer als Willi.
Rolf ist dümmer als Willi.

Willi ist (dünn) als Rolf.

_____ (fleißig) _____.
_____ (pünktlich) _____.
_____ (intelligent) ___.
_____ (schwach) _____.
_____ (klug) _____.

Willi ist dünner als Rolf.
Willi ist fleißiger als Rolf.
Willi ist pünktlicher als Rolf.
Willi ist intelligenter als Rolf.
Willi ist schwächer als Rolf.
Willi ist klüger als Rolf.

[1] Whenever the adjective **teuer** has an ending that begins with **e**, the **e** before the **r** is dropped.

9. Positive > Comparative

Er arbeitet so fleißig wie sein Bruder.	*Er arbeitet fleißiger als sein Bruder.*
Wir sprechen so langsam wie der Lehrer.	Wir sprechen langsamer als der Lehrer.
Er spricht so fließend wie wir.	Er spricht fließender als wir.
Er spricht aber auch ebenso deutlich wie wir.	Er spricht aber auch deutlicher als wir.
Gestern war es so kalt wie heute.	Gestern war es kälter als heute.
Er ist so dumm wie sein Freund.	Er ist dümmer als sein Freund.
Herr Braun ist ebenso krank wie Herr Schmidt.	Herr Braun ist kränker als Herr Schmidt.

10. Comparative > Positive

Fritz ist stärker als Hans.	*Fritz ist so stark wie Hans.*
Ich bin klüger als Franz.	Ich bin so klug wie Franz.
Heiner läuft schneller als Jürgen.	Heiner läuft so schnell wie Jürgen.
Heute ist es kälter als gestern.	Heute ist es so kalt wie gestern.
Heute ist es wärmer als gestern.	Heute ist es so warm wie gestern.

11. Positive > Comparative

Mein Hund ist nicht so klein wie Rolfs Hund.	*Mein Hund ist kleiner als Rolfs Hund.*
Er ist nicht so alt wie Rolfs Hund.	Er ist älter als Rolfs Hund.
Er kann nicht so schnell laufen wie Rolfs Hund.	Er kann schneller laufen als Rolfs Hund.
Er ist nicht so freundlich wie Rolfs Hund.	Er ist freundlicher als Rolfs Hund.

IV. IRREGULAR COMPARATIVE AND SUPERLATIVE FORMS

The following adjectives and adverbs have irregular comparative or superlative forms:

gut, besser, best-
groß, größer, größt-
nah, näher, nächst-
hoch,[1] höher, höchst-
viel, mehr, meist-

The comparative and superlative forms of **gern,** which are always used adverbially, are:

Ich spiele **gern** Fußball.	I **like** to play football.
Ich spiele **lieber** Tennis.	I **prefer** to play tennis.
Ich spiele **am liebsten** Golf.	I **like best of all** to play golf.

The forms of **gern** may also follow the noun object: Ich spiele Fußball **gern.**

[1] Endings are never added to this form, but to **hoh-** instead, e.g., **Das Gebäude ist** *hoch.* **Es ist ein** *hohes* **Gebäude.**

12. Repetition

Reinhold ist ein guter Schüler. Walter ist ein **etwas** (*somewhat*) besserer Schüler.
Wilhelm ist aber der beste Schüler der Klasse.

Klaus schreibt gut. Kurt schreibt besser. Eugen schreibt am besten.

Die Kuh ist groß. Das Pferd ist größer. Der Elefant ist am größten.

Von hier aus ist das Museum nahe, das Theater näher, das Rathaus am nächsten.

Berta hat eine hohe Stimme. Dora hat eine höhere Stimme. Erna hat die höchste Stimme von allen.

Willi hat viele Bücher. Lotte hat mehr Bücher als Willie. Maria hat die meisten Bücher.

Oskar spielt gern **Schach** (*chess*). Stefan spielt lieber Tennis. Ich spiele am liebsten Fußball.

13. Positive > Comparative

Der Bahnhof ist ebenso groß wie unser Haus.	*Der Bahnhof ist größer als unser Haus.*
Karl spricht so gut wie ich.	Karl spricht besser als ich.
Ich habe ebenso viel gearbeitet wie Georg.	Ich habe mehr gearbeitet als Georg.
Ich spiele Tennis ebenso gern wie Fußball.	Ich spiele Tennis lieber als Fußball.
Unser Haus ist ebenso hoch wie Ihres.	Unser Haus ist höher als Ihres.
Karl hat ebenso viel Geld wie ich.	Karl hat mehr Geld als ich.
Gerd ist nahe mit mir verwandt (*related*).	Gerd ist näher mit mir verwandt.
Dies ist ein guter Bleistift.	Dies ist ein besserer Bleistift.

14. Positive > Superlative

Wer singt gut?	*Wer singt am besten?*
Welches Gebäude ist hoch?	Welches Gebäude ist am höchsten?
Welcher Student hat viele Bücher?	Welcher Student hat die meisten Bücher?
Welches Spiel spielen Sie gern?	Welches Spiel spielen Sie am liebsten?
Wer spricht gut in Ihrer Klasse?	Wer spricht am besten in Ihrer Klasse?
Kennen Sie die guten Schüler in Ihrer Klasse?	Kennen Sie die besten Schüler in Ihrer Klasse?
Wer hat die hohe Stimme?	Wer hat die höchste Stimme?
Spielen Sie Tennis mit den guten Spielern Ihrer Stadt?	Spielen Sie Tennis mit den besten Spielern Ihrer Stadt?

15. Comparative > Positive

Fritz ist größer als Hans.	*Fritz ist ebenso groß wie Hans.*
Der Baum ist höher als das Haus.	Der Baum ist ebenso hoch wie das Haus.
Gertrud singt besser als Helene.	Gertrud singt ebenso gut wie Helene.
Ich habe mehr Geld als Peter.	Ich habe ebenso viel Geld wie Peter.

16. Positive > Comparative

Erika ist so groß wie Karola.	*Erika ist größer als Karola.*
Maria singt so gut wie Elisabeth.	Maria singt besser als Elisabeth.
Ich spiele Tennis so gern wie Golf.	Ich spiele Tennis lieber als Golf.
Lotte liest so viel wie Klara.	Lotte liest mehr als Klara.

V. THE DOUBLE COMPARATIVE

The double comparative usually consists of the adverb **immer** plus a comparative, instead of two comparatives connected by **und**:

Es wird **immer kälter**.	It is getting *colder and colder.*
Deutsch wird **immer leichter**.	German is getting *easier and easier.*

17. Repetition

Der Sommer kommt immer näher.	Wir sprechen Deutsch immer fließender.
Das Mädchen wurde immer freundlicher.	Maria singt immer schöner.
Kurt wird immer fleißiger.	Heinz wird immer wilder.

18. Positive > Double Comparative

Fritz wird stark.	*Fritz wird immer stärker.*
Maria singt schön.	Maria singt immer schöner.
Der Lehrer wird freundlich.	Der Lehrer wird immer freundlicher.
Franz schreibt gut.	Franz schreibt immer besser.
Ich werde arm.	Ich werde immer ärmer.

VI. THE ABSOLUTE SUPERLATIVE

There is another superlative called the absolute superlative, which is not used for purposes of comparison. It denotes a high degree of whatever the adjective or adverb expresses and is formed either by the superlative adverb preceded by **aufs** (**aufs freundlichste**, *most friendly*) or by such adverbs as **sehr, höchst** (*highly*), **äußerst** (*extremely*), and **außerordentlich** (*unusually, extraordinarily*) followed by the positive form of an adjective or another adverb:

Ich bin **äußerst** müde.	I am *extremely* tired.
Dieses Buch ist **höchst** interessant.	This books is *highly* interesting.
Er grüßte uns **aufs freundlichste**.	He greeted us *in the most friendly way.*

19. Repetition

Karl ist äußerst stark.	Sie ist außerordentlich **begabt** (*gifted*).
Dieter ist höchst intelligent.	In einer Kirche ist das Rauchen **aufs strengste verboten** (*strictly prohibited*).
Maria singt sehr schön.	

VII. THE INFINITIVE AS A NOUN

Any infinitive may be used as a noun. When used in this way, it is capitalized and is neuter gender:

tanzen, **das Tanzen**	*dancing*
laufen, **beim Laufen**	*while running*
Geben ist besser als **Nehmen.**	*To give* is better than *to receive.*

20. Repetition

Er hat sie beim Tanzen kennengelernt.
Viel Spaß beim Schwimmen!
Das Aufpassen in der Klasse ist wichtig für das Lernen.
Wie gefällt Ihnen das Studieren?
Irren (*to err*) ist menschlich, Vergeben **göttlich** (*divine*).

Lachen ist in jeder Sprache **gleich** (*the same*).
Reden (*talking*) ist Silber, **Schweigen** (*silence*) ist Gold.
Fischen ist gut für die Nerven.
Leben und Lebenlassen ist unser Motto.
Reisen kostet Geld, aber so sieht man die Welt.

Review

English-German Patterns

Robert runs faster than Albert.
It is warmer today than yesterday.
Wolfgang is bigger than his brother.
My friend plays tennis much better than I.
I am two years younger than Lili.
That is my younger brother.

Robert läuft schneller als Albert.
Es ist heute wärmer als gestern.
Wolfgang ist größer als sein Bruder.
Mein Freund spielt Tennis viel besser als ich.
Ich bin zwei Jahre jünger als Lili.
Das ist mein jüngerer Bruder.

Do you have a cheaper tie?
Have you ever danced with a prettier girl?
Have you ever spoken with a more interesting woman?

Haben Sie eine billigere Krawatte?
Haben Sie je mit einem hübscheren Mädchen getanzt?
Haben Sie je mit einer interessanteren Frau gesprochen?

The twenty-first of December is the shortest day of the year.
The lion (*der Löwe*) is one of the most dangerous animals.
Ludwig is the strongest man that I know.
Which teacher is the friendliest?

Der einundzwanzigste Dezember ist der kürzeste Tag des Jahres.
Der Löwe ist eines der gefährlichsten Tiere.
Ludwig ist der stärkste Mann, den ich kenne.
Welcher Lehrer ist am freundlichsten?

Fritz is as strong as Hans.	Fritz ist so stark wie Hans.
Bruno is just as good a football player as Eberhard.	Bruno ist ein ebenso guter Fußball-spieler wie Eberhard.
He is not as fast as Eberhard.	Er ist nicht so schnell wie Eberhard.
He is not as tall as Eberhard.	Er ist nicht so groß wie Eberhard.
He thinks, however, more quickly than Eberhard.	Er denkt aber schneller als Eberhard.
He plays unusually well.	Er spielt außerordentlich gut.

Personalized Questions

1. Ist es ruhiger und friedlicher in diesem Klassenzimmer als in einer Bibliothek?
2. Möchten Sie eine Bergtour machen? 3. Ist Ihnen das Matterhorn hoch genug, oder möchten Sie einen höheren Berg besteigen? 4. Schwimmen Sie lieber im warmen oder im kalten Wasser? 5. Gibt es schöne Zeltplätze in der Gegend, in der Sie wohnen? 6. Fahren Sie gern mit dem Rad von Ort zu Ort? 7. Wann werden Sie wieder zu Hause sein? 8. Ist der Lehrer reicher als Ihr Vater? 9. Ist Ihre Wohnung sauberer oder schmutziger als dieses Klassenzimmer? 10. Was für ein Auto gefällt Ihnen am besten?

Directed Questions

1. Fragen Sie Herrn ——, ob er heute schläfriger ist als gestern!
2. Fragen Sie Fräulein ——, ob die meisten Männer groß, stark, intelligent und reich sind!
3. Fragen Sie Herrn —, ob die meisten Antworten, die er in einem Examen gibt, richtig oder falsch sind!
4. Fragen Sie Fräulein ——, ob die älteren Männer immer die höflichsten sind!
5. Fragen Sie Herrn ——, ob es möglich ist, zur selben Zeit ein Rendezvous mit zwei hübschen Mädchen zu haben!
6. Fragen Sie Fräulein ——, wie oft sie Butterbrote in ihrer Handtasche mitbringt!
7. Fragen Sie Herrn ——, wann er wieder einen Ausflug macht!
8. Fragen Sie Fräulein ——, ob sie manchmal noch nicht wach ist, wenn sie zum Frühstück geht!

VERB SUMMARY

INFINITIVE		PRESENT		NARR. PAST		PRES. PERFECT
anhalten (stop)		hält . . . an		hielt . . . an		hat angehalten
einschlafen (go to sleep)		schläft . . . ein		schlief . . . ein		ist eingeschlafen
hassen (hate)		haßt		haßte		hat gehaßt
hocken (crouch, squat)	er	hockt	er	hockte	er	hat gehockt
kochen (cook, boil)		kocht		kochte		hat gekocht
radeln (ride a bicycle)		radelt		radelte		ist geradelt
reden (talk)		redet		redete		hat geredet

In Südbayern

Besonders beliebt bei Ausflüglern,[1] Wanderern und Touristen aus aller Welt sind die Bayerischen Alpen in Süddeutschland. In den Bergen liegt das bayerische Dorf Oberammergau. Die Passionsspiele, die seit 1634 mit wenigen Ausnahmen[2] alle zehn Jahre aufgeführt werden, haben Oberammergau weltberühmt gemacht. Zur Abwendung der Pest,[3] an der schon 84 Oberammergauer gestorben waren, legten 1633 die Mitglieder[4] des Gemeinderats[5] ein feierliches[6] Gelübde[7] vor dem Altar der Dorfkirche ab,[8] „fortan[9] die Passionstragödie alle zehn Jahre zu halten". Das große Sterben nahm ein Ende und im folgenden Jahr wurde das Passionsspiel zum ersten Mal aufgeführt. Heute kommen Touristen aus allen Teilen der Welt, um das achtstündige Drama über das Leben Christi zu sehen (A).

An den Wänden der Ziegeldachhäuser[10] sieht man oft schöne Fresken[11] mit biblischen Themen (B, das Kirchbauerhaus in Oberammergau). Kinder interessieren sich vielleicht mehr für Märchenbilder.[12] Das „Hänsel- und Gretel-Heim"[13] in Oberammergau (C) ist ein Heim für Waisenkinder, das heißt für Kinder, deren Eltern tot sind. Die meisten Bewohner[14] Oberammergaus sind Holzschnitzer[15] von Beruf.[16] Sie schnitzen[17] religiöse Gegenstände,[18] die in alle Weltteile geschickt werden.

[1] excursionists   [2] exceptions   [3] for warding off the pestilence   [4] members
[5] town council   [6] solemn   [7] vow   [8] (legten . . . ab) uttered, swore   [9] from then on
[10] tile-roofed houses   [11] frescoes   [12] fairy-tale pictures   [13] home   [14] inhabitants
[15] wood-carvers   [16] by profession   [17] carve   [18] objects

A

B

C

Laßt Mut und Hoffnung niemals sinken
So lange Gottes Sternlein blinken

Marie
Mattfeld
Hänsl u. Gretl
Heim

D

Im vorigen Jahrhundert ließ der geisteskranke[19] König Ludwig II. von Bayern drei Schlösser bauen,[20] die nie oder nur auf kurze Dauer[21] bewohnt wurden. Schloß Neuschwanstein bei Füssen, im Stil der Burgen des frühen Mittelalters, sieht aus wie eine Burg aus einem Märchenbuch (**D**). Schloß Linderhof, das einige Kilometer von Oberammergau entfernt[22] liegt, wird von fast allen Touristen besucht, die nach Oberammergau kommen. In den

[19] mad, mentally ill   [20] (*ließ . . . bauen*) had built   [21] duration   [22] distant

Parkanlagen nicht weit von diesem Schloß ist eine Höhle,[23] die König Ludwig ausgraben ließ.[24] In dieser Höhle befinden sich ein kleiner See und eine Art Bühne,[25] auf der Richard Wagner einmal seine Oper „Lohengrin" vor König Ludwig aufführte. Im Schloß Chiemsee, das auf einer Insel[26] im Chiemsee liegt und eine Kopie des französischen Schlosses in Versailles werden sollte, befindet sich eine hundert Meter lange Spiegelgalerie[27] aus Marmor und Gold, die einzigartig[28] auf der Welt ist (E). Wenn man aber echte Schlösser aus der deutschen Vergangenheit[29] sehen möchte, so sollte man z.B. Schloß Sanssouci (Potsdam), Schloß Charlottenburg (Berlin), Schloß Ludwigsburg (nicht weit von Stuttgart) und Schloß Nymphenburg (München) besichtigen.[30]

[23] cave, grotto   [24] had excavated   [25] type of stage   [26] island   [27] hall of mirrors
[28] unique   [29] past   [30] view, see

E

Aufgabe Einundzwanzig

Ein Picknick

Rudi und Bruno haben Anna und Luise zu einem Picknick eingeladen. Alle vier sind jetzt eng miteinander befreundet, deshalb duzen sie einander.

¹ ANNA: Woher kennst du diesen kleinen See, Rudi?

² RUDI: Auf der Rückreise von Oberammergau haben Bruno und ich hier halt gemacht.

³ ANNA: Und ihr sagtet: „Wir kommen einmal mit Anna und Luise hierher zurück."

⁴ RUDI: Richtig! Diesen Ausflug mit euch haben wir schon damals geplant.

⁵ ANNA: Luise und Bruno kommen gleich zurück. Wollen wir das Essen nicht auspacken?

⁶ RUDI: Ja, gerade hier ist ein guter Platz.

⁷ ANNA: Man merkt, daß du ein erfahrener Picknicker bist.

⁸ RUDI: Als ich noch jünger war, ging ich oft mit meiner Familie in die Berge. So, der Tisch ist nun gedeckt.

⁹ ANNA: Und dann sind die Ameisen und Fliegen unsere Gäste!

¹⁰ RUDI: Ich merke, daß du auch schon im Freien gegessen hast. Weißt du, daß es schön ist, mit dir allein zu sein, Anna?

¹¹ ANNA: Es war sehr schön, Rudi. Da kommen Luise und Bruno!

¹² BRUNO: Wartet ihr schon lange auf uns?

¹³ RUDI: Eigentlich nicht. Setzt euch doch! Wir wollen gleich essen.

Fragen

1. Woher kennt Rudi den kleinen See? 2. Was wollen Rudi und Anna auspacken? 3. Wer findet einen guten Platz? 4. Wer hat das Essen zubereitet? 5. Sind Rudi und Anna endlich allein? 6. Was ist sehr schön?

Lesson 21

A Picnic

Rudi and Bruno have invited Anna and Luise to a picnic. All four are now close friends; therefore they use **du** in speaking to one another.

¹ ANNA: How did you get to know this little lake, Rudi?

² RUDI: On the way back from Oberammergau Bruno and I stopped here.

³ ANNA: And you said, "We'll come back here sometime with Anna and Luise."

⁴ RUDI: Right! We planned this excursion with you at that time.

⁵ ANNA: Luise and Bruno are coming back right away. Shouldn't we unpack the food?

⁶ RUDI: Yes, right here is a good place.

⁷ ANNA: One can see that you are an experienced picnicker.

⁸ RUDI: When I was younger, I often went into the mountains with my family. Well, the table is now set.

⁹ ANNA: And then the ants and the flies will be our guests.

¹⁰ RUDI: I note that you, too, have eaten out in the open. Do you know it's nice to be alone with you, Anna?

¹¹ ANNA: It was very nice, Rudi. Here come Luise and Bruno!

¹² BRUNO: Have you been waiting for us long?

¹³ RUDI: Not really. Sit down! Let's eat.

Review of Idioms and Useful Expressions

Lessons 1–6

A. Guten Morgen! Wie geht es Ihnen?
B. Danke, gut.
A. Und wie geht es Ihrem Freund, Herrn Hüber?
B. Es geht ihm auch gut.
A. Er ist jetzt zu Hause, nicht wahr?
B. Nein, er kommt erst um sechs Uhr nach Hause.
A. So? Sagen Sie ihm, ich werde gegen sieben vorbeikommen.
B. Gern. Auf Wiedersehen!
A. Auf Wiedersehen!

A. Wie heißt Ihre Freundin?
B. Wie bitte?
A. Wie heißt Ihre Freundin?
B. Sie heißt Edith Bauer.
A. Wo wohnt sie?
B. Dort drüben.

A. Sie sprechen gut Deutsch.
B. Danke.
A. Wie lange sprechen Sie schon Deutsch?
B. Seit zwei Jahren.
A. Lernen Sie immer noch fleißig?
B. Nein, nicht fleißig genug. Ich muß zu lange im Geschäft arbeiten.
A. Wie finden Sie Ihre Arbeit?
B. Interessant aber auch sehr schwer.
A. Möchten Sie gern mehr Deutsch lernen?
B. Natürlich würde ich gern noch mehr Deutsch lernen.
A. Vielleicht können wir einander helfen.
B. Das wäre schön! Abgemacht!

A. Verzeihen Sie bitte! Wie komme ich wohl zum Rathaus?
B. Das Rathaus is gleich um die Ecke.
A. Rechts oder links?
B. Rechts und dann geradeaus.
A. Danke schön.
B. Bitte schön.

A. Wohnen Sie in der Parkstraße?
B. Nein, ich wohne in der Lindenstraße.
A. Wohnen Sie oben oder unten?
B. Ich wohne eine Treppe hoch.[1]

[1] one flight up

A. Wo ist Ihr Vater? Ist er draußen im Garten?
B. Nein, er ist im Wohnzimmer.
A. Sagen Sie mir, ist er eigentlich Professor oder Arzt?
B. Er ist Arzt, aber manchmal hält er Vorlesungen an der Universität.
A. Ich weiß nicht, ob ich ihn schon kenne.
B. Oh ja, Sie kennen ihn schon. Er hat einmal mit Ihnen Englisch gesprochen.
A. Jetzt erinnere ich mich an ihn. Er spricht sehr gut Englisch.
B. Ja, er interessiert sich sehr für Fremdsprachen.

A. Wie spät ist es?
B. Viertel vor sechs.
A. Um wieviel Uhr essen Sie heute abend?
B. Gegen sieben Uhr.
A. Wann essen Sie morgens? (Wann frühstücken Sie?)
B. Gewöhnlich um halb sieben.
A. Ist Ihre Mutter noch nicht hier?
B. Nein, aber sie kommt gleich (sofort, sogleich).
A. Wo ist Ihre Schwester Martha?
B. Sie arbeitet in der Küche.

A. Fahren Sie heute nachmittag mit der Straßenbahn zur Universität?
B. Nein, mit dem Rad.
A. Ach, wenn ich doch auch ein Rad hätte!
B. Gehen Sie oft zu Fuß?
A. Eigentlich tue ich das ganz gern, aber ein Rad wäre besser.

A. Wie komme ich am besten zum Bahnhof?
B. Mit dem Autobus.
A. Aber ich muß in zehn Minuten dort sein.
B. Da nehmen Sie wohl am besten ein Taxi!
A. Danke sehr.
B. Nichts zu danken.

A. Wann sind Sie geboren?
B. Ich bin im Juli geboren. Und Sie?
A. Im September.

A. Darf ich mich vorstellen? Mein Name ist Gubler.
B. Ich heiße Schmidt.
A. Oh, Sie sind Martins Freund, nicht wahr?
B. Ja, Martin ist ein sehr guter Freund von mir.
A. Ich glaube, er wartet schon auf Sie.
B. So? Es tut mir leid, daß ich mich verspätet habe.
A. Das macht nichts. Kommen Sie nur mit!

A. Das ist mein Freund, Herr Kepler.
B. Es freut mich Sie kennenzulernen, Herr Kepler.
C. Ganz meinerseits.
B. Wohnen Sie bei einer Familie?
C. Ja, bei Schmidts. Kennen Sie die Familie?
B. Sehr gut. Sie waren vier Jahre lang meine Nachbarn.

A. Sind Sie auf dem Weg zum Tennisplatz?
B. Jawohl. Möchten Sie mitkommen?
A. Ich möchte schon, aber ich kann leider nicht. Ich muß im Park spazieren gehen.
B. Mit wem?
A. Mit Trine.
B. Hm! Also, Trine ist es diesmal.
A. Natürlich, immer! Trine ist doch mein Hund!

A. Schauen Sie mal das blonde Mädchen dort drüben im Wasser!
B. Ist sie nicht hübsch?
A. Hören Sie nur! Sie ruft um Hilfe!
B. Nun, worauf warten wir noch? Eilen wir zu Hilfe![2]
A. Ich möchte schon, aber ich kann nicht schwimmen.
B. Ach, das ist aber schade! Da muß ich sie allein retten!

A. Wie kommen Sie zum Tiergarten?
B. Mit dem Rad. In zehn Minuten sind wir dort.
A. Leider kann ich nicht mitkommen.
B. So? Warum denn nicht?
A. Ich muß noch an meinem Aufsatz arbeiten.
B. Was? Sie arbeiten noch immer daran?
A. Natürlich! Es ist gar nicht so leicht, einen guten Aufsatz zu schreiben.
B. Worüber schreiben Sie denn?
A. Über Mädchen.
B. Über Mädchen?! Kein Wunder, daß Sie mit Ihrem Aufsatz noch nicht fertig sind.
A. Wie meinen Sie das?
B. Mein lieber Freund, niemand kann die Frauen verstehen. Und wenn man etwas nicht versteht, dann kann man natürlich nicht darüber schreiben.
A. Ich glaube, Sie haben recht. Nächstes Mal werde ich über Hunde schreiben. Die kann jeder verstehen.

A. Sind Sie Student oder Tourist?
B. Ich bin Tourist.
A. Reisen Sie lieber mit dem Schiff oder mit dem Flugzeug?
B. Mit dem Schiff. Es ist natürlich viel langsamer aber auch viel romantischer.
A. Ja, das glaube ich gern.

[2] Let's hurry and help her.

Conversational Patterns

I. THE FAMILIAR PRONOUNS *DU* AND *IHR*

So far, you have been using only one form for *you*, the pronoun **Sie**, which is generally referred to as the formal or polite form of *you*. The familiar pronouns **du** (singular) and **ihr** (plural) are the forms of *you* that are used in speaking to members of one's immediate family, close friends, children, animals, and inanimate objects. **Du** is also used in addressing the Deity.

The verb forms that accompany these pronouns are very easy to learn. The pronoun **du** has the same verb form in the present tense as **er / sie / es** but adds the ending **-st** rather than **-t**. The exceptions are **sein** and **werden**: **du bist** and **du wirst**. In the narrative past, the **du**-form of an irregular verb usually ends in **-st**; regular verbs and semi-irregular verbs end in **-est**. Study the examples below:

PRESENT		NARRATIVE PAST	
er lernt	du lernst	er lernte	du lerntest
er nimmt	du nimmst	er **nahm**	du nahmst
er **will**	du willst	er wollte	du wolltest
er wartet	du wartest	er wartete	du wartetest
er **hat**	du hast	er hatte	du hattest
er heißt	du heißt	er **hieß**	du hießt
er **ist**	du bist	er war	du warst
er **wird**	du **wirst**	er **wurde**	du wurdest

Note that verb stems that end in a sibilant sound (**s, ß, tz, sch**) add just **-t** rather than **-st** (**du hießt**).

With **ihr**, irregular verbs generally take the ending **-t**; the regular and semi-irregular verbs usually take **-t** in the present tense (**-et**, if required by the syllabic structure) and always take **-et** in the narrative past. Study the following examples:

PRESENT		NARRATIVE PAST	
sie lernen	ihr lernt	sie lernten	ihr lerntet
sie nehmen	ihr nehmt	sie nahmen	ihr nahmt
sie wollen	ihr wollt	sie wollten	ihr wolltet
sie sehen	ihr seht	sie sahen	ihr saht
sie warten	ihr wartet	sie warteten	ihr wartetet
sie **sind**	ihr **seid**	sie waren	ihr wart
sie werden	ihr werdet	sie wurden	ihr wurdet
sie haben	ihr habt	sie hatten	ihr hattet

1. Repetition

Hörst du, was ich sage?
Hört ihr, was ich sage?
Wie heißt du?
Wie heißt ihr?
Fährst du heute ab?
Fahrt ihr heute ab?
Liest du dieses Buch?
Lest ihr dieses Buch?
Du bist immer **vorbereitet** (*prepared*).
Ihr seid immer vorbereitet.
Sprichst du oft mit Karl?
Sprecht ihr oft mit Karl?
Du ißt zu viel!
Ihr eßt zu viel!
Kannst du morgen kommen?
Könnt ihr morgen kommen?
Weißt du das schon?

Wißt ihr das schon?
Wohntest du damals in Berlin?
Wohntet ihr damals in Berlin?
Du konntest damals schon alles verstehen.
Ihr konntet damals schon alles verstehen.
Hattest du damals Zeit, Onkel Heinrich zu schreiben?
Hattet ihr damals Zeit, Onkel Heinrich zu schreiben?
Wann hast du ihn zum letzten Mal gesehen?
Wann habt ihr ihn zum letzten Mal gesehen?
Wann bist du zurückgekommen?
Wann seid ihr zurückgekommen?
Wirst du heute hier bleiben?
Werdet ihr heute hier bleiben?

2. *er > du*

Use present tense.

Sucht er etwas?

Kennt er jedes Mädchen in der Klasse?
Liest er dieses Buch?
Nimmt er jeden Tag ein Bad?
Glaubt er alles, was er hört?
Was hält er davon? (hältst)
Wann ißt er gewöhnlich zu Mittag?
Schläft er gut bei diesem Wetter?
Was gibt er mir für meine Hilfe?
Was sieht er?
Er hilft dem Lehrer, nicht wahr?
Wann nimmt er Abschied (*take leave*)?
Er spricht zu schnell.
Er kommt um acht Uhr zurück, nicht wahr?
Wie findet er Deutsch?
Wo ist er?
Weiß er das schon?
Kann er auch Französisch?
Muß er hier bleiben?

Suchst du etwas?

Kennst du jedes Mädchen in der Klasse?
Liest du dieses Buch?
Nimmst du jeden Tag ein Bad?
Glaubst du alles, was du hörst?
Was hältst du davon?
Wann ißt du gewöhnlich zu Mittag?
Schläfst du gut bei diesem Wetter?
Was gibst du mir für meine Hilfe?
Was siehst du?
Du hilfst dem Lehrer, nicht wahr?
Wann nimmst du Abschied?
Du sprichst zu schnell.
Du kommst um acht Uhr zurück, nicht wahr?
Wie findest du Deutsch?
Wo bist du?
Weißt du das schon?
Kannst du auch Französisch?
Mußt du hier bleiben?

3. *Sie > du*

Use present tense.

Fahren Sie heute ab?

Wissen Sie, was dieses Wort bedeutet?
Nehmen Sie jetzt Abschied?
Wo arbeiten Sie?

Fährst du heute ab?

Weißt du, was dieses Wort bedeutet?
Nimmst du jetzt Abschied?
Wo arbeitest du?

Wie lange warten Sie schon?

Lesen Sie immer diese Zeitung?

Sie sprechen gut Deutsch.

Wollen Sie mir helfen?

Mögen Sie diesen Mann?

Sie sehen ihn jeden Tag, nicht wahr?

Essen Sie gewöhnlich um sechs Uhr?

Wo sitzen Sie gewöhnlich?

Sie vergessen immer meinen Namen!

Sie laufen aber schnell!

Sterben Sie schon wieder vor Hunger?

Fangen Sie jetzt an, Deutsch zu lernen?

Sie laden mich zum Abendessen ein? Oh danke schön!

Wie lange wartest du schon?

Liest du immer diese Zeitung?

Du sprichst gut Deutsch.

Willst du mir helfen?

Magst du diesen Mann?

Du siehst ihn jeden Tag, nicht wahr?

Ißt du gewöhnlich um sechs Uhr?

Wo sitzt du gewöhnlich?

Du vergißt immer meinen Namen!

Du läufst aber schnell!

Stirbst du schon wieder vor Hunger?

Fängst du jetzt an, Deutsch zu lernen?

Du lädst mich zum Abendessen ein? Oh danke schön!

4. *er* > *du*

Use narrative past tense.

Damals schrieb er mir lange Briefe.

Damals sprach er nicht viel Deutsch.

Damals half er mir viel.

Wußte er das schon?

Er glaubte mir immer.

Damals hatte er nicht viel vor.

Damals holte er mich vom Bahnhof ab.

Damals reiste er viel.

Damals schriebst du mir lange Briefe.

Damals sprachst du nicht viel Deutsch.

Damals halfst du mir viel.

Wußtest du das schon?

Du glaubtest mir immer.

Damals hattest du nicht viel vor.

Damals holtest du mich vom Bahnhof ab.

Damals reistest du viel.

5. *Sie* > *du*

Use present perfect tense.

Wo sind Sie gewesen?

Haben Sie das Buch mitgebracht?

Haben Sie daran gedacht?

Haben Sie gut geschlafen?

Haben Sie das Buch gefunden?

Wann sind Sie gestern nach Hause gekommen?

Wo bist du gewesen?

Hast du das Buch mitgebracht?

Hast du daran gedacht?

Hast du gut geschlafen?

Hast du das Buch gefunden?

Wann bist du gestern nach Hause gekommen?

Use future tense.

Wohin werden Sie gehen?

Werden Sie mich abholen?

Wie werden Sie fahren, mit dem Zug oder mit dem Auto?

Werden Sie morgen arbeiten?

Wohin wirst du gehen?

Wirst du mich abholen?

Wie wirst du fahren, mit dem Zug oder mit dem Auto?

Wirst du morgen arbeiten?

6. *Sie* (pl.) > *ihr*

Use present tense.

Wann stehen Sie gewöhnlich auf?

Was machen Sie heute?

Wann steht ihr gewöhnlich auf?

Was macht ihr heute?

Haben Sie heute etwas vor?	Habt ihr heute etwas vor?
Wann kommen Sie zurück?	Wann kommt ihr zurück?
Wieso wissen Sie das?	Wieso wißt ihr das?
Dürfen Sie mitkommen?	Dürft ihr mitkommen?
Wann essen Sie zu Mittag?	Wann eßt ihr zu Mittag?
Wollen Sie dieses Buch mitnehmen?	Wollt ihr dieses Buch mitnehmen?
Glauben Sie alles, was Sie hören?	Glaubt ihr alles, was ihr hört?
Wissen Sie immer, was Sie wollen?	Wißt ihr immer, was ihr wollt?

Use narrative past tense.

Damals kamen Sie immer zu spät nach Hause.	*Damals kamt ihr immer zu spät nach Hause.*
Damals waren Sie immer pünktlich.	Damals wart ihr immer pünktlich.
Damals lernten Sie fleißig, nicht wahr?	Damals lerntet ihr fleißig, nicht wahr?
Sie spielten oft Tennis, nicht wahr?	Ihr spieltet oft Tennis, nicht wahr?
Damals hatten Sie viel zu erzählen.	Damals hattet ihr viel zu erzählen.
Damals kamen Sie oft mit.	Damals kamt ihr oft mit.

Use present perfect tense.

Haben Sie die Koffer schon vom Bahnhof abgeholt?	*Habt ihr die Koffer schon vom Bahnhof abgeholt?*
Haben Sie meinen alten Freund Kurt schon kennengelernt?	Habt ihr meinen alten Freund Kurt schon kennengelernt?
Haben Sie schon gegessen?	Habt ihr schon gegessen?
Haben Sie diesen Roman schon gelesen?	Habt ihr diesen Roman schon gelesen?
Wann sind Sie zurückgekommen?	Wann seid ihr zurückgekommen?
Wo sind Sie den ganzen Tag gewesen?	Wo seid ihr den ganzen Tag gewesen?
Haben Sie gut geschlafen?	Habt ihr gut geschlafen?

Use future tense.

Werden Sie morgen in die Stadt fahren?	*Werdet ihr morgen in die Stadt fahren?*
Wo werden Sie nächstes Jahr studieren?	Wo werdet ihr nächstes Jahr studieren?
Werden Sie die Prüfung bestehen?	Werdet ihr die Prüfung bestehen?
Werden Sie morgen zu Hause bleiben?	Werdet ihr morgen zu Hause bleiben?

II. THE SUBJUNCTIVE FORMS FOR *DU* AND *IHR*

The regular and alternate subjunctive forms of the verbs for **du** end in **-est;** for **ihr**, the ending is **-et:**

du	ihr
du hätt**est** (hab**est**)	ihr hätt**et** (hab**et**)
du wär**est** (sei**est**)	ihr wär**et** (sei**et**)
du würd**est** (werd**est**)	ihr würd**et** (werd**et**)

7. Repetition

IMAGINATIVE SUBJUNCTIVE

Wenn du Geld hättest, würdest du ein
Rad kaufen, nicht wahr?

Wenn du nur fleißiger lerntest!

Wenn du hier gewesen wärest, hätten
wir über vieles geplaudert!

Wenn ihr hier wäret, könntet ihr mit uns
fischen gehen!

Wenn ihr nur länger gewartet hättet!

INDIRECT DISCOURSE

Du sagtest, daß du nicht mitkommen
dürftest (dürfest).

Er schrieb, daß du eine lange Reise gemacht hättest (habest).

Luise sagte, ihr bliebet (bleibet) heute
abend zu Hause.

Sie fragte, wo ihr früher gewohnt hättet
(habet).

8. Indicative > Subjunctive

*Wenn du Zeit hast, wirst du mir
schreiben, nicht wahr?*

Wenn du in der Klasse aufpaßt, wirst
du mehr lernen.

Wenn du mich liebst, wirst du mir
helfen.

Wirst du nach Deutschland fahren, wenn
du genug Geld hast?

Wenn ihr morgen kommt, könnt ihr uns
helfen.

*Wenn du Zeit hättest, würdest du mir
schreiben, nicht wahr?*

Wenn du in der Klasse aufpaßtest, würdest du mehr lernen.

Wenn du mich liebtest, würdest du mir
helfen.

Würdest du nach Deutschland fahren,
wenn du genug Geld hättest?

Wenn ihr morgen kämet, könntet ihr
uns helfen.

9. Direct Discourse > Indirect Discourse

*Du sagtest: „Heute kann ich nicht kom-
men."*

Du sagtest: „Morgen werde ich abfahren."

Du sagtest: „Ich bin nie dort gewesen."

Du fragtest: „Darf ich mitgehen?"

Du fragtest: „Soll ich zu Hause bleiben?"

Du fragtest: „Habe ich zu viel Lärm
(*noise*) gemacht?"

Ihr schriebt: „Wir sind nach Berlin gegangen."

Ihr schriebt: „Wir haben Heinrich nicht
gesehen."

*Du sagtest, daß du heute nicht kommen
könntest (könnest).*

Du sagtest, daß du morgen abfahren
würdest (werdest).

Du sagtest, daß du nie dort gewesen
wärest (seiest).

Du fragtest, ob du mitgehen dürftest
(dürfest).

Du fragtest, ob du zu Hause bleiben
solltest (sollest).

Du fragtest, ob du zu viel Lärm gemacht
hättest (habest).

Ihr schriebt, daß ihr nach Berlin gegangen wäret (seiet).

Ihr schriebt, daß ihr Heinrich nicht gesehen hättet (habet).

III. THE IMPERATIVE FORMS FOR *DU* AND *IHR*

The **du** imperative is generally formed by adding **-e** to the infinitive stem
of most verbs; however, this **-e** is often dropped in spoken German. Verbs

which show the vowel change **e** to **i** or **ie** (**nehmen—du nimmst** or **sehen—du siehst**) retain this change in the **du** imperative form and never add **-e:**

Geh(e) nach Hause!   Nimm deine Bücher mit!
Schlaf(e) gut!   Iß dein Brot!
Fahr(e) langsamer!   Lies das Buch!

The **du** imperative of the verb **sein,** however, is **sei:**

Sei brav, mein Kind!

The **ihr** imperative form is the same as the indicative:

Ihr bleibt hier.   Bleibt hier!
Ihr schlaft gut.   Schlaft gut!
Ihr seid brav.   Seid brav!

10. Repetition

Kommen Sie her! Komm(e) her! Kommt her!

Setzen Sie sich neben mich! Setz(e) dich neben mich! Setzt euch neben mich!

Sprechen Sie nicht so langsam! Sprich nicht so langsam! Sprecht nicht so langsam!

Gehen Sie an die Tafel! Geh(e) an die Tafel! Geht an die Tafel!

Passen Sie auf! Pass(e) auf! Paßt auf!

Öffnen Sie die Tür! Öffne die Tür! Öffnet die Tür!

Laufen Sie nach Hause! Lauf(e) nach Hause! Lauft nach Hause!

11. *Sie* Imperative > *du* Imperative

Sprechen Sie langsam! — *Sprich langsam!*

Wachen Sie auf! — Wach(e) auf!
Geben Sie mir das Buch! — Gib mir das Buch!
Helfen Sie mir! — Hilf mir!
Essen Sie nicht so schnell! — Iß nicht so schnell!
Trinken Sie diesen Pfefferminztee! — Trink(e) diesen Pfefferminztee!
Rufen Sie mich morgen an! — Ruf(e) mich morgen an!
Schlafen Sie gut! — Schlaf(e) gut!
Kommen Sie zurück! — Komm(e) zurück!
Lesen Sie diesen Satz! — Lies diesen Satz!
Vergessen Sie mich nicht! — Vergiß mich nicht!
Seien Sie pünktlich! — Sei pünktlich!

12. *du* Imperative > *ihr* Imperative

Iß langsamer! — *Eßt langsamer!*

Lauf(e) nicht so schnell! — Lauft nicht so schnell!
Hör(e) auf! — Hört auf!
Komm(e) herein! — Kommt herein!
Geh(e) nicht über die Straße! — Geht nicht über die Straße!
Öffne das Fenster! — Öffnet das Fenster!

IV. ACCUSATIVE AND DATIVE FORMS OF *DU* AND *IHR*

NOM.	ACC.	DAT.
du	dich	dir
ihr	euch	euch

These forms are also used in reflexive constructions:

Freust du **dich** darüber?
Kaufst du **dir** ein Rad?

13. Repetition

Wer hat es dir gesagt?
Wer hat es euch gesagt?
Wir wollen dich etwas fragen.
Wir wollen euch etwas fragen.

Darf ich dir etwas sagen?
Darf ich euch etwas sagen?
Schäm(e) dich! (*Shame on you!*)
Schämt euch!

14. *Ihnen* > *dir* or *euch*

Ich danke Ihnen.

Hat er Ihnen geantwortet?
Gehört Ihnen dieses Buch?
Gefällt Ihnen (*pl.*) der Film?
Wie geht es Ihnen?

Ich danke dir.

Hat er dir geantwortet?
Gehört dir dieses Buch?
Gefällt euch der Film?
Wie geht es dir?

15. *Sie* > *dich* or *euch*

Wer hat Sie abgeholt?

Wer hat Sie gerufen?
Ich habe Sie (*pl.*) nicht gehört.
Darf ich Sie etwas fragen?
Schämen Sie sich!

Wer hat dich abgeholt?

Wer hat dich gerufen?
Ich habe euch nicht gehört.
Darf ich dich etwas fragen?
Schäm(e) dich!

V. THE POSSESSIVE ADJECTIVES *DEIN* AND *EUER*

Like **mein, sein, unser,** etc., **dein** and **euer** are also **ein**-words and take the usual **ein**-word endings:

Kinder, wo ist **euer** Vater?
Gehst du mit **deinem** Freund, Paul?

16. Repetition

Wo ist deine Mutter?
Wo ist eure[1] Mutter?

Ich war einmal bei deiner Tante.
Ich war einmal bei eurer Tante.

1 The unstressed vowel of **euer** is often dropped before endings.

Ich kenne deine Eltern nicht.
Ich kenne eure Eltern nicht.
Dein Haus gefällt mir.
Euer Haus gefällt mir.

Ich habe die Bücher deines Bruders.
Ich habe die Bücher eures Bruders.
Hugo spricht oft von deinem Onkel.
Hugo spricht oft von eurem Onkel.

17. *Ihr* > *dein* or *euer*

Ist Herr Braun Ihr Onkel?

Ich habe den Schlüssel für Ihr Zimmer nicht gefunden.
Darf ich Ihren Bleistift borgen?
Ich habe mit Ihrem (*pl.*) Lehrer gesprochen.
Ist die Farbe Ihrer Jacke blau oder grau?
Wir haben über Ihre (*pl.*) Familie gesprochen.
Ist diese Dame eine Freundin Ihrer Mutter?

Ist Herr Braun dein Onkel?

Ich habe den Schlüssel für dein Zimmer nicht gefunden.
Darf ich deinen Bleistift borgen?
Ich habe mit eurem Lehrer gesprochen.
Ist die Farbe deiner Jacke blau oder grau?
Wir haben über eure Familie gesprochen.
Ist diese Dame eine Freundin deiner Mutter?

Review

English-German Patterns

Use **du** in these sentences.

Karl, do you hear what I am saying?	Karl, hörst du, was ich sage?
Do you see Horst often?	Siehst du Horst oft?
Do you speak with him?	Sprichst du mit ihm?
When did you see him the last time?	Wann hast du ihn das letzte Mal gesehen?
When did you return?	Wann bist du zurückgekommen?
Will you stay here today?	Wirst du heute hier bleiben?
Can you pick me up at eight o'clock?	Kannst du mich um acht Uhr abholen?

Use **ihr.**

Dieter and Paul, where have you been?	Dieter und Paul, wo seid ihr gewesen?
Do you want to help me?	Wollt ihr mir helfen?
Where do you usually sit?	Wo sitzt ihr gewöhnlich?
Have you forgotten where I live?	Habt ihr vergessen, wo ich wohne?
When do you usually get up?	Wann steht ihr gewöhnlich auf?
Do you need money?	Braucht ihr Geld?
Will you return tomorrow?	Werdet ihr morgen zurückkommen?

Use **du.**

Oh Paul, if you were only here!	Oh Paul, wenn du nur hier wärest!
If you had only been here yesterday!	Wenn du nur gestern hier gewesen wärest!
If you had only worked more diligently!	Wenn du nur fleißiger gearbeitet hättest!
Had you only waited!	Hättest du nur gewartet!

Use **du** imperative forms.

Karl, wake up!	Karl, wach(e) auf!
Read this sentence!	Lies diesen Satz!
Come back!	Komm(e) zurück!
Don't forget what I am telling you!	Vergiß nicht, was ich dir sage!
Hold my hat!	Halt(e) meinen Hut!

Use **ihr** imperative forms.

Achim and Hugo, go to the blackboard!	Achim und Hugo, geht an die Tafel!
Write this sentence, children!	Schreibt diesen Satz, Kinder!
Run home, children!	Lauft nach Hause, Kinder!

Use **dein.**

I haven't seen your brother.	Ich habe deinen Bruder nicht gesehen.
How are your friends?	Wie geht es deinen Freunden?
I like your uncle. (*mögen*)	Ich mag deinen Onkel.
I spoke with your aunt yesterday.	Ich habe gestern mit deiner Tante gesprochen.
Is that your new book?	Ist das dein neues Buch?
Do you often speak with your parents about your worries? (*Sorgen*)	Sprichst du oft mit deinen Eltern über deine Sorgen?

Use forms of **ihr.**

Anna and Dieter, is this lady a friend of your mother?	Anna und Dieter, ist diese Dame eine Freundin eurer Mutter?
Where is your father, children?	Wo ist euer Vater, Kinder?
All are here except your brother.	Alle sind hier außer eurem Bruder.

Personalized Questions

1. Duzen Sie Ihre Mutter, wenn Sie mit ihr Deutsch sprechen?   2. Duzen Sie Ihren Deutschlehrer?   3. Sind Sie nicht eng miteinander befreundet?   4. Was möchten Sie lieber, ein paar Verben konjugieren oder einen kurzen Aufsatz schreiben? 5. Planen Sie ein Picknick für das kommende Wochenende?   6. Was für Salat essen Sie am liebsten?   7. Haben Sie je in einem Geschäft gearbeitet?   8. Wann frühstücken Sie gewöhnlich?   9. Möchten Sie für morgen einen Aufsatz schreiben? 10. Ist es leicht, einen Aufsatz über Frauen zu schreiben?

Directed Questions

1. Fragen Sie Herrn ——, ob er zu Hilfe eilt, wenn eine hübsche Blondine um Hilfe ruft!
2. Fragen Sie Fräulein ——, ob sie lieber mit dem Schiff oder mit dem Flugzeug reist!
3. Fragen Sie Herrn ——, wen er duzt!
4. Fragen Sie Fräulein ——, ob sie den Tisch deckt und das Geschirr wäscht, wenn sie zu Hause ist!
5. Fragen Sie Herrn ——, ob er ein erfahrener Picknicker ist!

6. Fragen Sie Fräulein ——, wie oft sie einen Ausflug macht!
7. Fragen Sie Herrn ——, ob er sich schämt, wenn er die Aufgabe nicht gut gelernt hat!
8. Fragen Sie Fräulein ——, ob sie daran gewöhnt ist, früh zu Bett zu gehen!

VERB SUMMARY

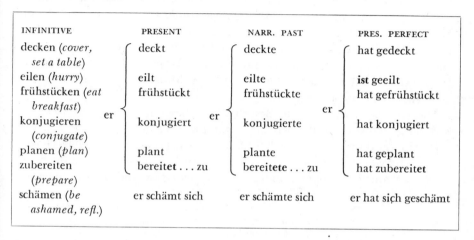

INFINITIVE	PRESENT	NARR. PAST	PRES. PERFECT
decken (*cover, set a table*)	deckt	deckte	hat gedeckt
eilen (*hurry*)	eilt	eilte	**ist** geeilt
frühstücken (*eat breakfast*)	frühstückt	frühstückte	hat gefrühstückt
konjugieren (*conjugate*)	konjugiert	konjugierte	hat konjugiert
planen (*plan*)	plant	plante	hat geplant
zubereiten (*prepare*)	bereitet . . . zu	bereitete . . . zu	hat zubereitet
schämen (*be ashamed, refl.*)	er schämt sich	er schämte sich	er hat sich geschämt

Die gute Luft

In keinem anderen Land spricht man so viel über Luft[1] wie in Deutschland. Man unterscheidet[2] zwischen Sommerluft, Winterluft, Landluft, Seeluft, Bergluft usw. Für viele Deutsche ist die Luft eine Medizin, die Lungen-, Magen-, Nerven- und Blutkrankheiten verhindern[3] oder kurieren[4] kann. Westerland auf der Insel Sylt[5] in der Nordsee ist ein berühmter Kurort[6] (**A**). Die beiden Mädchen schauen sich die Badegäste an, die sich in ihrem Strandkorb umgekleidet haben[7] und jetzt ein Sonnenbad nehmen oder im Wasser spielen. Wegen der guten Luft ist der Strand[8] auf dieser Insel auch im Winter beliebt.

Auch die Seen ziehen viele Besucher an,[9] besonders im Sommer. Westberliner gehen gern an ihr beliebtes Strandbad Wannsee (**B**).

Da ein Luftkurort nur reine[10] Luft zu haben braucht, sind viele Dörfer in den Bergen zu Kurorten geworden. Mancher unternehmungslustige[11] Bauer verkauft heute seine Landluft an die Stadtleute, indem er Zimmer an sie vermietet.[12]

---

[1] air   [2] distinguishes   [3] prevent   [4] cure   [5] Island of Sylt   [6] health resort
[7] have changed clothes in their large wicker beach chair   [8] strand, beach
[9] *(ziehen . . . an)* attract   [10] pure   [11] enterprising   [12] *(indem er . . . vermietet)* in that he rents

A

B

Bei den Stadtbewohnern ist Camping (**C**) in den letzten Jahren sehr beliebt geworden. Es ist für einen Städter ein schönes Erlebnis, abends unter den Sternen zu schlafen und die frische Bergluft oder Waldluft einzuatmen.[13] Zum Camping gehören ein Auto, ein Zelt, Proviant[14] und eine Straßenkarte, die zeigt, wo die Zeltplätze[15] liegen. Man kann auch außer Landes fahren, denn Campingplätze gibt es seit dem Zweiten Weltkrieg überall in Europa.

[13] to breathe in   [14] provisions, food   [15] camping grounds

C

D

Schon im letzten Jahrhundert begannen europäische Ärzte Alpenluft als Heilmittel[16] gegen Tuberkulose zu verschreiben.[17] Um die Lungenkranken unterzubringen,[18] baute man Sanatorien, die als Heilanstalten[19] in der ganzen Welt berühmt wurden. Zur gleichen[20] Zeit entdeckte[21] man die Schönheit der Berge. Zuerst kamen die Reichen in Kutschen,[22] später reisten Touristen aus aller Welt mit der Eisenbahn (D), dem Auto und dem Flugzeug in die Alpenländer, um die Bergluft zu genießen[23] und die schneebedeckten[24] Alpen zu bewundern und zu besteigen.

Daß junge Menschen gerne im Schatten[25] eines Baumes sitzen, um einen Roman zu lesen oder in einem Lehrbuch zu studieren, wissen wir schon lange. Es ist für einen jungen Mann ein besonders schönes und romantisches Erlebnis, wenn eine hübsche junge Studentin neben ihm sitzt. Wenn sie dieselben Vorlesungen belegen, können sie zusammen arbeiten und zur selben Zeit die gute Frühlingsluft genießen, wie diese beiden Studenten von der Universität München (E).

16 medicine, cure   17 prescribe   18 to shelter, house   19 sanatoriums, hospitals
20 same   21 discovered   22 coaches   23 enjoy   24 snow-covered   25 shade

E

Aufgabe Zweiundzwanzig

Ein Zusammentreffen in Salzburg

Rudi und Anna sind nach Salzburg gefahren, um sich das berühmte Spiel „Jedermann" anzusehen. Auf der Straße begegnen sie einem Bekannten von Rudi.

[1] RUDI: Wir haben Glück, das Wetter bleibt gut für die Vorstellung von „Jedermann".

[2] ANNA: Natürlich! Ich bringe dir immer Glück.

[3] RUDI: Das muß ich zugeben. Anna, da ist ein Bekannter von mir, Klaus Menzer. Kennst du ihn?

[4] ANNA: Nein, er ist mir unbekannt.

[5] RUDI: Hallo! Klaus! Klaus Menzer!

[6] KLAUS: Rudi! Ich habe Sie schon lange nicht gesehen.

[7] RUDI: Anna, darf ich dir Klaus Menzer vorstellen?

[8] ANNA: Ich freue mich, Sie kennenzulernen, Herr Menzer.

[9] KLAUS: Es freut mich, Ihre Bekanntschaft zu machen. Wann sind Sie in Salzburg angekommen, Rudi?

[10] RUDI: Vor drei Stunden. „Jedermann" wird heute nachmittag vor dem Dom gespielt, und wir wollen es so gern sehen.

[11] KLAUS: Aber alle Karten sind seit Monaten ausverkauft!

[12] RUDI: Ja, das wissen wir. Aber Glück muß man haben! Gerade als wir verzweifelt an der Theaterkasse standen, kam ein junger Amerikaner vorbei ...

[13] ANNA: ... und wollte eben zwei Karten zurückgeben, weil er sofort nach Rom fahren mußte.

[14] KLAUS: Unglaublich! Na, viel Vergnügen!

[15] RUDI: Danke. Auf Wiedersehen, Klaus! Alles Gute!

Fragen

1. Warum fahren Rudi und Anna nach Salzburg? 2. Wem begegnen sie auf der Straße? 3. Wie heißt Rudis Freund? 4. Hat Anna Rudis Bekannten schon kennengelernt? 5. Wo wird „Jedermann" gespielt? 6. Wie haben Rudi und Anna Karten bekommen?

Lesson 22

Meeting a Friend in Salzburg

Rudi and Anna have gone to Salzburg in order to see the famous play *Everyman*. On the street they meet an acquaintance of Rudi's.

1 RUDI: We're lucky; the weather's going to stay fine for the performance of *Everyman*.

2 ANNA: Of course! I always bring you luck.

3 RUDI: That I must admit. Anna, there's someone I know, Klaus Menzer. Do you know him?

4 ANNA: No, I don't know him.

5 RUDI: Hey! Klaus! Klaus Menzer!

6 KLAUS: Rudi! I haven't seen you for a long time.

7 RUDI: Anna, may I introduce Klaus Menzer to you?

8 ANNA: I'm glad to know you, Mr. Menzer.

9 KLAUS: I'm glad to make your acquaintance. When did you arrive in Salzburg, Rudi?

10 RUDI: Three hours ago. *Everyman* is being performed this afternoon in front of the cathedral, and we want so much to see it.

11 KLAUS: But all performances have been sold out for months.

12 RUDI: Yes, we know that. But one has to be lucky! Just as we were standing in despair at the ticket office, a young American came by . . .

13 ANNA: . . . and was just about to return two tickets because he had to leave immediately for Rome.

14 KLAUS: Incredible! Well, have a good time!

15 RUDI: Thanks. Good-by, Klaus! Good luck!

Review of Idioms and Useful Expressions

Lessons 7–11

A. Gehen Sie zur Post?
B. Später, ja, aber ich muß erst zum Bahnhof.
A. Warum denn?
B. Ich muß mein Gepäck abholen.
A. Kann man im Bahnhof einen Scheck einlösen?
B. Einen Reisescheck, ja, aber keinen anderen.

A. Ist hier irgendwo eine Bank in der Nähe?
B. Dort drüben, gerade gegenüber dem Dom.
A. Besten Dank.
B. Gern geschehen. Passen Sie auf! Jetzt ist rotes Licht für Fußgänger.[1]
A. Danke. Ich werde warten, bis die Autos halten müssen.

A. Ich möchte dieses Buch gern kaufen, aber ich habe kein Geld bei mir.
B. Haben Sie Geld auf der Bank?
A. Leider nicht, aber mein Vater wird mir bald etwas schicken.
B. Sie haben es wirklich gut.
A. Ja, das stimmt.

A. Würden Sie mir, bitte, einen Gefallen[2] tun?
B. Selbstverständlich.
A. Würden Sie mich Ihrer Kusine vorstellen?
B. Lotte? Haben Sie Lotte noch nicht kennengelernt?
A. Nein, noch nicht.
B. Lotte, dies ist mein Freund, Götz Roggenkamp.
C. Es freut mich, Sie kennenzulernen, Herr Roggenkamp.
A. Es freut mich ebenfalls.[3] Sind Sie auf dem Wege zur Post?
C. Ja, ich muß einige Briefe aufgeben.
A. Ich auch. Darf ich Sie begleiten?
C. Ja, gewiß.

A. [Es klopft.] Kommen Sie nur herein!
B. Guten Tag! Störe ich?
A. Gar nicht. Was gibt's Neues?
B. Wissen Sie, wo Fritz ist?
A. Keine Ahnung. Ich habe Fritz schon lange nicht mehr gesehen.
B. Aber er geht oft ins Konzert, nicht wahr?
A. Ja, entweder[4] ins Konzert oder ins Theater.
B. Ich würde lieber ins Kino gehen.
A. Ich nicht. Ich höre klassische Musik sehr gern.
B. Dann freuen Sie sich sicherlich auf die Oper am kommenden Samstag!

[1] pedestrians   [2] favor   [3] likewise, too   [4] either

A. Das kann ich Ihnen sagen! Das wird ein herrliches Erlebnis werden.
B. Haben Sie sich schon Karten reservieren lassen?
A. Ja, gewiß, schon vor drei Wochen.

A. Was fehlt Ihnen?
B. Ich weiß es nicht.
A. Haben Sie Fieber?
B. Nein, nur Kopfschmerzen.
A. Vielleicht sollten Sie zum Arzt gehen.
B. Ich gehe jetzt ins Bett. Wenn ich mich morgen nicht besser fühle, werde ich zum Arzt gehen.
A. Sie haben sich wahrscheinlich nur erkältet, das ist alles.
B. Ich hoffe auch.
A. Auf jeden Fall, gute Besserung![5]
B. Danke.

A. Wollen Sie nicht Platz nehmen?
B. Danke, ich kann nicht, denn ich muß zum Krankenhaus.
A. So? Ist Ihr Freund schon wieder krank?
B. Es geht ihm jetzt schon viel besser. Ich schäme mich nur, daß ich ihn so lange nicht mehr besucht habe.
A. Machen Sie sich keine Sorgen![6] Er weiß schon, daß Sie in Nürnberg gewesen sind.
B. Meine Schwester sollte es ihm sagen, aber sie ist manchmal ziemlich vergeßlich.
A. Wie jeder von uns. Grüßen Sie Ihren Freund von mir!
B. Gern. Das werde ich tun. Bis Montag dann!

A. Wann stehen Sie gewöhnlich auf?
B. Um sechs Uhr.
A. Wer weckt Sie denn?
B. Ich habe einen neuen Wecker.
A. Wenn ich spät zu Bett gehe, finde ich es schwer, am nächsten Tage wach zu bleiben.
B. Haben Sie auch einen Wecker?
A. Ja, aber dreimal habe ich ihn nicht klingeln[7] hören.

A. Was machen Sie, nachdem Sie aufgestanden sind?
B. Oh, ich ziehe mich an, wasche mir die Hände und das Gesicht und putze mir die Zähne.
A. Wann rasieren Sie sich?
B. Gewöhnlich gleich vor dem Frühstück.

A. Wo ist Kätchen? Ist sie schon nach unten gegangen?
B. Nein, ich glaube, sie ist nach oben gegangen, um mit Hilde zu sprechen.
A. Wissen Sie, daß es heute einen Ausverkauf im neuen Warenhaus gibt?
B. Was Sie nicht sagen! Ich würde mir gern ein Paar neue Schuhe kaufen.
A. Beeilen Sie sich! Ich möchte eine neue Jacke anprobieren.

[5] hope you're better soon!   [6] Don't worry!   [7] ring

A. Was gibt's heute zum Frühstück?
B. Kakao und Brötchen.
A. Darf ich um die Butter bitten?
B. Ja, gewiß. Hast du Hunger?
A. Du weißt schon, ich sterbe immer vor Hunger. Hast du heute gar keinen Appetit?
B. Ich esse gewöhnlich wenig zum Frühstück.
A. Wo sollen wir uns zu Mittag treffen?
B. Vor der Mensa. Gut?
A. Schön! Bis dann!

A. Wann badest du meistens im Studentenheim?
B. Entweder morgens, wenn ich früh genug aufstehe, oder abends.
A. Ich dusche mich gern morgens.
B. So? Warm oder kalt?
A. Beides.
B. Ich dusche lieber warm, besonders bevor ich ins Bett gehe, dann kann ich besser schlafen.
A. Kein Wunder, daß du nicht einmal den Wecker hörst. Du schläfst immer zu fest.[8]

A. Wohin gehst du, Klara?
B. Ich mache heute nachmittag einen Spaziergang mit einer Freundin.
A. Hast du keine Angst vor dem großen Hund an der Ecke?
B. Nein, er bellt nur laut, aber er beißt nicht.
A. Ich hoffe, du hast recht. Ich habe mich immer vor Hunden gefürchtet.
B. Nur keine Angst! Er ist gewöhnlich freundlich zu jungen Leuten.

A. Was für ein herrlicher Tag!
B. Nicht wahr? Wie wäre es, wenn wir heute einen Ausflug machen würden?
A. Ich möchte schon, aber ich habe in der nächsten Stunde eine Vorlesung.
B. Wenn du nicht schwänzen willst, können wir ja später gehen.
A. Gut, wenn du es nicht eilig hast.[9]
B. Wo sollen wir uns treffen?
A. Am Brunnen, um halb drei.
B. Abgemacht! Ich werde mich beeilen.

A. Fängt das Semester morgen an?
B. Ja, und ich freue mich schon darauf.
A. Ich auch. Wann hält Herr Professor Diehl seine Vorlesungen?
B. Um zehn und um zwei Uhr.
A. Wunderbar! Ich interessiere mich sehr für das deutsche Drama.

A. Donnerwetter!
B. Was ist denn los?
A. Meine Uhr geht nicht. Wie spät ist es genau?
B. Zehn Minuten vor elf, aber meine Uhr geht manchmal ein bißchen vor.
A. Danke. Ich gehe jetzt zur Bibliothek. Nachmittags habe ich oft wenig Zeit zum Lesen.

[8] soundly   [9] if you aren't in a hurry

Conversational Patterns

I. PASSIVE VOICE

The passive voice, which presents a situation where the subject of the sentence is acted upon, consists of the auxiliary **werden** in the required tense forms plus the past participle of the verb concerned:

Passive

(Subject is acted upon)

Das Buch **wird** von ihm **gelesen.** (*Present*)	The book *is (being) read* by him.
Das Buch **wurde** von ihm **gelesen.** (*Narr. past*)	The book *was (being) read* by him.
Das Buch **wird** von ihm **gelesen werden.** (*Future*)	The book *will be read* by him.
Das Buch **ist** von ihm **gelesen worden.** (*Pres. perf.*)	The book *has been read* by him.
Das Buch **war** von ihm **gelesen worden.** (*Past perf.*)	The book *had been read* by him.

Note that the **ge-** of **geworden** is dropped in the passive voice; also that the auxiliary in the present perfect and past perfect tenses is always **sein.**

In the active voice, the subject generally acts:

Active

(Subject acts)

· Er **liest** das Buch. (*Present*)	He *is reading* the book.
Er **las** das Buch. (*Narr. past*)	He *was reading* the book.
Er **wird** das Buch **lesen.** (*Future*)	He *will read* the book.
Er **hat** das Buch **gelesen.** (*Pres. perf.*)	He *has read* the book.
Er **hatte** das Buch **gelesen.** (*Past perf.*)	He *had read* the book.

Note that the object of an active sentence becomes the subject in the passive voice.

1. Repetition

Die Geschichte wird von der Klasse gelesen.

Ein neues Lied ist von ihm **komponiert** (*composed*) worden.

Als Kind wurde ich oft im Auto mitgenommen.

Der Brief war schon geschrieben worden.

Die **Hauptrolle** (*main part*) wurde von einem berühmten Schauspieler gespielt.

Dieser Aufsatz ist von einem der besten Schüler geschrieben worden.

Diese Geschichte wird von der ganzen Klasse gelesen werden.

2. Active > Passive

Badet die Mutter das Baby jeden Morgen?	*Ja, das Baby wird von der Mutter jeden Morgen gebadet.*
Spricht Paul dieses Wort immer falsch aus?	Ja, dieses Wort wird von Paul immer falsch ausgesprochen.
Haben Sie diesen Aufsatz geschrieben?	Ja, dieser Aufsatz ist von mir geschrieben worden.
Komponierte Beethoven die Neunte Symphonie?	Ja, die Neunte Symphonie wurde von Beethoven komponiert.
Hatte er seine Kusine überall vorgestellt?	Ja, seine Kusine war von ihm überall vorgestellt worden.
Hat uns Herr Fröhlich zum Abendessen eingeladen?	Ja, wir sind von Herrn Fröhlich zum Abendessen eingeladen worden.
Begrüßt Sie immer Herr Braun an der Tür?	Ja, ich werde immer von Herrn Braun an der Tür begrüßt.
Hat jemand Onkel Albert vom Bahnhof abgeholt?	Ja, Onkel Albert ist von jemand vom Bahnhof abgeholt worden.
Viele Studenten lesen dieses Drama, nicht wahr?	Ja, dieses Drama wird von vielen Studenten gelesen.
Der Lehrer lobt (*praises, reg.*) die Studenten, nicht wahr?	Ja, die Studenten werden von dem Lehrer gelobt.
Hatten alle Studenten diese Übung schon gemacht?	Ja, diese Übung war von allen Studenten schon gemacht worden.
Besuchen viele Touristen Dinkelsbühl?	Ja, Dinkelsbühl wird von vielen Touristen besucht.

3. Passive > Active

Werden die schweren Sätze von dem Lehrer erklärt?	*Ja, der Lehrer erklärt die schweren Sätze.*
Ist Amerika von Kolumbus entdeckt (*discovered*) worden?	Ja, Kolumbus hat Amerika entdeckt.
Werden Sie jeden Morgen von Ihrer Mutter geweckt?	Ja, meine Mutter weckt mich jeden Morgen.
Ist dieses Buch von einem Professor geschrieben worden?	Ja, ein Professor hat dieses Buch geschrieben.
War dieses Problem vom Lehrer schon besprochen worden?	Ja, der Lehrer hatte dieses Problem schon besprochen.
Ist die Prüfung von allen Studenten bestanden worden?	Ja, alle Studenten haben die Prüfung bestanden.
War mein Koffer schon gestern abend von dem Hoteldiener auf mein Zimmer getragen worden?	Ja, der Hoteldiener hatte Ihren Koffer schon gestern abend auf Ihr Zimmer getragen.
Wird dieses Wort von der ganzen Klasse richtig ausgesprochen?	Ja, die ganze Klasse spricht dieses Wort richtig aus.
Wurde „Don Giovanni" von Mozart komponiert?	Ja, Mozart komponierte „Don Giovanni"

II. THE AGENT

> In the passive the agent, or person performing the action, is introduced by **von:**
>
> Der Blinde wurde **von** seinem Bruder begleitet.
> The blind man was accompanied *by* his brother.
>
> The preposition **durch** is generally used to indicate the cause or the means by which the action is done:
>
> Mozart wird **durch** die Mozart-Festspiele geehrt.
> Mozart is honored *by means of* the Mozart Music Festivals.
>
> When the emphasis is on instrumentality, rather than cause, **mit** is sometimes used:
>
> Der Pudding wird **mit** einem Löffel gegessen.
> Pudding is eaten *with* a spoon.

4. Repetition

Das Brot wurde von dem hungrigen Mann gegessen.

Das Brot wurde mit einem **scharfen** (*sharp*) Messer geschnitten.

Die Gäste wurden durch Lieder **unterhalten** (*entertained*).

Der Wanderer wurde von einem **Räuber** (*robber*) **getötet** (*killed*).

Der Wanderer wurde durch einen fallenden Stein getötet.

Der Tennisball wird mit einem Tennisschläger geschlagen.

5. *Mit* or *durch* and New Noun

Die Suppe wird gegessen. (*ein Löffel*)

Die Suppe wird mit einem Löffel gegessen.

Die Kartoffeln werden gegessen. (eine Gabel)

Die Kartoffeln werden mit einer Gabel gegessen.

Der Wanderer wurde getötet. (ein Schuß, *m. shot*)

Der Wanderer wurde durch einen Schuß getötet.

Das Kind wurde gewaschen. (Seife und Wasser)

Das Kind wurde mit Seife und Wasser gewaschen.

Der Brief wurde geschrieben. (ein Bleistift)

Der Brief wurde mit einem Bleistift geschrieben.

Der Kranke wurde geheilt (*healed*). (eine neue Medizin)

Der Kranke wurde durch eine neue Medizin geheilt.

III. SUBSTITUTES FOR THE PASSIVE

> The passive voice is used less frequently in German than in English. Common substitutes are the impersonal **man** and the reflexive construction in the active voice:
>
> PASSIVE: Die Tür wird geöffnet.   ACTIVE: { Man öffnet die Tür.
>   Die Tür öffnet sich.

6. Repetition

In dieser Klasse wird nur Deutsch gesprochen.

In dieser Klasse spricht man nur Deutsch.

Die Arbeiter wurden alle zwei Wochen bezahlt.

Man bezahlte die Arbeiter alle zwei Wochen.

Es wird oft gesagt, daß Kleider Leute machen.

Man sagt oft, daß Kleider Leute machen.

Das **Tor** (*gate*) wird geöffnet.

Das Tor öffnet sich.

7. Passive > Reflexive or *man* Construction

Wird die Tür jeden Tag um acht Uhr geöffnet? (refl.)

Wurde sein Wunsch erfüllt? (*refl.*)

Wird das Geld bald gefunden werden? (man)

Wurde das Fenster leise geschlossen? (*refl.*)

Ja, die Tür öffnet sich jeden Tag um acht Uhr.

Ja, sein Wunsch erfüllte sich.

Ja, man wird das Geld bald finden.

Ja, das Fenster schloß sich leise.

IV. TRUE AND FALSE PASSIVE

Note the difference in the following examples of true and false passive:

TRUE PASSIVE	FALSE OR APPARENT PASSIVE
Das Haus **wird** gerade **verkauft.** (Action is going on.)	Das Haus **ist** schon **verkauft.** (State of being—action is completed.)
The house *is* just *being sold.*	The house *is* already *sold.*

8. Repetition

Als der Lehrer ins Zimmer kam, wurden die Fenster geschlossen.

Als der Lehrer ins Zimmer kam, waren die Fenster schon geschlossen.

Als ich in diese Straße umzog (*moved*), wurde das weiße Haus gerade verkauft.

Als ich in diese Straße umzog, war das weiße Haus schon verkauft.

Darf ich die Zeitung borgen, oder wird sie jetzt gelesen?

Das Auto wird repariert (*repaired*); wir müssen also hier bleiben.

9. True Passive > False Passive

Wird das Haus verkauft?

Wird das Fleisch (*meat*) gebraten (*fried*)?

Wird die Suppe gekocht?

Wird der Tisch gedeckt?

Wird das Essen serviert (*served*)?

Nein, es ist schon verkauft.

Nein, es ist schon gebraten.

Nein, sie ist schon gekocht.

Nein, er ist schon gedeckt.

Nein, es ist schon serviert.

V. MODAL AUXILIARIES AND THE PASSIVE

Just as in English, the modal auxiliaries are sometimes used with the passive infinitive:

So etwas kann einfach nicht beschrieben (*described*) werden.
Deutsch kann nur mit Geduld (*patience*) gelernt werden.

A reflexive construction with **sich lassen** is often used in place of the above constructions that contain the auxiliary **können**:

So etwas läßt sich einfach nicht beschreiben.
Deutsch läßt sich nur mit Geduld lernen.

10. Repetition

Was soll jetzt gesagt werden?
Diese Sätze müssen laut ausgesprochen werden.

Ein Volkswagen kann leicht repariert werden.
Ein Volkswagen läßt sich leicht reparieren.

11. Passive > *sich lassen*

Das kann nicht so leicht gesagt werden.

Deutsch kann nicht in drei Wochen gelernt werden.

Das Matterhorn kann nur von erfahrenen Bergsteigern bestiegen werden.

Oft kann die Grammatik nicht leicht erklärt werden.

Das läßt sich nicht so leicht sagen.

Deutsch läßt sich nicht in drei Wochen lernen.

Das Matterhorn läßt sich nur von erfahrenen Bergsteigern besteigen.

Oft läßt sich die Grammatik nicht leicht erklären.

VI. IMPERSONAL PASSIVE

The passive is occasionally used *impersonally*:

Es wird heute abend getanzt.
There will be dancing this evening.

Whenever another word begins the sentence, **es** usually drops out:

Heute abend wird getanzt.

12. Repetition

Es wird heute gearbeitet.
Heute wird gearbeitet.
Es wird abends oft gesungen.

Oft wird abends gesungen.
Bei uns wird immer spät gegessen.
Gewöhnlich wird viel getanzt.

Review

English-German Patterns

America was discovered by Columbus. (*pres. perf.*)	Amerika ist von Kolumbus entdeckt worden.
The grammar was just being explained by the teacher.	Die Grammatik wurde gerade von dem Lehrer erklärt.
Money will be sent by my father.	Geld wird von meinem Vater geschickt werden.
The letter had been written by a student.	Der Brief war von einem Studenten geschrieben worden.
This film has been seen by many people.	Dieser Film ist von vielen Leuten gesehen worden.
Such books are read only by good students.	Solche Bücher werden nur von guten Studenten gelesen.
Everything had been explained before (*vorher*) by the teacher.	Alles war vorher von dem Lehrer erklärt worden.
The bill will be paid by the student's father.	Die Rechnung wird vom Vater des Studenten bezahlt werden.
There is a lot of dancing.	Es wird viel getanzt.
Often there is a lot of singing.	Oft wird viel gesungen.
There is a lot of buying and selling.	Es wird viel gekauft und verkauft.
The workers were (being) paid every two weeks.	Die Arbeiter wurden alle zwei Wochen bezahlt.
The car was being repaired.	Das Auto (der Wagen) wurde repariert.
The box office is opened daily at 2:00 P.M.	Die Theaterkasse wird täglich um vierzehn Uhr geöffnet.
Your baggage has already been picked up, Herr Lehmann.	Ihr Gepäck ist schon abgeholt worden, Herr Lehmann.
What is served (*servieren*) for breakfast here?	Was wird hier zum Frühstück serviert?
He was cured by a new medicine.	Er wurde durch eine neue Medizin geheilt.
Paul is awakened by an alarm clock.	Paul wird durch einen Wecker geweckt.
The museum was destroyed by a bomb (*eine Bombe*).	Das Museum wurde durch eine Bombe zerstört.
The house is already built.	Das Haus ist schon gebaut.
The bill is being paid.	Die Rechnung wird bezahlt.
The eggs were already boiled.	Die Eier waren schon gekocht.

Personalized Questions

1. Sind Sie heute morgen einem Bekannten auf der Straße begegnet? 2. Sind Sie je in Salzburg gewesen? 3. Möchten Sie sich Hugo von Hofmannsthals „Jedermann" ansehen? 4. Haben Sie gestern Post bekommen? 5. Laufen Sie manchmal

über die Straße, wenn das Licht für Fußgänger rot ist? 6. Wieviel Geld haben Sie auf der Bank? 7. Haben Sie gewöhnlich Kopfschmerzen, wenn Sie eine Prüfung machen müssen? 8. Würden Sie sich schämen, wenn Sie durchfallen sollten? 9. Wird eine Oper heute abend auf diesem Campus aufgeführt? 10. Von wem wurde Amerika entdeckt?

Directed Questions

1. Fragen Sie Herrn ——, ob er seinen Freunden Glück bringt!
2. Fragen Sie Fräulein ——, ob sie in zwei Wochen die Stadt verläßt!
3. Fragen Sie Herrn ——, ob er uns seine Freundin vorstellen möchte!
4. Fragen Sie Fräulein ——, ob sie sich für das Theater interessiert!
5. Fragen Sie Herrn ——, ob er im nächsten Sommer eine Reise nach Rom macht!
6. Fragen Sie Fräulein ——, ob sie heute viel Geld bei sich hat!
7. Fragen Sie Herrn ——, ob er **schnarcht** (*snores*), wenn er in der Klasse einschläft!
8. Fragen Sie Fräulein ——, wann das nächste Drama aufgeführt wird!

VERB SUMMARY

INFINITIVE		PRESENT		NARR. PAST		PRES. PERFECT
braten (*roast*)		brät		briet		hat gebraten
duschen (*shower*)		duscht		duschte		hat geduscht
ehren (*honor*)		ehrt		ehrte		hat geehrt
entdecken (*discover*)		entdeckt		entdeckte		hat entdeckt
erfüllen (*fulfill*)		erfüllt		erfüllte		hat erfüllt
komponieren (*compose*)		komponiert		komponierte		hat komponiert
loben (*praise*)	er	lobt	er	lobte	er	hat gelobt
reparieren (*repair*)		repariert		reparierte		hat repariert
schlagen (*hit*)		schlägt		schlug		hat geschlagen
schnarchen (*snore*)		schnarcht		schnarchte		hat geschnarcht
servieren (*serve*)		serviert		servierte		hat serviert
töten (*kill*)		tötet		tötete		hat getötet
unterhalten (*entertain*)		unterhält		unterhielt		hat unterhalten
zugeben (*admit*)		gibt . . . zu		gab . . . zu		hat zugegeben

Salzburg, die Festspielstadt

Salzburg, die Hauptstadt des gleichnamigen[1] österreichischen Bundeslandes,[2] war im Mittelalter die Residenzstadt eines Fürstenbistums.[3] Heute ist es berühmt durch die Mozart-Festspiele, die 1920 zum ersten Mal aufgeführt wurden. Die vielen Kirchen, die man auf dem Bild sieht (**A**), stammen aus der Zeit der Erzbischöfe.[4] Auf dem Berg im Hintergrund steht die große Festung[5] Hohensalzburg, in der heute auch ein Museum untergebracht[6] ist.

[1] of the same name   [2] federal state   [3] diocese administered by a prince-bishop
[4] archbishops   [5] fortress, citadel   [6] housed

A

B

Salzburg ist für Musikliebende die Mozartstadt, weil der bekannte Komponist im Jahre 1756 hier geboren wurde (**B**). Während der Festspiele, die jeden Sommer sechs Wochen lang dauern, kommen einige der besten Opernsänger der Welt nach Salzburg, um in den großen Opern Mozarts mitzuwirken.[7] Während der Festspielwochen[8] werden auch viele Konzerte gegeben, in denen manche[9] der schönsten Werke Mozarts zu hören sind.

Kennen Sie das alte englische Spiel „Everyman"? Der österreichische Dichter Hugo von Hofmannsthal hat dieses Thema in seinem „Jedermann" benutzt. Der reiche Mann, der ein schlechtes Leben führt und nur an sich selber und an weltliche Freuden denkt, zittert vor Angst, als der Tod[10] ihn endlich abholen will. Hier (**C**) sieht man eine Szene aus diesem berühmten Werk, das während der Festspiele vor dem Dom aufgeführt wird.

[7] to participate   [8] festival weeks   [9] some   [10] death

C

Nicht weit von Salzburg liegt das Salzkammergut, ein Ferienland,[11] das bei allen Österreichern und Deutschen beliebt ist. In dieser Gegend[12] liegen Dutzende[13] warmer, klarblauer Bergseen (D) und idyllischer Dörfer, deren Geschichte oft sogar in die Zeit vor Christus zurückreicht.[14] Die Ufer[15] des Hallstättersees (E) z.B. waren schon tausend Jahre vor Christus bewohnt. Man nennt diese Epoche die Hallstätter Periode der Menschheitsentwicklung.[16]

[11] vacation land   [12] region   [13] dozens   [14] goes back   [15] shores
[16] development of mankind

D

E

Aufgabe Dreiundzwanzig

„Wien, Wien, nur du allein"

Rudi, Anna, Bruno und Luise verbringen zwei herrliche Tage in Wien, wo die Mädchen bei einer Tante übernachten. Rudi und Anna fahren eben mit dem berühmten Riesenrad im Prater, dem weltbekannten Vergnügungspark.

[1] RUDI: Ah, Wien, du Stadt meiner Träume!

[2] ANNA: Aber vor vier Tagen sagtest du noch, daß Salzburg die Stadt deiner Träume wäre.

[3] RUDI: Ja, das war aber vor vier Tagen!

[4] ANNA: Ah, jetzt sind wir ganz oben! Siehst du die alte Donau, wo wir gestern schwimmen gegangen sind?

[5] RUDI: Ja, und dort drüben ist die neue Donau, die durch einen von Menschen gegrabenen Kanal fließt.

[6] ANNA: Rudi, das ist lauter Papierdeutsch, wie du weißt. Du hast aber eigentlich große Fortschritte gemacht! Jetzt sprichst du sogar besser als viele Deutsche!

[7] RUDI: Danke schön, aber leider mit amerikanischem Akzent.

[8] ANNA: Nein, gar nicht! Tante Irmgard ahnt noch nicht, daß du Amerikaner bist.

[9] RUDI: Es ist sehr nett von deiner Tante, uns heute abend zum Abendessen einzuladen.

[10] ANNA: Du gefällst der Tante; sie möchte dich besser kennenlernen.

[11] RUDI: Dann werde ich auf meinen Akzent aufpassen müssen!

Fragen

1. Was ist der Prater? 2. Was sieht man, wenn man mit dem Riesenrad fährt?
3. Wo kann man schwimmen? 4. Wie gut spricht Rudi Deutsch? 5. Wo werden sie heute abend essen?

Lesson 23

"Vienna, Vienna, Just You Alone"

Rudi, Anna, Bruno, and Luise spend two wonderful days in Vienna, where the girls spend the night at the home of an aunt. Rudi and Anna are just riding on the famous giant Ferris wheel in the Prater, the world-famous amusement park.

1 RUDI: Ah, Vienna, city of my dreams!

2 ANNA: But four days ago you were still saying that Salzburg was the city of your dreams.

3 RUDI: Yes, but that was four days ago.

4 ANNA: Ah, now we are right on top. Do you see the old Danube, where we went swimming yesterday?

5 RUDI: Yes, and over there is the new Danube, which flows through a man-made canal.

6 ANNA: Rudi, that's pure book German, as you know. You have really made great progress though. Now you speak even better than many Germans.

7 RUDI: Thanks a lot, but unfortunately with an American accent.

8 ANNA: No, not at all. Aunt Irmgard still doesn't suspect that you are an American.

9 RUDI: It's very nice of your aunt to invite us to dinner tonight.

10 ANNA: My aunt likes you; she would like to get to know you better.

11 RUDI: Then I'll have to watch my accent.

Review of Idioms and Useful Expressions

Lessons 12–16

A. Was hast du heute abend vor, Laura?
B. Nichts Besonderes.
A. Möchtest du ins Kino gehen?
B. Sehr gern, Karl!
A. Weißt du, wann wir unsere nächste Prüfung in Literaturgeschichte haben?
B. Am nächsten Montag. Ich hoffe, ich kann die Prüfung bestehen.
A. Du bist noch nie durchgefallen, das kann ich leider von mir nicht sagen.
B. Du mußt nur ein bißchen fleißiger lernen.
A. Ja, das weiß ich schon.—Soll ich dich gegen sieben Uhr abholen?
B. Schön! Einen Augenblick bitte! Du hast vergessen, mir meine Bücher zurückzugeben.
A. Bitte, nimm auch meine mit! Ich habe schon zu viele.

A. Wie alt bist du?
B. Rate mal!
A. Neunzehn?
B. Erraten!
A. Du bist genau so alt wie ich.
B. So? Ich hätte dich für zwanzig gehalten.
A. Wann hast du Geburtstag?
B. Übermorgen.
A. Nun, ich wünsche dir alles Gute!
B. Danke schön.

A. Gehst du heute einkaufen, Luise?
B. Ja, ich muß einige Einkäufe machen, denn morgen ist Sonntag.
A. Du siehst heute sehr gut aus.
B. Danke vielmals. Aber dein Kleid steht dir auch ausgezeichnet.
A. Danke. Ich hätte gern eine neue Bluse, wenn ich eine schöne finden könnte.
B. Ich muß mir auch eine neue Bluse kaufen. Darf ich vielleicht mitkommen?
A. Natürlich! Ich gehe nicht gern allein einkaufen.

A. Womit kann ich Ihnen dienen?
B. Ich suche eine warme Jacke.
A. Diese ist vorgestern angekommen. Gefällt sie Ihnen?
B. Ja, sie gefällt mir recht gut. Ich werde sie nehmen.
A. Gut. Bezahlen Sie bitte an der Kasse! Rechts an der Tür.

A. Guten Tag, Klaus!
B. Guten Tag, Johanna! Das ist eine angenehme Überraschung.
A. Es freut mich auch, Sie wieder zu sehen. Essen Sie oft in diesem Restaurant?
B. Nicht sehr oft, aber ich finde das Essen hier gut und billig.
A. Ich auch. Eine Freundin und ich treffen uns fast jeden Tag hier.
B. So? Dann werde ich ganz bestimmt öfter hierher kommen.

A. Fräulein, ist der Tisch dort drüben besetzt?
B. Leider, ja. Aber der Tisch am Fenster ist noch frei.
A. Kann man von dort aus den Park sehen?
B. Ja, man hat eine schöne Aussicht auf den Park.
A. O ja! Diese Aussicht ist herrlich!
B. Was wollen Sie trinken?
A. Ein Glas kalten Apfelsaft und ein Glas Coca-Cola.
B. Wollen Sie à la carte bestellen?
A. Nein, was haben Sie als Tagesgericht?
B. Wiener Schnitzel mit Bratkartoffeln und Tomatensalat.
A. Augezeichnet! Bitte, bringen Sie zweimal Tagesgericht.

A. Ich möchte gern zahlen.
B. Ich komme sofort. Hat Ihnen das Essen geschmeckt?
A. Sehr! Was bin ich Ihnen schuldig?
B. Im ganzen, zehn Mark fünfzig.
A. Ist die Bedienung auch dabei?
B. Ja, natürlich. Danke schön. Auf Wiederschauen![1]
A. Auf Wiedersehen!

A. Darf ich dich zu einer Bratwurst einladen?
B. Oh, danke schön. Das ist sehr freundlich von dir.
A. Gern geschehen. Wir wollen uns beeilen! Ich muß gleich zurückkommen.
B. Ich auch. Gehen wir also!

A. Freust du dich auf die Aufführung von Wagners „Parsifal"?
B. Natürlich! Hast du die Karten von der Kasse geholt?
A. Ja, gestern nachmittag.
B. Wann hast du die Plätze reservieren lassen?
A. Vor einem Monat. Hast du uns ein Programm gekauft?
B. Ja, ich dachte, du hättest es vergessen.
A. Danke sehr. Wie du weißt, bin ich oft ein bißchen zerstreut.
B. Schau mal! Fast jeder Platz ist schon besetzt.
A. Von hier aus können wir die Bühne gut übersehen.
B. Psst! Es fängt schon an.

A. Warum ist Trudi böse auf mich?
B. Du hast dich in ein anderes Mädchen verliebt![2]
A. So? Das habe ich nicht gewußt.
B. Aber sie weiß es schon. Du sprichst stundenlang mit Hilde.
A. Stundenlang? Unser Gespräch hat nur zehn Minuten gedauert! Außerdem[3] necke ich Trudi gern.
B. Zu gern! Aber warte nur, eines Tages . . .

---

[1] Good-by!   [2] fallen in love with   [3] besides

A. Was hast du heute abend vor?
B. Gar nichts. Ich werde wohl ziemlich früh zu Bett gehen.
A. Warum gehen wir nicht ins Kino? Oder gehst du lieber ins Theater?
B. Mir ist es eigentlich ganz gleich, aber ich höre, der Farbfilm „Ben Hur" ist einfach großartig.
A. Fein! Gehen wir!

A. Die Karten waren schon beinah ausverkauft. Unsere Plätze sind deshalb wahrscheinlich nicht gut.
B. Das macht nichts.

(Später)

A. Was für eine angenehme Überraschung! Die Plätze sind ausgezeichnet!
B. Von hier aus kann man gut sehen.
A. Ich habe für die Karten nicht viel bezahlt. Nun können wir noch nach der Vorstellung in das kleine Café in der Nebenstraße gehen.
B. Wunderbar! Die Torten sind dort besonders gut.

A. Was hören Sie am liebsten, Schlager oder Jazz oder Rock?
B. Es kommt darauf an, was Sie damit meinen. Einige moderne Schlager höre ich gern, aber nicht alle.
A. Sie spielen Klavier, nicht wahr?
B. Nein, nur Mundharmonika.
A. Gehen Sie heute abend ins Konzert?
B. Nein, meine Freundin und ich gehen im Park spazieren. Später wollen wir im Studentenkeller tanzen.
A. Wie schön!

A. Na, das hat geschmeckt!
B. Und ob! Gehen wir jetzt! Ich habe eine Verabredung um acht Uhr.
A. Gut! Ich will nur eben zahlen. Herr Ober, zahlen, bitte!
B. Nicht doch! Das geht auf keinen Fall! Wir werden es uns teilen, wie es unter Studenten üblich ist.
A. So? Nun, jeden Tag lernt man etwas Neues.

A. Besuchst du deinen Freund in Nürnberg zum ersten Mal?
B. Nein, ich habe ihn vor zwei Jahren besucht.
A. Wann kommst du zurück?
B. In acht Tagen.
A. Gute Reise!
B. Danke. Bis nächste Woche!

A. Was für ein Auto hast du?
B. Einen Volkswagen.
A. Oh, ein Volkswagen ist sehr praktisch! Benutzt du einfaches Benzin oder Super?
B. Einfaches Benzin.
A. Nun, ich muß mich jetzt leider verabschieden.[4]

4 say good-by

B. Warum denn? Du bist doch eben erst angekommen!
A. Ich muß noch meinen Koffer packen; wir reisen morgen ab.
B. Wohin?
A. Nach Venedig.[5]
B. Du Glücklicher! Viel Vergnügen!
A. Danke bestens.

Conversational Patterns

I. STRUCTURE REVIEW AND IDIOMS INVOLVING ACCUSATIVE PREPOSITIONS[1]

durch	ohne
für	um
gegen	

A. *durch*

1. Repetition

Soll ich es Ihnen durch die Post schicken?	Shall I send it to you by mail?
Wir haben uns durch Zufall getroffen.	We met by chance.
Oft fährt er die ganze Nacht durch.	Often he drives all night long.
Er wurde durch eine Operation geheilt.	He was healed by means of an operation.
Ich habe es durch Kurt erfahren.	I learned about it through Kurt.

2. Tense Changes

Er schickt es dir durch die Post (pres. perf.)	*Er hat es dir durch die Post geschickt.*
Sie haben sich durch Zufall getroffen. (*past perf.*)	Sie hatten sich durch Zufall getroffen.
Wir werden die ganze Nacht durch fahren. (*pres. perf.*)	Wir sind die ganze Nacht durch gefahren.
Sie wurde durch eine Operation gerettet. (*pres. perf.*)	Sie ist durch eine Operation gerettet worden.

B. *für*

3. Repetition

Es hat Tag für Tag geregnet.	It rained day after day.
Für einen Amerikaner spricht er gut Deutsch.	For an American he speaks German well.

[5] Venice

[1] Forms identical to these and other prepositions also function as adverbs or conjunctions.

Er hält es für richtig, heute wegzubleiben.
Seine Erfahrung spricht für ihn.
Was für ein Mann ist er?
Er kann nichts dafür.

He thinks it is all right to stay away today.
His experience stands in his favor.
What kind of man is he?
He can't do anything about it.

4. Tense and Mood Changes

Für einen Engländer spricht er gut Spanisch. (narr. past)
Kann er etwas dafür? (*narr. past*)
Für wie alt halten Sie Herrn Meyer? (*fut. subj.*)
Ihre Erfahrung spricht für sie. (*future*)
Was für ein Student ist er? (*pres. perf.*)

Für einen Engländer sprach er gut Spanisch.
Konnte er etwas dafür?
Für wie alt würden Sie Herrn Meyer halten?
Ihre Erfahrung wird für sie sprechen.
Was für ein Student ist er gewesen?

c. *gegen*

5. Repetition

Er ist gegen einen Baum gefahren.
Gegen mich sind Sie noch jung.
Aspirin ist gut gegen Kopfschmerzen.
Gegen dreißig Studenten waren anwesend.
Was haben Sie gegen ihn?
Er wird gegen Ende der Woche zurückkommen.

He drove into a tree.
Compared with me, you're still young.
Aspirin is good for headaches.
About thirty students were present.
What do you have against him?
He will come back toward the end of the week.

6. Direct Discourse > Indirect Discourse

Er sagte: „Gegen Rolf ist Willi sehr klug."
Sie sagten: „Wir werden gegen zehn Uhr kommen."
Der Arzt sagte: „Frische Luft (fresh air) ist gut gegen Kopfschmerzen."
Er sagte: „Gegen zwanzig Damen haben es gesehen."
Er sagte: „Ich bin gegen diesen Mann."
Sie sagte: „Ich komme gegen Ende der Woche zurück."
Er sagte: „Rolf ist gegen einen Baum gefahren."

Er sagte, gegen Rolf wäre (sei) Willi sehr klug.
Sie sagten, sie würden gegen zehn Uhr kommen.
Der Arzt sagte, frische Luft wäre (sei) gut gegen Kopfschmerzen.
Er sagte, gegen zwanzig Damen hätten es gesehen.
Er sagte, er wäre (sei) gegen diesen Mann.
Sie sagte, sie käme (komme) gegen Ende der Woche zurück.
Er sagte, Rolf wäre (sei) gegen einen Baum gefahren.

d. *ohne*

7. Repetition

Sie verließ das Zimmer, ohne ein Wort zu sagen.

She left the room without saying a word.

Sind Sie jetzt ohne Arbeit?	Are you out of work now?
Seien Sie ohne Sorge!	Don't worry.
Ohne weiteres zog er den Mantel aus.	Without further ado he took off his coat.
Er fuhr ab, ohne daß ich es wußte.	He left without my knowing it.

8. Tense Changes

Er ging, ohne „Auf Wiedersehen" zu sagen. (pres. perf.)	*Er ist gegangen, ohne „Auf Wiedersehen" zu sagen.*
Ich bin ohne Arbeit gewesen. *(future)*	Ich werde ohne Arbeit sein.
Ich bin ohne Sorge. *(pres. perf.)*	Ich bin ohne Sorge gewesen.
Er ging ohne weiteres in das Haus. *(present)*	Er geht ohne weiteres in das Haus.
Sie verließ das Haus, ohne daß ich es wußte. *(pres. perf.)*	Sie hat das Haus verlassen, ohne daß ich es gewußt habe.

E. *um*

9. Repetition

Treffen wir uns um sechs!	Let's meet at six.
Er kommt eben um die Ecke.	He is just coming around the corner.
Um Himmels willen, kommen sie herein! Es regnet!	For heaven's sake, come in! It's raining!
Ihre Zeit ist um.	Your time is up.
Darf ich um Ihre Aufmerksamkeit bitten?	May I ask for your attention?
Es handelt sich um die Liebe.	It has to do with love.
Rolf: „Es kommen drei Mädchen statt zwei." Fritz: „Um so besser."	Rolf: "Three girls are coming instead of two." Fritz: "All the better."

10. Tense and Mood Changes

Sie treffen sich um fünf Uhr. (pres. perf.)	*Sie haben sich um fünf Uhr getroffen.*
Trudi kam eben um die Ecke. *(present)*	Trudi kommt eben um die Ecke.
Seine Zeit ist um. *(narr. past)*	Seine Zeit war um.
Um was handelt es sich? *(narr. past)*	Um was handelte es sich?
Darf ich um das Brot bitten? *(subj.)*	Dürfte ich um das Brot bitten?

Review

English-German Patterns

Did he send it to you by mail?	Hat er es Ihnen durch die Post geschickt?
They had met by chance.	Sie hatten sich durch Zufall getroffen.
He was healed by means of a new medicine.	Er wurde durch eine neue Medizin geheilt.
Through whom did you find it out? *(du)*	Durch wen hast du es erfahren?

For a German he speaks English well.	Für einen Deutschen spricht er gut Englisch.
He considers it all right to stay home.	Er hält es für richtig, zu Hause zu bleiben.
What kind of woman is she?	Was für eine Frau ist sie?
It had rained day after day.	Es hatte Tag für Tag geregnet.
He always comes toward eight o'clock.	Er kommt immer gegen acht Uhr.
Is aspirin good for headaches?	Ist Aspirin gut gegen Kopfschmerzen?
About fifteen children were present.	Gegen fünfzehn Kinder waren anwesend.
Sometimes she used to walk by without greeting me.	Manchmal ging sie vorbei, ohne mich zu grüßen.
Is he without work?	Ist er ohne Arbeit?
He left the room without my knowing it.	Er verließ das Zimmer, ohne daß ich es wußte.
He was just going around the corner.	Er ging eben um die Ecke.
Your time is up. (Sie) Please go.	Ihre Zeit ist um. Bitte, gehen Sie!
What's it about?	Um was handelt es sich?
May I ask for a glass of Coca-Cola?	Darf ich um ein Glas Coca-Cola bitten?

II. STRUCTURE REVIEW AND IDIOMS INVOLVING DATIVE PREPOSITIONS

aus	nach
außer	seit
bei	von
mit	zu

A. *aus*

11. Repetition

Er kommt aus Chicago.	He comes from Chicago.
Was ist aus Hans geworden?	What has become of Hans?
Er weiß viel aus Erfahrung.	He knows a lot by experience.
Die Klasse bestand aus zehn Jungen und fünfzehn Mädchen.	The class consisted of ten boys and fifteen girls.
Dieser Roman ist aus dem Englischen übersetzt worden.	This novel has been translated from the English.
Aus Liebe zu ihr ist er nicht gegangen.	Out of love for her, he didn't go.
Die Schule ist aus.	School is out (over).
Es ist aus mit ihm.	He's done for.
Von mir aus ist es recht.	As far as I am concerned, it's all right.

12. Tense and Voice Changes

Mein Freund kommt aus Chicago. (pres. perf.)	*Mein Freund ist aus Chicago gekommen.*
Was ist aus Georg geworden? (*future*)	Was wird aus Georg werden?

Aus wie vielen Studenten bestand die Klasse? (*present*)

Aus wie vielen Studenten besteht die Klasse?

Professor Kluge hat diesen Roman aus dem Englischen übersetzt. (*passive*)

Dieser Roman ist von Professor Kluge aus dem Englischen übersetzt worden.

Er tut es aus Liebe zu mir. (*pres. perf.*)

Er hat es aus Liebe zu mir getan.

Ich weiß das aus Erfahrung. (*narr. past*)

Ich wußte das aus Erfahrung.

Wann ist die Schule aus? (*narr. past*)

Wann war die Schule aus?

B. *außer*

13. Repetition

Er ist außer sich vor Freude.

He is beside himself with joy.

Alle außer einem sind hier.

All but one are here.

Er kam nie außer Fassung.

He never lost his composure.

Er läßt die Worte des Lehrers außer acht.

He disregards the words of the teacher.

14. Tense Changes

Mein Vater ist außer sich vor Wut (rage). (narr. past)

Mein Vater war außer sich vor Wut.

Außer ihm weiß das niemand. (*pres. perf.*)

Außer ihm hat das niemand gewußt.

Sie kommt selten außer Fassung. (*pres. perf.*)

Sie ist selten außer Fassung gekommen.

Er hat die Worte seines Vaters außer acht gelassen. (*future*)

Er wird die Worte seines Vaters außer acht lassen.

C. *bei*

15. Repetition

Er wohnt bei seinem Vater.

He is living with his father.

Kaufen Sie Ihre Lebensmittel bei Fischers?

Do you buy your groceries at Fischer's?

Sie nahm das Kind bei der Hand.

She took the child by the hand.

Ich habe kein Geld bei mir.

I have no money on me.

Bei uns sieht man keine Ochsen.

In our country one does not see oxen.

Er steht immer bei Sonnenaufgang auf.

He always gets up at sunrise.

Bei ihm ist alles möglich.

With him everything is possible.

Bei schlechtem Wetter bleiben wir zu Hause.

In bad weather we stay home.

Er nannte mich beim Vornamen.

He called me by my first name.

Ich nahm ihn beim Wort.

I took him at his word.

Er wohnt bei der Kirche.

He lives near the church.

16. Tense and Voice Changes

Ich habe bei einem Onkel gewohnt. (future)

Ich werde bei einem Onkel wohnen.

Ich werde das Buch bei Meyers kaufen. (*pres. perf.*)

Ich habe das Buch bei Meyers gekauft.

Die Mutter nahm das Kind bei der Hand. (*passive*)

Das Kind wurde von der Mutter bei der Hand genommen.

Hast du Geld bei dir? (*narr. past*)

Hattest du Geld bei dir?

Ich stehe bei Sonnenaufgang auf. (*future*)

Ich werde bei Sonnenaufgang aufstehen.

Bei schönem Wetter spielen die Kinder draußen. (*future*)

Bei schönem Wetter werden die Kinder draußen spielen.

Sie nimmt ihn beim Wort. (*past perf.*)

Sie hatte ihn beim Wort genommen.

D. mit

17. Repetition

Mit vier Jahren konnte er schon lesen.

At four years of age he could already read.

Schreibst du mit Tinte?

Do you write with ink?

Was ist mit ihm?

What's the matter with him?

Mit einem Wort, nein!

In a word, no!

Sind Sie mit dem Auto gefahren?

Did you go by car?

18. Tense and Voice Changes

Mit neunzehn Jahren kam er auf die Universität. (future)

Mit neunzehn Jahren wird er auf die Universität kommen.

Der Brief ist mit Bleistift geschrieben worden. (*active with* man)

Man hat den Brief mit Bleistift geschrieben.

Was ist mit ihr? (*narr. past*)

Was war mit ihr?

Was willst du damit sagen? (*narr. past*)

Was wolltest du damit sagen?

Da kann er leider nicht mit. (*narr. past*)

Da konnte er leider nicht mit.

Fährt er mit dem Auto? (*pres. perf.*)

Ist er mit dem Auto gefahren?

E. nach

19. Repetition

Es ist (ein) Viertel nach vier.

It is a quarter after four.

Nach langer Zeit schrieb er wieder.

After a long time he wrote again.

Dem Professor nach ist Deutsch leicht.

According to the professor, German is easy.

Ich kenne ihn nur dem Namen nach.

I only know him by name.

Ist das der Zug nach Frankfurt?

Is that the train to Frankfurt?

Er fragt nach euch.

He is inquiring about you.

Meiner Meinung nach ist es nicht möglich.

In my opinion, it is not possible.

Es schmeckt nach Kaffee.

It tastes like coffee.

Gehen Sie nach links!

Turn to the left!

20. Tense Changes

Nach langer Zeit schrieb sie ihm wieder. (pres. perf.)

Nach langer Zeit hat sie ihm wieder geschrieben.

Ist das der Zug nach Frankfurt? (*narr. past*)

War das der Zug nach Frankfurt?

Er fragt nach Monika. *(future)*	Er wird nach Monika fragen.
Seiner Meinung nach war es unmöglich. *(future)*	Seiner Meinung nach wird es unmöglich sein.
Er ging nach links. *(pres. perf.)*	Er ist nach links gegangen.

F. seit

21. Repetition

Seit dem Krieg arbeitet er auf der Bank.	Since the war he has been working at the bank.
Seit einer Stunde regnet es.	It has been raining for an hour.
Seit wann schläft er schon?	How long has he been sleeping?
Ich warte schon seit sechs Uhr auf dich.	I have been waiting for you since six o'clock.

22. Direct Discourse > Indirect Discourse

Er sagte: „Seit Weihnachten arbeiten wir nicht mehr.”	*Er sagte, daß sie seit Weihnachten nicht mehr arbeiteten.*
Sie sagte: „Die Kinder schlafen schon seit einer Stunde.“	Sie sagte, daß die Kinder schon seit einer Stunde schliefen.
Willi sagte: „Seit einem Jahr haben wir ihn nicht gesehen.“	Willi sagte, daß sie ihn seit einem Jahr nicht gesehen hätten.
Liese sagte: „Wir warten schon seit zwei Uhr auf Sie.“	Liese sagte, daß sie schon seit zwei Uhr auf mich warteten.

G. von

23. Repetition

Er ist Lehrer von Beruf.	He is a teacher by profession.
Von wem sprichst du?	Of whom are you speaking?
Von wem ist das Buch geschrieben worden?	By whom was that book written?
Ich arbeite von acht bis fünf.	I work from eight until five.
Er ist ein Freund von mir.	He is a friend of mine.
Zwei von uns möchten hier bleiben.	Two of us would like to stay here.
Das ist sehr nett von dir.	That's very nice of you.
Von nun an werde ich jeden Abend üben.	From now on, I'll practice every evening.
Er liebte sie von ganzem Herzen.	He loved her with all his heart.
Er ist von Geburt Deutscher.	He is a German by birth.
Das hängt von Ihnen ab.	That depends on you.
Grüß deinen Vater von mir!	Say hello to your father for me.

24. Tense, Mood, and Voice Changes

Er spricht von Ihnen. (pres. perf.)	*Er hat von Ihnen gesprochen.*
Heute habe ich von neun bis drei gearbeitet. *(future)*	Heute werde ich von neun bis drei arbeiten.

Er ist ein Freund von mir. (*pres. perf.*)	Er ist ein Freund von mir gewesen.
Zwei von uns werden hier bleiben. (*past perf.*)	Zwei von uns waren hier geblieben.
Was ist er von Beruf? (*narr, past*)	Was war er von Beruf?
Was wolltet ihr von mir? (*present*)	Was wollt ihr von mir?
Das ist nett von dir. (*subj.*)	Das wäre nett von dir.
Ich liebte sie von ganzem Herzen. (*subj.:* Er sagte, daß . . .)	Er sagte, daß er sie von ganzem Herzen geliebt hätte (habe).
Das hängt von uns ab. (*future*)	Das wird von uns abhängen.
Ich bin von Geburt Deutscher. (*subj.:* Er sagte, daß er . . .)	Er sagte, daß er von Geburt Deutscher wäre (sei).
Von nun an werden wir üben. (*subj.:* Er sagte, daß sie . . .)	Er sagte, daß sie von nun an üben würden.
Ich habe ihn von dir gegrüßt. (*future*)	Ich werde ihn von dir grüßen.

H. zu

25. Repetition

Wann geht ihr zu Bett?	When do you go to bed?
Ich muß zum Zahnarzt.	I have to go to the dentist.
Er kommt immer zur rechten Zeit.	He always comes at the right time.
Darf ich mich zu Ihnen setzen?	May I sit down beside you?
Das Fenster ist zu.	The window is closed.
Ich sage es Ihnen zum letzten Mal.	I'm telling you for the last time.
Wir gehen zu Fuß.	We're going on foot.
Haben Sie Lust zum Tanzen?	Do you feel like dancing?
Wann ist die Oper zu Ende?	When is the opera over?
Was ist zu tun?	What is to be done?

26. Tense and Mood Changes

Wann geht er gewöhnlich zu Bett? (narr. past)	*Wann ging er gewöhnlich zu Bett?*
Er mußte zum Arzt. (*present*)	Er muß zum Arzt.
Du setzt dich zu mir. (*imperative*)	Setz dich zu mir!
War die Tür zu? (*pres. perf.*)	Ist die Tür zu gewesen?
Was aß er zum Frühstück? (*pres. perf.*)	Was hat er zum Frühstück gegessen?
Gehst du zu Fuß? (*imperative*)	Geh zu Fuß!
Haben Sie Lust zum Schwimmen? (*subj.*)	Hätten Sie Lust zum Schwimmen?
Wann wird das Drama zu Ende sein? (*narr. past*)	Wann war das Drama zu Ende?
Was war zu sehen? (*present*)	Was ist zu sehen?
Werden Sie ihn heute zum letzten Mal sehen? (*pres. perf.*)	Haben Sie ihn heute zum letzten Mal gesehen?

Review

English-German Patterns

From what city does he come?	Aus welcher Stadt kommt er?
I know that by experience.	Ich weiß das aus Erfahrung.
Is school out?	Ist die Schule aus?
What has become of Richard?	Was ist aus Richard geworden?
He took her by the hand. (*pres. perf.*)	Er hat sie bei der Hand genommen.
At that time he called me by my first name.	Damals nannte er mich beim Vornamen.
I don't have any money on me.	Ich habe kein Geld bei mir.
At four years he could read and write.	Mit vier Jahren konnte er lesen und schreiben.
I only know him by name.	Ich kenne ihn nur dem Namen nach.
He had inquired about you. (*du*)	Er hatte nach dir gefragt.
Is Klaus a friend of yours? (*Sie*)	Ist Klaus ein Freund von Ihnen?
What do you want of him? (*Sie*)	Was wollen Sie von ihm?
Everything depends on you. (*du*)	Alles hängt von dir ab.
From now on, I'll practice.	Von nun an werde ich üben.
That is nice of you. (*Sie*)	Das ist nett von Ihnen.
Are you going on foot? (*du*)	Gehst du zu Fuß?
The concert is over.	Das Konzert ist zu Ende.

Personalized Questions

1. Möchten Sie ein paar Tage in Wien verbringen? 2. Würden Sie bei Annas Tante übernachten? 3. Sind Sie je mit einem Riesenrad gefahren? Wann? 4. Finden Sie jede Frau reizvoll? 5. Sprechen Sie Papierdeutsch oder Alltagsdeutsch? 6. Mit was für einem Akzent sprechen Sie? 7. Spricht Ihr Zimmerfreund (Ihre Zimmerfreundin) nur Deutsch mit Ihnen? 8. Was würden Sie sagen, wenn der Lehrer fragen sollte: „Möchten Sie heute abend zu mir zum Abendessen kommen"?

Directed Questions

1. Fragen Sie Herrn ——, ob er immer auf seinen Akzent aufpaßt, wenn er Deutsch spricht!
2. Fragen Sie Fräulein ——, was sie heute abend vorhat!
3. Fragen Sie Herrn ——, wann er noch eine deutsche Prüfung machen muß!
4. Fragen Sie Fräulein ——, ob auf diesem Campus viel getanzt wird!
5. Fragen Sie Fräulein ——, ob sie sich auf das Ende dieses **Kurses** (*course*) freut!
6. Fragen Sie Herrn ——, ob er gern allein einkaufen geht!
7. Fragen Sie Herrn ——, ob er etwas Stärkeres als Coca-Cola getrunken hat!
8. Fragen Sie Fräulein ——, wo das nächste Café ist!

VERB SUMMARY

INFINITIVE	PRESENT	NARR. PAST	PRES. PERFECT
abhängen (*depend*)	hängt ... ab	hing ... ab	hat abgehangen
ahnen (*suspect*)	ahnt	ahnte	hat geahnt
graben (*dig*)	gräbt	grub	hat gegraben
heilen (*heal, cure*) er	heilt er	heilte er	hat geheilt
umgeben (*surround*)	umgibt	umgab	hat umgeben
wegbleiben (*stay away*)	bleibt ... weg	blieb ... weg	ist weggeblieben
wetten (*bet*)	wettet	wettete	hat gewettet

„Wien, du Stadt meiner Träume"

Die Kaiserstadt[1] Wien erlebte[2] eine besondere Blüte[3] im 17. und 18. Jahrhundert. Viele Architekten, Künstler, Sänger und Dichter schufen[4] damals unvergängliche Kunstwerke.[5] Obwohl Wien heute die Hauptstadt einer nur kleinen Republik von 7 Millionen Menschen ist, hat es wenig an künstlerischem Glanz[6] verloren, denn die prächtigen[7] Kirchen, Museen und Schlösser der Habsburger Kaiser sind noch erhalten.[8] Auch der mittelalterliche gotische Stephansdom wacht heute noch über der Stadt wie vor Jahrhunderten (**A**).

Von den herrlichen Barock-Schlössern in Wien sind zwei besonders schön. Das Schloß Schönbrunn, die ehemalige Sommerresidenz der Habsburger, wurde von Fischer von Erlach, einem der größten Baumeister der Welt, im siebzehnten Jahrhundert begonnen. Wie man leicht erraten[9] kann, kommt der Name Schönbrunn von dem „Schönen Brunnen", der nicht weit vom Schloß im Park liegt (**B**). Das Schloß Belvedere (**C**) wurde von einem zweiten großen Architekten der Zeit, Lukas von Hildebrand, gebaut. Es war die Residenz eines berühmten österreichischen Generals, Prinz Eugen, der die Türken besiegte[10] und der großen Einfluß auf das kulturelle Leben Wiens hatte.

[1] imperial city [2] experienced [3] golden age [4] created [5] immortal works of art
[6] artistic splendor [7] magnificent [8] preserved [9] guess [10] conquered the Turks

A

B

C

Ihre Weltberühmtheit[11] verdankt[12] die Stadt in erster Linie[13] der Musik und allem, was sie auf dem Gebiet[14] der Musik hervorgebracht[15] hat. Auf einem Spaziergang durch Wien kommt man an den Denkmälern vorbei, die die Stadt den größten Komponisten gesetzt hat, die dort gelebt und gewirkt haben:[16] Mozart, Gluck, Haydn, Beethoven, Schubert, Brahms, Johann und Richard Strauß (**D,** Johann-Strauß-Denkmal im Stadtpark).

[11] world fame   [12] owes   [13] especially   [14] area   [15] contributed
[16] have been creatively active

D

E

Die unübertroffene[17] Ensembleleistung[18] der Wiener Oper hat den Ruf[19] Wiens als Hauptstadt der Musik mitbegründet.[20] Dem Ensemble der Wiener Oper anzugehören, ist Wunsch und Ziel[21] aller großen Sänger in den deutschsprachigen Ländern; auch viele ausländische Künstler haben im Wiener Opernensemble mitgewirkt.[22] Am Ende des letzten Weltkriegs war das Wiener Opernhaus eine ausgebrannte Ruine.[23] Trotz der Not[24] der Nachkriegsjahre wandte die österreichische Regierung 265 Millionen österreichische Schilling auf,[25] um den Wiederaufbau durchzuführen[26] (E, Zuschauerraum[27] der Staatsoper).

17 unexcelled   18 group accomplishment   19 reputation   20 helped to establish
21 goal   22 participated   23 burned-out ruin   24 need, distress
25 (wandte ... auf) appropriated   26 to carry out the reconstruction
27 auditorium, seating area for spectators

F

G

Um die innere Stadt führt die breite, von Bäumen bepflanzte[28] Ringstraße, an deren Stelle früher eine Stadtmauer stand. An dieser vier Kilometer langen Allee[29] liegen einige der größten und schönsten Bauten[30] Wiens: die Staatsoper, das Kunsthistorische und das Naturhistorische Museum, die neue Hofburg,[31] das Parlament, das Rathaus (F), das Universitätsgebäude (1365 gegründet), die Börse[32] und das 1776 von Joseph II. gegründete Burgtheater.

Wer Erholung[33] sucht, geht oft zur Alten Donau. Dort kann man rudern,[34] segeln und schwimmen. Die Alte Donau ist die ursprüngliche[35] Donau und liegt ein paar Kilometer östlich der Stadt Wien. Da die Donau früher im Frühling oft über beide Ufer trat[36] und das umliegende Land überschwemmte,[37] wurde ein neues Flußbett mit hohen Ufern gebaut. Dadurch wurde die Alte Donau zu einem schönen, warmen See, der mehrere Kilometer lang ist. Als Vergnügungsort[38] ziehen aber manche[39] Wiener den Prater (G, das Riesenrad) oder den schönen Wienerwald vor, die beide nur ein paar Kilometer von der Stadtmitte entfernt[40] liegen.

28 planted   29 avenue   30 structures, buildings   31 Hofburg Palace
32 stock exchange   33 recreation   34 row   35 original   36 flowed   37 flooded
38 place of amusement   39 some   40 distant

Aufgabe Vierundzwanzig

„Auf Wiedersehen"

Rudi und Anna treffen sich zum letzten Mal am Brunnen vor der Universität, ehe Rudi mit dem Flugzeug nach den Vereinigten Staaten zurückkehren muß.

¹ ANNA: Und morgen früh fährst du nun ab, Rudi?

² RUDI: Ja, um fünf Uhr. Ich muß morgen nachmittag in Frankfurt sein.

³ ANNA: Wie ist es mit deinem Volkswagen? Wann kommt er in Neu York an?

⁴ RUDI: In drei Wochen. Die nötigen Papiere habe ich schon vor Wochen ausfüllen müssen. Es wäre so schön, wenn du nach Frankfurt mitfahren könntest.

⁵ ANNA: Ich möchte schon, aber das ist ganz unmöglich.

⁶ RUDI: Ja, ich weiß. Erinnerst du dich an den Abend, als du hier am Brunnen beinah rückwärts ins Wasser gefallen wärest?

⁷ ANNA: [Lachend] Wie könnte ich das vergessen? Ich hoffe, daß du nächstes Jahr zurückkommen kannst.

⁸ RUDI: Hoffentlich gelingt es mir, ein Stipendium zu gewinnen, sonst mußt du nach Amerika kommen und bei uns studieren.

⁹ ANNA: Ach, wenn das doch nur möglich wäre! Du weißt, wie sehr ich dich vermissen werde.

¹⁰ RUDI: Und ich dich erst! Aber wenn wir uns dann endlich wiedersehen, Anna, wird es doppelt schön sein. Darauf hast du mein Wort.

Fragen

1. Wo treffen sich Rudi und Anna?   2. Wohin muß er reisen?   3. Reist Anna mit?
4. Wo saß sie, als sie beinah ins Wasser fiel?   5. Kommt Rudi nächstes Jahr zurück?
6. Was soll Anna tun, wenn er nicht zurückkommt?   7. Wer wird wen vermissen?

Lesson 24

"Until We Meet Again"

Rudi and Anna meet at the fountain in front of the University for the last time before Rudi must return by plane to the United States.

1 ANNA: And you are leaving tomorrow morning, Rudi?

2 RUDI: Yes, at five o'clock. I must be in Frankfurt tomorrow afternoon.

3 ANNA: How about your Volkswagen? When does it arrive in New York?

4 RUDI: In three weeks. I had to fill out the necessary papers weeks ago. It would be so nice if you could drive to Frankfurt with me.

5 ANNA: I would certainly like to, but that's quite impossible.

6 RUDI: Yes, I know. Do you remember the evening when you almost fell backwards into the water here at the fountain?

7 ANNA: [Laughing]   How could I forget that? I hope that you can come back next year.

8 RUDI: Let's hope that I succeed in winning a scholarship; otherwise you must come to America and study in our country.

9 ANNA: Oh, if that were only possible! You know how much I'll miss you.

10 RUDI: And I'll miss you even more! But when we finally see each other again, Anna, it will be doubly nice. You have my word on that.

Review of Idioms and Useful Expressions

Lessons 17–20

A. Schau mal, die kleine Brünette! Kein Wunder, daß du hier essen wolltest.

B. Es wäre nett, wenn sie mit mir ins Kino ginge.

A. Man könnte leicht denken, lieber Bruder, du hättest Lotte schon ganz und gar vergessen.

B. Nicht doch! Aber es tut mir weh, diese kleine Brünette so einsam[1] zu sehen.

A. Einsam?! Bist du von gestern? Die Kleine versteht das Wort „einsam" nicht einmal!

B. Nun, vielleicht hast du recht, sie spricht schon mit einem anderen jungen Mann.

A. Willst du mir, bitte, einen Gefallen tun?

B. Selbstverständlich! Wie kann ich dir helfen?

A. Meine Mutter hat kein Foto von mir. Wenn du mich knipsen würdest, so könnte ich ihr ein Bild schicken.

B. Gern! Ich mache es sofort.

A. Besten Dank. Vielleicht werde ich eines Tages die Gelegenheit haben, dir einen Gefallen zu tun.

A. Wohin reist du diesmal?

B. Nach Bonn.

A. Du fährst gewöhnlich mit der Eisenbahn, nicht wahr?

B. Ja, es kostet wirklich sehr wenig, wenn man zweiter Klasse fährt.

A. Wenn du nichts dagegen hast, möchte ich dich begleiten.

B. Schön! Hast du Freunde oder Verwandte in Bonn?

A. Ja, meine älteste Schwester, die jetzt verheiratet ist, wohnt dort.

B. Wie schön!

A. Hält der Zug in Frankfurt?

B. Nicht lange, ungefähr zehn bis fünfzehn Minuten.

A. Fährt der Zug über Karlsruhe?

B. Nein, über Stuttgart.

A. Danke sehr für die Auskunft und die Einladung. Ich muß sofort meine Koffer packen.

B. Mach schnell! Wir müssen in einer Stunde am Bahnhof sein.

A. Warte nur auf mich! Ich bin in einer Viertelstunde wieder da.

A. Ist es wahr, daß jung und alt für das Rheinland schwärmt?

B. O ja! Es gibt eigentlich nichts Herrlicheres als eine Rheinfahrt!

A. Guck nur![2] Noch eine alte Burgruine!

B. Ich glaube, die nächste Burg ist sogar bewohnt.[3] Vielleicht ist es eine Jugendherberge.

---

[1] lonely   [2] Just take a look!   [3] inhabited

A. Das mag sein. Wie wäre es, wenn wir später zurückkämen? Wir könnten dort billig übernachten.

B. Gute Idee! Oder, wenn es nicht regnet, können wir die Nacht im Freien verbringen.

A. Das würde auch viel Spaß machen.

A. Fröhliche Weihnachten!

B. Wie bitte? Es ist doch erst November!

A. Das weiß ich schon. Aber Sie wissen, daß ich zerstreut bin. Es ist möglich, daß ich nächsten Monat vergessen werde, es Ihnen zu wünschen.

B. Na, viel Glück zum Neuen Jahr!

A. Aber warum sagen Sie das?

B. Ich bin ebenso zerstreut und vergeßlich[4] wie Sie. Also, fröhliche Weihnachten und alles Gute im Neuen Jahr!

A. Danke, gleichfalls![5]

A. Verzeihen Sie bitte! Können Sie mir sagen, wo der nächste Parkplatz ist?

B. Versuchen Sie es mal hinter dem Rathaus! Es gibt dort einen großen Parkplatz.

A. Danke schön. Das ist in der Nähe der Universität, nicht?

B. Ja, richtig. Die Universität ist nur zwei Straßen nördlich vom Rathaus.

A. Danke nochmals.

B. Gern geschehen.

A. Willst du morgen einen Ausflug in die Berge machen?

B. Sehr gern. Ich erinnere mich noch an unsere Erlebnisse in Zermatt.

A. Nächstes Jahr wollen wir das Matterhorn besteigen.

B. Ist das nicht gefährlich?

A. Ja, ziemlich. Hast du Angst?

B. Nein, gar nicht! Ich freue mich eigentlich darauf.

A. Telefoniert dein Freund immer noch?

B. Ja. Er ruft seine Freundin zwei- oder dreimal am Tag an.

A. Na, so geht's im Leben, wenn man verliebt ist. Sag mir bitte Bescheid,[6] wann das Gespräch zu Ende ist.

B. Und wen möchtest du anrufen?

A. Meine Kusine. Sie ist wirklich sehr hübsch.

B. Wirklich? Weißt du was?! Ich bringe dich mit meinem Volkswagen zu ihr.

A. Oh, wie freundlich von dir!

[4] forgetful   [5] the same to you   [6] let me know

Conversational Patterns

I. MODAL VERBS AND THE DOUBLE INFINITIVE CONSTRUCTION

The present, narrative past, and present perfect of the modal auxiliaries are as follows:

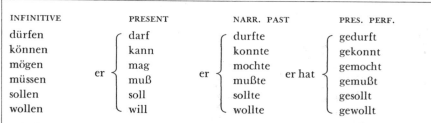

INFINITIVE		PRESENT		NARR. PAST		PRES. PERF.
dürfen		darf		durfte		gedurft
können		kann		konnte		gekonnt
mögen	er	mag	er	mochte	er hat	gemocht
müssen		muß		mußte		gemußt
sollen		soll		sollte		gesollt
wollen		will		wollte		gewollt

When accompanied by a modifying infinitive, the present perfect and past perfect tenses use the infinitive form of the modal in place of the regular past participle. This is called a *double infinitive construction*. Note, however, that the modal verb still has the force of a past participle and is translated as such. Study carefully the following examples:

No Modifying Infinitive

Wollen Sie dieses Buch?	Do you want this book?
Wollten Sie dieses Buch?	Did you want this book?
Haben Sie dieses Buch **gewollt?**	*Did* you *want* this book?
Hatten Sie dieses Buch **gewollt?**	*Had* you *wanted* this book?
Werden Sie dieses Buch wollen?	Will you want this book?

(No modifying infinitive, thus regular past participle)

With Modifying Infinitive

Ich will es nicht lesen.	I do not want to read it.
Ich wollte es nicht lesen.	I did not want to read it.
Ich **habe** es nicht **lesen wollen.**	I *have* not *wanted to read* it. (I did not want to read it.)
Ich **hatte** es nicht **lesen wollen.**	I *had* not *wanted to read* it.
Ich werde es nicht lesen wollen.	I shall not want to read it.

(Double infinitive construction)

1. Repetition

Er **hat** nicht **kommen wollen.**	**Haben** Sie **mitgehen wollen?**
Er **wird** nicht **kommen wollen.**	Ich **habe** nicht **mitgehen dürfen.**
Sie **wird** nicht **kommen dürfen.**	Sie **hat** ihn nicht **verstehen können.**
Sie **wird** zu Hause **bleiben müssen.**	Er **hatte** sie nicht **fragen wollen.**
Er **hat** zu Hause **bleiben müssen.**	Er hofft, heute kommen zu können.
Werden Sie **kommen können?**	Ich werde mit dem Lehrer darüber sprechen müssen.
Ich **habe arbeiten müssen.**	

2. Restatement with Modals

Er wird kommen. (*können*)	*Er wird kommen können.*
Ich werde nicht gehen. (*können*)	Ich werde nicht gehen können.
Er hat es gelesen. (*wollen*)	Er hat es lesen wollen.
Er hat das Buch mitgenommen. (*dürfen*)	Er hat das Buch mitnehmen dürfen.
Er wird zu Hause bleiben. (*müssen*)	Er wird zu Hause bleiben müssen.

Ich habe mit ihm gesprochen. (wollen)
Ich habe mit ihm sprechen wollen.

Sie wird heute zurückgehen. (müssen)
Sie wird heute zurückgehen müssen.

Haben Sie alles verstanden? (können)
Haben Sie alles verstehen können?

Morgen werde ich einen Brief schreiben. (müssen)
Morgen werde ich einen Brief schreiben müssen.

Als Kind habe ich nie mit Feuer gespielt. (dürfen)
Als Kind habe ich nie mit Feuer spielen dürfen.

Haben Sie gut geschlafen? (können)
Haben Sie gut schlafen können?

Wirst du morgen arbeiten? (müssen)
Wirst du morgen arbeiten müssen?

Wirst du mitkommen? (dürfen)
Wirst du mitkommen dürfen?

3. Future > Present Perfect

Er wird kommen können.
Er hat kommen können.

Wirst du zu Hause bleiben müssen?
Hast du zu Hause bleiben müssen?

Paul wird nicht mitkommen wollen.
Paul hat nicht mitkommen wollen.

Sie werden es tun müssen.
Sie haben es tun müssen.

Werdet ihr kommen können?
Habt ihr kommen können?

Er wird nicht kommen wollen.
Er hat nicht kommen wollen.

Er wird uns einladen wollen.
Er hat uns einladen wollen.

Wirst du den Satz übersetzen (*translate*) können?
Hast du den Satz übersetzen können?

4. Present > Future

Er darf nicht gehen.
Er wird nicht gehen dürfen.

Wir dürfen nicht bleiben.
Wir werden nicht bleiben dürfen.

Wir müssen schwer arbeiten.
Wir werden schwer arbeiten müssen.

Er will uns einladen.
Er wird uns einladen wollen.

Ich muß zurückgehen.
Ich werde zurückgehen müssen.

Sauerkraut mag er nicht essen.
Sauerkraut wird er nicht essen mögen.

Wir wollen ihn etwas fragen.
Wir werden ihn etwas fragen wollen.

5. Present > Present Perfect

Können Sie ihn verstehen?
Haben Sie ihn verstehen können?

Wollen Sie mit mir sprechen?
Haben Sie mit mir sprechen wollen?

Dürfen Sie mitgehen?
Haben Sie mitgehen dürfen?

Wollen Sie mich etwas fragen?
Haben Sie mich etwas fragen wollen?

Kannst du mitgehen?
Hast du mitgehen können?

Muß er zu Hause bleiben?
Hat er zu Hause bleiben müssen?

Ich kann alles verstehen.
Ich habe alles verstehen können.

II. OTHER VERBS THAT CAN TAKE A DOUBLE INFINITIVE CONSTRUCTION

Several other verbs generally follow the same pattern as the modals when followed by a dependent infinitive; they do not take **zu** before the following infinitive, and they use the double infinitive construction in the present perfect and past perfect tenses. These verbs are **helfen, hören, lassen,** and **sehen.**

With Modifying Infinitive

Er läßt den Arzt kommen.	He sends for the doctor.
Er ließ den Arzt kommen.	He sent for the doctor.
Er **hat** den Arzt **kommen lassen.**	He *has sent for* the doctor.
Er **hatte** den Arzt **kommen lassen.**	He *had sent for* the doctor.
Er wird den Arzt kommen lassen.	He will send for the doctor.

The double infinitive construction *always* stands at the end of the clause, even when the clause is dependent:

Obgleich sie sich ein neues Kleid **hat machen lassen,** trägt sie es nicht.

---

6. Repetition

Er hat sich die Haare schneiden lassen.
Ich werde mir die Haare schneiden lassen.
Hören Sie ihn kommen?
Haben Sie ihn kommen sehen?
Haben Sie ihn singen hören?

Er half ihm den Ball suchen.
Wußten Sie, daß er hatte kommen wollen?
Warum hat er den Anzug nicht machen lassen?

7. Present > Present Perfect

Ich höre ihn kommen.

Hören Sie ihn singen?
Wir sehen ihn kommen.
Sie läßt den Arzt kommen.

Ich habe ihn kommen hören.

Haben Sie ihn singen hören?
Wir haben ihn kommen sehen.
Sie hat den Arzt kommen lassen.

8. Present Perfect > Future

Ich habe ihn nicht singen hören.

Wir haben ihn kommen sehen.
Haben Sie den Arzt kommen lassen?
Er hat sich heute die Haare schneiden lassen.

Ich werde ihn nicht singen hören.

Wir werden ihn kommen sehen.
Werden Sie den Arzt kommen lassen?
Er wird sich heute die Haare schneiden lassen.

III. IDIOMATIC USES OF THE MODAL AUXILIARIES *KÖNNEN* AND *SOLLEN*

The English expressions "I should have done it," "I could have done it," and all other expressions using "could have" and "should have" plus past participle are expressed in German with the subjunctive form of the auxiliary plus a double infinitive construction:

Ich **hätte** es nicht **tun sollen.**	I *should* not *have done* it.
Ich **hätte** es **tun können.**	I *could have done* it.
Er **hätte** zu Hause **bleiben sollen.**	He *should have stayed* home.
Sie **hätte** nach Hause **gehen können.**	She *could have gone* home.

9. Repetition

Sie hätte fleißiger arbeiten sollen.
Ich hätte das Buch lesen können.
Er hätte mich abholen sollen.

Wir hätten mit dem Lehrer sprechen sollen.
Sie hätten kommen können, nicht wahr?

10. Restatement with *hätte . . . sollen*

Ich lese den Roman.

Er geht in die Stadt.
Sie spricht Deutsch.
Ich schreibe einen Brief.
Er geht in die Bibliothek.

Ich hätte den Roman lesen sollen.

Er hätte in die Stadt gehen sollen.
Sie hätte Deutsch sprechen sollen.
Ich hätte einen Brief schreiben sollen.
Er hätte in die Bibliothek gehen sollen.

11. Restatement with *hätte . . . können*

Er hilft ihr.

Er kauft ein deutsches Buch.

Sie bat ihren Vater um Geld.

Sie schrieb alles auf deutsch.

Er hätte ihr helfen können.

Er hätte ein deutsches Buch kaufen können.

Sie hätte ihren Vater um Geld bitten können.

Sie hätte alles auf deutsch schreiben können.

Review

English-German Patterns

He will be able to come.
She will have to stay here.
He wanted to help us. (*pres. perf.*)
Were you (*Sie*) able to sleep? (*pres. perf.*)
Did he want to come along? (*pres. perf.*)
I hear him come.
He has had his hair cut.
Have you heard him sing?
She is having a dress made for herself.
He has had the doctor come.
He should have read the book.
He could have read the book.
We shouldn't have done it.
They could have helped us.

Er wird kommen können.
Sie wird hier bleiben müssen.
Er hat uns helfen wollen.
Haben Sie schlafen können?

Hat er mitkommen wollen?

Ich höre ihn kommen.
Er hat sich die Haare schneiden lassen.
Haben Sie ihn singen hören?
Sie läßt sich ein Kleid machen.
Er hat den Arzt kommen lassen.
Er hätte das Buch lesen sollen.
Er hätte das Buch lesen können.
Wir hätten es nicht tun sollen.
Sie hätten uns helfen können.

IV. STRUCTURE REVIEW AND IDIOMS INVOLVING PREPOSITIONS THAT TAKE EITHER DATIVE OR ACCUSATIVE CASE

an	in	unter
auf	neben	vor
hinter	über	zwischen

A. *an*

12. Repetition

Grüße an deine Eltern!	Regards (greetings) to your parents!
Ich schreibe einen Brief an einen Freund.	I'm writing a letter to a friend.
Bitte, warten Sie am Eingang!	Please wait at the entrance.
Mein Onkel ist Professor an einer Universität.	My uncle is a professor at a university.
Geht Rolf jetzt an die Arbeit?	Is Rolf going to work now?
Nein, er ist schon an der Arbeit.	No, he is already at work.
An Ihrer Stelle würde ich es nicht tun.	In your place, I wouldn't do it.
Sind Sie an der Reihe?	Is it your turn?
Er klopft an die Tür.	He knocks at the door.
Ich dachte an dich.	I was thinking of you.
Ich erinnere mich an deinen Geburtstag.	I remember your birthday.
Er ist an Tuberkulose gestorben.	He died of tuberculosis.
Er wird am Mittwoch kommen.	He will come on Wednesday.

13. Tense and Mood Changes

„Heute werde ich einen Brief an einen Freund schreiben." (subj.: Er sagte, daß . . .)	Er sagte, daß er heute einen Brief an einen Freund schreiben würde (werde).
Ich habe an der Ecke gewartet. (future)	Ich werde an der Ecke warten.
Er hat an die Arbeit gehen müssen (past perf.)	Er hatte an die Arbeit gehen müssen.
Er ist an der Reihe. (narr. past)	Er war an der Reihe.
Wer klopft an die Tür? (pres. perf.)	Wer hat an die Tür geklopft?
„Ich habe an Aufgabe vierundzwanzig gearbeitet." (subj.: Er sagte, er . . .)	Er sagte, er hätte (habe) an Aufgabe vierundzwanzig gearbeitet.
„Albert Eberhardt ist an Tuberkulose gestorben." (Man sagte, Albert . . .)	Man sagte, Albert Eberhardt wäre (sei) an Tuberkulose gestorben.
Können Sie sich an den Tag erinnern? (pres. perf.)	Haben Sie sich an den Tag erinnern können?
„Hast du an mich gedacht?" (subj.: Sie fragte mich, ob . . .)	Sie fragte mich, ob ich an sie gedacht hätte.
An deiner Stelle würde ich es nicht tun. (subj., past time)	An deiner Stelle hätte ich es nicht getan.
Ist er zu Hause oder an der Arbeit? (future)	Wird er zu Hause oder an der Arbeit sein?
An welchem Tag kommt er? (pres. perf.)	An welchem Tag ist er gekommen?

B. *auf*

14. Repetition

Ich habe ihn auf dem Bahnhof getroffen.	I met him at the station.
Sei nicht böse auf mich!	Don't be angry with me.

Morgen fahren wir auf das Land.	Tomorrow we're going to the country.
Mein Großvater wohnt auf dem Land.	My grandfather lives in the country.
Er antwortete mir auf deutsch.	He answered me in German.
Ich rufe Sie auf jeden Fall an.	I'll call you up in any case.
Sie ist eifersüchtig auf dich.	She's jealous of you.
Sie können sich auf mich verlassen.	You can depend on me.
Ich bin stolz auf meinen Bruder.	I'm proud of my brother.

15. Tense and Mood Changes

Ich traf ihn auf dem Bahnhof. (du imperative)	*Triff ihn auf dem Bahnhof!*
Studieren Sie an der Universität? (*past perf.*)	Hatten Sie an der Universität studiert?
Wohnen Sie auf dem Land? (*future*)	Werden Sie auf dem Land wohnen?
„Ich werde Sie auf jeden Fall anrufen." (*subj.: Er sagte, er . . .*)	Er sagte, er würde (werde) mich auf jeden Fall anrufen.
„Ich komme auf dieses Thema zurück." (*subj.: Er sagte, er . . .*)	Er sagte, er käme (komme) auf dieses Thema zurück.
Sie sind stolz auf Ihren Bruder? (*imperative*)	Seien Sie stolz auf Ihren Bruder!
Sie verlassen sich auf mich? (*imperative*)	Verlassen Sie sich auf mich!
Er antwortet auf deutsch. (*pres. perf.*)	Er hat auf deutsch geantwortet.
Sie ist eifersüchtig auf mich. (*future*)	Sie wird eifersüchtig auf mich sein.

c. *hinter*

16. Repetition

Der Garten liegt hinter dem Haus.	The garden lies behind the house.
Er hat schon viel hinter sich.	He's been through a lot.
Wer steckt hinter dieser Sache?	Who's behind this matter?
Hinter meinem Rücken spricht sie schlecht über mich.	Behind my back she says bad things about me.

17. Tense and Mood Changes

„Wir haben schon viel hinter uns." (subj.: *Sie sagten, sie . . .*)	*Sie sagten, sie hätten schon viel hinter sich.*
„Wer steckte hinter dieser Sache?" (*subj.: Er fragte, wer . . .*)	Er fragte, wer hinter dieser Sache gesteckt hätte (habe).
„Helga hat nichts hinter meinem Rücken gesagt." (*subj.: Er sagte, daß Helga . . .*)	Er sagte, daß Helga nichts hinter seinem Rücken gesagt hätte (habe).
„Der Hund läuft hinter das Haus." (*subj.: Sie sagte, der Hund . . .*)	Sie sagte, der Hund liefe (laufe) hinter das Haus.

D. *in*

18. Repetition

Alles ist in Ordnung.	Everything is in order.
Er ist in der Schule.	He is at school.
Ich wohne in der Kellerstraße.	I live on Keller Street.
Er wohnt im ersten Stock.	He lives on the second floor.
Wir gehen heute abend ins Theater.	We're going to the theater this evening.
Er geht jeden Sonntag in die Kirche.	He goes to church every Sunday.
Ich komme in drei Tagen zurück.	I'll be back in three days.
Er ist in sie verliebt.	He is in love with her.

19. Tense and Mood Changes

Er ist schwach in Geographie. (narr. past)

Er war schwach in Geographie.

Er war in der Schule. (*future*)	Er wird in der Schule sein.
„Wir haben im dritten Stock gewohnt." (*subj.:* Sie sagten, sie . . .)	Sie sagten, sie hätten im dritten Stock gewohnt.
„Ich werde in sechs Tagen zurückkommen." (*subj.:* Sie sagte, sie . . .)	Sie sagte, sie würde (werde) in sechs Tagen zurückkommen.
Er wird im Büro sein. (*pres. perf.*)	Er ist im Büro gewesen.
Ich habe mich in das Mädchen verliebt. (*past perf.*)	Ich hatte mich in das Mädchen verliebt.
„Ist alles in Ordnung?" (*subj.:* Er fragte, ob . . .)	Er fragte, ob alles in Ordnung wäre (sei).

E. *neben*

20. Repetition

Neben anderen Dingen treibt er Sport.	Among other things he goes in for sports.
Er stand neben ihr.	He stood by her side.
Er setzte sich neben ihn.	He sat down next to him.

21. Tense Changes

Neben anderen Dingen sprachen wir über Politik. (pres. perf.)	*Neben anderen Dingen haben wir über Politik gesprochen.*
Stand er neben dir? (*pres. perf.*)	Hat er neben dir gestanden?
Er setzte sich neben mich. (*future*)	Er wird sich neben mich setzen.

F. *über*

22. Repetition

Er klagt über die schwierigen Aufgaben.	He complains about the difficult lessons.
Sie hat sich über ihn geärgert.	She has been annoyed with him.
Er ist über Chicago gefahren.	He traveled by way of Chicago.
Sie lacht über mich.	She laughs at me.
Er ging über die Straße.	He crossed the street.
Das Buch kostet über 5 Mark.	The book costs more than 5 marks.

23. Tense and Mood Changes

Sie ärgert sich über uns. (future)   *Sie wird sich über uns ärgern.*

Fahren Sie über Denver? (*pres. perf.*)   Sind Sie über Denver gefahren?

Haben Sie über das Essen geklagt? (*past perf.*)   Hatten Sie über das Essen geklagt?

Sie lachte über mich. (*future*)   Sie wird über mich lachen.

Er wird über die Straße gehen. (*pres. perf.*)   Er ist über die Straße gegangen.

„Er ist über 90 Jahre alt." (*subj.*: Sie sagte, daß . . .)   Sie sagte, daß er über 90 Jahre alt wäre (sei).

G. *unter*

24. Repetition

Sie können es nicht unter zehn Mark bekommen.   You can't get it for less than ten marks.

Sie wohnen einen Stock unter uns.   They live one story below us.

Das Drama wurde unter freiem Himmel aufgeführt.   The drama was performed under the open sky.

Unter seinen Papieren habe ich dieses Büchlein gefunden.   Among his papers I found this little book.

Er steht unter dem Pantoffel (*slipper*).   He's henpecked.

25. Tense and Mood Changes

Kann er es unter zehn Mark bekommen? (pres. perf.)   *Hat er es unter zehn Mark bekommen können?*

Wohnten Sie einen Stock unter ihm? (*pres. perf.*)   Haben Sie einen Stock unter ihm gewohnt?

Das Drama wird unter freiem Himmel aufgeführt werden. (*pres. perf.*)   Das Drama ist unter freiem Himmel aufgeführt worden.

Unter seinen Papieren habe ich diese Bilder gefunden. (*past perf.*)   Unter seinen Papieren hatte ich diese Bilder gefunden.

„Mein Bruder wird unter dem Pantoffel stehen." (*subj.*: Sie sagte, daß . . .)   Sie sagte, daß ihr Bruder unter dem Pantoffel stehen würde (werde).

H. *vor*

26. Repetition

Er ist heute vor acht Tagen abgefahren.   He left a week ago today.

Das Kind zittert vor Kälte.   The child is shivering with cold.

Vor kurzem habe ich unseren alten Lehrer gesehen.   Recently I saw our old teacher.

Viele starben vor Hunger.   Many were dying of starvation.

Er versteckte sich vor uns.   He hid from us.

Sie fürchtete sich vor der Dunkelheit.   She was afraid of the dark.

27. Tense and Voice Changes

Er zitterte vor Kälte. (pres. perf.)

Vor kurzem ist unser alter Lehrer von meinem Bruder gesehen worden. (*active*)

Viele sterben vor Hunger. (*future*)

Das Kind hat sich vor der Mutter versteckt. (*future*)

Ich fürchte mich vor ihm. (*future*)

Er hat vor Kälte gezittert.

Vor kurzem hat mein Bruder unseren alten Lehrer gesehen.

Viele werden vor Hunger sterben.

Das Kind wird sich vor der Mutter verstecken.

Ich werde mich vor ihm fürchten.

1. *zwischen*

28. Repetition

Ich finde keine Ähnlichkeit zwischen Ihnen und Ihrem Vater.

Es kam zum Bruch zwischen den Brüdern.

Teile es zwischen dir und deiner Schwester.

I find no similarity between you and your father.

The brothers broke up.

Divide it between you and your sister.

29. Tense Changes

Er wird keine Ähnlichkeit zwischen den zwei Brüdern finden. (pres. perf.)

Es kommt zum Bruch zwischen den Freunden. (*future*)

Sie sitzt zwischen uns. (*pres. perf.*)

Er hat keine Ähnlichkeit zwischen den zwei Brüdern gefunden.

Es wird zum Bruch zwischen den Freunden kommen.

Sie hat zwischen uns gesessen.

Review

English-German Patterns

He is at work.
I remember the day.
He often thinks of her.
It is your turn.

Er ist an der Arbeit.
Ich erinnere mich an den Tag.
Er denkt oft an sie.
Sie sind an der Reihe.

I am proud of my sister.
He lives in the country.
You can count on him.

Ich bin stolz auf meine Schwester.
Er wohnt auf dem Land.
Sie können sich auf ihn verlassen.

He lives on Schiller Street.
She is in love with him.
He often goes to church.

Er wohnt in der Schillerstraße.
Sie ist in ihn verliebt.
Er geht oft in die Kirche.

He complains about the food.
She ran across the street. (*pres. perf.*)
Will you travel via Chicago?

Er klagt über das Essen.
Sie ist über die Straße gelaufen.
Werden Sie über Chicago fahren?

Are you henpecked?

Stehen Sie unter dem Pantoffel?

He was shivering with cold.	Er zitterte vor Kälte.
Many will die of hunger.	Viele werden vor Hunger sterben.
Recently I saw Rolf's mother. (pres. perf.)	Vor kurzem habe ich Rolfs Mutter gesehen.
Uwe hid from us. (narr. past)	Uwe versteckte sich vor uns.

Personalized Questions

1. Sind Sie je rückwärts ins Wasser gefallen? 2. Haben Sie Ihren ersten Kuß vergessen können? 3. Glauben einige Leute, daß Sie ganz und gar verrückt sind? 4. Klagen Sie manchmal, wenn Sie gute Antworten auf dumme Fragen geben müssen? 5. Erinnern Sie sich an Ihr erstes Rendezvous? Bitte, erzählen Sie uns davon! 6. Möchten Sie die Gelegenheit haben, Ihrem Lehrer einen Gefallen zu tun? 7. Ist es Ihnen immer gelungen, in jedem Kurs ein „A" zu bekommen? 8. Wird Rudi eines Tages nach Deutschland zurückkehren? Warum?

Directed Questions

1. Fragen Sie Fräulein ——, ob sie sich unter dem Bett versteckt, wenn ein junger Mann an die Tür klopft!
2. Fragen Sie Herrn ——, ob er vor Angst zittert, wenn ein hübsches Mädchen neben ihm auf dem Sofa sitzt!
3. Fragen Sie Herrn ——, ob er glaubt, daß alle Männer unter dem Pantoffel stehen!
4. Fragen Sie Fräulein ——, ob sie alle Gespräche in diesem Lehrbuch auswendig gelernt hat!
5. Fragen Sie Herrn ——, ob er zufrieden nach Hause gehen kann, wenn er weiß, daß er in diesem Kurs ein „C" bekommen wird!
6. Fragen Sie Fräulein ——, ob sie in diesem Kurs immer ihr Bestes getan hat!
7. Fragen Sie Herrn ——, ob er noch mehr Deutsch lernen möchte!
8. Fragen Sie Fräulein ——, warum sie nach Deutschland reisen möchte!

VERB SUMMARY

INFINITIVE	PRESENT	NARR. PAST	PRES. PERF.
ärgern (annoy)	ärgert	ärgerte	geärgert
ausfüllen (fill out)	füllt . . . aus	füllte . . . aus	ausgefüllt
gewinnen (win)	gewinnt	gewann	gewonnen
klagen (complain)	klagt	klagte	geklagt
treiben (go in for, be interested in)	er { treibt	er { trieb	er hat { getrieben
verstecken (hide)	versteckt	versteckte	versteckt
zittern (shiver, tremble)	zittert	zitterte	gezittert
gelingen (succeed, dat. impersonal)	es gelingt ihm	es gelang ihm	es ist ihm gelungen

Aus der deutschen Geschichte

Nach dem Zerfall[1] des Fränkischen Reiches[2] Karls des Großen[3] wuchsen die germanischen Stämme[4] deutscher Sprache (Franken, Sachsen, Friesen,[5] Thüringer, Alemannen und Bayern) zu einem „Reich der Deutschen" zusammen[6] (um das Jahr 900), das sich später zum „Heligen Römischen Reich[7] Deutscher Nation" erweiterte. Der Kaiser,[8] das Oberhaupt[9] des Reiches, verlor jedoch immer mehr an Macht; Fürsten[10] und Städte wurden seine Erben.[11] Als das Reich 1806 unterging,[12] umfaßte[13] es mehr als 300 selbständige[14] Staaten; der Name „Deutschland" war kaum mehr als ein geographischer Begriff.[15]

Von größter Bedeutung[16] für die kulturelle Entwicklung[17] Deutschlands war die Reformation (nach 1520). Ungefähr die Hälfte[18] der Bevölkerung[19] wurde mit ihren Fürsten lutherisch. Durch seine meisterhafte Bibelübersetzung[20] schuf Martin Luther die Grundlage[21] für das Neuhochdeutsch. Der Dreißigjährige Krieg[22] (1618–1648), der am Anfang ein Religionskrieg war, nach und nach[23] aber zu einem europäischen Krieg auf deutschem Boden[24] wurde, erschöpfte[25] Deutschland so sehr, daß es wirtschaftlich[26] und kulturell hundert Jahre hinter seinem Nachbarn Frankreich zurückblieb und sich bis zum Beginn des 19. Jahrhunderts nicht wieder erholen konnte.

In das 18. Jahrhundert fällt das Heranwachsen[27] Brandenburg-Preußens[28] zur Großmacht,[29] die mit Östererich um die Führung[30] der deutschen Staaten zu wetteifern[31] begann. In diesem Jahrhundert, besonders in der zweiten Hälfte, blühte die „klassische" Zeit auf,[32] in der unsterblich gewordene Namen wie Kant, Herder, Lessing, Wieland, Goethe und Schiller (**A**, Goethe- und Schiller-Denkmal, Weimar) auftauchten[33] und Deutschland am Ende des Jahrhunderts den Ruf als „Land der Dichter und Denker" verschafften.[34]

Von 1815 bis 1866 bildete[35] der Deutsche Bund[36] unter Österreichs Führung einen losen Zuammenschluß[37] der deutschen Staaten. Ein Krieg zwischen Preußen und Österreich machte ihm ein Ende, und Österreich gehörte fortan nicht mehr zu Deutschland. Preußen bildete aus den norddeutschen Staaten den Norddeutschen Bund (1867–1871), der auch mit den süddeutschen Staaten Beziehungen[38] aufnahm.[39] Im Jahre 1871, nach dem Sieg[40] Preußens über Frankreich, schlossen sich die deutschen Staaten unter

---

[1] disintegration   [2] Franconian Empire   [3] of Charles the Great (Charlemagne)
[4] tribes   [5] Frisians   [6] (*wuchsen . . . zusammen*) merged   [7] Holy Roman Empire
[8] emperor   [9] head   [10] princes   [11] heirs   [12] collapsed   [13] embraced
[14] independent   [15] concept   [16] significance   [17] development   [18] half
[19] population   [20] masterful Bible translation   [21] basis   [22] Thirty Years' War
[23] gradually   [24] soil   [25] exhausted   [26] economically   [27] growth
[28] Brandenburg-Prussia   [29] great power   [30] leadership   [31] compete
[32] (*blühte . . . auf*) flourished   [33] appeared   [34] gave   [35] formed
[36] German Federation   [37] loose confederation   [38] relations   [39] established
[40] victory

A

dem König von Preußen als Deutschem Kaiser wieder zu einem Reich zusammen,[41] dessen Hauptstadt Berlin wurde.

Kulturell blühte Deutschland während des ganzen 19. Jahrhunderts. Studenten aus fast allen Ländern studierten an seinen Universitäten, die zu Vorbildern[42] für junge amerikanische Hochschulen wurden. Die romantische Bewegung[43] in Kunst, Musik und Literatur faßte[44] tiefe Wurzeln,[45] und Dichter wie Tieck, Eichendorff, Brentano, Chamisso, Kleist, Heine (**B**) und Hebbel schrieben Werke, von denen viele im Ausland[46] übersetzt[47] wurden. Die Romantiker interessierten sich für die mittelalterliche Vergangenheit;[48] sie entdeckten, übersetzten und gaben viele seit Jahrhunderten vergessene literarische Werke des Mittelalters heraus. Die Brüder Grimm sammelten[49] Märchen, studierten alte Handschriften[50] und gründeten die vergleichende Sprachwissenschaft.[51] Unter den Musikern, Philosophen, und Entdeckern waren Beethoven, Wagner, Hegel, Schopenhauer, Schliemann und Humboldt.

Während dieses Jahrhunderts wanderten viele Deutsche nach Amerika aus[52] und ließen sich in Ohio, Wisconsin, Missouri und anderen Staaten nieder. Einer von ihnen, Carl Schurz, wurde Senator, Gesandter,[53] Kabinettsminister und Biograph[54] des Präsidenten Lincoln. Am Ende des Jahrhunderts lernte etwa ein Viertel der amerikanischen „high school" Schüler

41 (schlossen sich . . . zusammen) joined together   42 models   43 movement
44 took   45 deep roots   46 abroad   47 translated   48 past   49 collected
50 manuscripts   51 science of comparative linguistics   52 (wanderten . . . aus) emigrated
53 ambassador   54 biographer

B   C

Deutsch als Fremdsprache. Noch heute hat jeder sechste Amerikaner einen deutschen Namen in seinem Stammbaum.[55]

Das neue Deutsche Reich, dessen erster Kanzler[56] Otto von Bismarck (**C**) war, erlebte[57] von 1871 bis 1914 großen wirtschaftlichen[58] Aufstieg.[59] In fast keinem anderen Land war der Lebensstandard so hoch. Als erster Staat schuf[60] Deutschland nach 1881 eine vorbildliche[61] Sozialgesetzgebung[62] zu Gunsten der Arbeiter.[63]

Im Jahre 1918, nach dem Ersten Weltkrieg, wurde Deutschland zur Republik. Man nannte diese Republik die „Weimarer Republik", weil die erste Nationalversammlung[64] in Weimar abgehalten[65] wurde. In dieser Stadt hatten einst Goethe und Schiller ihre größten Werke geschrieben. Außer dem Ruf[66] seiner Dichter, Denker und Musiker hatte Deutschland am Ende des verlorenen Kriegs nicht viel übrig; seine Wirtschaft[67] lag vollkommen danieder.[68]

Die innere Schwäche[69] der Weimarer Republik wurde während der Weltwirtschaftskrise[70] (nach 1929) offenbar.[71] Es gab damals mehr als 30 politische Parteien. Nachdem die Zahl[72] der Arbeitslosen um die Jahreswende[73] 1932/33 auf mehr als sechs Millionen gestiegen war, wurde der Demagoge Adolf Hitler Reichskanzler.[74] Nach sechs Jahren der Vorberei-

[55] family tree   [56] chancellor   [57] experienced   [58] economic   [59] growth
[60] created   [61] model   [62] social legislation   [63] in favor of the workers   [64] National Assembly   [65] held   [66] reputation   [67] economy   [68] was completely ruined
[69] weakness   [70] world depression   [71] apparent   [72] number   [73] new year
[74] Chancellor of the Reich

tung[75] löste dieser Diktator den Zweiten Weltkrieg aus,[76] der 1945 mit der Niederlage[77] Deutschlands endete.

Heute besteht[78] Deutschland aus der sogenannten Deutschen Demokratischen Republik im Osten mit etwa 17 Millionen Einwohnern und der Bundesrepublik im Westen mit über 62 Millionen Einwohnern. Von den zwei Regierungen hat nur die Bundesrepublik eine demokratisch gewählte,[79] souveräne Regierung. Um die Flucht[80] der Bevölkerung[81] Ostdeutschlands zu verhindern[82]—etwa drei Millionen waren schon durch Berlin nach dem Westen geflohen[83]—trennte 1961 die kommunistische Regierung in Ostberlin durch Stacheldraht[84] und eine Mauer[85] den ganzen Ostsektor ab.[86] Diese Mauer nennt man im Westen die „Schandmauer"[87] **(D)**. Sie repräsentiert die andere, unsichtbare[88] Mauer zwischen Ost und West, den „Eisernen Vorhang".[89]

[75] preparation   [76] (löste . . . aus) started   [77] defeat   [78] consists   [79] elected
[80] flight   [81] population   [82] prevent   [83] fled   [84] barbed wire   [85] wall
[86] (trennte . . . ab) separated, divided   [87] "wall of shame"   [88] invisible   [89] "iron curtain"

D

German Songs*

(1) LILI MARLEEN

Vor der Kaserne,[1]
Vor dem großen Tor
Stand 'ne Laterne;[2]
Und steht sie noch davor,
So woll'n wir da uns wiedersehn,
Bei der Laterne woll'n wir stehn,
Wie einst,[3] Lili Marleen,
Wie einst, Lili Marleen.

Unsre beiden Schatten
Sah'n wie einer aus;
Daß wir so lieb uns hatten,[4]
Das sah man gleich daraus.
Und alle Leute soll'n es sehn,
Wenn wir bei der Laterne stehn,
Wie einst, Lili Marleen,
Wie einst, Lili Marleen.

Schon rief der Posten:[5]
„Sie blasen Zapfenstreich,[6]
Es kann drei Tage kosten";
Kam'rad, ich komme gleich.
Da sagten wir „Auf Wiedersehn,"
Wie gerne wollt' ich mit dir gehn,
Mit dir, Lili Marleen,
Mit dir, Lili Marleen.

Deine Schritte kennt sie,
Deinen zieren Gang,[7]
Alle Abend brennt sie,
Doch mich vergaß sie lang.
Und sollte mir ein Leid geschehn,[8]
Wer wird bei der Laterne stehn
Mit dir, Lili Marleen,
Mit dir, Lili Marleen?

LILI MARLEEN: [1] barracks   [2] lantern
[3] as we used to do   [4] that we were so
much in love   [5] sentinel   [6] they are
blowing the signal to return to the barracks
[7] your dainty manner of walking   [8] and
if anything should happen to me

(2) WENN DIE SOLDATEN

Wenn die Soldaten
Durch die Stadt marschieren,
Öffnen die Mädchen
Fenster und die Türen.

Ei, warum? Ei, darum![1]
Ei, warum? Ei, darum!
Ei bloß weg'n dem Schingderaßa,
Bumderaßasa![2]

Eine Flasche Rotwein
Und ein Stückchen Braten[3]
Schenken[4] die Mädchen
Ihren Soldaten.

Kommen die Soldaten
Wieder in die Heimat,[5]
Sind ihre Mädchen
Alle schon verheirat't.

WENN DIE SOLDATEN: [1] for this reason
[2] merely on account of the Schingderaßa,
Bumderaßasa   [3] roast   [4] give
[5] home

(3) EIN JÄGER AUS KURPFALZ

Ein Jäger[1] aus Kurpfalz,
Der reitet durch den grünen Wald,
Er schießt das Wild daher,[2]
Gleich wie es ihm gefallt.

Juhu, trara! Gar lustig ist die Jägerei[3]
Allhier auf grüner Heid,[4]
Allhier auf grüner Heid.

Auf, sattelt[5] mir mein Pferd
Und legt darauf den Mantelsack,[6]
So reit ich hin und her
Als Jäger aus Kurpfalz.

Jetzt reit ich nicht mehr heim,
Bis daß der Kuckuck[7] Kuckuck schreit,[8]

* Most of these songs are popular German *Volkslieder*.

411

Er schreit die ganze Nacht
Allhier auf grüner Heid.

EIN JÄGER AUS KURPFALZ: 1 hunter
2 he goes about shooting game   3 boy, is
hunting fun!   4 right here on the green
heath   5 saddle   6 traveling bag
7 cuckoo   8 cries

(4) DU, DU, LIEGST MIR IM HERZEN

Du, du, liegst mir im Herzen,
Du, du, liegst mir im Sinn.[1]
Du, du, machst mir viel Schmerzen,
Weißt nicht, wie gut ich dir bin.[2]

Ja, ja, ja, ja,
Weißt nicht, wie gut ich dir bin.

Doch,[3] doch, darf ich dir trauen,[4]
Dir, dir, mit leichtem Sinn,
Du, du, kannst auf mich bauen,[5]
Weißt ja, wie gut ich dir bin.

Und, und, wenn in der Ferne,[6]
Mir, mir, dein Bild erscheint,
Dann, dann, wünscht ich so gerne,
Daß uns die Liebe vereint.[7]

DU, DU, LIEGST MIR IM HERZEN: 1 mind
2 You don't know how fond I am of you.
3 yet   4 trust   5 You can build (your
hopes) on me.   6 distance   7 unite

(5) HORCH, WAS KOMMT VON DRAUSSEN REIN

Horch, was kommt von draußen rein,[1]
Hollahi, hollaho!
Wird wohl mein Feinsliebchen sein,[2]
Hollahiaho!
Geht vorbei und schaut nicht rein,
Hollahi, hollaho!
Wird's wohl nicht gewesen sein,
Hollahiaho!

Leute haben's oft gesagt,
Hollahi, hollaho!
Daß ich ein Feinsliebchen hab,

Hollahiaho!
Laß sie reden, schweig fein still,[3]
Hollahi, hollaho!
Kann ja lieben, wen ich will,
Hollahiaho!

Sagt mir, Leute, ganz gewiß,
Hollahi, hollaho!
Was das für ein Lieben ist,
Hollahiaho!
Die ich liebe, krieg ich nicht,[4]
Hollahi, hollaho!
Und ne andre mag ich nicht,
Hollahiaho!

Wenn mein Liebchen Hochzeit[5] hat,
Hollahi, hollaho!
Ist für mich ein Trauertag,[6]
Hollahiaho!
Geh dann in mein Kämmerlein,[7]
Hollahi, hollaho!
Trag den Schmerz für mich allein,
Hollahiaho!

HORCH, WAS KOMMT VON DRAUSSEN REIN:
1 Listen to what's coming in from outside.
2 It's probably my very best sweetheart.
3 let them talk, just keep still   4 the one
I love, I don't get   5 wedding   6 dreary
day   7 little room

(6) HEIDENRÖSLEIN
(Goethe)

Sah ein Knab' ein Röslein[1] stehn,
Röslein auf der Heiden,
War so jung und morgenschön,
Lief er schnell, es nah zu sehn,
Sah's mit vielen Freuden.

Röslein, Röslein, Röslein rot,
Röslein auf der Heiden!

Knabe sprach: Ich breche dich,
Röslein auf der Heiden!
Röslein sprach: Ich steche dich,
Daß du ewig[2] denkst an mich,
Und ich will's nicht leiden.

Und der wilde Knabe brach
's Röslein auf der Heiden;
Röslein wehrte sich[3] und stach,[4]
Half ihm doch kein Weh und Ach,[5]
Mußt es eben leiden.

HEIDENRÖSLEIN: [1] a little rose
[2] eternally   [3] defended itself   [4] pricked
[5] lament

(7) DIE LORELEI
(Heine)

Ich weiß nicht, was soll es bedeuten,
Daß ich so traurig bin;
Ein Märchen[1] aus alten Zeiten,
Das kommt mir nicht aus dem Sinn.
Die Luft ist kühl und es dunkelt[2]
Und ruhig fließt der Rhein,
Der Gipfel[3] des Berges funkelt[4]
Im Abendsonnenschein.

Die schönste Jungfrau sitzet
Dort oben wunderbar;
Ihr goldnes Geschmeide[5] blitzet,[6]
Sie kämmt ihr goldenes Haar.
Sie kämmt es mit goldenem Kamme
Und singt ein Lied dabei,
Das hat eine wundersame,[7]
Gewalt'ge[8] Melodei.

Den Schiffer im kleinen Schiffe
Ergreift es mit wildem Weh;[9]
Er schaut nicht die Felsenriffe,[10]
Er schaut nur hinauf in die Höh'.
Ich glaube, die Wellen verschlingen[11]
Am Ende Schiffer und Kahn,[12]
Und das hat mit ihrem Singen
Die Lorelei getan.

DIE LORELEI: [1] fairy tale   [2] is growing
dark   [3] peak   [4] glitters   [5] jewelry
[6] sparkles   [7] strange   [8] powerful
[9] seizes with wild longing   [10] reefs
[11] swallow up   [12] boat

(8) GUTEN ABEND, GUT' NACHT
(Simrock and Brahms)

Guten Abend, gut' Nacht,
Mit Rosen bedacht,[1]

Mit Näglein besteckt,[2]
Schlüpf unter die Deck'.[3]
Morgen früh, wenn Gott will,
Wirst du wieder geweckt,
Morgen früh, wenn Gott will,
Wirst du wieder geweckt.

GUTEN ABEND, GUT' NACHT: [1] covered
[2] studded with carnations   [3] snuggle
under the covers

(9) LUSTIG IST DAS ZIGEUNERLEBEN

Lustig ist das Zigeunerleben,[1]
Faria, faria, ho.
Brauch'n dem Kaiser kein Zins[2] zu
  geben,
Faria, faria, ho.
Lustig ist es im grünen Wald,
Wo des Zigeuners Aufenthalt.[3]

Faria, faria, faria, faria,
Faria, faria ho!

Sollt uns einmal der Hunger plagen,[4]
Faria, faria, ho.
Tun wir uns ein Hirschlein[5] jagen,
Faria, faria, ho.
Hirschlein, nimm dich wohl in Acht,[6]
Wenn des Zigeuners Büchse kracht.[7]

Sollt uns dann der Durst mal quälen,[8]
Faria, faria, ho.
Gehn wir zu den Wasserquellen,[9]
Faria, faria, ho.
Trinken's Wasser vom moos'gen[10] Stein
Glauben, es wär Champagnerwein.

Mädel, willst du Tabak rauchen,
Faria, faria, ho.
Brauchst dir keine Pfeife kaufen,
Faria, faria, ho.
Dort in meinem Mantelsack[11]
Steckt eine Pfeif und Rauchtabak.

LUSTIG IST DAS ZIGEUNERLEBEN: [1] Gypsy
life   [2] tribute   [3] abode   [4] plague
[5] little deer   [6] watch out   [7] rifle cracks
[8] thirst torment us   [9] springs   [10] mossy
[11] traveling bag

(10) MUSS I DENN

Muß i denn,[1] muß i denn
Zum Städtele naus,[2]
Städtele naus und du,
Mein Schatz,[3] bleibst hier.
Wenn i komm, wenn i komm,
Wenn i wiederum komm,
Wiederum komm, kehr i ein,[4]
Mein Schatz, bei dir.

Kann i gleich net allweil bei dir sein,[5]
Hab i doch mei Freud an dir.
Wenn i komm, wenn i komm,
Wenn i wiederum komm,
Wiederum komm,
Kehr i ein, mein Schatz, bei dir.

Wie du weinst, wie du weinst,
Daß i wandere muß,
Wandere muß, wie wenn d' Lieb
Jetzt wär vorbei.[6]
Sind au drauß,[7] sind au drauß,
Der Mädele viel,[8]
Mädele viel, lieber Schatz,
I bleib dir treu.

Denk du net,[9] wenn i en andre seh,
So sei mei Lieb vorbei.
Sind au drauß, sind au drauß
Der Mädele viel,
Mädele viel, lieber Schatz,
I bleib dir treu.

MUSS I DENN: [1] must I then   [2] leave the
city   [3] sweetheart   [4] I'll stop   [5] if I
can't be with you all the time   [6] as if
our love were past   [7] outside (out in the
world)   [8] many girls   [9] don't think

(11) AM BRUNNEN
VOR DEM TORE
(W. Müller and Schubert)

Am Brunnen vor dem Tore[1]
Da steht ein Lindenbaum,[2]
Ich träumt'[3] in seinem Schatten
So manchen süßen Traum;
Ich schnitt in seine Rinde[4]

So manches liebe Wort,
Es zog[5] in Freud und Leide
Zu ihm mich immer fort,
Zu ihm mich immer fort.

Ich mußt auch heute wandern
Vorbei in tiefer Nacht,
Da hab ich noch im Dunkeln
Die Augen zugemacht;
Und seine Zweige rauschten[6]
Als riefen sie mir zu:
Komm her zu mir Geselle,[7]
Hier findst du deine Ruh,
Hier findst du deine Ruh.

Die kalten Winde bliesen[8]
Mir grad ins Angesicht;[9]
Der Hut flog mir vom Kopfe,
Ich wendete[10] mich nicht.
Nun bin ich manche Stunde
Entfernt[11] von jenem Ort,
Und immer hör ichs rauschen:
Du fändest[12] Ruhe dort,
Du fändest Ruhe dort.

AM BRUNNEN VOR DEM TORE: [1] at the well
in front of the gate   [2] linden tree
[3] dreamed   [4] cut in its bark   [5] drew
[6] its branches rustled   [7] fellow   [8] blew
[9] face   [10] turned   [11] removed
[12] would find

(12) O TANNENBAUM

O Tannenbaum,[1] o Tannenbaum,
Wie treu sind deine Blätter![2]
Du grünst[3] nicht nur zur Sommerzeit,
Nein auch im Winter, wenn es schneit.
O Tannenbaum, o Tannenbaum,
Wie treu sind deine Blätter!

O Tannenbaum, o Tannenbaum,
Du kannst mir sehr gefallen.
Wie oft hat nicht zur Weihnachtszeit
Ein Baum von dir mich hoch erfreut.[4]
O Tannenbaum, o Tannenbaum,
Du kannst mir sehr gefallen.

O Tannenbaum, o Tannenbaum,
Dein Kleid[5] will mich was lehren.

Die Hoffnung und Beständigkeit[6]
Gibt Trost und Kraft[7] zu jeder Zeit.
O Tannenbaum, o Tannenbaum,
Dein Kleid will mich was lehren.

O TANNENBAUM: [1] Christmas tree
[2] leaves [3] become green [4] brought me
joy [5] raiment [6] steadfastness
[7] comfort and strength

(13) STILLE NACHT
(Mohr and Gruber)

Stille Nacht, heilige Nacht!
Alles schläft, einsam wacht[1]
Nur das traute hochheilige Paar.[2]
Holder Knabe im lockigen Haar,[3]
Schlaf in himmlischer Ruh,
Schlaf in himmlischer Ruh.

Stille Nacht, heilige Nacht!
Hirten erst kund gemacht![4]
Durch der Engel[5] Halleluja
Tönt[6] es laut von fern und nah:
Christ der Retter[7] ist da,
Christ der Retter ist da.

Stille Nacht, heilige Nacht!
Gottes Sohn, o wie lacht
Lieb' aus deinem göttlichen Mund,
Da uns schlägt die rettende Stund',
Christ in deiner Geburt,[8]
Christ in deiner Geburt.

STILLE NACHT: [1] alone, keeping watch
[2] beloved, most holy couple [3] gracious boy
with curly locks [4] first proclaimed to
shepherds [5] angels' [6] resounds
[7] savior [8] birth

(14) SCHÖNSTER HERR JESU

Schönster Herr Jesu,
Herrscher aller Dinge,[1]
Gottes und Marien Sohn!
Dich will ich ehren,[2]
Dein Lob vermehren,[3]
Du meiner Seele Freud und Kron.[4]

Schön sind die Wälder,
Schöner sind die Felder
In der schönen Frühlingszeit.
Jesus ist schöner,
Jesus ist reiner,[5]
Der unser traurig Herz erfreut.

SCHÖNSTER HERR JESU: [1] ruler over all
things [2] honor [3] add to thy praise
[4] joy and crown of my soul [5] purer

(15) O DU FRÖHLICHE

O du fröhliche, o du selige,[1]
Gnadenbringende[2] Weihnachtszeit!
Welt ging verloren,
Christ ist geboren.
Freue, freue dich, o Christenheit!

O du fröhliche, o du selige
Gnadenbringende Weihnachtszeit!
Christ ist erschienen,[3]
Uns zu versöhnen,[4]
Freue, freue dich, o Christenheit!

O du fröhliche, o du selige,
Gnadenbringende Weihnachtszeit!
Himmlische Heere[5]
Jauchzen dir Ehre,[6]
Freue, freue dich, o Christenheit!

O DU FRÖHLICHE: [1] Oh you joyful, oh you
blessed [2] grace-bringing [3] has
appeared [4] atone for [5] heavenly hosts
[6] joyfully shout honor to you

(16) O WIE WOHL
IST MIR AM ABEND

O wie wohl ist mir am Abend,[1]
Mir am Abend,
Wenn zur Ruh
Die Glocken läuten,[2]
Glocken läuten,
Bim, bam, bim, bam, bim, bam!

O WIE WOHL IST MIR AM ABEND: [1] how
happy I feel in the evening [2] the
(church) bells ring

(17) IN EINEM KÜHLEN GRUNDE
(Eichendorff and Gluck)

In einem kühlen Grunde,[1]
Da geht ein Mühlenrad,[2]
Mein Liebchen ist verschwunden,
Das dort gewohnet hat.
Mein Liebchen ist verschwunden,
Das dort gewohnet hat.

Sie hat mir Treu' versprochen,
Gab mir ein' Ring dabei,
Sie hat die Treu' gebrochen,
Das Ringlein sprang entzwei.[3]
Sie hat die Treu' gebrochen,
Das Ringlein sprang entzwei.

Ich möcht' als Spielmann[4] reisen
Weit in die Welt hinaus,
Und singen meine Weisen[5]
Und gehn von Haus zu Haus.
Und singen meine Weisen
Und gehn von Haus zu Haus.

Hör' ich das Mühlrad gehen,
Ich weiß nicht, was ich will,
Ich möcht' am liebsten sterben,
Da wär's auf einmal still.
Ich möcht am liebsten sterben,
Da wär's auf einmal still.

IN EINEM KÜHLEN GRUNDE: [1] in a cool dale
[2] mill wheel   [3] broke in two
[4] minstrel   [5] tunes

(18) FREUT EUCH DES LEBENS
(Ulsteri and Nägeli)

Freut euch des Lebens,[1]
Weil noch das Lämpchen glüht,[2]
Pflücket die Rose,[3]
Eh' sie verblüht![4]

Man schafft so gern sich Sorg und Müh,[5]
Sucht Dornen[6] auf und findet sie
Und läßt das Veilchen[7] unbemerkt,[8]
Das uns am Wege blüht.

FREUT EUCH DES LEBENS: [1] enjoy life   [2] the
little lamp still glows   [3] pluck the rose
[4] stops blooming   [5] people revel in grief and
toil   [6] thorns   [7] the violet   [8] unnoticed

(19) ZEHNTAUSEND MANN

Zehntausend Mann, die zogen[1] ins
  Manöver,
Zehntausend Mann, die zogen ins
  Manöver.
Warum, dideldum,
Warum, dideldum,
Die zogen ins Manöver,
Rum, dideldum.

Da kamen sie beim Bauer ins Quartiere,
Da kamen sie beim Bauer ins Quartiere.
Warum, dideldum,
Warum, dideldum,
Beim Bauer ins Quartiere,
Rum, dideldum.

Der Bauer hat 'ne wunderschöne
  Tochter, . . .
Bauer, Bauer, Bauer, die möcht ich gerne
  haben, . . .
Reiter, Reiter, Reiter, wie groß ist dein
  Vermögen? . . .[2]
Bauer, Bauer, Bauer, zwei Stiefel[3] ohne
  Sohlen, . . .
Reiter, Reiter, Reiter, so kannst du sie
  nicht haben, . . .
Bauer, Bauer, Bauer, im Schwarzwald
  gibt's noch schönre, . . .

ZEHNTAUSEND MANN: [1] marched
[2] fortune   [3] boots

(20) DAS WANDERN IST DES MÜLLERS LUST
(W. Müller and K. Zöllner)

Das Wandern ist des Müllers Lust,
Das Wandern ist des Müllers Lust,
Das Wandern!
Das muß ein schlechter Müller sein,
Dem niemals fiel das Wandern ein,[1]
Dem niemals fiel das Wandern ein,
Das Wandern!

Vom Wasser haben wir's gelernt,
Vom Wasser haben wir's gelernt,

Vom Wasser!
Das hat nicht Ruh' bei Tag und Nacht,
Ist stets auf Wanderschaft bedacht,[2]
Ist stets auf Wanderschaft bedacht,
Das Wasser!

Das sehn wir auch den Rädern ab,[3]
Das sehn wir auch den Rädern ab,
Den Rädern!
Die gar nicht gerne stille stehn
Und sich bei Tag nicht müde drehn,[4]
Und sich bei Tag nicht müde drehn,
Die Räder!

O Wandern, Wandern meine Lust,
O Wandern, Wandern meine Lust,
O Wandern!
Herr Meister und Frau Meisterin,
Laßt mich in Frieden weiterziehn,[5]
Laßt mich in Frieden weiterziehn
Und Wandern!

DAS WANDERN IST DES MÜLLERS LUST: [1] to whom it never occurred to wander about [2] is always intent on wandering about [3] We see that in the wheels [4] that do not tire of turning [5] continue on in peace

(21) GOLD UND SILBER

Gold und Silber lieb ich sehr,
Könnt es auch gebrauchen,
Hätt ich nur ein ganzes Meer,[1]
Mich hineinzutauchen.[2]
's braucht ja nicht geprägt[3] zu sein,
Hab es sonst auch gerne,
Gleich des Mondes Silberschein
Und der goldnen Sterne,
Gleich des Mondes Silberschein
Und der goldnen Sterne.

Seht, wie blinkt[4] der goldne Wein
Hier in meinem Becher,[5]
Hört, wie klingen silberhell,[6]
Lieder froher Zecher.[7]
Daß die Zeit einst golden war,
Möcht ich nicht bestreiten,[8]
Denkt man doch im Silberhaar

Gern vergangner Zeiten,
Denkt man doch im Silberhaar
Gern vergangner Zeiten.

Doch viel schöner ist das Gold,
Das vom Lockenköpfchen[9]
Meines trauten[10] Liebchens rollt
In zwei blonden Zöpfchen.[11]
Darum fröhlich, liebes Kind,
Laß uns herzen,[12] küssen,
Bis die Locken silbern sind,
Und wir scheiden[13] müssen,
Bis die Locken silbern sind,
Und wir scheiden müssen.

GOLD UND SILBER: [1] sea [2] submerge myself in [3] minted [4] sparkles [5] cup [6] sound silvery clear [7] of gay revelers [8] dispute [9] pretty curly head [10] beloved [11] braids [12] embrace [13] part

(22) MEIN HUT, DER HAT DREI ECKEN

Mein Hut, der hat drei Ecken,
Drei Ecken hat mein Hut,
Und hat er nicht drei Ecken,
Dann ist es nicht mein Hut!

(23) IN MÜNCHEN STEHT EIN HOFBRÄUHAUS

Da, wo die grüne Isar[1] fließt,
Wo man mit „Grüß Gott" dich grüßt,
Liegt meine schöne Münch'ner Stadt,
Die ihresgleichen[2] nicht hat.
Wasser ist billig, rein und gut,
Nur verdünnt[3] es unser Blut,
Schöner sind Tropfen[4] gold'nen Weins
Aber am schönsten ist eins:

In München steht ein Hofbräuhaus,
Eins, zwei, g'suffa.[5]
Da läuft so manches Fäßchen aus,[6]
Eins, zwei, g'suffa,
Da hat schon mancher brave Mann,

Eins, zwei, g'suffa.
Gezeigt, was er so vertragen kann,[7]
Schon früh am Morgen fing er an,
Und spät am Abend kam er heraus.
So schön ist's im Hofbräuhaus!

IN MÜNCHEN STEHT EIN HOFBRÄUHAUS:
[1] river that flows through Munich   [2] its
equal   [3] thins   [4] drops   [5] down
the hatch   [6] many a keg runs dry
[7] shown how much he can hold

(24) BÖHMISCHE POLKA

Rosamunde, schenk[1] mir dein Herz und
    dein Ja.
Rosamunde, frag' doch nicht erst die
    Mama.
Rosamunde, glaub' mir, auch ich bin dir
    treu,
Denn zur Stunde, Rosamunde,
Ist mein Herz grade noch frei.

BÖHMISCHE POLKA: [1] give

(25) DU KANNST NICHT TREU SEIN

Du kannst nicht treu sein,
Nein, nein, das kannst du nicht,
Wenn auch dein Mund mir
Wahre Liebe verspricht.[1]
In deinem Herzen
Hast du für viele Platz;
Darum bist du auch nicht
Für mich der richt'ge Schatz.[2]

DU KANNST NICHT TREU SEIN: [1] promises
[2] sweetheart

(26) ICH HAB' MEIN HERZ IN HEIDELBERG VERLOREN

Ich hab' mein Herz in Heidelberg ver-
    loren,
In einer lauen[1] Sommernacht.
Ich war verliebt bis über beide Ohren
Und wie ein Röslein hat ihr Mund ge-
    lacht!

Und als wir Abschied nahmen[2] vor den
    Toren,
Beim letzten Kuß, da hab ich's klar er-
    kannt,
Daß ich mein Herz in Heidelberg ver-
    loren,
Mein Herz, es schlägt am Neckarstrand![3]

ICH HAB' MEIN HERZ IN HEIDELBERG VER-
LOREN: [1] mild   [2] took leave   [3] bank of
the Neckar River

(27) AUF WIEDERSEH'N

Auf Wiederseh'n, auf Wiederseh'n,
Bleib' nicht so lange fort,
Denn ohne dich ist's halb so schön,
Darauf hast du mein Wort.
Auf Wiederseh'n, auf Wiederseh'n,
Das eine glaube mir:
Nachher[1] wird es noch mal so schön,
Das Wiederseh'n mit dir!

AUF WIEDERSEH'N: [1] afterwards

(28) WIEN, WIEN

Wien, Wien, nur du allein
Sollst stets[1] die Stadt meiner Träume
    sein.
Dort wo die alten Häuser stehn,
Dort wo die lieblichen Mädchen gehn.
Wien, Wien, nur du allein
Sollst stets die Stadt meiner Träume sein.
Dort wo ich glücklich und selig[2] bin
Ist Wien, mein Wien, mein Wien.

WIEN, WIEN: [1] always   [2] blissful

(29) TRINK, TRINK, BRÜDERLEIN, TRINK

Trink, trink, Brüderlein, trink,
Laß doch die Sorgen[1] zu Haus!
Trink, trink, Brüderlein, trink,
Zieh doch die Stirn nicht so kraus![2]

Meide den Kummer und meide den
  Schmerz,[3]
Dann ist das Leben ein Scherz![4]

(Repeat last two lines)

TRINK, TRINK, BRÜDERLEIN, TRINK: [1] worries
[2] don't frown so   [3] avoid grief and pain
[4] jest (fun)

(30) DOKTOR EISENBART

Ich bin der Doktor Eisenbart,
Zwilliwilliwick, bum, bum!
Kurier' die Leut' nach meiner Art,[1]
Zwilliwilliwick, bum, bum!
Kann machen, daß die Blinden gehn,[2]
Und daß die Lahmen[3] wieder sehn,
Zwilliwilliwick, bum,
Zwilliwilliwick, bum,
Zwilliwilliwick, bum, bum!

Ein alter Bau'r mich zu sich rief,[4]
Zwilliwilliwick, bum, bum!
Der seit zwölf Jahren nicht mehr schlief,
Zwilliwilliwick, bum, bum!
Ich hab' ihn gleich zur Ruh' gebracht,
Er ist bis heute nicht erwacht,[5]
Zwilliwilliwick, bum,
Zwilliwilliwick, bum,
Zwilliwilliwick, bum, bum!

DOKTOR EISENBART: [1] I cure people in my
way   [2] cause the blind to walk   [3] lame
[4] called   [5] awakened

(31) O DU LIEBER AUGUSTIN

O du lieber Augustin,
Augustin, Augustin,
O du lieber Augustin,
Alles ist hin![1]

Geld ist weg, Mäd'l ist weg,[2]
Alles weg, alles weg!
O du lieber Augustin,
Alles ist hin!

O DU LIEBER AUGUSTIN: [1] gone   [2] girl
is gone

(32) HOCH SOLL ER LEBEN

Hoch soll er leben[1]
Hoch soll er leben!
Dreimal hoch!

Er lebe hoch![1] Er lebe hoch!
Er lebe hoch! Er lebe hoch!
Er lebe dreimal hoch!

HOCH SOLL ER LEBEN: [1] Long (high) may
he live! (toast)

(33) DER FRÖHLICHE WANDERER

Mein Vater war ein Wandersmann
Und mir steck's auch im Blut;[1]
Drum wand're ich froh, so lang ich kann
Und schwenke[2] meinen Hut.
Valderi, Valdera, Valdera,
Valde ha ha ha ha ha ha
Valderi, Valdera,
Und schwenke meinen Hut.

Das Wandern schafft stets frische Lust,[3]
Erhält[4] das Herz gesund;
Frei atmet[5] draußen meine Brust,
Froh singet stets mein Mund.
Valderi, Valdera . . .

Warum singt dir das Vögelein[6]
So freudevoll sein Lied,
Weil's nimmer hockt landaus landein,[7]
Durch and're Fluren zieht.[8]
Valderi, Valdera, . . .

Was murmelt's Bächlein dort und
  rauscht,[9]
So lustig hin durch's Rohr,[10]
Weil's frei sich regt,[11] mit Wonne
  lauscht
Ihm dein empfänglich Ohr.[12]
Valderi, Valdera, . . .

Drum trag' ich's Ränzlein und den
  Stab[13]
Weit in die Welt hinein,

Und werde bis ans kühle Grab[14]
Ein Wanderbursche[15] sein.
Valderi, Valdera . . .

DER FRÖHLICHE WANDERER: [1] sticks fast in
my blood, too   [2] swing   [3] always
creates fresh desire   [4] keeps   [5] breathes
[6] little bird   [7] pokes along from country
to country   [8] it flies across different fields
[9] why does the little brook murmur there
and rustle   [10] so happily through the
reeds   [11] moves freely   [12] your eager
ear listens to it joyfully   [13] therefore I
carry a knapsack and a hiking stick
[14] grave   [15] wandering lad

(34) DU, DU, DU

Du, du, du,
Laß mein kleines Herz in Ruh',
Denn es fühlt genau wie du,
Ich gehör' nur dir allein.

Ja, ja, ja,
Plötzlich war die Liebe da,
Niemand weiß wie es geschah,
Nur wir beide ganz allein.

Einmal wirst du mich küssen,
Einmal eh' ich's gedacht,
Und dann werde ich wissen,
Dich hat das Schicksal[1] gebracht.

Du, du, du,
Laß mein kleines Herz in Ruh',

Denn es fühlt genau wie du,
Ich gehör' nur dir allein.

DU, DU, DU: [1] fate

(35) DROBEN AUF DEM BERGE

Droben[1] auf dem Berge,
Da steht ein Soldat,[2]
Der schimpft wie ein Rohrspatz,[3]
Weil er kein Liebchen[4] hat!
Holadria, holadrio!   (*Repeat last line*)

Grün ist die Hoffnung,[5]
Und grün der Spinat,[6]
Und grün ist der Jüngling,[7]
Der kein' Schnurrbart[8] hat!
Holadria, holadrio!

Rot ist die Liebe,
Und rot die Tomat',
Und rot ist der echte[9]
Sozialdemokrat!
Holadria, holadrio!

Mein Bruder in der Schweiz,
Der hat es gar fein,
Der macht in den Käse
Die Löcher hinein![10]
Holadria, holadrio!

DROBEN AUF DEM BERGE: [1] up there
[2] soldier   [3] scolds like a fishwife
[4] sweetheart   [5] hope   [6] spinach
[7] young man   [8] moustache   [9] genuine
[10] makes the holes in the cheese

Appendix

Irregular and Semi-irregular Verbs

Compound forms are not given if the simple form occurs. For **besprechen,** **versprechen,** etc., look under **sprechen.** All tense forms are third person singular.

INFINITIVE	PRESENT	NARR. PAST	PRES. PERFECT
anfangen (*begin*)	fängt ... an	fing ... an	hat angefangen
backen (*bake*)	bäckt	buk (*or* backte)	hat gebacken
beginnen (*begin*)	beginnt	begann	hat begonnen
beweisen (*prove*)	beweist	bewies	hat bewiesen
biegen (*turn*)	biegt	bog	hat gebogen
bitten (*ask, request*)	bittet	bat	hat gebeten
bleiben (*stay, remain*)	bleibt	blieb	ist geblieben
braten (*roast*)	brät	briet	hat gebraten
brechen (*break*)	bricht	brach	hat gebrochen
brennen (*burn*)	brennt	brannte	hat gebrannt
bringen (*bring*)	bringt	brachte	hat gebracht
denken (*think*)	denkt	dachte	hat gedacht
dürfen (*be permitted*)	darf	durfte	hat gedurft
einladen (*invite*)	lädt ... ein (*or* ladet ... ein)	lud ... ein (*or* ladete ... ein)	hat eingeladen
empfehlen (*recommend*)	empfiehlt	empfahl	hat empfohlen
erschrecken (*be frightened*)	erschrickt	erschrak	ist erschrocken
essen (*eat*)	ißt	aß	hat gegessen
fahren (*travel, drive*)	fährt	fuhr	ist (hat) gefahren
fallen (*fall*)	fällt	fiel	ist gefallen
finden (*find*)	findet	fand	hat gefunden
fliegen (*fly*)	fliegt	flog	ist geflogen
fliehen (*flee*)	flieht	floh	ist geflohen
fließen (*flow*)	fließt	floß	ist gefloßen
geben (*give*)	gibt	gab	hat gegeben
gedeihen (*thrive*)	gedeiht	gedieh	ist gediehen
gefallen (*please*)	gefällt	gefiel	hat gefallen
gehen (*go*)	geht	ging	ist gegangen
gelingen (*succeed*)	gelingt	gelang	ist gelungen
gelten (*mean, be worth*)	gilt	galt	hat gegolten
genießen (*enjoy*)	genießt	genoß	hat genossen
geschehen (*happen*)	geschieht	geschah	ist geschehen
gewinnen (*win, gain*)	gewinnt	gewann	hat gewonnen
gleichen (*equal, resemble*)	gleicht	glich	hat geglichen
graben (*dig*)	gräbt	grub	hat gegraben
greifen (*grasp*)	greift	griff	hat gegriffen

INFINITIVE	PRESENT	NARR. PAST	PRES. PERFECT
haben (*have*)	hat	hatte	hat gehabt
halten (*hold, stop*)	hält	hielt	hat gehalten
hängen (*hang, intrans.*)	hängt	hing	hat gehangen
heben (*lift*)	hebt	hob	hat gehoben
heißen (*be named*)	heißt	hieß	hat geheißen
helfen (*help*)	hilft	half	hat geholfen
kennen (*know*)	kennt	kannte	hat gekannt
klingen (*sound*)	klingt	klang	hat geklungen
kommen (*come*)	kommt	kam	**ist** gekommen
können (*be able*)	kann	konnte	hat gekonnt
lassen (*let, leave*)	läßt	ließ	hat gelassen
laufen (*run*)	läuft	lief	**ist** gelaufen
leiden (*suffer*)	leidet	litt	hat gelitten
lesen (*read*)	liest	las	hat gelesen
liegen (*lie*)	liegt	lag	hat gelegen
melken (*milk*)	melkt (*or* milkt)	melkte (*or* molk)	hat gemelkt (*or* gemolken)
mögen (*like*)	mag	mochte	hat gemocht
müssen (*have to*)	muß	mußte	hat gemußt
nehmen (*take*)	nimmt	nahm	hat genommen
nennen (*name*)	nennt	nannte	hat genannt
raten (*advise*)	rät	riet	hat geraten
reiten (*ride*)	reitet	ritt	**ist** (hat) geritten
riechen (*smell*)	riecht	roch	hat gerochen
ringen (*wrestle*)	ringt	rang	hat gerungen
rufen (*call*)	ruft	rief	hat gerufen
schaffen (*create*)	schafft	schuf	hat geschaffen
scheinen (*shine, seem*)	scheint	schien	hat geschienen
schlafen (*sleep*)	schläft	schlief	hat geschlafen
schlagen (*hit, strike*)	schlägt	schlug	hat geschlagen
schließen (*close*)	schließt	schloß	hat geschlossen
schneiden (*cut*)	schneidet	schnitt	hat geschnitten
schreiben (*write*)	schreibt	schrieb	hat geschrieben
schweigen (*keep quiet*)	schweigt	schwieg	hat geschwiegen
schwimmen (*swim*)	schwimmt	schwamm	**ist** geschwommen
schwören (*swear*)	schwört	schwor (*or* schwur)	hat geschworen
sehen (*see*)	sieht	sah	hat gesehen
sein (*be*)	ist	war	**ist** gewesen
singen (*sing*)	singt	sang	hat gesungen
sinken (*sink*)	sinkt	sank	**ist** gesunken
sitzen (*sit*)	sitzt	saß	hat gesessen
sollen (*be obligated to*)	soll	sollte	hat gesollt
sprechen (*speak*)	spricht	sprach	hat gesprochen
springen (*jump*)	springt	sprang	**ist** gesprungen
stehen (*stand*)	steht	stand	hat gestanden

INFINITIVE	PRESENT	NARR. PAST	PRES. PERFECT
steigen (*climb*)	steigt	stieg	**ist** gestiegen
sterben (*die*)	stirbt	starb	**ist** gestorben
stoßen (*push*)	stößt	stieß	hat gestoßen
tragen (*carry, wear*)	trägt	trug	hat getragen
treiben (*drive, be interested in*)	treibt	trieb	hat getrieben
treffen (*hit, meet*)	trifft	traf	hat getroffen
treten (*step*)	tritt	trat	**ist** getreten
trinken (*drink*)	trinkt	trank	hat getrunken
tun (*do*)	tut	tat	hat getan
unterscheiden (*distinguish*)	unterscheidet	unterschied	hat unterschieden
verbinden (*connect*)	verbindet	verband	hat verbunden
vergessen (*forget*)	vergißt	vergaß	hat vergessen
verleihen (*endow, lend*)	verleiht	verlieh	hat verliehen
verlieren (*lose*)	verliert	verlor	hat verloren
verschwinden (*disappear*)	verschwindet	verschwand	**ist** verschwunden
verzeihen (*pardon*)	verzeiht	verzieh	hat verziehen
wachsen (*grow*)	wächst	wuchs	**ist** gewachsen
waschen (*wash*)	wäscht	wusch	hat gewaschen
weisen (*show, direct*)	weist	wies	hat gewiesen
wenden (*turn*)	wendet	wandte (*or* wendete)	hat gewandt (*or* gewendet)
werden (*become*)	wird	wurde	**ist** geworden
werfen (*throw*)	wirft	warf	hat geworfen
wiegen (*weigh*)	wiegt	wog	hat gewogen
wissen (*know*)	weiß	wußte	hat gewußt
wollen (*want*)	will	wollte	hat gewollt
ziehen (*pull, go*)	zieht	zog	hat (**ist**) gezogen
zwingen (*force, compel*)	zwingt	zwang	hat gezwungen

Vocabulary

The principal parts of common irregular and semi-irregular verbs may be found in the list of Irregular and Semi-irregular Verbs that precedes the Vocabulary. Verbs that take **sein** are followed by **(s.)**; all others take **haben**.

The plurals of nouns are generally given unless they are rarely used or nonexistent: **der Mann, ¨er**. A dash following a noun indicates that nothing is added to form the plural: **das Fenster, –**. Irregular genitive forms are placed in parentheses: **der Student, (en), –en**.

The new words introduced in the *German Songs* and in the *Phonetic Drills* are not included in this vocabulary list.

Abbreviations

abbr.	abbreviation	*irreg.*	irregular
acc.	accusative	**h.**	**haben**
adj.	adjective	*nom.*	nominative
adv.	adverb	*pers.*	personal
conj.	conjunction	*pl.*	plural
coord. conj.	coordinating conjunction	*prep.*	preposition
dat.	dative	*pron.*	pronoun
dep. conj.	dependent conjunction	*refl.*	reflexive
fam. pl.	familiar plural	*reg.*	regular
fam. sing.	familiar singular	*sing.*	singular
gen.	genitive	**s.**	**sein**
indef. pron.	indefinite pronoun	*semi-irreg.*	semi-irregular
interrog.	interrogative	*subj.*	subjunctive
intrans.	intransitive	*trans.*	transitive

A

ab und zu   now and then
abbiegen (*irreg., s.*)   turn off
das **Abbild, –er**   image
abbrechen (*irreg.*)   break off, burn one's bridges
der **Abend, –e**   evening
das **Abendbrot, –e**   supper
das **Abendessen, –**   evening meal
das **Abendkleid, –er**   evening dress
abends   in the evening, evenings
aber (*coord. conj.*)   but, however
abfahren (*irreg., s.*)   leave, depart
die **Abfahrt, –en**   departure
abgemacht!   settled! it's a deal!
abhalten (*irreg.*)   hold (meetings, etc.)
abhängen (*irreg.*)   depend; **abhängen von**   depend on

abholen (*reg.*)   pick up, go and get
das **Abitur, –e**   final examination of a secondary school
der **Abiturient, (en), –en**   one who has passed the *Abitur*
abkochen (*reg.*)   cook (out)
abnehmen (*irreg.*)   take off
abreisen (*reg., s.*)   leave, depart
der **Abschied, –e**   farewell; **Abschied nehmen**   say good-by, take leave (of someone)
das **Abschlußexamen** (**–examina,** *pl.*)   final examination
das **Abschlußzeugnis, –se**   final examination
abstellen (*reg.*)   switch off
abtragen (*irreg.*)   wear out
abtrennen (*reg.*)   separate

die **Abwendung, –en** prevention
ach! oh! alas!
Ach und Weh lamentation, sorrow
acht eight
die **Acht** attention, care
achteckig octagonal
achten (*reg.*) respect
achtstündig eight hours long
der **Achtzehnte** the eighteenth
achtzig eighty
die **Adresse, –n** address
(das) **Afrika** Africa
der **Afrikaner, –** African
ahnen (*reg.*) suspect
ähnlich similar
die **Ähnlichkeit, –en** similarity
die **Ahnung, –en** ˌidea
die **Akademie, –n** academy
das **Akkordeon, –s** accordion
die **Aktentasche, –n** briefcase
der **Akzent, –e** accent
der **Alemanne, (n), –n** a member of a
 southwestern Germanic tribe
all all
alle (*pl.*) all
die **Allee, –n** avenue
allein alone
allerdings to be sure
allerlei all kinds
alles everything
allgemein general, universal; **im allgemeinen** in general
alljährlich yearly
allmählich gradual
das **Alltagsdeutsch** everyday German
die **Alltagssprache** everyday language
die **Almhütte, –n** alpine hut
die **Alp, –en** mountain pasture
die **Alpen** (*pl.*) Alps
die **Alpenbauerntracht, –en** costume of
 a peasant who lives in the Alps
das **Alpenland, ⸚er** a country in the
 Alps
die **Alpenluft** Alpine air
die **Alpenstraße, –n** road in the Alps
als (*dep. conj.*) as, like, when, than
als ob = als wenn (*dep. conj.*) as though

also so, then, thus
alt old
der **Alt** alto
der **Altar, ⸚e** altar
das **Alter, –** age
altmodisch old-fashioned
das **Aluminium** aluminum
am = an dem
die **Ameise, –n** ant
(das) **Amerika** America
der **Amerikaner, –** American
amerikanisch American
amüsieren (*reg.*) amuse, entertain;
 (*refl.*) have a good time
an (*dat. or acc.*) at, on, by
analysieren (*reg.*) analyze
die **Anatomie** anatomy
ander- other, different
anders different, otherwise
anderswo elsewhere
der **Anfang, ⸚e** beginning
anfangen (*irreg.*) begin
angehören (*reg.*) belong to
angenehm pleasant
die **Angst, ⸚e** fear, anxiety, concern;
 Angst haben be afraid
anhalten (*irreg.*) stop
ankommen (*irreg., s.*) arrive; **es kommt
 darauf an** it depends
die **Ankunft, ⸚e** arrival
anmachen (*reg.*) turn on, light
anmelden (*reg.*) make (a phone call);
 announce
die **Anmeldung, –en** reception desk
anprobieren (*reg.*) try on
anregend exciting, stimulating
anrufen (*irreg.*) call up, phone
ans = an das
anschauen (*reg.*) look at
der **Anschein** appearance, look; **allem
 Anschein nach** from all appearances
anscheinend apparently
ansehen (*irreg.*) look at; (*dat. refl.*)
 take a look at, inspect
die **Ansichtskarte, –** picture postcard
(an)statt (*gen.*) instead of
anstellen (*reg.*) turn on, switch on

die **Antwort, –en**   answer
anwenden (*reg.* & *semi-irreg.*)   use
antworten (*reg.*)   answer (a person, *dat.*);
  antworten auf (*acc.*)   answer (a question)
anwesend   present, in attendance
anziehen (*irreg.*)   dress, attract; (*refl.*)
  get dressed
der **Anzug, ⁝e**   suit
der **Apfel, ⁝**   apple
der **Apfelbaum, ⁝e**   apple tree
der **Apfelsaft**   apple juice
der **Apfelsinensaft**   orange juice
der **Apfelstrudel, –**   apple strudel
die **Apotheke, –n**   pharmacy
der **Appetit**   appetite
appetitlich   appetizing
applaudieren (*reg.*)   applaud
der **April**   April
die **Arbeit, –en**   work
arbeiten (*reg.*)   work; **an die Arbeit gehen**   go to work
der **Arbeiter, –**   worker
der **Arbeitgeber, –**   employer
der **Arbeitnehmer, –**   employee
die **Arbeitskraft, ⁝e**   manpower
der **Arbeitslose, (n), –n**   one who is unemployed
das **Arbeitszimmer, –**   workroom
der **Architekt, (en), –en**   architect
die **Architektin, –nen**   architect (*fem.*)
architektonisch   architectural
die **Architektur, –en**   architecture
ärgern (*reg.*)   annoy; (*refl.*)   be annoyed
arm   poor, unfortunate
der **Arm, –e**   arm
die **Art, –en**   type, kind, sort
der **Arzt, ⁝**   physician
der **Aschermittwoch, –e**   Ash Wednesday
das **Aschenputtel**   Cinderella
(das) **Asien**   Asia
das **Aspirin**   aspirin
astronomisch   astronomical
die **Atmosphäre, –n**   atmosphere
die **Attraktion, –en**   attraction
au!   ow! oh! (exclamation of pain)

auch   also, too
auf (*dat. or acc.*)   on, upon, at, to
aufbauen (*reg.*)   build up
der **Aufbewahrungsraum, ⁝e**   storage room
aufblühen (*reg., s.*)   flourish, come into bloom
der **Aufenthalt, –e**   stay, sojourn
die **Auferstehung, –en**   resurrection
aufführen (*reg.*)   perform
die **Aufführung, –en**   performance
die **Aufgabe, –n**   lesson, task
aufgeben (*irreg.*)   give up, mail
aufhören (*reg.*)   stop, cease
aufkommen (*irreg., s.*)   come up
aufladen (*irreg.*)   load
aufmachen (*reg.*)   open
aufmerksam   attentive
die **Aufmerksamkeit, –en**   attentiveness
die **Aufnahme, –n**   photograph, picture
die **Aufnahmeprüfung, –en**   entrance exam
aufnehmen (*irreg.*)   receive, welcome
aufpassen (*reg.*)   pay attention, watch out
aufräumen (*reg.*)   clean up
aufregend   exciting, upsetting
aufs = auf das
der **Aufsatz, ⁝e**   essay, theme
aufsetzen (*reg.*)   erect
aufstehen (*irreg., s.*)   get up, stand up
der **Aufstieg, –e**   rise, growth
auftauchen (*reg., s.*)   appear
aufwachen (*reg., s.*)   wake up, awake
aufwecken (*reg.*)   waken, rouse
aufwenden (*semi-irreg.*)   appropriate
der **Augapfel (–äpfel,** *pl.*)   apple of one's eye, eyeball
das **Auge, –n**   eye; **unter vier Augen**   in private
der **Augenarzt, ⁝e**   oculist
der **Augenblick, –e**   moment; **einen Augenblick, bitte!**   just a moment, please
die **Augenbraue, –n**   eyebrow
der **August**   August

aus (*dat.*) out, out of, from, of; **es ist aus mit ihm** he's done for; **von mir aus** as far as I am concerned
der **Ausflug, ⁻e** excursion, outing
der **Ausflügler, –** excursionist
das **Ausflugsschiff, –e** excursion ship
ausfüllen (*reg.*) fill out
der **Ausgang, ⁻e** exit
der **Ausgangspunkt, –e** point of departure
ausgeben (*irreg.*) spend (money)
ausgebrannt burned out
ausgehen (*irreg., s.*) go out
ausgezeichnet excellent
ausgraben (*irreg.*) excavate, dig out
der **Ausguß (Ausgüsse,** *pl.*) sink
auskommen (*irreg., s.*) get along
die **Auskunft, ⁻e** information
das **Ausland** foreign country, abroad
der **Ausländer, –** foreigner
ausländisch foreign
auslassen (*irreg.*) leave out
auslösen (*reg.*) start, release
ausmachen (*reg.*) turn out, put out (fire, light, etc.)
ausmisten (*reg.*) clean a stable
die **Ausnahme, –n** exception
auspacken (*reg.*) unpack
ausruhen (*reg., refl.*) rest up
ausschenken (*reg.*) sell (beer, wine, and other drinks)
aussehen (*irreg.*) look, appear
außer (*dat.*) except, in addition to; **sie ist außer sich** she's beside herself
außerdem besides, moreover
außerhalb (*gen.*) outside
außerordentlich extraordinary
äußerst extremely
die **Aussicht, –en** view; **eine Aussicht auf** (*acc.*) a view of
die **Aussprache, –n** pronunciation
aussprechen (*irreg.*) pronounce
aussteigen (*irreg., s.*) climb out
der **Ausstellungsraum, ⁻e** exhibition room
(das) **Australien** Australia

der **Ausverkauf, ⁻e** sale
ausverkauft sold out
die **Auswahl, –en** choice
auswandern (*reg., s.*) emigrate
auswärtig out of town
auswendig by heart; **auswendig lernen** learn by heart
ausziehen (*irreg.*) undress; (*refl.*) get undressed
das **Auto, –s** auto, car
die **Autobahn, –en** superhighway
das **Autobahnsystem, –e** network of freeways
der **Autobus, (ses), –se** bus
der **Autofahrer, –** motorist
der **Autor, –en** author

B

das **Baby, –s** baby
das **Bachkonzert, –e** Bach concert
backen (*irreg.*) bake
das **Bad, ⁻er** bath
der **Badeanzug, ⁻e** bathing suit
der **Badegast, ⁻e** spa visitor or patient
baden (*reg.*) bathe
das **Badetuch, ⁻er** bath towel
die **Badewanne, –n** bathtub
das **Badezimmer, –** bathroom
die **Bahn, –en** railroad
der **Bahnhof, ⁻e** railroad station
das **Bahnhofskino, –s** movie theater near or at a railroad station
bald soon
der **Ball, ⁻e** ball
der **Balkon, –e** balcony
die **Banane, –n** banana
die **Bank, ⁻e** bench
die **Bank, –en** bank
die **Banknote, –n** banknote
der **Bär, (en), –en** bear
barfuß barefoot
der **Bariton** baritone
der **Barockbau (–bauten,** *pl.*) baroque building
das **Barockschloß, (–schlösser,** *pl.*) baroque castle

der **Baß** bass

der **Bau** (die **Bauten,** *pl.*) building, structure

die_-**Bauausstellung, –en** architectural exhibition

bauen (*reg.*) build

der **Bauer, (s** *or* **n), –n** farmer, peasant

die **Bäuerin, –nen** farmer's wife

die **Bauernfamilie, –n** farmer's family

das **Bauernhaus, ¨er** farmhouse

der **Bauernhof, ¨e** farm

das **Bauernleben, –** farmer's life

der **Bauernstaat, –en** agricultural state

die **Bauerntochter, ¨** farmer's daughter

die **Bauerntracht, –en** peasant's costume

der **Baum, ¨e** tree

der **Baumeister, –** architect

der **Bayer, (n), –n** Bavarian

(das) **Bayern** Bavaria

bayrisch Bavarian

beantworten (*reg.*) answer

bedauern (*reg.*) regret

bedeuten (*reg.*) mean

bedeutend significant

die **Bedeutung, –en** significance, meaning

die **Bedienung, –en** service

das **Beefsteak, –s** beefsteak

beeilen (*reg., refl.*) hurry

befinden (*irreg., refl.*) be, find oneself

befreundet friendly, intimate

begabt gifted, talented

begegnen (*reg., dat.,* **s.**) meet

begeistert inspired, enthusiastic

der **Beginn** start, beginning

beginnen (*irreg.*) begin

begleiten (*reg.*) accompany

der **Begriff, –e** comprehension, concept

begründen (*reg.*) establish

die **Begründung, –en** founding, establishment

begrüßen (*reg.*) greet

behaart hairy

behandeln (*reg.*) treat, deal with

behaupten (*reg.*) assert, maintain

behilflich helpful

bei (*dat.*) at, by, near, at the place of, with

beibringen (*semi-irreg.*) give, instruct

beide both, two

beieinander together

beim = bei dem

das **Bein, –e** leg

beinah(e) almost, nearly

beisammen together

das **Beispiel, –e** example; **zum Beispiel** for example: *abbr.* **z.B.**

der **Beitrag, ¨e** contribution

beitragen (*irreg.*) contribute to

beiwohnen (*reg.*) attend

bekannt known

der **Bekannte, (n), –n** acquaintance

bekannt machen (*reg.*) make known, announce, introduce

die **Bekanntmachung, –en** announcement

die **Bekanntschaft, –en** acquaintance

bekommen (*irreg.*) get, receive

beladen (*irreg.*) load

belegen (*reg.*) reserve, occupy, enroll for (a course)

beleidigen (*reg.*) offend

beliebt popular

bellen (*reg.*) bark

bemerken (*reg.*) notice

bemühen (*reg., refl.*) strive, try

benennen (*irreg.*) name

benutzen (*reg.*) use

das **Benzin** gasoline

bepflanzen (*reg.*) plant

bequem comfortable

der **Berg, –e** mountain

der **Bergabhang, ¨e** mountain slope

die **Bergakademie, –n** school of mines

das **Bergdorf, ¨er** mountain village

das **Berghotel, –s** mountain hotel

die **Berghütte, –n** mountain hut

die **Bergluft, ¨e** mountain air

der **Bergsee, –n** mountain lake

die **Bergspitze, –n** summit of a mountain

das **Bergsteigen, –** mountain climbing

der **Bergsteiger, –** mountain climber

die **Bergtour, –en** hike in the mountains
die **Bergwiese, –n** mountain pasture or meadow
berichten (*reg.*) report
der **Beruf, –e** profession
beruflich professionally
das **Berufsleben, –** professional life
berufstätig working, employed
berühmt famous
beschäftigt busy
der **Bescheid, –e** information; **Bescheid sagen** inform or give information
beschließen (*irreg.*) decide
beschreiben (*irreg.*) describe
der **Besen, –** broom
besetzt occupied
besichtigen (*reg.*) visit, inspect
besiegen (*reg.*) conquer, defeat
besitzen (*irreg.*) own, possess
der **Besitzer, –** owner, possessor
besonder- special, particular
besonders especially
besprechen (*irreg.*) discuss
besser better
die **Besserung, –en** recovery, improvement; **gute Besserung!** I wish you a speedy recovery!
best- best
bestehen (*irreg.*) pass (an exam); **bestehen aus** consist of
besteigen (*irreg.*) climb
bestellen (*reg.*) order
bestimmt definite(ly)
der **Besuch, –e** visit; **auf Besuch** on a visit
besuchen (*reg.*) visit
betonen (*reg.*) emphasize
der **Betonschmetterling, –e** concrete butterfly
betrachten (*reg.*) regard, consider, observe
betreten (*irreg.*) enter (a room, etc.)
der **Betrieb, –e** management, activity; **in Betrieb sein** be in operation
das **Bett, –en** bed; **ins Bett (zu Bett) gehen** go to bed
das **Bettzeug, –e** bedding

die **Bevölkerung, –en** population
bevor (*dep. conj.*) before
bewachen (*reg.*) guard
bewegen (*reg.*) move
die **Bewegung, –en** movement
beweisen (*irreg.*) prove
bewohnen (*reg.*) inhabit
der **Bewohner, –** inhabitant, occupant
bewohnt inhabited
bewundern (*reg.*) admire
bezahlen (*reg.*) pay, pay for
die **Beziehung, –en** relation, regard
die **Bibelübersetzung, –en** Bible translation
die **Bibliothek, –en** library
biblisch biblical
biegen (*irreg.*) bend, turn
das **Bier, –e** beer
der **Bierkrug, ⁓e** beer mug
das **Bild, –er** picture
bilden (*reg.*) form
billig cheap
der **Biograph, (en), –en** biographer
die **Biologie** biology
die **Birne, –n** pear
bis (*acc. prep. & dep. conj.*) until, up to
ein bißchen a little bit
bitte please, you're welcome; **wie bitte?** how's that? **bitte sehr (bitte schön)** you're quite welcome; **bitte schön?** may I help you?
die **Bitte, –n** request
bitten (*irreg.*) ask, request; **bitten um** (*acc.*) ask for
blaß pale
blau blue
bleiben (*irreg., s.*) stay, remain
der **Bleistift, –e** pencil
der **Blinde, (n), –n** blind man
der **Blitz, –e** lightning
blitzen (*reg.*) lighten, flash
blond blond
die **Blonde, –n** blonde
die **Blondine, –n** blonde
die **Blume, –n** flower
der **Blumengarten, ⁓** flower garden
der **Blumenmarkt, ⁓e** flower market

die **Bluse, –n** blouse
das **Blut** blood
die **Blüte, –n** blossoming time, golden age
die **Blutkrankheit, –en** blood disease
der **Boden, ⁇** ground
der **Bodensee** Lake Constance
die **Bohne, –n** bean
die **Bombe, –n** bomb
das **Boot, –e** boat
borgen (*reg.*) borrow, lend
die **Börse, –n** stock exchange
böse angry, bad; **böse auf** (*acc.*) angry with
boxen (*reg.*) box
das **Boxen** boxing
der **Boxsport** sport of boxing
braten (*irreg.*) roast, fry
das **Brathuhn, ⁇er** fried chicken
die **Bratkartoffeln** (*pl.*) fried potatoes
die **Bratwurst, ⁇e** fried sausage
der **Brauch, ⁇e** custom
brauchen (*reg.*) need
braun brown
die **Brause, –n** shower
das **Brausebad, ⁇er** shower
brav good, well-behaved
brechen (*irreg.*) break
breit broad, wide
brennen (*semi-irreg.*) burn
das **Brett, –er** board; das **Schwarze Brett** bulletin board
der **Brief, –e** letter
der **Briefkasten, –** letter box
die **Briefmarke, –n** stamp
die **Brieftasche, –n** purse
der **Briefträger, –** mailman
bringen (*semi-irreg.*) bring
das **Brot, –e** bread
das **Brötchen, –** roll
der **Bruch, ⁇e** break, breach
die **Brücke, –n** bridge
der **Bruder, ⁇** brother
die **Brüderschaft** fellowship
brummen (*reg.*) growl, buzz
die **Brünette, –n** brunette

der **Brunnen, –** fountain, well
das **Buch, ⁇er** book
der **Buchhalter, –** bookkeeper
die **Buchhandlung, –en** bookstore
die **Buchgemeinschaft, –en** book club
büffeln (*reg.*) cram for an exam
die **Bühne, –n** stage
der **Bund, –e** confederation
die **Bundeshauptstadt** federal capital of West Germany
das **Bundeshaus, ⁇er** parliament building
das **Bundesland, ⁇er** federal state
die **Bundesrepublik** the Federal Republic
das **Bündnis, –se** alliance
bunt bright, many-colored, gay
die **Burg, –en** castle
der **Bürger, –** citizen
der **Bürgermeister, –** mayor
der **Bürgersteig, –e** sidewalk
die **Burgruine, –n** castle ruin(s)
das **Burgtheater, –** palace theater
das **Büro, –s** office
der **Büroarbeiter, –** office worker
der **Bus, (ses), –se** bus
der **Busch, ⁇e** bush, shrub
die **Butter** butter
das **Butterbrot, –e** sandwich
die **Buttermilch** buttermilk

C

das **Café, –s** café
das **Camping** camping
der **Campingplatz, ⁇e** camping site
der **Campus** campus
charakterisieren (*reg.*) characterize
chinesisch Chinese
der **Chor, ⁇e** choir, chorus
die **Chemie** chemistry
die **Chemikalien** (*pl.*) chemicals
das **Christentum** Christianity
das **Christkind** Christ child
Christus (**Christi**, *gen.*) Christ
der **Clown, –s** clown
das **Coca-Cola** Coca-Cola

D

da (*adv.*) there, then; (*dep. conj.*) since

da drüben over there

das Dach, ˙-er roof

dafür for it

dagegen against it

daher therefore

dahin there; **er geht dahin** he is going there

damals at that time

die Dame, –n lady

damit with it; (*dep. conj.*) so that

der Damm, ˙-e dam, embankment

der Dämon, –en demon

der Dampfer, – steamer

danach afterward, accordingly

daneben beside it, close by

danieder in ruins

dänisch Danish

(das) Dänisch Danish

der Dank thanks; **besten Dank! vielen Dank!** thanks very much

dankbar grateful; **er ist mir dankbar** he is grateful to me

danken (*reg. dat.*) thank; **danke!** thanks; **danke sehr! (danke schön! danke bestens!)** thanks a lot! **nichts zu danken** you are welcome

dann then; **dann und wann** now and then

daran about it

darauf on it, thereupon

daraus out of it

darin in it

darstellen (*reg.*) represent, present

darüber about it

darunter under it

das the, that, those, which

daß (*dep. conj.*) that

dasselbe the same

das Datum (Daten, *pl.***)** date

die Dauer duration

dauern (*reg.*) last, endure

davon about it

davor in front of it

dazu with it, in addition

dazwischen between them

die Decke, –n ceiling, blanket

decken (*reg.*) cover, set (a table)

dein (*fam. sing.*) your

der Dekan, –e dean

der Demagoge, (n), –n demagogue

der Demokrat, (en), –en democrat

demokratisch democratic

denken (*semi-irreg.*) think; **denken an** (*acc.*) think of

der Denker, – thinker

das Denkmal, ˙-er monument

denn (*particle & coord. conj.*) then, for

der the, that, who

dergleichen and so forth

derselbe the same

deshalb therefore, for that reason

desto the; **je mehr, desto besser** the more, the better

deswegen for that reason, therefore

deutlich clear, distinct

deutsch German; **auf deutsch** in German

(das) Deutsch German

der Deutsche, (n), –n German (man)

(das) Deutschland Germany

der Deutschlehrer, – teacher of German

deutsch-österreichisch German-Austrian

deutschsprachig German-speaking

die Deutschstunde, –n German class

der Dezember December

die Diät, –en diet; **Diät halten** be on a diet

dich (*fam. sing., acc.*) you

der Dichter, – poet

das Dichterzimmer, – poet's room

dick thick, fat

die the, that, who

der Dieb, –e thief

diejenigen those

dienen (*reg., dat.*) serve

der Dienst, – service

der Dienstag, –e Tuesday

dies this

dieselbe the same

dieser this

diesmal this time

der **Diktator, –en** dictator
diktieren (*reg.*) dictate
der **Diplomat, (en), –en** diplomat
die **Diplomatie** diplomacy
der **Diplomchemiker, –** college graduate with an advanced degree in chemistry
der **Diplomingenieur, –e** college graduate with an advanced degree in engineering
der **Diplomkaufmann (Diplomkaufleute,** *pl.*) college graduate with an advanced degree in business administration and/or economics
die **Diplomprüfung, –en** examination for certification
dir (*fam. sing., dat.*) you
direkt direct
der **Direktor, –en** director, manager
der **Dirigent, (en), –en** director, conductor (of an orchestra)
das **Dirndl, –** dirndl, peasant dress (southern German & Austrian)
das **Dirndlgeschäft, –e** dirndl shop
das **Dirndlkleid, –er** dirndl dress
die **Diskothek, –en** discotheque
die **Dissertation, –en** dissertation
die **Disziplin, –en** discipline
doch (*adv., conj.,* & *particle*) yet, however, nevertheless; **doch!** yes! (contradicting a negative)
der **Doktor, –en** doctor
die **Doktorarbeit, –en** dissertation for the doctorate
die **Doktorprüfung, –en** examination for the doctorate
der **Dollar, –(s)** dollar
der **Dom, –e** cathedral
die **Domstadt, –̈e** cathedral city
die **Donau** Danube River
donnern (*reg.*) thunder
der **Donnerstag, –e** Thursday
Donnerwetter! wow! darn it all!
die **Doppelportion, –en** double portion
doppelt double
das **Doppelzimmer, –** double room
das **Dorf, –̈er** village
das **Dörfchen, –** little village

der **Dorfjunge, (n), –n** village boy
die **Dorfkirche, –n** village church
der **Dorfname, (ns), –n** village name
der **Dorfvater, –̈** father of the village
Dornröschen Sleeping Beauty
dort there
dort drüben over there
dorthin there; **er fährt dorthin** he is driving there
das **Drama (Dramen,** *pl.*) drama
der **Dramatiker, –** dramatist
dramatisch dramatic
die **Dramatisierung, –en** dramatization
draußen outside
drehen (*reg.*) turn
drei three
dreißig thirty
der **Dreißigjährige Krieg** the Thirty Years' War
die **Dreschmaschine, –n** threshing machine
drinnen inside
dritt third
das **Drittel, –** third
drittens in the third place
drittgrößt- third largest
die **Drogerie, –n** drugstore
drüben over there
du (*fam. sing.*) you
das **Duett, –e** duet
dumm stupid
der **Dummkopf, –̈e** blockhead, dunderhead
düngen (*reg.*) fertilize, manure
dunkel dark
die **Dunkelheit** darkness
dünn thin
durch (*acc. prep.*) through
durchfallen (*irreg., s.*) fail (an examination)
durchführen (*reg.*) bring about, carry out
durchschnittlich average, on an average
dürfen (*semi-irreg.*) be allowed, be permitted, may
die **Dusche, –n** shower
duschen (*reg.*) shower

das **Dutzend, –e** dozen

duzen (*reg.*) address someone with *du,* the familiar form of *you*

E

eben even, just, precisely

ebenfalls likewise, too

ebenso just as, likewise

echt genuine, true, authentic

die **Ecke, –n** corner

edel noble

egal alike, all the same; **mir ist es egal** it's all the same to me

ehe (*dep. conj.*) before

die **Ehe, –n** marriage

ehemalig former

das **Ehepaar, –e** married couple

die **Ehre, –n** honor

ehren (*reg.*) honor

das **Ei, –er** egg

der **Eid, –e** oath

eifersüchtig jealous; **eifersüchtig auf** (*acc.*) jealous of

eigen own

eigentlich really, actually

eilen (*reg., s.*) hurry

eilig quick, speedy; **eilig haben** be in a hurry

ein a, an, one

einander each other

einatmen (*reg.*) inhale

die **Einbahnstraße, –n** one-way street

einbringen (*semi-irreg.*) bring in

der **Eindruck, ⁝e** impression

einfach simple

der **Einfluß** (**Einflüsse,** *pl.*) influence

der **Eingang, ⁝e** entrance

der **Einheimische, (n), –n** native

einige some

der **Einkauf, ⁝e** purchase

einkaufen (*reg.*) shop

einladen (*irreg.*) invite

die **Einladung, –en** invitation

einlösen (*reg.*) cash (a check)

einmal one time, once; **nicht einmal** not even

einmalig one time, unique

einnehmen (*irreg.*) take in, receive

eins one

einsam lonely, alone

einschlafen (*irreg., s.*) go to sleep, fall asleep

einst once

einsteigen (*irreg., s.*) climb in

die **Eintrittskarte, –n** admission ticket

der **Einwanderer, –** immigrant

einwerfen (*irreg.*) throw in, mail

der **Einwohner, –** inhabitant

die **Einzelheit, –en** detail

einzeln single, individual, separate

das **Einzelzimmer, –** single room

einzig only, single, unique

einzigartig unique

das **Eis** ice, ice cream

der **Eisbecher, –** dish of ice cream

die **Eisenbahn, –en** railroad

der **Eisenbahnwagen, –** railroad carriage or car

eisern iron

der **Eiserne Vorhang** the Iron Curtain

eiskalt ice-cold

das **Eislaufen** ice skating

der **Eisläufer, –** ice skater

der **Eisschrank, ⁝e** refrigerator

der **Elefant, (en), –en** elephant

elegant elegant

elektrisch electric

elf eleven

der **Ellbogen, –** elbow

die **Eltern** (*pl.*) parents

die **Emanzipation** emancipation

empfehlen (*irreg.*) recommend

empfindlich sensitive

empfindsam sensitive

das **Ende, –n** end; **am Ende** at the end; **zu Ende** at an end (over)

enden (*reg.*) end

endlich finally

eng narrow, close

der **Engel, –** angel

der **Engländer, –** Englishman

englisch English

(das) **Englisch** English

der **Enkel,** – grandson
die **Enkelin, –nen** granddaughter
das **Ensemble, –s** group of singers, musicians, actors, etc.
die **Ensembleleistung, –en** group accomplishment
entdecken (*reg.*) discover
der **Entdecker,** – discoverer
entfernen (*reg.*) remove
entfernt removed, distant
entgehen (*irreg., s.*) escape
enthüllen (*reg.*) unveil
entkommen (*irreg., s.*) escape
entlassen (*irreg.*) release
entschuldigen (*reg.*) excuse
die **Entschuldigung, –en** excuse
entspringen (*irreg., s.*) originate
entweder . . . oder either . . . or
die **Entwicklung, –en** development
die **Epidemie, –n** epidemic
die **Epoche, –n** epoch, era
er he, it
erbauen (*reg.*) erect, build
der **Erbe, (n), –n** heir
die **Erbsen** (*pl.*) peas
die **Erbsensuppe** pea soup
die **Erdbeere, –n** strawberry
die **Erde, –n** earth
das **Erdgeschoß (–geschosse,** *pl.*) ground floor
erfahren (*irreg.*) learn, experience
die **Erfahrung, –en** experience
der **Erfolg, –e** success; **viel Erfolg!** good luck!
erfreuen (*reg., refl.*) enjoy
erfrischend refreshing
erfüllen (*reg.*) fulfill
erhalten (*irreg.*) preserve, receive
erholen (*reg., refl.*) recover, recuperate
die **Erholung, –en** recovery, rest
erinnern (*reg.*) remind; (*refl.*) remember; **ich erinnere mich an ihn** I remember him
die **Erinnerung, –en** memory
erkälten (*reg., refl.*) catch cold
die **Erkältung, –en** common cold
erkennen (*semi-irreg.*) recognize

erklären (*reg.*) declare, explain
die **Erlaubnis, –se** permission
erleben (*reg.*) experience
das **Erlebnis, (ses), –se** experience
erledigen (*reg.*) take care of, settle
erlösen (*reg.*) save, redeem
die **Erlösung, –en** salvation, redemption
ermüden (*reg., s. intrans.; h. trans.*) tire
ernst serious
erraten (*irreg.*) solve, succeed in guessing
erretten (*reg.*) save, redeem
errichten (*reg.*) erect, construct
erscheinen (*irreg., s.*) appear
erschöpfen (*reg.*) exhaust
erschrecken (*reg., trans.*) frighten; (*irreg., intrans., s.*) to be frightened
ersetzen (*reg.*) replace
erst first, only, not before; **eben erst** just now
erstaunt astonished
erstens in the first place
erteilen (*reg.*) give, impart; **Unterricht erteilen** give instruction
der **Erwachsene, (n), –n** adult
erwarten (*reg.*) expect, await
erwecken (*reg.*) awaken, rouse
erweitern (*reg., refl.*) expand
erzählen (*reg.*) tell, narrate
der **Erzbischof, ⁻e** archbishop
die **Erzbischofzeit, –en** time of the archbishops
das **Erzbistum, ⁻er** archbishopric
die **Erziehung** education
es it
essen (*irreg.*) eat
das **Essen,** – food, meal
das **Eßzimmer,** – dining room
etwa perhaps, nearly
etwas something, somewhat; **so etwas** such a thing
euer (*fam. pl.*) your
(das) **Europa** Europe
der **Europäer,** – European
europäisch European
die **Europäische Wirtschaftsgemeinschaft** Common Market

die **Europareise, –n** trip through Europe
das **Examen, –** examination
experimentieren (*reg.*) experiment
das **Experimentier-Modell, –e** experimental model
exportieren (*reg.*) export
extra extra, additional

F

fabelhaft fabulous
die **Fabrik, –en** factory
der **Fabrikschornstein, –e** factory smokestack
das **Fach, ∵er** subject, field of study
das **Fachwerkhaus, ∵er** half-timbered house
fahren (*irreg., s.*) travel; (**h.**) drive (a car)
der **Fahrer, –** driver
der **Fahrdamm, ∵e** roadway
die **Fahrkarte, –n** ticket
der **Fahrplan, ∵e** itinerary
das **Fahrrad, ∵er** bicycle
der **Fahrradweg, –e** bicycle path
der **Fahrstuhl, ∵e** elevator
die **Fahrt, –en** trip
die **Fakultät, –en** faculty
der **Fall, ∵e** case, situation; **auf keinen Fall** not at all, by no means; **auf jeden Fall** in any case
fallen (*irreg., s.*) fall
falls (*dep. conj.*) in case
falsch false, wrong
faltig gathered, pleated
die **Familie, –n** family
das **Familienbild, –er** family portrait
der **Familienname, (ns), –n** family name
die **Farbaufnahme, –n** colored picture
das **Farbdia, –s** colored slide
die **Farbe, –n** color
der **Farbfilm, –e** color film
das **Farbfoto, –s** color photo
der **Farbkontrast, –e** color contrast
der **Fasching, –e** carnival
die **Fassade, –n** facade
fassen (*reg.*) seize, take

die **Fassung, –en** style, self-control, composure
fast almost
die **Fastenzeit, –en** Lent
(die) **Fastnacht** Shrove Tuesday
faul lazy
der **Februar** February
die **Feder, –n** feather, pen
fehlen (*reg.*) be missing, be lacking, be absent; **was fehlt Ihnen?** what's wrong with you?
der **Fehler, –** mistake
die **Feier, –n** celebration, ceremony
feierlich solemn, festive
feiern (*reg.*) celebrate, solemnize
der **Feiertag, –e** holiday
fein fine
der **Feind, –e** enemy
die **Feinheit, –en** fineness
das **Feld, –er** field
der **Felsen, –** rock, cliff
das **Fenster, –** window
die **Ferien** (*pl.*) vacation
das **Ferienland, ∵er** vacation land
das **Ferngespräch, –e** long-distance phone call
der **Fernsehapparat, –e** television set
das **Fernsehen** television
die **Fernsehfabrik, –en** television set factory
der **Fernsehturm, ∵e** television tower
die **Fernsehübertragung, –en** television broadcast
der **Fernsprecher, –** telephone
das **Fernsprechhäuschen, –** phone booth
die **Fernsprechzelle, –n** phone booth
fertig ready, finished
fertigstellen (*reg.*) finish, complete
fest firm, solid, sound
das **Fest, –e** festival
die **Festbeleuchtung, –en** festival illumination
das **Festspiel, –e** festival play
das **Festspielhaus, ∵er** festival playhouse
die **Festspielwoche, –n** festival week
die **Festtracht, –en** festival costume

die Festung, –en   fortress, citadel
der Festzug, ⁻e   festive procession
das Feuer, –   fire
das Feuerholz   firewood
die Feuerwehr, –en   fire department
das Fieber   fever
die Figur, –en   figure, shape
das Figurenspiel, –e   a playlet presented
   by small mechanical actors
der Film, –e   film
der Filmschauspieler, –   film actor
der Filmstar, –s   film star
das Filmtheater, –   movie theater
finden (irreg.)   find
der Finger, –   finger
die Firma (Firmen, pl.)   firm
der Fisch, –e   fish
fischen (reg.)   fish
das Fischgericht, –e   fish dish or course
die Flasche, –n   bottle
das Fleisch   meat
die Fleischbrühe, –n   clear soup, broth
das Fleischgericht, –e   meat dish or course
die Fleischspeise, –n   meat course
fleißig   industrious, diligent
die Fliege, –n   fly
fliegen (irreg., s.)   fly
fliehen (irreg., s.)   flee
fließen (irreg., s.)   flow
das Fließband, ⁻er   assembly line
fließend   fluent, flowing, running (water)
die Flucht   flight, escape
der Flughafen, ⁻   airport
das Flugzeug, –e   airplane
der Fluß (Flüsse, pl.)   river
das Flußbett, –en   river bed, channel
das Flüßchen, –   little river
der Flußdamm, ⁻e   embankment
folgen (reg., dat., s.)   follow
die Form, –en   form
das Forschungszentrum (–zentren, pl.)
   research center
die Forstakademie, –n   school of forestry
fort   away
fortan   henceforth
der Fortschritt, –e   progress; Fortschritte
   machen   make progress

das Foto (Photo), –s   photograph
fotografieren (reg.)   photograph
die Frage, –n   question; eine Frage
   stellen   ask a question
fragen (reg.)   ask; fragen nach   ask
   about
der Franke, (n), –n   Frank
der Frankfurter, –   frankfurter
fränkisch   Frankish
(das) Frankreich   France
der Franzose, (n), –n   Frenchman
französisch   French
die Frau, –en   woman, wife, Mrs.
die Frauenfeuerwehr   fire brigade composed of women
die Frauenkirche   Church of Our Lady
das Fräulein, – or -s   unmarried woman,
   young lady
das Fräuleinwunder, –   emancipation of
   the German woman
frei   free, available; im Freien   out of
   doors, in the open (air)
das Freibad, ⁻er   open-air swimming
   pool
die Freiheit, –en   freedom
das Freiheitsdrama (–dramen, pl.)
   drama of freedom
der Freiheitskämpfer, –   fighter for freedom
das Freiluftkonzert, –e   open-air concert
der Freitag, –e   Friday
fremd   foreign, unfamiliar
der Fremdenführer, –   guide
die Fremdenführung, –en   guide service
   for tourists
der Fremdenverkehr   tourist traffic
die Fremdsprache, –n   foreign language
das Fresko, (Fresken, pl.)   fresco
die Freude, –n   joy, pleasure
freuen (reg.)   make glad; (refl.)   be
   glad; er freut sich auf (acc.)   he looks
   forward to; er freut sich über (acc.)
   he is happy about
der Freund, –e   friend
die Freundin, –nen   girl friend
freundlich   friendly
die Freundschaft, –en   friendship

der **Frieden** peace
friedlich peaceful
der **Friese, (n), –n** Frisian, member of a Germanic tribe in northwestern Germany
frisch fresh
das **Friseurgeschäft, –e** barbershop
froh glad
fröhlich merry, happy
fromm devout
die **Frucht, ⁻e** fruit
früh early
früher former(ly)
das **Frühjahr, –e** spring
der **Frühling, –e** spring
die **Frühlingsluft, ⁻e** spring air
das **Frühstück, –e** breakfast; **beim Frühstück** at breakfast; **zum Frühstück** for breakfast
frühstücken (*reg.*) eat breakfast
der **Frühstückstisch, –e** breakfast table
das **Frühstückszimmer, –** breakfast room
fühlen (*reg.*) feel
führen (*reg.*) lead, recite
die **Führung** leadership
die **Füllfeder, –n** fountain pen
fünf five
fünfzig fifty
für (*acc.*) for
die **Furchtbarkeit** frightfulness
fürchten (*reg.*) fear; (*refl.*) be afraid; **sie fürchtet sich vor** (*dat.*) she is afraid of
füreinander for each other
fürs = **für das**
der **Fürst, (en), –en** prince
das **Fürstenbistum, ⁻er** diocese administered by a prince-bishop
die **Furt, –en** ford, a shallow river crossing
der **Fuß, ⁻e** foot; **zu Fuß** on foot
der **Fußball, ⁻e** football
die **Fußballmannschaft, –en** football team
der **Fußballspieler, –** football (soccer) player
der **Fußboden, ⁻** floor

der **Fußgänger, –** pedestrian
der **Fußweg, –e** way on foot, footpath
füttern (*reg.*) feed

G

die **Gabel, –n** fork
die **Galerie, –n** gallery
ganz quite, whole, entire; **ganz und gar** completely
gar entirely, absolutely; **gar nicht** not at all; **gar nichts** nothing at all
der **Garten, ⁻** garden
das **Gartencafé, -s** garden café
das **Gartenhaus, ⁻er** garden house, summerhouse
der **Gartensalat** lettuce
der **Gasherd, –e** gas stove
die **Gasse –n** alley, lane
der **Gast, ⁻e** guest
der **Gasthof, ⁻e** inn
das **Gebäude, –** building
geben (*irreg.*) give; **es gibt** there is (are); **was gibt's Neues?** what's new?
das **Gebiet, –e** area, region
geboren born
gebraten roasted, fried
gebrauchen (*reg.*) use
die **Geburt, –en** birth
das **Geburtshaus, ⁻er** house where a person is born
die **Geburtsstadt, ⁻e** birthplace
der **Geburtstag, –e** birthday
das **Gefängnis, (–ses), –se** prison
die **Gedächtniskapelle, –n** memorial chapel
die **Gedächtniskirche, –n** memorial church
gedeihen (*irreg., s.*) thrive
das **Gedicht, –e** poem
die **Geduld** patience
die **Gefahr, –en** danger
gefährlich dangerous
gefallen (*irreg., dat.*) please; **es gefällt mir** I like it
der **Gefallen, –** favor; **er tut mir einen Gefallen** he does a favor for me

das **Geflügel** poultry
gegen (*acc.*) against, toward
die **Gegend, –en** region
gegeneinander against each other
der **Gegenstand, ̈e** object
das **Gegenteil, –e** opposite
gegenüber (*dat. prep.*) opposite
gegnerisch opposing
das **Gehäuse, –** case, shell
gehen (*irreg., s.*) go, walk; **wie geht's?**
how are you? **es geht** so-so; **das geht
nicht** that won't do
gehören (*reg., dat.*) belong to
der **Gehweg, –e** sidewalk
die **Geige, –n** violin, fiddle
der **Geist, –er** spirit, ghost
geisteskrank mentally ill
geistig intellectual
der **Geizhals, ̈e** tightwad, skinflint
geizig stingy, miserly
gelb yellow
das **Geld, –er** money; **ich habe kein
Geld bei mir** I have no money with
me
die **Geldnot** financial need or distress
die **Geldstrafe, –n** fine
gelegen situated
die **Gelegenheit, –en** opportunity
gelingen (*irreg., dat., s.*) succeed; **es
gelingt mir** I am successful
gelten (*irreg.*) be considered
das **Gelübde, –** solemn promise
das **Gemälde, –** painting
der **Gemeinderat, ̈e** town council
gemeinsam in common; **gemeinsam
haben** have in common
gemischt mixed
das **Gemüse, –** vegetables
der **Gemüsegarten, ̈** vegetable garden
der **Gemüserest, –e** remains of vegetables
gemütlich cozy, comfortable, pleasant
genau exact
genauso just as
der **General, –e** *or* **̈e** general (com-
mander)

der **Generalintendant, (en), –en** theater manager
Genf Geneva
der **Genfersee** Lake Geneva
das **Genie, –s** genius
genießen (*irreg.*) enjoy
genug enough
die **Geographie** geography
geographisch geographic
das **Gepäck** baggage, luggage
der **Gepäckträger, –** porter
gerade just, straight
geradeaus straight ahead
gereichen (*reg.*) do credit to
germanisch Germanic
gern(e) gladly; **sie singt gern** she
likes to sing
die **Gesamtschule, –n** comprehensive
school
der **Gesandte, (n), –n** ambassador
der **Gesang, ̈e** singing, song
der **Gesangverein, –e** glee club
das **Geschäft, –e** business, store
der **Geschäftsführer, –** manager
das **Geschäftshaus, ̈er** business building
der **Geschäftsmann (–leute, *pl.*)** busi-
nessman
geschehen (*irreg., s.*) happen; **gern
geschehen** you're welcome
gescheit clever, shrewd
das **Geschenk, –e** present, gift
die **Geschichte, –n** story, history
das **Geschirr** dishes, china, utensils
der **Geschmack, ̈e** taste
die **Geschwister** (*pl.*) brothers and
sisters
die **Gesellschaftsschicht, –en** social
class, social group
das **Gesicht, –er** face
der **Gesichtskrem, –e** face cream
gespannt excited
das **Gespenst, –er** apparition, evil
spirit, ghost
das **Gespräch, –e** conversation
die **Gestalt, –en** form, shape, figure

gestern yesterday; **gestern abend** last evening
gesund healthy
die **Gesundheit** health
das **Getreide** grain
die **Getreidepuppe, –n** bundle of grain resembling a human being
getrennt separated
gewinnen (*irreg.*) win, gain
gewiß certain(ly)
gewissermaßen to a certain extent
gewöhnen (*reg., refl.*) become accustomed; **er gewöhnt sich an** (*acc.*) he becomes accustomed to
gewöhnlich usual(ly)
der **Gipfel, –** peak, summit
die **Gitarre, –n** guitar
der **Glanz, ⁻er** splendor
das **Glas, ⁻er** glass
die **Glatze, –n** bald spot, baldhead
glauben (*reg., dat. of person*) believe; **glauben an** (*acc.*) believe in
der **Gläubige, (n), –n** believer, faithful person
gleich immediately, right away, just, right, same; **mir ist es gleich** it's all the same to me
gleichen (*irreg.*) equal, resemble
gleichfalls likewise, the same to you
geichnamig of the same name
gleichzeitig at the same time
das **Glück** fortune, luck, happiness; **er hat Glück** he is lucky
glücklich fortunate, happy
der **Glückliche, (n), –n** happy man
das **Gold** gold
das **Golf** golf
gotisch Gothic
der **Gott, ⁻er** God
der **Gottesdienst, –e** divine service, public worship
graben (*irreg.*) dig
der **Graben, ⁻** ditch, moat
die **Grammatik, –en** grammar
das **Gras, ⁻er** grass
gratulieren (*reg., dat.*) congratulate

grau gray
die **Grenze, –n** border, boundary
griechisch Greek
die **Grippe** flu
groß large, big, great, tall
großartig magnificent
die **Größe, –n** size
der **Großglockner** famous mountain in Austria
die **Großmacht, ⁻e** great power
die **Großmutter, ⁻** grandmother
die **Großstadt, ⁻e** large city
der **Großvater, ⁻** grandfather
grün green
der **Grund, ⁻e** ground, basis; **aus diesem Grunde** for this reason
gründen (*reg.*) found
die **Grundlage, –n** basis, foundation
die **Gründlichkeit** thoroughness, efficiency
die **Grundregel, –n** basic rule, ground rule
die **Grundschule, –n** elementary school
die **Gruppe, –n** group
gruppieren (*reg.*) group
der **Gruß, ⁻e** greeting
grüßen (*reg.*) greet; **grüße ihn von mir!** give him my regards!
gucken (*reg.*) look, peep
die **Gulaschsuppe, –n** goulash soup
das **Gummirad, ⁻er** rubber wheel
die **Gunst, ⁻e** favor; **zu Gunsten** in favor of, on behalf of
der **Gurkensalat** cucumber salad
gut good, well
gutaussehend handsome
das **Gymnasium (Gymnasien, pl.)** college preparatory school

H
das **Haar, –e** hair
haben (*reg. or semi-irreg.*) have; **was haben Sie denn?** what's the matter with you?
der **Hafen, ⁻** port, harbor

die **Hafenstadt, ⁻e** seaport
hageln (*reg.*) hail
halb half; **halb neun** eight thirty
die **Halbschürze, –n** half-apron
die **Hälfte, –n** half
das **Hallenschwimmbad, ⁻er** indoor swimming pool
der **Hals, ⁻e** neck
der **Halsausschnitt, –e** low-cut neckline
der **Halsschmerz, –en** sore throat
das **Halsweh** sore throat
halten (*irreg.*) hold, stop; **halten für** consider; **er macht halt** he stops
die **Haltestelle, –n** (bus, streetcar) stop
die **Hand, ⁻e** hand
handeln (*reg.*) act, bargain; **handeln von** treat, have to do with; **es handelt sich um** (*acc.*) it concerns, it has to do with
die **Handelshochschule, –n** business college
der **Handkoffer, –** suitcase
die **Handschrift, –en** handwriting, signature
der **Handschuh, –e** glove
die **Handtasche, –n** woman's purse
das **Handtuch, ⁻er** hand towel
der **Handwerker, –** workman
hängen (*reg., trans.; irreg., intrans.*) hang
die **Hansestadt, ⁻e** Hansa city
das **Hanseviertel, –** Hansa quarter
der **Harz** Harz Mountains
hassen (*reg.*) hate
häßlich plain, homely, ugly
der **Haufen, –** heap, pile
häufig frequently, often
der **Hauptanziehungspunkt, –e** center of attraction
das **Hauptauditorium** main auditorium
das **Hauptfach, ⁻er** major field of study
der **Hauptfilm, –e** main feature (film)
das **Hauptgericht, –e** main course
die **Hauptmahlzeit, –en** main meal
der **Hauptmann (–leute,** *pl.***)** captain
die **Hauptpost** main post office

die **Hauptrolle, –n** main role
die **Hauptsache, –n** main point
die **Hauptsehenswürdigkeit, –en** main attraction
die **Hauptstadt, ⁻e** capital city
die **Hauptstraße, –n** main street
das **Hauptvergnügen, –** principal pleasure
das **Haus, ⁻er** house; **nach Hause gehen** go home; **zu Hause** at home
die **Hausarbeit, –en** domestic work, homework (of schoolchildren)
der **Hausbesitzer, –** owner, landlord
die **Hausfrau, –en** housewife
der **Haushalt, –e** household
das **Hausmädchen, –** maid
das **Haustier, –e** domestic animal
die **Haustür, –en** front door of a house
heben (*irreg.*) lift, raise
das **Heft, –e** notebook
die **Heilanstalt, –en** sanatorium
das **Heilbad, ⁻er** mineral bath
heilen (*reg.*) heal, cure
heilig holy
der **Heilige Abend** Christmas Eve
das **Heilmittel, –** remedy
das **Heim, –e** home, dwelling
die **Heimat, –en** home, homeland, native home
heimatlich native, belonging to one's home
das **Heimweh** homesickness; **sie hat Heimweh** she is homesick
heiraten (*reg.*) marry
heiß hot; **mir ist heiß** I'm hot
heißen (*irreg.*) be called, be named; **wie heißen Sie?** what's your name?
der **Held, (en), –en** hero
helfen (*irreg., dat.*) help
hell light, bright
das **Hemd, –en** shirt
her here (toward the speaker), hither; **kommen Sie her!** come here!
die **Herberge, –n** hostel
das **Heranwachsen** growth, development
herausgeben (*irreg.*) publish, edit

der **Herbst, –e** autumn, fall
der **Herd, –e** stove, hearth
herein in here (toward the speaker);
herein! come in!
hereinfahren (*irreg.*) bring in; **(s.)**
drive in
hereinkommen (*irreg., s.*) come in
der **Herr, (n), –en** gentleman, Mr.
herrlich splendid, wonderful
die **Herrschaften** (*pl.*) lady (ladies) and
gentleman (gentlemen)
herstellen (*reg.*) produce, manufacture
herum (*adv.*) around
hervorragend prominent
das **Herz, (ens), –en** heart; **von
ganzem Herzen** with all one's heart
herzlich hearty, cordial
das **Herzogtum, –̈er** duchy
das **Heu** hay
die **Heuernte, –n** hay harvest
der **Heuhaufen, –** haystack
die **Heuscheune, –n** barn
der **Heuschlitten, –** hay sled
der **Heuschober, –** haystack
heute today; **heute morgen** this morning; **heute früh** early this morning
heutig of today
heutzutage nowadays
der **Heuwagen, –** hay wagon
hier here
hierher to this place; **kommen Sie hierher!** come right over here!
hierzulande in this country
die **Hilfe, –n** help
der **Himmel, –** heaven, sky
himmelwärts heavenwards
hin away (from the speaker), to that
place; **hin und her** back and forth
hinauffahren (*irreg., s.*) drive up there
hinauseilen (*reg., s.*) hurry out
hinausgehen (*irreg., s.*) go out
hineinrücken (*reg.*) push in
hingehen (*irreg., s.*) go there (to that
place)
hinkommen (*irreg., s.*) get there
hinten (*adv.*) behind, in the back
hinter (*dat. or acc.*) behind

der **Hintergrund, –̈e** background
hinweisen (*irreg.*) indicate, point to
der **Hirschhornknopf, –̈e** button made
from a deerhorn
die **Hitze** heat
hoch high
die **Hochgarage –n** parking terrace
das **Hochhaus, –̈er** skyscraper
die **Hochschule, –n** college
der **Hochsprung, –̈e** high jump
höchst highest, extremely
hocken (*reg.*) crouch, squat
der **Hof, –̈e** court, yard, farm
die **Hofburg** Hofburg Palace
das **Hofburgtor, –e** gate of the Hofburg
hoffen (*reg.*) hope
hoffentlich I hope, it is to be hoped
die **Hoffnung, –en** hope
höflich polite, courteous
die **Höhe, –n** height
höher higher
die **Höhere Schule** college preparatory
school
die **Höhle, –n** cave, grotto
hold pleasant, charming
holen (*reg.*) bring, get, fetch
(das) **Holländisch** Dutch
die **Holzbank, –̈e** wooden bench
der **Holzschnitzer, –** wood-carver
die **Holzstange, –n** wooden pole
der **Honig** honey
hören (*reg.*) hear
der **Hörer, –** listener, telephone receiver
der **Hörsaal (–säle,** *pl.***)** auditorium,
lecture hall
die **Hose, –n** trousers
der **Hosenträger,–** suspender
das **Hotel, –s** hotel
der **Hoteldiener, –** bellboy
die **Hoteldirektion, –en** hotel management
das **Hoteldorf, –̈er** village which has
many hotels
das **Hotelzimmer, –** hotel room
hübsch pretty
das **Huhn, –̈er** chicken

die **Hühnersuppe** chicken soup
humanistisch humanistic
der **Hund, –e** dog
das **Hündchen, –** puppy
hundert hundred
der **Hunger** hunger; **er hat Hunger** he
is hungry; **vor Hunger sterben** die of
hunger
hungrig hungry
der **Hut, ⁻e** hat
hüten (*reg.*) herd, guard; (*refl.*) watch
out, beware ·

I

ich I
der **Idealismus** idealism
die **Idee, –n** idea
idyllisch idyllic
ihr her, their, you (*fam. pl., nom.*)
Ihr your (*polite form*)
ihnen them (*dat.*)
Ihnen you (*polite form, dat.*)
illustrieren (*reg.*) illustrate
im = in dem
immer always; **noch immer** still;
immer noch still
imponieren (*reg., dat.*) impress
in (*dat. & acc.*) in, into
indem (*dep. conj.*) in that, while
industrialisieren (*reg.*) industrialize
die **Industrie, –n** industry
die **Industriestadt, ⁻e** industrial city
das **Industriezentrum (–zentren, pl.)**
industrial center
infolge (*gen.*) as a result of
informieren (*reg.*) inform
innen (*adv.*) inside
inner interior, internal
das **Innere** inside, interior
ins = in das
die **Insel, –n** island
das **Instrument, –e** instrument
intelligent intelligent
interessant interesting
das **Interesse, –n** interest
interessieren (*reg.*) interest; **sich interessieren für** be interested in

international international
irgendein any, some
irgendwo somewhere
irgendwo anders somewhere else
(das) **Italien** Italy
der **Italiener, –** Italian
italienisch Italian
(das) **Italienisch** Italian

J

ja yes
die **Jacke, –n** coat, jacket
das **Jagdschloß (–schlösser, pl.)** hunting
castle
der **Jäger, –** hunter
der **Jägerhut, ⁻e** hunting hat
das **Jahr, –e** year
jahrelang (lasting) for years
die **Jahreswende, –n** new year
die **Jahreszeit, –en** season
das **Jahrhundert, –e** century
das **Jahrzehnt, –e** decade
der **Januar** January
japanisch Japanese
die **Jauche** liquid manure
jawohl! yes indeed!
der **Jazz** jazz
die **Jazzband, –s** jazz band
je ever
je . . . desto the . . . the; **je mehr, desto
besser** the more, the better
jeder each, every
jedermann everyman, everyone
„Jedermann" *Everyman* (play by Hofmannsthal)
jedoch however, nevertheless
jedlich each, every
jeher (only in) **von jeher** from time immemorial
jemals ever
jemand someone
jener that
jetzt now
der **Jodler, –** yodeler
die **Jodlerin, –nen** yodeler (*fem.*)
die **Jugend** youth
die **Jugendherberge, –n** youth hostel

die **Jugendherbergsorganisation, –en**
youth hostel organization
das **Jugendkonzert, –e** youth concert
der **Jugendliche, (n), –n** young person
der **Juli** July
jung young
der **Junge, (n), –n** boy
die **Jungfrau, –en** name of a Swiss
mountain; maiden
das **Jungfraujoch** saddle of the Jungfrau mountain
der **Juni** June

K

der **Kabinettsminister, –** cabinet min-
ister *or* secretary
der **Kaffee** coffee
der **Kaiser, –** emperor
die **Kaiser Wilhelm Gedächtnis-Kirche**
Emperor Wilhelm Memorial Church
das **Kaiserreich, –e** empire
die **Kaiserstadt, ⸚e** imperial city
die **Kaiserzeit, –en** time of the emperors
der **Kakao** cocoa
das **Kalb, ⸚er** calf
das **Kalbfleisch** veal
der **Kalender, –** calendar
kalt cold; **mir ist kalt** I'm cold
die **Kälte** cold; **vor Kälte zittern**
shiver with cold
die **Kamera, –s** camera
der **Kamm, ⸚e** comb
kämmen (*reg.*) comb
die **Kammermusik** chamber music
der **Kampf, ⸚e** fight, combat, struggle
der **Kämpfer, –** warrior, fighter
der **Kanal, ⸚e** canal
die **Kantate, –n** cantata
der **Kanton, –e** canton
der **Kanzler, –** chancellor
die **Kapelle, –n,** band, chapel
der **Kapellmeister, –** band or orchestra
director
die **Kappe, –n** cap
der **Karneval, –e** *or* **–s** carnival

die **Karnevalszeit, –en** carnival time,
Shrovetide
die **Karte, –n** card, ticket, map
das **Kartenspiel, –e** card game
die **Kartoffel, –n** potato
der **Käse, –** cheese
die **Kasse, –n** cashier's booth, box office
der **Katholik, (en), –en** catholic
katholisch catholic
die **Katze, –n** cat
kaufen (*reg.*) buy
der **Kaufhof, ⸚e** department store
der **Kaufmann (–leute,** *pl.***)** merchant
kaufmännisch commercial
kaum hardly, scarcely
kein no; **kein Buch** no book
keinesfalls in no case
der (das) **Keks, –** *or* **–e** cooky, biscuit
der **Keller, –** basement, cellar
der **Kellner, –** waiter
die **Kellnerin, –nen** waitress
keltisch Celtic
kennen (*semi-irreg.*) know, be acquainted with
kennenlernen (*reg.*) get to know
der **Kiefer, –** jaw
das (*or* der) **Kilometer, –** kilometer
das **Kind, –er** child
der **Kindergarten, ⸚** kindergarten
kinderreich prolific, having many
children
der **Kinderwagen, –** baby buggy
das **Kinn, –e** chin
das **Kino, –s** movie theater; **ins Kino
gehen** go to the movies
die **Kirche, –n** church
kirchlich ecclesiastical
der **Kirchturm, ⸚e** church tower
die **Kiste, –n** box, crate
klagen (*reg.*) complain; **klagen über**
(*acc.*) complain about
klar clear
klarblau clear blue
die **Klarinette, –n** clarinet
die **Klasse, –n** class
die **Klassenarbeit, –en** classwork

das **Klassenzimmer,** – classroom
klassisch classical
klassizistisch classical
das **Klavier, –e** piano
das **Kleid, –er** dress
die **Kleider** (*pl.*) clothes
der **Kleiderschrank, ⁻e** wardrobe
die **Kleidung** clothing
klein small
die **Kleinstadt, ⁻e** small town
das **Klima, –s** *or* **–te** climate
klingeln (*reg.*) ring
klingen (*irreg.*) sound
die **Klinik** (*also* das **Klinikum**), (**Klin-iken**, *pl.*) clinic, clinical hospital
klopfen (*reg.*) knock, beat, pound; **es klopft** someone is knocking
der **Klub, –s** club
klug clever, smart, wise
der **Knabe, (n), –n** boy
das **Knie, –** knee
knien (*reg.*) kneel
knipsen (*reg.*) take a snapshot
der **Knopf, ⁻e** button
der **Knopfdruck** pressing of a button
der **Koch, ⁻e** chef, cook
kochen (*reg.*) cook, boil
die **Köchin, –nen** cook (*fem.*)
der **Kochtopf, ⁻e** pot for cooking
das **Ködnitztal** Ködnitz Valley (Austria)
die **Koedukation** coeducation
der **Koffer, –** trunk, suitcase
der **Kohl, –e** cabbage
die **Kohle, –n** coal
Köln Cologne
komisch funny, strange
kommen (*irreg.*, **s.**) come
die **Kommode, –n** dresser, chest of drawers
kommunistisch communistic
die **Komödie, –n** comedy
komponieren (*reg.*) compose
der **Komponist, (en), –en** composer
der **Konferenzraum, ⁻e** conference room
die **Kongresshalle, –n** convention hall
der **König, –e** king

die **Königin, –nen** queen
das **Königsschloß** (**–schlösser**, *pl.*) king's castle
konjugieren (*reg.*) conjugate
konkurrieren (*reg.*) compete, know how to
können (*semi-irreg.*) be able, can
kontrollieren (*reg.*) check, supervise
das **Konsulat, –e** consulate
das **Konzert, –e** concert; **ins Konzert gehen** go to a concert
die **Konzertreise, –n** concert trip
der **Konzertsaal** (**–säle**, *pl.*) concert hall
der **Kopf, ⁻e** head
der **Kopfsalat** head lettuce
der **Kopfschmerz, –en** headache; **er hat Kopfschmerzen** he has a headache
die **Kopfschmerztablette, –n** headache tablet
das **Kopfsteinpflaster** cobblestone pavement
die **Kopfsteinpflasterstraße, –n** cobblestone street
das **Kopfweh** headache
die **Kopie, –n** copy
der **Körper, –** body
korrespondieren (*reg.*) correspond
korrigieren (*reg.*) correct
kosten (*reg.*) cost
köstlich excellent, delicious
das **Kostüm, –e** costume, woman's suit
krank sick
der **Kranke, (n), –n** sick person
das **Krankenhaus, ⁻er** hospital
die **Krankenschwester, –n** nurse
die **Krankheit, –en** sickness, disease
der **Kranz, ⁻e** wreath
die **Krawatte, –n** tie
die **Kreide** chalk
der **Krieg, –e** war
das **Kriegsende, –n** end of the war
die **Kriegszeit, –en** time of war
der **Kritiker, –** critic
die **Krönungsstadt, ⁻e** coronation city
die **Küche, –n** kitchen
der **Kuchen, –** cake; (*pl.*) cookies

die **Küchenarbeit** kitchen work
der **Küchenschrank, ∸e** kitchen cupboard
der **Kudamm** see **Kurfürstendamm**
die **Kugel, –n** ball, bullet
der **Kugelschreiber, –** ballpoint pen
die **Kuh, ∸e** cow
kühl cool
der **Kühlapparat, –e** refrigerator
der **Kühlschrank, ∸e** refrigerator, icebox
der **Kuhstall, ∸e** cowshed
die **Kultur, –en** culture
kulturell cultural
der **Kulturfilm, –e** cultural film
das **Kulturzentrum (–zentren, *pl.*)** center of culture
die **Kunst, ∸e** art
die **Kunstakademie, –n** art school
die **Kunsterziehung** instruction in the arts
kunsthistorisch pertaining to the history of art
der **Künstler, –** artist
künstlerisch artistic
das **Kunstmuseum (–museen, *pl.*)** art gallery
die **Kunstsammlung, –en** art collection
der **Kunstschatz, ∸e** art treasure
das **Kunstwerk, –e** work of art
der **Kupferteller, –** copper plate
der **Kurfürst, (en), –en** prince-elector
der **Kurfürstendamm (*abbr.* Kudamm)** principal street in West Berlin
der **Kurgast, ∸e** patient, visitor at a spa
kurieren (*reg.*) cure
der **Kurort, –e** health resort, spa
der **Kurs, –e** course
kurz short; **vor kurzem** recently
die **Kurzschrift** shorthand
die **Kusine, –n** cousin
der **Kuß (Küsse, *pl.*)** kiss
küssen (*reg.*) kiss
die **Kutsche, –n** coach, carriage

L

das **Labor (Laboratorium)** laboratory
lächeln (*reg.*) smile

lachen (*reg.*) laugh; **lachen über** (*acc.*) laugh at; **es ist zum Lachen** it's enough to make one laugh
der **Laden, ∸** shop
das **Lager** supply, storage; **auf Lager** on hand, in stock
lagern (*reg.*) store
die **Lampe, –n** lamp
das **Land, ∸er** land, country; **aufs Land gehen** go to the country
das **Landhaus, ∸er** country house
die **Landluft** country air
die **Landschaft –en** landscape
die **Landschule, –n** village school
die **Landstraße, –n** highway
der **Landvogt, ∸e** provincial governor
die **Landwirtschaft** agriculture
landwirtschaftlich agricultural
die **Landwohnung, –en** country home
lang long; **lange** for a long time
langsam slow
die **Langspielplatte, –n** long-playing record
längst long ago; **schon längst** for a long time
langweilig dull, boring
der **Lärm** noise
lassen (*irreg.*) let, leave, stop, cause to, make; **laß das!** stop that! **er läßt den Arzt kommen** he sends for the doctor
(das) **Latein** Latin
lateinisch Latin
die **Laterne, –n** lantern
laufen (*irreg., s.*) run, walk
launisch moody
laut loud
lauten (*reg.*) sound, read
lauter nothing but, pure
leben (*reg.*) live, be alive
das **Leben, –** life; **ums Leben bringen** kill
die **Lebensmittel** (*pl.*) food, groceries, provisions
der **Lebensstandard, –s** living standard
die **Lebensweise, –n** way of life
die **Lederhose, –n** short leather pants
leer empty

legen (*reg.*) lay, place
die Legende, –n legend
legendenhaft legendary
lehnen (*reg.*) lean
der Lehnstuhl, ⁻e armchair, easy chair
das Lehrbuch, ⁻er text
lehren (*reg.*) teach
der Lehrer, – teacher
die Lehrerbildung teacher training
die Lehrerin, –nen teacher (*fem.*)
der Lehrling, –e apprentice
die Lehrlingszeit, –en apprenticeship
die Leibesübung, –en physical education
leicht easy, light
die Leichtathletik track
leid painful; es tut mir leid
  I'm sorry
leiden (*irreg.*) suffer, tolerate
das Leiden, – suffering
leider unfortunately
leise soft, gentle
leisten (*reg.*) accomplish; ich kann es
  mir nicht leisten I can't afford it
die Leistung, –en accomplishment
leiten (*reg.*) direct, conduct
die Leitung, –en (telephone) line
lernen (*reg.*) learn
die Leselampe, –n reading lamp
lesen (*irreg.*) read
letzt last
die Leute (*pl.*) people
das Licht, –er light
lieb dear, pleasant
die Liebe, –n love; aus Liebe zu ihr
  out of love for her
lieben (*reg.*) love
lieber rather
der Liebesfilm, –e love film
das Liebeslied, –er love song
liebhaben (*reg. or semi-irreg.*)
  be fond of
lieblich lovely
der Lieblingssport favorite sport
die Lieblingsstadt, ⁻e favorite city
das Lied, –er song
liegen (*irreg.*) lie, be situated
der Lift, –e elevator

die Limonade lemonade
die Linie, –n line, shape
links to the left
die Lippe, –n lip
literarisch literary
die Literatur, –en literature
die Literaturgeschichte, –n history of
  literature
die Litfaßsäule, –n pillar for posters or
  advertisements
loben (*reg.*) praise
der Löffel, – spoon
die Lorelei name of a legendary en-
  chantress, title of a poem by Heinrich
  Heine
der Loreleifelsen Lorelei Rock
los loose, wrong; was ist denn los?
  what's the matter?
der Löwe, (n), –n lion
die Luft, ⁻e air
lüften (*reg.*) air
der Luftkurort, –e fresh-air spa
die Luftmatratze, –n air mattress
die Luftpost airmail
die Luftpostmarke, –n airmail stamp
die Lunge, –n lung
der Lungenkranke, (n), –n consumptive
  person
die Lust, ⁻e pleasure, desire; haben Sie
  Lust? do you want to?
lustig gay, merry, amusing; sie macht
  sich lustig über ihn she makes fun of
  him
das Lustspiel, –e comedy
lutherisch Lutheran
die Lyrik lyric poetry

M

machen (*reg.*) make, do; machen Sie
  schnell! hurry! das macht nichts
  that doesn't matter
die Macht, ⁻e might, power
das Mädchen, – girl
der Magen, – *or* ⁻ stomach
mähen (*reg.*) mow
die Mahlzeit, –en meal

der **Mai** May
der **Maibaum, ⸚e** maypole
das **Maibaumfest, –e** maypole festival
der **Maikäfer, –** beetle
majestätisch majestic
mal once, just, times (mathematics);
  schauen Sie mal! just look! **zweimal**
  twice
das **Mal, –e** time, occasion; **zum ersten**
  Mal for the first time
die **Malerei, –en** painting
man (*indef. pron.*) one, people in general, they
mancher many a
manchmal sometimes
der **Mangel, ⸚** lack
der **Mann, ⸚er** man
die **Mannschaft, –en** team
der **Mantel, ⸚** coat, overcoat
das **Märchen, –** fairy tale
das **Märchenbild, –er** fairy-tale picture
das **Märchenbuch, ⸚er** book of fairy
  tales
die **Märchenwelt** world of fairy tales
die **Mark** mark (**DM**), German unit of
  currency (approximately 32 cents)
die **Marktfrau, –en** market woman
der **Marktplatz, ⸚e** marketplace
der **Markttag, –e** market day
die **Marmelade, –n** jam, marmalade
der **Marmor** marble
marschieren (*reg., s.*) march
das **Marschieren** marching
der **März** March
die **Maschine, –n** machine
der **Maskenball, ⸚e** costume ball
die **Mathematik** mathematics
der **Matrose, (n), –n** sailor
die **Mauer, –n** wall
die **Maus, ⸚e** mouse
der **Mechaniker, –** mechanic
die **Medizin** medicine
medizinisch medical
mehr more
mehrere several
mehrstimmig in several parts
mein my

meinen (*reg.*) mean, think; **er meint es**
  gut he means well
meinerseits for my part; **ganz meiner-**
  seits the pleasure is all mine
meinetwegen for my sake, for all I care
die **Meinung, –en** opinion; **meiner**
  Meinung nach in my opinion
meist most, generally; **meistens** for the
  most part
meisterhaft masterly, skillful
die **Meisterchaft, –en** championship
das **Meisterschaftsspiel, –e** championship game
der **Meisterschütze, (n), –n** expert
  marksman
das **Meisterstück, –e** masterpiece
das **Meisterwerk, –e** masterpiece
melken (*reg. & irreg.*) milk
die **Mensa** (**Mensen,** *pl.*) student restaurant
der **Mensch, (en), –en** human being
die **Menschheitsentwicklung** development of mankind
menschlich human
merken (*reg.*) notice
die **Messe, –n** fair
das **Messer, –** knife
das (*or der*) **Meter, –** meter
der **Mezzosopran** mezzo-soprano
mich (*acc.*) me
das **Mieder, –** bodice, corset
die **Milch** milk
die **Milliarde, –n** billion
die **Million, –en** million
der **Millionär, –e** millionaire
das **Mineralwasser** mineral water
die **Minute, –n** minute
mir (*dat.*) me
mischen (*reg.*) mix, shuffle (cards), toss
  (salad)
der **Mist** manure
der **Misthaufen, –** manure pile
mit (*dat.*) with
mitbringen (*semi-irreg.*) bring along
miteinander with each other
mitfahren (*irreg., s.*) travel with someone

mitgehen (*irreg., s.*) go with someone
das **Mitglied, –er** member
der **Mitgliedstaat, –en** member state
mitgründen (*reg.*) help establish
mitkommen (*irreg., s.*) come with someone
mitmachen (*reg.*) participate
mitnehmen (*irreg.*) take along
der **Mittag, –e** noon
das **Mittagessen, –** noon meal
die **Mittagspause, –n** lunch hour
die **Mitte, –n** middle
das **Mittelalter** middle ages
mittelalterlich medieval
(das) **Mitteleuropa** central Europe
die **Mittelschule, –n** secondary school
with six-year course of study
mitten in the midst, in the middle of
die **Mitternacht, ⁻e** midnight
der **Mittwoch, –e** Wednesday
mitwirken (*reg.*) participate
die **Möbel** (*pl.*) furniture
möchte (*subj. form of* **mögen**) would
like
die **Mode, –n** fashion
das **Modell, –e** model
modern modern
modisch stylish, fashionable
mögen (*semi-irreg.*) like, may (possibility)
möglich possible
die **Möglichkeit, –en** possibility
der **Moment, –e** moment; **Moment,
bitte!** just a moment, please!
der **Monat, –e** month
der **Mond, –e** moon
der **Monolog, –e** monologue
der **Montag, –e** Monday
morgen tomorrow
der **Morgen, –** morning; **heute morgen**
this morning; **morgen abend** tomorrow evening; **morgen früh** tomorrow
morning
morgens in the morning, mornings
die **Morgenstunde, –n** morning hour
das **Moselgebiet** Moselle River area
das **Moseltal** Moselle Valley

der **Motorradfahrer, –** motorcyclist
das **Motto, –s** motto
das **Mozartfestpiel, –e** Mozart Festival
die **Mozartstadt** Salzburg
müde tired
München Munich
der **Mund, ⁻er** mouth; **Mund halten**
keep quiet
die **Mundharmonika, –s** harmonica
mündlich oral
das **Münster, –** cathedral, large church
das **Münstertal** Münster Valley
das **Museum (Museen,** *pl.*) museum
die **Museumstadt, ⁻e** museum city
die **Musik** music
das **Musikdrama (–dramen,** *pl.*) Wagnerian opera
der **Musiker, –** musician
die **Musikhochschule, –n** conservatory
of music
der **Musikliebende, (n), –n** music lover
musizieren (*reg.*) make music
müssen (*semi-irreg.*) have to, must, be
compelled
das **Muster, –** pattern, model
der **Mut** courage
die **Mutter, ⁻** mother
die **Muttersprache, –n** mother tongue

N

na! well!
nach (*dat.*) to, toward, after, according to, for; **nach und nach** gradually
der **Nachbar, (s** *or* **n), –n** neighbor
das **Nachbarland, ⁻er** neighboring
country
nachdem (*dep. conj.*) after
nachdenken (*semi-irreg.*) meditate
nachgehen (*irreg., s.*) be slow (watch or
clock)
das **Nachkriegsjahr, –e** postwar year
der **Nachmittag, –e** afternoon; **heute
nachmittag** this afternoon
die **Nachricht, –en** message, news; **die
neuesten Nachrichten** the latest news

nachsehen (*irreg.*) check, look after something
die Nachspeise, –n dessert
nächst next, nearest
die Nacht, ⸚e night
der Nachtisch, –e dessert
das Nachtleben night life
das Nachtlokal, –e night club
die Nachtruhe night's rest
nachts during the night, at night
der Nachttisch, –e night table
der Nagel, ⸚ nail
nageln (*reg.*) nail
nah(e) near
die Nähe nearness, neighborhood, vicinity; **in der Nähe** close by
näher nearer
der Name, (ns), –n name
nämlich you know, you see, namely
die Nase, –n nose
naß wet
die Nation, –en nation
national national
das Nationaldrama (–dramen, *pl.***)** national drama
die Nationalversammlung National Assembly
die Natur nature
naturhistorisch pertaining to natural history
natürlich naturally, of course
neben (*dat. or acc.*) next to, beside
nebeneinander next to each other
nebenher by the side of, by the way
die Nebenstraße, –n side street
das Neckarboot, –e boat on the Neckar River
das Neckartal Neckar Valley
necken (*reg.*) tease
der Neffe, (n), –n nephew
nehmen (*irreg.*) take
neidisch envious, jealous; **neidisch auf** (*acc.*) jealous of
nein no
nennen (*semi-irreg.*) name, call by name
der Nerv, –en nerve
nervös nervous

nett nice
das Netz, –e net
neu new
(das) Neuhochdeutsch New High German
das Neujahr New Year
neun nine
neunzig ninety
nicht not
der Nichtraucher, – non-smoker
nichts nothing
nicken (*reg.*) nod
nie never
nieder low, inferior
die Niederlage, –n defeat
die Niederlande (*pl.*) Netherlands
niederlassen (*irreg., refl.*) settle down
niedrig low
niemand nobody, no one
noch still, yet, in addition; **noch nicht** not yet; **noch immer** still; **immer noch** still
nochmals again
(das) Nordafrika North Africa
(das) Nordamerika North America
(das) Norddeutschland northern Germany
der Norden north
(das) Nordeuropa northern Europe
nördlich north, northern
nordöstlich northeast, northeastern
die Nordostschweiz northeast Switzerland
die Nordsee North Sea
das Nordseeheilbad, ⸚er North Sea spa
die Nordseeinsel, –n North Sea island
(das) Nordwestdeutschland northwest Germany
normal normal, regular (gas)
normalerweise normally
norwegisch Norwegian
die Not, ⸚e need, distress
nötig necessary
die Notiz, –en note, memorandum; **er macht sich Notizen** he takes notes
der November November
die Nudel, –n noodle

null zero
die **Nummer, –n** number
die **Nummernscheibe, –n** dial (of a phone)
nun now, well
nur only

O

ob (*dep. conj.*) whether; **und ob!** I should say so!
oben above, upstairs, up there
der **Ober, –** headwaiter, waiter
das **Oberhaupt, ⁻er** sovereign, chief
das **Oberland** uplands
die **Oberschule, –n** modern secondary school
der **Oberschüler, –** boy who attends a modern secondary school
obgleich (*dep. conj.*) although
das **Obst** fruit
der **Obstgarten, ⁻** orchard
das **Obstgebiet, –e** fruit-growing area
obwohl (*dep. conj.*) although
der **Ochse, (n), –n** ox
das **Ochsengespann, –e** team of oxen
oder (*coord. conj.*) or
offen (*adj.*) open
offenbar apparent, evident
öffentlich public, open
öffnen (*reg.*) open
die **Öffnung, –en** opening
oft often
ohne (*acc.*) without
das **Ohr, –en** ear
der **Oktober** October
das **Oktoberfest** October festival
das **Öl, –e** oil
die **Olympiade, –n** Olympic games
das **Olympiastadion** (**–stadien**, *pl.*) Olympic stadium
olympisch olympic
das **Omelett, –s** omelet
der **Onkel, –** uncle
die **Oper, –n** opera, opera house
die **Operation, –en** operation
die **Operette, –n** operette

das **Opernensemble, –s** a group of operatic performers
der **Opernsänger, –** opera singer
optisch optic(al)
die **Orange, –n** orange
der **Orangensaft** orange juice
das **Orchester, –** orchestra
ordentlich orderly
die **Ordnung, –en** order; **in Ordnung** in order, right
der **Ort, –e** place, site
(das) **Ostdeutschland** East Germany
der **Osten** east, the East
das **Ostende** east end
das **Osterei, –er** Easter egg
das **Osterfest** Easter festival
der **Osterhase, (n), –n** Easter rabbit
der **Ostermorgen** Easter morning
(das) **Ostern** Easter
(das) **Österreich** Austria
der **Österreicher, –** Austrian
österreichisch Austrian
der **Ostersonntag** Easter Sunday
östlich east, eastern
die **Ostseite, –n** east side
der **Ostsektor** East Sector

P

das **Paar, –e** pair, couple; **ein Paar Schuhe** a pair of shoes
ein paar a few
das **Päckchen, –** small package
packen (*reg.*) pack
pädagogisch pedagogic(al)
das **Paket, –e** parcel, package
die **Panne, –n** breakdown (auto)
das **Panorama, –s** panorama
der **Pantoffel, –n** slipper; **unter dem Pantoffel stehen** be henpecked
das **Papier, –e** paper, document
(das) **Papierdeutsch** book German
das **Paradies, –e** paradise
der **Park, –s** park
die **Parkanlage, –n** park grounds
parken (*reg.*) park
das **Parkett, –e** orchestra stalls

der **Parkkeller,** – underground parking area
die **Parklandschaft, –en** park scenery
der **Parkplatz, ∸e** parking place
das **Parlament, –e** parliament
das **Parlamentsgebäude, –** parliament building
die **Partei, –en** party (political)
die **Party, –s** party (social)
der **Paß (Pässe,** *pl.*) passport
passen (*reg., dat.*) fit, suit
passieren (*reg., s.*) happen
das **Passionsspiel** Passion Play
die **Passionstragödie** Christ's tragic suffering
der **Patient, (en), –en** patient
die **Pause, –n** pause
das **Pech** bad luck; **Pech haben** have bad luck
die **Pension, –en** boardinghouse
die **Periode, –n** period
die **Person, –en** person
die **Pest** plague
der **Pfefferminztee** peppermint tea
die **Pfeife, –n** pipe
der **Pfeil, –e** arrow
der **Pfennig, –e** pfennig (⅟₁₀₀ mark)
das **Pferd, –e** horse
der **Pferdestall, ∸e** stable
(das) **Pfingsten** Pentecost
der **Pfirsich, –e** peach
die **Pflanze, –n** plant
pflanzen (*reg.*) plant
die **Pflaume, –n** plum
die **Pflicht, –en** duty, obligation
pflücken (*reg.*) pick, pluck
der **Pflug, ∸e** plow
pharmazeutisch pharmaceutical
die **Philharmonie, –n** philharmonic orchestra
der **Philharmoniker, –** member of a philharmonic orchestra
philharmonisch philharmonic
der **Philosoph, (en), –en** philosopher
die **Philosophie, –n** philosophy
philosophisch philosophic(al)
der **Photoapparat, –e** camera

photographieren (fotografieren) (*reg.*) photograph
die **Physik** physics
das **Picknick, –s** picnic
der **Picknicker, –** picnicker
der **Pilger, –** pilgrim
die **Pille, –n** pill
die **Pistole, –n** pistol
planen (*reg.*) plan
die **Platte, –n** plate, record
der **Plattenspieler, –** record player
der **Platz, ∸e** place, space, seat; **nehmen Sie Platz!** take a seat!
der **Platzanweiser, –** usher
plaudern (*reg.*) chat
die **Politesse, –n** policewoman
die **Politik** politics
der **Politiker, –** politician
die **Polizei** police
der **Polizist, (en), –en** policeman
populär popular
der **Portier, –s** porter, doorman
(das) **Portugiesisch** Portuguese
die **Post** mail, post office
die **Postkarte, –n** postcard
prächtig magnificent, splendid
praktisch practical
das **Präparat, –e** preparation (chemical)
der **Präsident, (en), –en** president
der **Prater** Viennese amusement park
die **Präzision** precision
der **Preis, –e** price, prize
preiswert good value, reasonable in price
die **Pressekonferenz, –en** press conference
der **Pressesekretär, –e** press secretary
(das) **Preußen** Prussia
prima first class, excellent
die **Prinzessin, –nen** princess
privat private
pro for, per
die **Probe, –n** rehearsal
probieren (*reg.*) try
das **Problem, –e** problem
das **Produkt, –e** product
die **Produktion, –en** production

der **Professor, –en** professor

das **Programm, –e** program

der **Proviant** provisions

das **Prozent, –e** percent, percentage

prüfen (*reg.*) test, examine

die **Prüfung, –en** test, examination

die **Prüfungskleidung, –en** clothes worn for an examination

der **Pudding, –e** *or* **–s** pudding

der **Puls** pulse

pünktlich punctual

putzen (*reg.*) shine, polish, brush, clean; **ich putze mir die Schuhe** I'm polishing my shoes

Q

die **Quittung, –en** receipt

R

das **Rad, ⁻er** bicycle, wheel

radeln (*reg., s.*) ride a bicycle

das **Radio, –s** radio

der **Radioapparat, –e** radio

die **Radtour, –en** bicycle trip

der **Rand, ⁻er** edge

der **Rasierapparat, –e** razor

rasieren (*reg.*) shave

rasten (*reg.*) rest

die **Raststation, –en** resting station

die **Raststätte, –n** rest area

raten (*irreg.*) guess; (*dat.*) advise

der **Ratgeber, –** adviser, counsellor

das **Rathaus, ⁻er** city hall, town hall

rätoromanisch Romansh

der **Ratskeller, –** town hall restaurant

der **Räuber, –** robber

der **Raubritter, –** robber knight

rauchen (*reg.*) smoke

die **Realschule, –n** modern college preparatory school

rechnen (*reg.*) calculate, do arithmetic

rechnen (*reg.*) figure

das **Rechnen** arithmetic

die **Rechnung, –en** bill

recht right; **recht haben** be right

das **Recht, –e** right; **es ist mir recht** it's all right with me

rechts to the right

rechtswissenschaftlich pertaining to jurisprudence

die **Rede, –n** talk, speech

reden (*reg.*) talk

die **Redewendung, –en** turn of speech, idiom

das **Referendarexamen** qualifying examination for public office

die **Reformation** reformation

das **Regal, –e** shelf

regelmässig regular

der **Regen** rain

der **Regenmantel, ⁻** raincoat

die **Regierung, –en** government

regnen (*reg.*) rain

regnerisch rainy

reich rich

das **Reich, –e** empire, state, realm

reichen (*reg.*) reach, extend, hand to

der **Reichskanzler, –** chancellor of the state (Reich or empire)

die **Reife** ripeness; **zur Reife** for aging

das **Reifezeugnis, –se** certificate of graduation

die **Reihe, –n** row, series; **er ist an der Reihe** it's his turn

rein clear, pure

der **Reis** rice

die **Reise, –n** trip; **eine Reise machen** take a trip

das **Reisebüro, –s** travel bureau

der **Reiseführer, –** guide, guidebook

reisen (*reg., s.*) travel

der **Reisende, (n), –n** traveler

der **Reisepaß (–pässe,** *pl.***)** passport

der **Reiseplan, ⁻e** itinerary, travel plan

der **Reisescheck, –s** traveler's check

reiten (*irreg., s.* or **h.*) ride (an animal)

der **Reiz, –e** charm

reizend charming

reizvoll attractive, exciting

der **Rekord, –e** record

der **Rektor, –en** president of a college or university

die **Religion, –en** religion
der **Religionskrieg, –e** religious war
religiös religious
die **Religiosität** religiosity
die **Renaissancefassade, –n** Renaissance facade
das **Rendezvous, –** date
renovieren (*reg.*) renovate
reparieren (*reg.*) repair
repräsentieren (*reg.*) represent
die **Republik, –en** republic
reservieren (*reg.*) reserve
die **Residenzstadt, ⁻e** capital
resignieren (*reg.*) give up, be resigned
der **Respekt** respect
das **Restaurant, –s** restaurant
das **Resultat, –e** result
die **Retina, –s** brand name of a German camera
retten (*reg.*) save, rescue
das **Rezept, –e** prescription, recipe
der **Rhein** Rhine River
der **Rheindampfer, –** Rhine steamer
die **Rheinfahrt, –en** Rhine trip
rheinisch Rhenish
das **Rheinland** Rhineland
das **Rheintal** Rhine Valley
das **Rheinufer, –** bank of the Rhine
das **Richtfest, –e** ceremony at the completion of the framework of a house
richtig right, correct
die **Richtung, –en** direction
riechen (*irreg.*) smell
das **Riesenrad, ⁻er** Ferris wheel
riesig gigantic, immense
das **Rindfleisch** beef
der **Ring, –e** ring
ringen (*irreg.*) wrestle
das **Ringen** wrestling
die **Ringstraße** well-known street in Vienna
der **Ritter, –** knight
der **Rivale, (n), –n** rival
der **Rock, ⁻e** skirt
der **Rock** rock music
roh barbarous, cruel, raw
das **Rohr, –e** pipe

das **Rokoko** rococo
der **Rokokokünstler, –** rococo artist
die **Rolle, –n** role
rollen (*reg.*, h. & s.) roll
Rom Rome
der **Roman, –e** novel
der **Romantiker, –** romanticist
romantisch romantic
der **Römer, –** Roman; Frankfurt's former city hall
römisch Roman
die **Rose, –n** rose
der **Rosenbusch, ⁻e** rosebush
rot red
der **Rücken, –** back
die **Rückreise, –n** return trip
rückwärts backward
rudern (*reg.*, s. or h.) row
der **Ruf, –e** reputation, call
rufen (*irreg.*) call, shout
die **Ruhe** rest, quiet
ruhen (*reg.*) rest
ruhig peaceful, calm, quiet
der **Ruhm** fame, renown
das **Rührei, –er** scrambled egg
das **Ruhrgebiet** industrial area in northwestern Germany
die **Ruine, –n** ruin(s)
rund approximately
der **Russe, (n), –n** Russian
russisch Russian
(das) **Rußland** Russia

S

die **Sache, –n** thing, matter, affair
der **Sachse, (n), –n** Saxon
saftig juicy
die **Sage, –n** legend
sagen (*reg.*) say, tell
die **Sahne** cream
der **Salat, –e** salad, lettuce
die **Salbe, –n** salve
der **Salon, –s** drawing room
das **Salz** salt
Salzkammergut vacation area in upper Austria
sammeln (*reg.*) collect

der **Samstag, –e** Saturday
das **Sanatorium (Sanatorien,** *pl.***)** sanatorium
der **Sand, –e** sand
der **Sänger, –** singer
die **Sängerin, –nen** singer (*fem.*)
Sankt Nikolaus St. Nicholas
satirisch satiric(al)
satt satisfied, full
der **Satz, ⁻e** sentence
sauber clean
das **Sauerkraut** sauerkraut
das **Schach** chess
schade too bad, a shame
schaffen (*irreg.*) create, bring about
der **Schalter, –** window (for sales or tickets)
schämen (*reg., refl.*) be ashamed
die **Schandmauer, –n** wall of shame
scharf sharp
der **Schatten, –** shade, shadow
schätzen (*reg.*) cherish, treasure, evaluate
schauen (*reg.*) look, see
das **Schaufenster, –** shop window
der **Schaukelstuhl, ⁻e** rocking chair
das **Schauspiel, –e** play, drama
der **Schauspieler, –** actor
die **Schauspielerin, –nen** actress
der **Scheck, –s** check
scheinen (*irreg.*) shine, seem
scherzen (*reg.*) joke, jest
die **Scheune, –n** barn
der **Schi, –er** ski (also **Ski**)
schick chic, sharp
schicken (*reg.*) send
schicklich proper, decent
schießen (*irreg.*) shoot
schieben (*irreg.*) shove, push
das **Schiff, –e** ship
der **Schiffer, –** boatman
der **Schiffsverkehr** boat traffic
das **Schigebiet, –e** skiing area
der **Schiläufer, –** skier
das **Schild, –er** sign
schildern (*reg.*) depict

das **Schillerdenkmal, ⁻er** Schiller monument
der **Schilling, –e** shilling
der **Schinken, –** ham
das **Schiparadies** skiing paradise
der **Schlaf** sleep
der **Schlafanzug, ⁻e** pajamas
das **Schläfchen, –** nap; **ein Schläfchen halten** take a nap
schlafen (*irreg.*) sleep
schläfrig sleepy
das **Schlafzimmer, –** bedroom
schlagen (*irreg.*) hit, strike
der **Schlager, –** popular song
der **Schläger, –** racket, bat
die **Schlagsahne** whipped cream
die **Schlange, –n** snake; **Schlange stehen** stand in line
schlecht bad
schließen (*irreg.*) close
schlimm bad
die **Schlittenfahrt, –en** sleigh ride
das **Schloß (Schlösser,** *pl.***)** castle, palace, lock
die **Schloßruine, –n** castle ruin(s)
der **Schlüssel, –** key
das **Schlußexamen** final exam
schmackhaft tasty
schmecken (*reg.*) taste
schmeicheln (*reg., dat.*) flatter
das **Schmiedeeisen** wrought iron
schmutzig dirty
schnarchen (*reg.*) snore
der **Schnee** snow
schneebedeckt covered with snow
schneiden (*irreg.*) cut; **er läßt sich die Haare schneiden** he gets a haircut
schneien (*reg.*) snow
schnell fast; **machen Sie schnell!** hurry!
schnitzen (*reg.*) carve
das **Schnitzwerk, –e** wood carving
schnuppern (*reg.*) sniff
der **Schnupfen, –** head cold
die **Schokolade, –n** chocolate
schon already, certainly

schön beautiful, fine, nice
die Schönheit, –en beauty
das Schönmachen making something
  beautiful
der Schornstein, –e chimney
schrecklich terrible
schreiben (*irreg.*) write
die Schreibmaschine, –n typewriter
der Schreibtisch, –e writing table, desk
der Schritt, –e step
der Schuh, –e shoe
das Schuhgeschäft, –e shoe store
der Schuhladen, – shoe shop
die Schuhnummer, –n shoe size
der Schuhplattler Bavarian dance
die Schularbeit, –en schoolwork
die Schulaufgabe, –n homework
der Schulbesuch, –e visit to a school
das Schulbuch, ¨er school book
der Schulbus (–busse, *pl.*) school bus
schuldig indebted, guilty, to blame;
  wieviel bin ich Ihnen schuldig? how
  much do I owe you?
die Schule, –n school
der Schüler, – pupil
das Schulgeld school fees, tuition
das Schuljahr, –e school year
der Schuljunge, (n), –n schoolboy
das Schulkind, –er schoolchild
die Schulklasse, –n school class
die Schultasche, –n satchel, schoolbag
die Schulter, –n shoulder
die Schulzeit, –en schooltime
die Schürze, –n apron
der Schuß (Schüsse, *pl.*) shot
schütteln (*reg.*) shake
der Schutz protection
schützen (*reg.*) protect
das Schutz-und-Trutzbündnis protective
  and offensive alliance
schwach weak
die Schwäche, –n weakness
schwänzen (*reg.*) cut class
schwärmen (für) (*reg.*) be enthusiastic
  (about), rave (about)
schwarz black; das Schwarze Brett
  bulletin board

der Schwarzwald Black Forest
der Schwarz-Weiß-Film black-and-white
  film
schwedisch Swedish
schweigen (*irreg.*) be silent, keep quiet
das Schwein, –e pig
der Schweinebraten roast pork
das Schweinefleisch pork
die Schweiz Switzerland
der Schweizer, – Swiss
schweizerisch Swiss
schwer heavy, difficult
die Schwerindustrie, –n iron and steel
  industry
die Schwester, –n sister
die Schwiegermutter, ¨ mother-in-law
schwierig difficult
die Schwierigkeit, –en difficulty
schwimmen (*irreg.*, s.) swim
das Schwimmbad, ¨er swimming pool
die Schwimmhalle, –n indoor swimming
  pool
schwören (*irreg.*) swear
schwül sultry
sechs six
sechzig sixty
der See, –n lake
die See, –n sea
die Seele, –n soul
die Seeluft sea air
die Seereise, –n voyage
das Segelboot, –e sailboat
segeln (*reg.*, s. or h.) sail
segnen (*reg.*) bless
sehen (*irreg.*) see
die Sehenswürdigkeit, –en object of interest
die Sehnsucht longing, yearning
sehnsüchtig longing(ly)
sehr very
die Seife soap
die Seilbahn, –en aerial cableway
sein (*irreg.*, s.) be
seit (*dat.*) since, for; seit einem Jahr
  for a year
seitdem (*dep. conj.*) since (ref. to time)
die Seite, –n side, page

die **Sekretärin, –nen** secretary (*fem.*)
selb same; **zur selben Zeit** at the same time
selber myself, yourself, etc.
selbst myself, yourself, etc., even
selbständig independent, separate
selbstverständlich of course
selten rare
das **Semester, –** semester
das **Seminar, –e** institute, training college, seminar
das **Seminargebäude, –** building where seminars are held
die **Semmel, –n** roll (bread)
der **Senator, –en** senator
der **Senf** mustard
separat separate, detached
der **September** September
servieren (*reg.*) serve
die **Serviette, –n** napkin
der **Sessel, –** armchair
setzen (*reg.*) set
sich (*refl.*) himself, herself, itself, themselves, yourself, yourselves
sicher sure, certain
sicherlich surely, certainly
sie she, her, they, them
Sie you (*polite form*)
sieben seven
siebzig seventy
der **Sieg, –e** victory
das **Silber** silver
die **Sinfonie, –n** symphony
singen (*irreg.*) sing
sinken (*irreg., s.*) sink
der **Sinn, –e** sense, mind; **von Sinnen** out of one's mind
die **Sirene, –n** siren
die **Situation, –en** situation
sitzen (*irreg.*) sit
der **Sitzplatz, ̈e** seat
skeptisch skeptical
der **Ski, –er** ski
slawisch Slavic
so so, such; **so etwas** such a thing
sobald (*dep. conj.*) as soon as
die **Socke, –n** sock

das **Sofa, –s** sofa
sofort at once, immediately
sogar even, actually
sogenannt so-called
sogleich immediately
der **Sohn, ̈e** son
solcher such (a)
der **Soldat, (en), –en** soldier
sollen (*semi-irreg.*) be supposed to, be obligated to, be said to, shall (obligation)
der **Sommer, –** summer
die **Sommerferien** (*pl.*) summer vacation
das **Sommerfest, –e** summer festival
das **Sommerkonzert, –e** summer concert
die **Sommerluft** summer air
die **Sommerresidenz, –en** summer residence
die **Sommerschule, –n** summer school
das **Sommersemester, –** summer semester
die **Sonate, –n** sonata
sondern (*coord. conj.*) but on the contrary
der **Sonnabend, –e** Saturday
die **Sonne, –n** sun
der **Sonnenaufgang, ̈e** sunrise
das **Sonnenbad, ̈er** sunbath
der **Sonnenschein** sunshine
sonnig sunny
der **Sonntag, –e** Sunday
der **Sonntagmorgen, –** Sunday morning
sonst otherwise, formerly
der **Sopran** soprano
die **Sorge, –n,** care, worry, anxiety; **machen Sie sich keine Sorgen!** don't worry!
sortieren (*reg.*) sort out
die **Soße, –n** sauce, gravy
souverän sovereign
soviel so much, as far as
sowie as well as
sowieso in any case, anyhow
die **Sozialgesetzgebung, –en** social legislation
(das) **Spanien** Spain
der **Spanier, –** Spaniard
spanisch Spanish

(das) **Spanisch** Spanish
sparen (*reg.*) save (money)
der **Spaß, ⁻e** fun, joke
spät late
der **Spätherbst** late fall
der **Spaziergang, ⁻e** walk; **einen Spaziergang machen** take a walk
spazierengehen (*irreg., s.*) walk for pleasure, stroll
der **Speck** bacon
das **Speerwerfen** javelin throwing
die **Speise, –n** food
die **Speisekarte, –n** menu
speisen (*reg.*) dine
der **Speisesaal (–säle,** *pl.*) dining room (hall)
der **Speisewagen, –** dining car
das **Speisezimmer, –** dining room
der **Spiegel, –** mirror
das **Spiegelbild, –er** reflection
das **Spiegelei, –er** fried egg
die **Spiegelgalerie** Hall of Mirrors
das **Spiel, –e** play, game
spielen (*reg.*) play
der **Spieler, –** player
die **Spielsachen** (*pl.*) playthings
das **Spielzeug, –e** toy, plaything
der **Spinat** spinach
die **Spitze, –n** point, summit
der **Sport** sport; **Sport treiben** go in for sports
die **Sportart, –en** kind of sport
die **Sportjacke, –n** sport coat
der **Sportplatz, ⁻e** sports field
die **Sportwelt** world of sports
spotten (*reg.*) ridicule, mock
die **Sprachabteilung, –en** language department
die **Sprache, –n** language
die **Sprachkenntnis, –se** knowledge of a language
die **Sprachwissenschaft, –en** linguistics
sprechen (*irreg.*) speak; **er spricht über dieses und jenes** he talks about this and that
die **Sprechstunde, –n** consultation hour
das **Sprichwort, ⁻er** proverb, saying

springen (*irreg., s.*) spring, jump
spritzen (*reg.*) spray
der **Sprudel, –** soda water, pop
spüren (*reg.*) perceive, feel
der **Staat, –en** state
der **Staatsmann, ⁻er** statesman
die **Staatsoper, –n** state opera
das **Staatstheater, –** state theater
der **Stacheldraht, ⁻e** barbed wire
das **Stadion (Stadien,** *pl.*) stadium
die **Stadt, ⁻e** city
der **Stadtbewohner, –** city inhabitant
der **Stadtbrunnen, –** town well, city fountain
das **Städtchen, –** little town
der **Städter, –** city dweller
der **Stadtgarten, ⁻** public garden
städtisch urban, municipal
die **Stadtleute** (*pl.*) city people
die **Stadtmauer, –n** city wall
die **Stadtmitte, –n** center of a city
das **Stadtorchester, –** city orchestra
der **Stadtpark, –s** city park
der **Stadtplan, ⁻e** map of a city
der **Stadtrat, ⁻e** city councilman
die **Stadtrepublik, –en** city republic
das **Stadtteil, –e** *m.* part of a city, ward, district
das **Stadttheater, –** municipal theater
das **Stadttor, –e** city gate
die **Stadtverwaltung, –en** city government
das **Stadtviertel, –** part of a city, ward, district
die **Staffelläuferin, –nen** relay racer (woman)
der **Stall, ⁻e** stall, stable
der **Stamm, ⁻e** tribe, race
der **Stammbaum, ⁻e** family tree, pedigree chart
stammen (*reg., s.*) be derived, originate
der **Stammtisch, –e** table reserved for regular guests
der **Stand, ⁻e** stand
die **Stange, –n** pole
stark strong
die **Station, –en** station

statt = anstatt (*gen. prep.*) instead of

die **Stätte, –n** site, place

stattfinden (*irreg.*) take place

stattlich stately, imposing, majestic

stecken (*reg.*) stick, place, hide; **wer steckt dahinter?** who's behind it?

stehen (*irreg.*) stand; **es steht Ihnen gut** it looks good on you

stehenbleiben (*irreg.,* **s.**) to stop, remain standing

die **Stehlampe, –n** floor lamp

der **Stehplatz, –̈e** standing room

steif stiff

steigen (*irreg.,* **s.**) climb

steil steep

der **Stein, –e** stone, rock

die **Stelle, –n** place, position, job

stellen (*reg.*) put, place; **eine Frage stellen** ask a question

(der) **Stephansdom** St. Stephen's Cathedral

sterben (*irreg.,* **s.**) die; **vor Hunger sterben** die of hunger; **an Tuberkulose sterben** die of tuberculosis

der **Stern, –e** star

die **Stickerei, –en** embroidery

die **Stickerin, –nen** woman who embroiders

der **Stil, –e** style

die **Stimme, –n** voice

stimmen (*reg.*) agree, be right, check; **stimmt es?** is that right?

das **Stipendium** (**Stipendien,** *pl.*) scholarship

der **Stock** (**Stockwerke,** *pl.*) story (of a building)

der **Stoff, –e** material

stolz proud; **stolz auf** (*acc.*) proud of

stören (*reg.*) disturb

stoßen (*irreg.*) push, shove

der **Strafzettel, –** ticket, fine

der **Strand, –̈e** beach

das **Strandbad, –̈er** beach for swimming

der **Strandkorb, –̈e** basket-like beach chair

die **Straße, –n** street

die **Straßenbahn, –en** streetcar

die **Straßenbahnlinie, –n** streetcar line

das **Straßengericht, –e** street "court of justice"

die **Straßenkarte, –n** road map

die **Straßenwacht, –en** highway guard

streben (*reg.*) strive

die **Strecke, –n** distance

streng strict, stern

streuen (*reg.*) scatter

das **Strohdach, –̈er** thatched roof

der **Strohmann, –̈er** straw man

der **Strumpf, –̈e** stocking

das **Stück, –e** piece, play, opera

der **Student, (en), –en** student

der **Studentenberater** adviser, counselor for students

die **Studentenbücherei, –en** student library

die **Studentengruppe, –n** student group

das **Studentenheim, –e** student hostel

der **Studentenkeller, –** student "hangout"

das **Studentenlied, –er** student song

die **Studentenmutter, –̈** "mother" of a hostel, housemother

die **Studentensprache** student language or slang

das **Studententheater, –** student theater

die **Studentin, –nen** student, coed

das **Studiengeld** tuition and fees

die **Studienreise, –n** study tour

studieren (*reg.*) study, be at college

das **Studium, (Studien,** *pl.*) study

der **Stuhl, –̈e** chair

die **Stunde, –n** hour

stundenlang for hours, more than an hour

stürzen (*reg.,* **s.** *or* **h.**) rush, dash, fall, plunge

suchen (*reg.*) seek, look for

(das) **Südamerika** South America

süddeutsch southern German

der **Süden** south, the South

(das) **Südeuropa** southern Europe

die **Südspitze** southern end (tip)

sumpfig swampy

Super ethyl gasoline

der **Supermarkt, ⁻e** supermarket
die **Suppe, –n** soup
süß sweet
der **Sylvesterabend** New Year's Eve
symbolisieren (*reg.*) symbolize
das **System, –e** system
die **Szene, –n** scene

T

die **Tablette, –n** tablet
die **Tafel, –n** blackboard, table
der **Tag, –e** day; **Tag für Tag** day
after day
das **Tagesgericht, –e** special meal of the
day
täglich daily
das **Tal, ⁻er** valley
das **Talent, –e** talent
tanken (*reg.*) fill up with gasoline
die **Tankstelle, –n** service station
der **Tankwart, –e** service station attendant
der **Tannenbaum, ⁻e** fir tree, Christmas
tree
die **Tante, –n** aunt
tanzen (*reg.*) dance
das **Tanzfest, –e** dance festival
die **Tanzkapelle, –n** dance band
die **Tanzplatte, –n** dance record
tapfer brave
die **Tasche, –n** pocket
die **Taschenlampe, –n** flashlight
das **Taschentuch, ⁻er** handkerchief
die **Tasse, –n** cup
tausend thousand
das **Taxi, –s** taxi
die **Technik** technical or applied science
technisch technical
der **Tee** tea
der **Teenager, –** teenager
der **Teil, –e** part, share
teilen (*reg.*) divide, share
teilnehmen (*irreg.*) participate
der **Teilnehmer, –** participant
das **Telefon, –e** telephone
das **Telefonbuch, ⁻er** telephone book
das **Telefonhäuschen, –** telephone booth

telefonieren (*reg.*) telephone
die **Telefonnummer, –n** telephone
number
die **Telefonzelle, –n** telephone booth
telegrafieren (*reg.*) telegraph
der **Teller, –** plate, dish
die **Temperatur, –en** temperature
das **Tennis** tennis
der **Tennisball, ⁻e** tennis ball
der **Tennisplatz, ⁻e** tennis court
der **Tennisschläger, –** tennis racket
das **Tennisspiel, –e** game of tennis
der **Tennisspieler, –** tennis player
der **Tenor** tenor
der **Teppich, –e** carpet
teuer expensive, dear
der **Teufel, –** devil
das **Theater, –** theater; **ins Theater gehen** go to the theater
die **Theaterkasse, –n** box office
das **Theaterprogramm, –e** theater program
das **Theaterstück, –e** drama, stage play
das **Thema (Themen,** *pl.***)** theme, topic,
subject
theologisch theological
die **Theresienwiese** meadow on the outskirts of Munich
der **Thunersee** Lake of Thun
der **Thüringer, –** Thuringian (member
of an old Germanic tribe), native of
Thuringia
tief deep
tiefblau deep blue
das **Tier, –e** animal
tierärztlich veterinary
der **Tiergarten, ⁻** zoo
der **Tiger, –** tiger
die **Tinte** ink
der **Tisch, –e** table
das **Tischtuch, ⁻er** tablecloth
der **Titel, –** title
der **Toast, –e** *or* **–s** toasted bread, toast
(health)
die **Tochter, ⁻** daughter
der **Tod** death
die **Toilette, –n** lavatory, toilet

die **Tomate, –n** tomato
der **Tomatensalat** tomato salad
die **Tomatensuppe** tomato soup
das **Tor, –e** gate
die **Torte, –n** cake, tart
tot dead
töten (*reg.*) kill
der **Tourist, (en), –en** tourist
der **Touristenort, –e** resort
die **Tracht, –en** regional costume
der **Trachtenexperte, –n** expert on regional costumes
das **Trachtenfest, –e** regional costume festival
das **Trachtengebiet, –e** area in which native costumes are worn
traditionell traditional
tragen (*irreg.*) carry, wear
die **Tragödie, –n** tragedy
der **Traktor, –en** tractor
transportieren (*reg.*) transport
der **Traubensaft** grape juice
das **Trauerspiel, –e** tragedy
der **Traum, ̈-e** dream
träumen (*reg.*) dream
der **Träumer, –** dreamer
traurig sad
treffen (*irreg.*) hit, strike, meet
treiben (*irreg.*) be interested in (sports or studies), drive (animals)
trennen (*reg.*) separate
die **Treppe, –n** stair, stairway; **eine Treppe hoch** one flight up
treten (*irreg., s.*) step, walk, flow
treu true, faithful
trinken (*irreg.*) drink
das **Trinkgeld** tip
trocken dry
die **Trompete, –n** trumpet
trotz (*gen.*) despite, in spite of
die **Trümmer** (*pl.*) rubble
der **Trutz** (*archaic*) defiance, offensive
die **Tschechoslowakei** Czechoslovakia
die **Tuberkulose** tuberculosis
das **Tuch, ̈-er** cloth
tun (*irreg.*) do, put; **es tut mir leid** I'm sorry; **es tut mir weh** it hurts me

die **Tür, –en** door
der **Türke, –n** Turk
das **Turmhaus, ̈-er** tower house
das **Turmtor, –e** tower gate
die **Turmuhr, –en** tower clock
die **Turnhalle, –n** gymnasium
typisch typical
die **Tyrannei** tyranny
tyrannisch tyrannical

U

U-Bahn (*abbr.*) **Untergrundbahn** subway
üben (*reg.*) practice
über (*acc. & dat.*) over, across, above, by way of; (*acc.*) about, concerning
überall everywhere
überfliegen (*irreg.*) fly over
überfüllt crowded
übermorgen day after tomorrow
übernachten (*reg.*) spend the night
die **Übernachtung** lodging for the night
übernehmen (*irreg.*) take over
überraschen (*reg.*) surprise
die **Überraschung, –en** surprise
übers = **über das**
überschwemmen (*reg.*) flood
übersehen (*irreg.*) perceive, survey, see over
übersetzen (*reg.*) translate
üblich customary
übrig remaining, left over
übrigens incidentally, by the way, moreover
die **Übung, –en** practice, exercise
das **Ufer, –** bank, shore
die **Uhr, –en** clock, watch, o'clock; **wieviel Uhr ist es?** what time is it?
die **Uhrenfabrik, –en** watch factory
das **Uhrengehäuse, –** watch casing
um (*acc.*) around, at, for; (*conj.*) in order to; **Ihre Zeit ist um** your time is up
umarmen (*reg.*) embrace
umbringen (*semi-irreg.*) kill
umdrehen (*reg.*) turn, twist; (*refl.*) turn around

umfassen (*reg.*) comprise, include
umgeben (*irreg.*) surround
umkleiden (*reg.*) change clothes
umliegend surrounding
ums = um das
umsteigen (*irreg., s.*) change cars, trains, etc.
umziehen (*irreg., s.*) move to a new dwelling
die **Unabhängigkeit** independence
unangenehm unpleasant
unbedingt definitely, unconditionally
unbekannt unknown
und (*coord. conj.*) and
und ob! yes, indeed! I should say so!
undenkbar inconceivable
unfreundlich unfriendly
ungarisch Hungarian
ungefähr nearly, about, approximately
unglaublich incredible
unglücklich unhappy, unfortunate
die **Uniform, –en** uniform
die **Universität, –en** university
die **Universitätsgebühren** tuition, university fees
das **Universitätsjahr, –e** university academic year
die **Universitätsstadt, ⁀e** university town
der **Universitätswissenschaftler, –** university scientist
die **Universitätszahnklinik, –en** university dental clinic
unmöglich impossible
uns (*dat. & acc.*) us
unser our
unsichtbar invisible
unsterblich immortal
unten below, downstairs; **nach unten gehen** go downstairs
unter (*dat. & acc.*) under, below, among
unterbrechen (*irreg.*) interrupt
unterbringen (*semi-irreg.*) lodge, house
die **Unterdrückung, –en** oppression, suppression
untergehen (*irreg., s.*) decline, fall

die **Untergrundbahn, –en** subway
unterhalten (*irreg.*) entertain; (*refl.*) converse
die **Unterhaltung, –en** entertainment, conversation
unternehmungslustig enterprising
der **Unterricht** instruction, teaching
unterrichten (*reg.*) instruct, teach
unterscheiden (*irreg.*) distinguish
unterwegs on the way, en route
unübertroffen unexcelled
unvergänglich everlasting, immortal
unvergeßlich unforgettable, memorable
unvergleichlich incomparable
der **Urlaub, –e** leave (of absence), furlough, vacation
der **Ursprung, ⁀e** origin
ursprünglich original
usw., *abbrev.* for **und so weiter** and so forth

V

der **Vater, ⁀** father
das **Vaterland, ⁀er** fatherland
das **Veilchen, –** violet
Venedig Venice
die **Ventilation** ventilation
die **Verabredung, –en** appointment
verabschieden (*reg., refl.*) say good-by, take leave of
verändern (*reg.*) change, alter
verbinden (*irreg.*) join, connect
verboten forbidden, prohibited
die **Verbreitung, –en** spread
verbringen (*semi-irreg.*) spend (time)
verdienen (*reg.*) earn, merit
die **Vereinigten Staaten** United States
vergangen past
die **Vergangenheit, –en** past
vergeben (*irreg., dat.*) forgive
vergessen (*irreg.*) forget
vergeßlich forgetful
vergleichen (*irreg.*) compare
das **Vergnügen, –** pleasure
der **Vergnügungsort, –e** place of amusement

der **Vergnügungspark, –s** amusement park

das **Vergnügungsviertel, –** amusement quarter

verheiraten (*reg., refl.*) get married

verheiratet married

verhindern (*reg.*) prevent

der **Verkauf, ⁓e** sale; **zum Verkauf** for sale

verkaufen (*reg.*) sell

der **Verkäufer, –** salesman

die **Verkäuferin, –nen** saleswoman

das **Verkehrsmittel, –** means of transportation

der **Verkehrspolizist, (en), –en** traffic policeman

der **Verkehrssalat, –e** traffic jam

das **Verkehrszeichen, –** traffic sign

verlangen (*reg.*) demand, require, ask

verlassen (*irreg.*) leave, forsake; **sich verlassen auf** (*acc.*) depend on

verlaufen (*irreg., s., refl. with* **h.**) seep, pass, flow away, get lost

verlegen (*reg.*) misplace

die **Verlegenheit, –en** embarrassment; **in Verlegenheit bringen** embarrass

verleihen (*irreg.*) endow, bestow

verlieben (*reg., refl.*) fall in love; **sie verliebt sich in ihn** she falls in love with him

verliebt in love

verlieren (*irreg.*) lose

verloben (*reg., refl.*) become engaged; **er verlobt sich mit ihr** he becomes engaged to her

verlobt engaged

vermieten (*reg.*) rent (to someone)

vermissen (*reg.*) miss (someone)

veröffentlichen (*reg.*) publish

verpassen (*reg.*) miss (train, bus, etc.)

verrosten (*reg., s.*) rust

verrückt crazy, insane

der **Vers, –e** verse

die **Versammlung, –en** meeting, assembly

verschaffen (*reg.*) provide

verschieden different, various

verschlafen (*irreg., often refl.*) oversleep

verschreiben (*irreg.*) prescribe

verschwinden (*irreg., s.*) disappear

verspäten (*reg., refl.*) be late

die **Verspätung, –en** lateness, tardiness, delay

versprechen (*irreg., dat. of person*) promise

der **Verstand** understanding, intelligence, judgment

verständnisvoll understanding

verstecken (*reg.*) hide

verstehen (*irreg.*) understand

versuchen (*reg.*) try, attempt, tempt

vertieft engrossed

vertraut familiar

vertreten (*irreg.*) represent

verwandt related

der **Verwandte, (n), –n** relative

verweilen (*reg.*) remain, stay

verzeihen (*irreg., dat.*) pardon, forgive

die **Verzeihung, –en** pardon, forgiveness

verzieren (*reg.*) decorate, embellish

die **Verzierung, –en** decoration, adornment

verzweifelt in despair

der **Vetter, –n** cousin

das **Vieh** livestock, cattle

viel much, a lot; **das ist ihm zu viel** that's too much for him

viele many

vielerlei many kinds of

vieles a lot of things

vielleicht perhaps

vielmals often

vier four

das **Viertel, –** one fourth, quarter

die **Viertelstunde** quarter of an hour

der **Vierwaldstätter See** Lake Lucerne

vierzig forty

die **Violine, –n** violin

das **Volk, ⁓er** nation, people

das **Volksfest, –e** national festival

der **Volksgarten, ⁓** public garden

das **Volkslied, –er** folk song

die **Volksschule, –n** public school
das **Volksschulmädchen, –** (public) schoolgirl
der **Volkssport** national sport
der **Volkstanz, ⸚e** folk dance
die **Volkstracht, –en** national costume
der **Volkswagen, –** popular small German car
voll full
vollbesetzt full, packed
vollenden (*reg.*) complete
vollkommen complete, perfect
vom = von dem
von (*dat.*) from, of, by; **von mir aus** as far as I am concerned
voneinander from each other
vor (*dat. or acc.*) before, in front of; **vor einem Jahr** a year ago
vorangehen (*irreg., s.*) precede
voraus in advance, previously; **im voraus** in advance
vorbei over, past
vorbeifahren (*irreg., s.*) drive past
vorbeigehen (*irreg., s.*) go past
vorbeikommen (*irreg., s.*) come past
vorbeispazieren (*reg., s.*) walk past
vorbereiten (*reg.*) prepare
die **Vorbereitung, –en** preparation
vorbereitet prepared
das **Vorbild, –er** model
vorbildlich exemplary
vorchristlich pre-Christian
der **Vordergrund, ⸚e** foreground
der **Vorfahr, (en), –en** ancestor
der **Vorfrühling** early spring
vorgehen (*irreg., s.*) go too fast (watch *or* clock)
vorgestern day before yesterday
vorhaben (*reg. or semi-irreg.*) plan, have in mind
der **Vorhang, ⸚e** curtain
vorher beforehand, previously
vorig last, preceding
vorkommen (*irreg., s.*) happen, occur
vorlesen (*irreg.*) read aloud
die **Vorlesung, –en** lecture

der **Vorlesungszwang** compulsory lecture attendance
die **Vorliebe** preference
vorm = vor dem
der **Vormittag, –e** morning, forenoon
der **Vorname, (ns), –n** first name, given name
vorne in front
vors = vor das
der **Vorschlag, ⸚e** suggestion, proposal
vorschlagen (*irreg.*) suggest, propose
vorstellen (*reg.*) introduce; (*dat., refl.*) **ich stelle mir vor** I imagine
die **Vorstellung, –en** performance, presentation
vorziehen (*irreg.*) prefer

W

wach awake, alert
die **Wache** guard, sentry, watch; **Wache stehen** be on guard duty
wachen (*reg.*) stand guard, watch over
wachsen (*irreg., s.*) grow
der **Wachtturm, ⸚e** watchtower
der **Wagen, –** car, wagon
die **Wahl, –en** election
wählen (*reg.*) choose
wahr true; **nicht wahr?** isn't that so?
während (*dep. conj.*) while; (*gen. prep.*) during
die **Wahrheit, –en** truth
der **Wahrheitssucher, –** one who seeks the truth
wahrscheinlich probably
das **Wahrzeichen, –** landmark, token, sign
das **Waisenkind, –er** orphan
der **Wald, ⸚er** forest
die **Waldluft** forest air
der **Waldweg, –e** forest path or road
die **Wand, ⸚e** wall
der **Wanderer, –** hiker, wanderer
die **Wanderlust** wanderlust
wandern (*reg., s.*) hike, go on foot, wander
wann (*interrog.*) when

die **Ware, –n** ware
das **Warenhaus, ̈-er** department store
warm warm
die **Warnung, –en** warning
warten (*reg.*) wait; **er wartet auf mich** he is waiting for me
warum why
was what, that which; **was für ein Auto?** what kind of car?
das **Waschbecken, –** washbasin
waschen (*irreg.*) wash
die **Waschmaschine, –n** washing machine
das **Wasser, ̈- or –** water
die **Wasserdichtheit** impermeability
die **Wasserdruckmaschine, –n** hydrostatic pressure machine
die **Wasserstraße, –n** waterway
der **Wecker, –** alarm clock; **den Wecker stellen** set the alarm clock
wechseln (*reg.*) change
die **Wechselstube, –n** office for changing money
wecken (*reg.*) wake, rouse
weder . . . noch neither . . . nor
weg gone, away, lost
der **Weg, –e** path, road, way
wegbleiben (*irreg., s.*) stay away
wegen (*gen.*) on account of, because of
wegführen (*reg.*) lead away
das **Wegkruzifix, –e** crucifix found along a road or path
der **Wegweiser, –** signpost
weh woe, pain; **es tut mir weh** it hurts me
weiblich feminine
weich soft
die **Weihnacht** Christmas; **fröhliche Weihnachten!** Merry Christmas! **zu Weihnachten** at Christmas
der **Weihnachtsabend** Christmas Eve
der **Weihnachtsbaum, ̈-e** Christmas tree
die **Weihnachtsfeier, –n** Christmas celebration
das **Weihnachtsgeschenk, –e** Christmas present

der **Weihnachtsmann** Santa Claus, St. Nicholas
der **Weihnachtstag, –e** Christmas Day
weil (*dep. conj.*) because
der **Wein, –e** wine
der **Weinbauer, (s. or n.), –n** winegrower
der **Weinberg, –e** vineyard
das **Weindorf, ̈-er** village where wine is made
weinen (*reg.*) cry, weep
das **Weinfest, –e** wine festival
die **Weinlese, –n** vintage, grape harvest
der **Weinort, –e** wine area or village
die **Weinstube, –n** wine restaurant
die **Weintraube, –n** grape
weisen (*irreg.*) show, direct, point out
weiß white
weit far
weiter farther; **und so weiter** and so forth (*abbrev.* **usw.**); **ohne weiteres** without further ado
weiterradeln (*reg., s.*) continue to ride a bicycle, cycle on
der **Weitsprung, ̈-e** broad jump
welcher which
die **Welt, –en** world
weltbekannt world-known
die **Weltberühmtheit** world fame
der **Weltkrieg, –e** world war
weltlich worldly
der **Weltrekord, –e** world record
die **Weltsituation** world situation
der **Weltteil, –e** continent
weltweit world wide
die **Weltwirtschaftskrise, –n** world depression
wem (*dat.*) whom
wen (*acc.*) whom
wenig little
weniger less
wenigstens at least
wenn (*dep. conj.*) when, whenever, if
wer (*interrog.*) who
werden (*irreg., s.*) become; (*future*) shall or will
werfen (*irreg.*) throw
das **Werk, –e** work

der **Werktag, –e** weekday
das **Werkzeug, –e** tool
wertvoll valuable
wessen (*interrog.*) whose
westdeutsch West German
(das) **Westdeutschland** West Germany
die **Weste, –n** vest
der **Westen** west, the West
westlich west, western
wetteifern (*reg.*) compete
wetten (*reg.*) bet
das **Wetter** weather
der **Wettkämpfer, –** competing athlete
wichtig important
wie as, like, how
wie viele how many
wieder again
der **Wiederaufbau** reconstruction
wiederholen (*reg.*) repeat, review
wiedersehen (*irreg.*) see again
das **Wiedersehen** seeing or meeting
again; **auf Wiedersehen! (auf Wiederschauen!)** good-by!
wiegen (*irreg.*) weigh
Wien Vienna
der **Wiener Sängerknabe, (n), –n**
Vienna Choir Boy
das **Wiener Schnitzel, –** veal cutlet
der **Wienerwald** Vienna Woods
die **Wiese, –n** meadow
wieso (*interrog.*) why
wieviel how much; **wieviel Uhr ist es?**
what time is it? **der wievielte ist
heute?** what's the date today?
wild wild
der **Wind, –e** wind
windig windy
winken (*reg.*) beckon, nod, wave
der **Winter, –** winter
die **Winterfütterung** winter fodder
der **Winterkurort, –e** winter health resort
die **Winterluft** winter air
das **Winterspiel, –e** winter game
der **Wintersport (–sportarten, *pl.*)** winter sport

der **Wintersportplatz, –̈e** winter sports
area
das **Winterwochenende, –n** winter
weekend
wir we
wirken (*reg.*) to be creatively active
wirklich real, actual
der **Wirkungskreis, –e** realm, domain
der **Wirt, –e** innkeeper, landlord, host
die **Wirtin, –nen** landlady, innkeeper's
wife, hostess
die **Wirtschaft** economy
wirtschaftlich economical
die **Wirtschaftsgemeinschaft** Common
Market
die **Wirtschaftsmacht, –̈e** economic
power
das **Wirtschaftswunder** post-war economic recovery of modern Germany
das **Wirtshaus, –̈er** inn
wissen (*semi-irreg.*) know (a fact)
die **Wissenschaft, –en** science
wo where
die **Woche, –n** week
das **Wochenende, –n** weekend
die **Wochenschau** (film) news of the
week
wofür for what
woher where, where from (direction)
wohin where, where to (direction),
whither
wohl well, probably
wohlbekannt well-known
wohltuend pleasant, beneficial
die **Wohnanlage, –n** apartment area,
housing area
wohnen (*reg.*) live, dwell
der **Wohnraum, –̈e** living space
der **Wohnteil, –e** living quarters
die **Wohnung, –en** dwelling, apartment
das **Wohnzimmer, –** living room
wollen (*semi-irreg.*) want, intend, be
determined
wollen (*adj.*) woolen
der **Wollstrumpf, –̈e** wool stocking
womit with what (which)

woran   on what, about which
worauf   on what (which)
das **Wort, –e** *or* **–er** word; **Worte** connected words; **Wörter** individual words
das **Wörterbuch, –er** dictionary
worüber   about what (which)
wovon   about what (which)
wozu   for what, why
das **Wunder, –** wonder, miracle
wunderbar wonderful
wundern (*reg.*) astonish; (*refl.*) be surprised
der **Wunsch, –e** wish
wünschen (*reg.*) wish
die **Würde** dignity
würde(n) (*subj.*) would
die **Wurst, –e** sausage
die **Wurstwaren** (*pl.*) sausages
die **Wurzel, –n** root
die **Wut** rage

Z

die **Zahl, –en** number
zahlen (*reg.*) pay, pay for
zählen (*reg.*) count, number
zahllos countless
zahlreich numerous
der **Zahn, –e** tooth
der **Zahnarzt, –e** dentist
die **Zahnbürste, –n** toothbrush
die **Zahnheilkunde** dentistry
die **Zahnklinik, –en** dental clinic
die **Zahnpasta** toothpaste
die **Zahnradbahn, –en** cogwheel railway
der **Zahnschmerz, –en** toothache
das **Zahnweh** toothache
der **Zaun, –e** fence
z.B., *abbrev. for* **zum Beispiel** for example
die **Zehe, –n** toe
zehn ten
die **Zehntausende** (*pl.*) tens of thousands
zeigen (*reg.*) show
die **Zeit, –en** time

das **Zeitalter, –** age
der **Zeitglockenturm, –e** clock tower
die **Zeitlang** while
der **Zeitschriftenraum, –e** periodical room
die **Zeitung, –en** newspaper
der **Zeitungsbericht, –e** newspaper report
das **Zelt, –e** tent
zelten (*reg.*) camp out
das **Zeltlager, –** camping ground
der **Zeltplatz, –e** camping place
die **Zentralschweiz** central Switzerland
das **Zentrum (Zentren,** *pl.***)** center
zerbrechen (*irreg.*) smash, break to pieces
der **Zerfall** disintegration
zerstören (*reg.*) destroy
die **Zerstörung** destruction
zerstreut absentminded
zeugen (*reg.*) testify
die **Ziege, –n** goat
das **Ziegeldachhaus, –er** tile-roofed house
ziehen (*irreg.*) pull, draw; (*with* **sein**) go, move
die **Ziehharmonika, –s** accordion
das **Ziel, –e** goal
ziemlich rather, fairly
die **Zierde, –n** adornment, decoration
die **Zigarette, –n** cigarette
die **Zigarre, –n** cigar
das **Zimmer, –** room
der **Zimmerfreund, –e** roommate
das **Zimmermädchen, –** chambermaid
der **Zimmermann (–leute,** *pl.***)** carpenter
zittern (*reg.*) tremble, shake
der **Zoll** toll
der **Zopf, –e** pigtail
zornig angry; **zornig auf** (*acc.*) angry with
zu (*dat.*) to, at; (*adv.*) too; **die Tür ist zu** the door is closed
zubereiten (*reg.*) prepare, cook
der **Zucker** sugar
zuerst at first

der **Zufall,** ⁝e   chance, accident
zufrieden   satisfied
der **Zug,** ⁝e   train
zugeben (*irreg.*)   admit, concede
zugreifen (*irreg.*)   seize, help oneself
    to
das **Zuhause**   home
zuhören (*reg.*)   listen
zum = zu dem
zumachen (*reg.*)   close
die **Zunge, –n**   tongue
zur = zu der
zurück   back, behind
zurückbleiben (*irreg., s.*)   remain behind
zurückgehen (*irreg., s.*)   go back
zurückkehren (*reg., s.*)   return, go back
zurückkommen (*irreg., s.*)   come back,
    return
zurückreichen (*reg.*)   reach back, hand
    back
zurufen (*irreg.*)   call to (someone)
zusammen   together
zusammenschließen (*irreg., refl.*)   join
    together

der **Zusammenschluß,** (**–schlüsse,** *pl.*)
    alliance, merger
das **Zusammentreffen**   meeting, en-
    counter
das **Zusammenwachsen**   growing to-
    gether
zusätzlich   additional
zuschauen (*reg.*)   look on, watch
der **Zuschauer, –**   spectator
der **Zuschauerraum,** ⁝e   auditorium,
    room for spectators
zuvor   before, previously, beforehand
zwanzig   twenty
zwei   two
zweimal   twice
zweit-   second
zweitens   in the second place
zweitgrößt-   second largest
der **Zwiebelturm,** ⁝e   onion-shaped
    tower
zwingen (*irreg.*)   force
zwischen (*dat. & acc.*)   between, among
zwölf   twelve
der **Zylinder, –**   top hat

Index